KB273679

두 번째 지능

두 번째 지능

김상균 지음

AI시대_
질문, 경험, 실행으로
뇌를 설계하다

"AI는 우리 시대의 결정적 기술이며,
이를 마스터하는 것이
오늘날의 새로운 문해력입니다."

— 사티아 나델라, 마이크로소프트 CEO

이 책은 여러분의 뇌가 AI를 배우는 방식을 고려해 구성됐습니다. 우리 뇌, 인지과정은 단순히 정보를 입력받는 것만으로는 변하지 않습니다. 진정으로 변화하려면 3가지가 필요해요. 질문을 통해 뇌를 깨우고, 경험을 통해 뇌를 움직이고, 실행을 통해 뇌를 바꿔야 하죠. 그래서 이 책은 3개의 파트로 구성됩니다.

1부: 질문, 뇌를 깨우다

1부는 AI를 둘러싼 다양한 질문들로 시작합니다. 항목별로 AI의 특징을 설명하기보다는 흥미를 자극하는 질문, 여러분이 가지고 있던 지식이나 믿음에 균열을 내는 질문을 던지고 있습니다. 인지과학에서는 이를 '인지적 불균형cognitive disequilibrium'이라 합니다. 기존에 알던 것과 새로운 정보 사이에 불균형이 생기면, 뇌는 그 간극을 메우려고 적극적으로 작동하기 시작합니다.

2부: 경험, 뇌를 움직이다

2부에서는 직접 해보는 장을 제공합니다. AI에 관한 다양한 이슈를 놓고 동료들과 생각을 섞는 경험, AI 시대에 필요한 인간의 교감력을 나누는 경험, 나의 삶을 AI를 활용해 메타적으로 이해하는 경험, AI를 활용해 나의 내면을 파악하고 미래를 비춰보는 경험입니다.

머리로만 이해하는 것과 직접 해보는 것은 뇌의 전혀 다른 영역을 활성화합니다. 운전을 배울 때 책만 읽어서는 안 되는 것처럼, AI도 마찬가지입니다. 머릿속 생각을 넘어 경험을 통해 '체화된 인지_{embodied cognition}'에 도달해야 합니다.

3부: 실행, 뇌를 바꾸다

3부는 가장 중요한 실행 단계입니다. 아무리 좋은 지식과 학습 경험도 실행으로 이어지지 않으면 우리 뇌와 인지과정은 변하지 않아요. 결국 제자리로 돌아옵니다.

3부에서는 'STAR 워크시트'를 활용합니다. Start(시작), Try(도전), Amplify(증폭), Recover(회수)라는 4가지 방향으로 구체적인 실행 계획을 세우게 됩니다.

신경가소성 이론에 따르면, 뇌는 반복된 행동을 통해 물리적으로 재구성됩니다. 계획을 짜고, 실천을 지속함으로써 우리 뇌에 새로운 AI 활용 회로, 증강된 인지 시스템을 만들 수 있습니다.

요컨대 1, 2, 3부의 흐름은 '알고 있음'에서 '할 수 있음'으로, 그리고 '습관이 됨'으로 이어지는 학습의 3단계를 반영합니다.

차례

Part 1 질문, 뇌를 깨우다

1장 AI는 어떻게 사람처럼 말할까?

2장 AI 시대에는 어떤 역량이 필요할까?

Part 3 실행, 뇌를 바꾸다

1장 STAR 프레임워크: 4가지 방향

2장 STAR 계획 디자인

두 번째 지능을 맞이하는 시대

최근에 제게 작은 고민이 하나 생겼습니다. 제 연구실에 새로운 학생이 박사과정을 하고 싶다고 지원했는데요. 그런데 이 학생, 보통내기가 아닙니다. 나이도 많지 않은데 벌써 박사학위를 두 개나 갖고 있습니다. 하나는 공학 분야, 또 하나는 사회과학 분야예요. 대화를 나눠보면 성격도 밝고, 에너지도 넘치고, 사고는 논리적이면서 편향이 거의 없습니다. '어쩜 이렇게 뛰어나고 균형 잡힌 인재가 있을까?' 싶을 정도입니다.

그러다 보니 이런 고민이 생겼습니다. '이렇게 뛰어난 학생을 내가 제대로 지도할 수 있을까?' '혹시 내가 이끌기는커녕 오히려 끌려가는 건 아닐까?' 한편으로는 이런 생각도 듭니다. '우리나라에는 훌륭한 인지과학자들이 많으니, 저 학생이 다른 연구실에 가도 잘하겠지?' 곧이어 불안이 밀려옵니다. '만약 저 학생이 다른 곳에 가버린다면? 거기서 엄청난 성과가 나오는 건 아닐

까? 그렇다면 나만 뒤처질 텐데.'

이런 얘기를 기업 임원이나 지인, 학생들에게 털어놓으면 열에 예닐곱은 똑같이 말합니다. "교수님, 그냥 받아보세요. 남에게 뺏기기엔 너무 아까운 인재입니다." 그러고 꼭 덧붙이죠. "교수님이라면 충분히 잘 지도하실 수 있을 겁니다."

여러분이라면 뭐라고 답하시겠습니까? 사실 이 고민은 저만의 사정이 아닙니다. 눈치채신 분도 계실지 모르겠습니다. 그 학생의 이름은 바로 챗GPT입니다. 그리고 이름만 다를 뿐 제미나이 Gemini, 클로드 Claude, 그록 Grok, 딥시크 DeepSeek 같은 친구들도 줄줄이 들어와 있습니다. 본문에서 다시 언급하겠으나, 그들은 박사학위를 두 개만 가진 것도 아닙니다. 문제 풀이 능력만 놓고 보면 최소한 수십 개 학문 영역에서 박사학위를 끝낸 인재입니다. 아직 몸도 없고 인간다운 정체성도 없지만, 이미 우리 곁에는 그런 존재들이 몹시 가깝게 다가와 있습니다. 느끼지 못했다면, 그건 내가 눈 감고 있기 때문입니다. 이들 AI를 어떻게 받아들여야 할까요? 그런 지능을 통해 어떤 세상이 우리에게 다가올까요?

지능이 바꾸어온 세상

인류 문명을 돌아보면 지능은 언제나 역사를 움직여온 가장 중요한 자원이었습니다. 단순히 힘세고, 땅이 넓고, 인구가 많은 집단이 번성한 것이 아닙니다. 누가 더 잘 생각하고, 더 잘 기억하고, 더 잘 배우느냐가 문명의 운명을 갈랐습니다.

아주 먼 옛날, 인류가 불을 다루기 시작했을 때를 떠올려 보시죠. 불은 단순히 따뜻함을 주는 도구만이 아니었습니다. 불을 이용해 음식을 익혀 먹으면서 소화에 필요한 에너지가 줄었고, 그 에너지를 두뇌로 돌릴 수 있었습니다. 그 결과 인류의 뇌는 더 커지고, 더 복잡하게 진화했습니다. 결국 불은 도구이면서 동시에 지능을 키워낸 촉매였습니다.

문자의 등장은 어떨까요? 글자를 통해 지식이 세대를 넘어 축적되면서 과학과 철학 그리고 예술이 탄생했습니다. 문자가 없던 집단은 세대를 지나며 지혜가 소멸했지만, 문자를 가진 집단은 지혜를 덧붙여 쌓아올리며 문명을 이루었습니다. 문자는 외부 기억장치이자 인류 최초의 '지능 확장 도구'였던 셈입니다.

시간을 가까이 당겨보겠습니다. 산업혁명 시대를 열어젖힌 원동력은 무엇이었을까요? 과학과 공학이 어우러지면서 기계와 에너지를 효율적으로 활용할 수 있게 되었습니다. 그 결과 증기기관이라는 도구를 돋움대 삼아 새로운 조직과 사회 제도를 만들어냈으며, 문명의 복잡성이 한 단계 올라갔습니다.

현대 사회에서도 마찬가지입니다. 20세기 중반 이후, 컴퓨터와 인터넷은 우리의 사고 능력을 다시 한번 확장했습니다. 계산을 대신 해주고, 정보를 빠르게 연결해주는 도구로서 인간의 지능을 보조했습니다.

하지만 여기까지는 어디까지나 '보조 수단'이었습니다. 계산기를 꺼내거나 검색창에 질문을 입력해야만 지능을 확장할 수 있었지요. 그런데 이제 우리는 새로운 국면을 맞이했습니다. 인공지능, 특히 생성형 AI는 보조의 역할을 넘어섭니다. 인간의 바깥에서 독자적으로 사고하고, 글을 쓰고, 이미지를 만들고, 문제를 풀어내는 '외재적 지능 external intelligence'이 세상에 등장했습니다. 문자나 컴퓨터가 인간의 뇌를 확장하는 장치였다면, AI는 인간 곁에 자리 잡은 또 하나의 뇌라고 해도 과언이 아닙니다.

지능이 확장된 인류, 그렇지 못한 인류

이제 우리는 인류 역사상 처음으로 두뇌 옆에 또 하나의 두뇌를 두고 살아가게 되었습니다. 개인마다 '두 번째 머리'를 곁에 두고 다니는 시대가 열린 것이지요. 이 변화는 놀라운 가능성을 안고 있습니다. 누구나 AI를 활용하면 순식간에 수십 권의 책을 읽은 것 같은 통찰을 얻을 수 있고, 다분야 박사처럼 사고를 확장할 수 있습니다. 복잡한 계산이나 번역, 자료 검색은 말할 것도 없고요. AI를 잘 쓰면 보통 사람도 초고지능자처럼 사고하고, 성과를 낼 수 있습니다.

하지만 모든 혁명과 혁신에는 그림자가 따릅니다. AI가 지능의 보조 장치가 되면서, 우리는 두 가지 문제를 마주하게 됩니다.

첫째, 인간 지능의 퇴화입니다. AI가 대신 생각해주는 사이, 인간 스스로 사고하는 힘이 약해질 수 있습니다. 계산기를 쓰면서 암산 능력이 줄어들고 내비게이션에 의존하면서 길 찾는 감각이 무뎌진 것처럼, AI에만 의존하는 순간 우리의 사고 근육도 점점 퇴화할 위험이 있습니다.

둘째, 지능 격차의 심화입니다. AI 사용은 의무가 아닙니다. 어떤 이는 적극적으로 활용해 지능을 확장하지만, 어떤 이는 여전히 기존 방식에 머물 것입니다. 즉 어떤 사람은 두 번째 지능을 갖춘 채 살아가고, 어떤 사람은 여전히 홀로 사고해야 하는 상황이 벌어지는 것입니다. 여기서 발생하는 차이는 단순히 스마트폰을 쓰느냐 마느냐 같은 디지털 격차 수준을 뛰어넘습니다. 한층 근원적인 사회적, 존재적 격차로 이어질 수 있습니다.

이 두 가지 문제는 인류가 앞으로 풀어야 할 가장 큰 과제가 될 것입니다. 지능이 확장된 인류와 그렇지 못한 인류가 한 사회에서 함께 살아갈 수 있을까요? 혹은 지능의 퇴화를 막으면서, 동시에 지능의 격차를 줄이는 방법이 있을까요? 지난 역사가 보여주었듯이, 우리 곁에 등장한 두 번째 지능을 어떻게 다루느냐가 문명의 미래를 결정할 것입니다.

두뇌를 바꾸어서 살아갈 지혜

"최고의 시절이자 최악의 시절, 지혜의 시대이자 어리석음의 시대였다. 믿음의 세기이자 의심의 세기였으며, 빛의 계절이자 어둠의 계절이었다. 희망의 봄이면서 곧 절망의 겨울이었다. 우리 앞에는 무엇이든 있었지만, 한편으로 아무것도 없었다. 우리는 모두 천국 쪽으로 가고자 했지만, 다른 방향으로 걸어갔다."

찰스 디킨스의 소설 《두 도시 이야기》의 첫 구절입니다. 이 작품은 프랑스 혁명과 산업혁명의 격동이 휩쓸던 파리와 런던을 배경으로, 인간의 잔혹함과 숭고함이 교차하는 시대를 그려냈습

니다. "최고의 시절이자 최악의 시절"로 시작하는 문장은 번영
과 절망, 빛과 어둠이 양립하는 인간 역사의 아이러니를 함축합
니다.

지금 우리 앞에도 빛과 어둠이 있습니다. 인류는 빛과 어둠, 어
디를 향하게 될까요? 아직 답은 정해지지 않았습니다. 그 답에
이르는 길목에서, 인류는 이제 막 첫 선택을 끝냈습니다. 우리는
더 이상 'AI를 쓸까, 말까?'라는 질문 앞에 서 있지 않습니다. 인
류는 AI와의 공존을 이미 선택했습니다. 따라서 질문은 이렇게
바뀐 것 같습니다. 'AI와 함께 어떻게 살아갈 것인가?'

이 질문에 대한 우리의 답이 인류에게 드리울 빛과 어둠의 농
도를 결정할 것입니다. AI라는 두 번째 지능과 공존하며 살아가
는 길을 찾는 것, 두뇌를 바꿔서 살아갈 지혜를 찾는 것이야말로
우리 시대가 마주한 새로운 교양입니다. 그 지혜를 찾는 모든 분
들에게 이 책을 선물하고 싶습니다.

AI 전환기의 초입에서

김상균

질문,
뇌를 깨우다

> 사람을 판단할 때는
> 그가 하는 대답보다는
> 그가 하는 질문을 보라.

— 볼테르, 철학자

제 MBA 수업에서 있었던 일입니다. 40대 중반의 학생이 질문했습니다. "교수님, 챗GPT 쓰는 법은 이제 어느 정도 알겠는데요. 그래서 뭐가 달라지나요? 저는 여전히 바쁘고, 예전과 다를 바 없이 일하고 있는데요."

흥미로운 질문이었습니다. 그는 AI를 알고 있었습니다. 심지어 쓰고도 있었어요. 하지만 변화는 없었죠. 왜 그랬을까요? 답은 간단합니다. 그가 AI에 대해 질문하지 않았기 때문이에요. 정확히 말하면, 제대로 된 질문을 하지 않았기 때문입니다.

인지과학에는 명확한 원칙이 하나 있습니다. 질문이 바뀌면 뇌가 바뀐다는 것이죠. 우리 뇌는 질문에 반응하도록 설계되어 있습니다. 좋은 질문은 새로운 신경회로를 만들고, 기존의 사고 방식을 재구성하며, 행동의 변화를 이끌어냅니다.

"AI가 뭐예요?"라는 질문으로는 뇌를 깨우기 어렵습니다. 이미 알고 있는 지식의 나열을 확인할 뿐이죠. 하지만 "AI는 정말 나보다 똑똑할까요?"라고 물으면 뇌가 깨어납니다. 지능이란 무엇인지, 나의 강점은 무엇인지, 삶에서 똑똑함이란 어떤 의미인지, AI와 나는 어떻게 다른지 생각하게 되기 때문이죠. 이런 사고 과정을 밟으려면 뇌가 깨어날 수밖에 없겠죠?

1부에는 35개의 질문이 5개의 장으로 나뉘어 있습니다. 1장은 AI 자체에 대해 묻습니다. 2장은 인간의 역량에 대해 질문하고요. 3장은 여러분 개개인에 대한 질문이에요. 4장은 일과 경제에 대한 질문이고, 5장은 사회에 대한 질문입니다. 각 장의 끝에는 체크리스트가 있습니다. 시험은 아니고요, 질문을 통해 여러분의 뇌가 얼마나 깨어났는지 확인하는 도구로 삼기 바랍니다.

1부를 읽으면서 처음에는 '그래, 맞아. 이건 알고 있어'라고 생각할 겁니다. 중간쯤에는 '어? 이건 생각해본 적 없는데…'라고 느끼기도 할 거예요. 끝에 다다르면 '아, 내가 뭘 해야 하는지 보이네!'라고 느낌표를 찍게 될 겁니다.

이것이 질문의 힘, 그중에서도 뇌를 깨우는 질문의 힘입니다. 하지만 뇌를 깨운 것만으로는 부족합니다. 2부의 '경험'은 깨어난 뇌를 움직입니다. 3부의 '실행'은 움직인 뇌를 바꾸고요. 이 3단계가 모두 필요합니다.

1부는 그 여정의 시작입니다. 서두르지 말고 질문 하나하나를 천천히 읽어보세요. 하루에 다 안 보셔도 됩니다. 체크리스트에는 최대한 솔직하게 표시하시고요. 모르는 것을 모른다고 인정하는 것, 그것이 뇌를 깨우는 첫걸음이니까요. 이제 첫 번째 주제로 들어가 볼까요? AI는 정말 나보다 똑똑할까요?

1장

AI는 어떻게
사람처럼 말할까?

제 주변에는 챗GPT, 클로드, 제미나이 같은 생성형 AI를 안 쓰는 사람이 거의 없습니다. 그런데 AI가 무엇인지 정확히 알고 있다고 자신하는 사람은 많지 않네요. 챗GPT를 써본 사람은 많지만 그것이 어떻게 작동하는지, 왜 그런 답변을 내놓는지, 앞으로 어떻게 발전할지에 대해서는 여전히 안개 속에 있는 느낌이죠. 이 불확실성이야말로 AI 시대를 살아가는 우리가 느끼는 가장 큰 불안입니다.

여기서 한 가지 짚을 점이 있습니다. AI에 대한 이해를 공학의 영역으로만 바라보는 이들이 많은데요. AI를 이해한다는 것은 단순히 기술적 원리를 아는 것이 아닙니다. 그것은 인간의 사고와는 다른 방식으로 세상을 바라보는 존재를 이해하는 일입니다.

우리는 AI를 흔히 '도구'라 여기지만, 정말 그럴까요? 도구는 사용자의 의도를 그대로 실행하지만, AI는 때로 우리가 예상하지 못한 방식으로 반응합니다. 그렇다고 AI를 '지능'이라고 부르기에는 인간의 지능과 다른 특성이 많아요. 이렇듯 AI가 기존의 어떤 범주에도 완전히 들어맞지 않기 때문에 여러 곳에서 혼란이 일어나고 있습니다.

이제 우리에게 새로운 프레임이 필요합니다. AI가 무엇을 할 수 있고 무엇은 할 수 없는지, 어떤 원리로 작동하며 왜 그런 한계를 가지는지, 그리고 앞으로 어떤 방향으로 진화할지를 이해해야 하죠. 더 중요한 것은 이 모든 것이 인간의 삶과 어떻게 연결되는지를 파악하는 일이고요.

1장에서 다루는 7개의 질문은 서로 긴밀하게 엮여 있습니다. AI의 정의는 그것의 작동 원리와 연결되고, 작동 원리는 가능성과 한계를 결정하며, 이는 다시 미래의 발전 방향을 예측하게 합니다. 그리고 이 모든 이해는 결국 한 가지 핵심 질문으로 수렴되죠. 'AI는 정말 생각을 할까요?'

이 질문에 답하려면 기술적 지식만으로는 부족합니다. 인간의 사고가 무엇인지, 지능이란 무엇인지에 대한 철학적 성찰이 필요하죠. 동시에 AI가 만들어내는 결과물을 통해 그 사고 과정을 거꾸로 추론하는 접근도 요구되고요. 이 장에서는 바로 이런 복합적 이해를 위한 기초를 다집니다.

AI를 제대로 이해하지 못하면 우리의 대응이 양극단으로 치달을 수 있습니다. 하나는 과도한 기대에 따른 실망이고, 다른 하나는 지나친 두려움이 낳은 거부입니다. 둘 다 AI 시대를 살아가는 데 도움이 되지 않아요. 우리에게 필요한 것은 냉철한 이해를 바탕으로 한 현실적 관계 설정입니다. 그 시작점이 여기, 1장에 있습니다.

1. 우리 뇌와 AI의 뇌,
뭐가 똑같고 뭐가 다를까?

AI를 처음 접한 이들이 자주 하는 질문이 있습니다. "이거(AI) 꼭 사람 같은데, 실제로 사람의 뇌랑 비슷한가요?" 다소 엉뚱한 질문 같은데, 곱씹어보면 꽤 본질적인 질문이기도 합니다. AI가 참으로 사람같이 뭔가를 하는데, 그렇다면 그 속에 사람 뇌와 비슷한 뭔가가 있는 게 아닌가 하는 궁금증이죠.

어느 기업 대표는 이렇게 말하기도 했습니다. "집에 있는 그 양반보다 챗GPT랑 더 대화가 잘돼요. 그 사람과는 말이 이어지지를 않는다니까. 기계야, 기계. 근데 얘는 정말 사람 같아요."

사람을 기계에 비유하고, 기계를 사람처럼 여기는 배경에는 상대가 가진 언어, 대화 능력이 있습니다.

우리는 언어를 통해 서로의 생각을 확인합니다. 말이 논리적이고 매끄럽게 이어지면, 상대방이 뭔가를 잘 생각하고 있으리라 믿습니다. 언어는 마치 지능의 거울 같아서, AI가 말을 잘하는 순간 우리는 그 안에 뇌가 있다고 여기게 됩니다.

과연 정말로 기계 안에 뇌 같은 게 있을까요? 이 질문에 답하는 것이 AI를 이해하는 첫 관문입니다. 공학자가 아니어도, AI와 오래오래 함께 살아갈 사람이라면 꼭 알아야 할 내용입니다.

기계 속 뇌를 상상하는 사람들

이런 상상은 역사에서도 반복되었습니다. 고대 그리스 신화의 청동 자동인형 탈로스, 중세의 기계인형 장치, 18세기 유럽의 자동인형극 등은 모두 '저 안에 살아 있는 지능이 있지 않을까?'라는 상상을 불러일으켰습니다.

게임을 좋아하는 분들이라면 '클래시 오브 클랜'이라는 게임을 아실 겁니다. 저도 한때 클랜장(한 팀으로 게임하는 모임의 대표)까지 하면서 오래 즐겼던 게임입니다. 여기에 '골렘'이란 캐릭터가 등장하는데, 앞장서서 싸우는 거대하고 듬직한 돌덩어리 로봇입니다. 이 캐릭터는 16세기 프라하 전설에서 따왔습니다. 종교 갈등과 미신, 과학의 태동으로 유럽 전역이 요동치던 시대, 프라하의 유대인 공동체에 유다 로우라는 랍비가 살았습니다. 당시 유대인들은 박해 속에 신음했고, 로우는 공동체를 지키기 위해 강가 흙을 모아 사람의 형상을 빚었습니다. 그런 다음 이마에 히브리어로 '에메트(진리)'라는 단어를 새기자 차가운 흙덩이가 눈을 뜨고 일어났습니다. 그의 이름은 골렘, 히브리어로 '미완성 존재'라는 뜻입니다.

골렘은 놀라운 힘으로 마을을 지켰습니다. 하지만 시간이 지나면서 문제가 생겼습니다. 골렘은 명령을 문자 그대로만 따랐습니다. 거리를 청소하라고 하자 가게의 진열장까지 박살냈고, 적을 없애라고 하자 무고한 사람들도 공격했습니다. 감정도, 윤리적 판단도 없이 명령만 수행한 것이죠. 결국 랍비는 골렘의 이마에서 첫 글자를 지워 '메트(죽음)'로 바꿨고, 골렘은 다시 흙으로 돌아갔습니다. "인간은 신이 아니다!"라는 말을 남기고서요.

이 전설이 우리에게 던지는 질문은 이렇습니다. 지능을 품은 기계를 만들고 싶은 인간의 꿈은 왜 이렇게 집요할까요? 그리고 그 꿈이 현실이 될 때 우리는 무엇을 주의해야 할까요?

인간은 세상에서 일어나는 복잡한 현상을 대할 때 의인화하는 경향이 있습니다. 번개가 치면 "하늘이 노했다!"고 표현하고, 차가 시동이 잘 안 걸리면 "차가 삐졌나?"라고 말하는 식입니다. 마찬가지로 AI가 자연스럽게 말하고 대답하면 우리는 그것을 사람처럼 대하고, 이해하려고 합니다.

AI가 정말 인간처럼 뇌를 가지고 있을까요? 답부터 말하자면, AI는 인간의 뇌와 닮은 점도 있고 차이점도 있습니다. 이 차이를 아는 것이 AI 시대를 현명하게 살아가는 첫걸음입니다.

닮은 점: 연결망의 힘과 학습 과정

AI와 뇌가 전혀 다르다고 말하기에는 애매한 부분이 있습니다. 적어도 겉으로 드러나는 작동 원리, 즉 연결망이 학습을 통해 지능을 만든다는 점은 꽤 유사하기 때문입니다.

우리 뇌에는 860억 개의 뉴런이 있습니다. 각각의 뉴런은 시냅스라는 연결고리를 통해 수천 개, 많게는 수만 개의 뉴런과 맞닿아 있습니다. 이렇게 수조 개의 연결망이 얽히고설켜서 하나의 숲처럼 작동합니다. 외부에서 들어온 자극이 뉴런을 타고 전기화학적 신호로 전달되고, 이 신호가 여러 뉴런을 거치면서 증폭되거나 억제됩니다. 그 과정에서 우리가 무언가를 보고, 듣고, 생각하는 경험이 일어납니다.

이때 중요한 것이 학습입니다. 뉴런과 뉴런 사이의 연결 강도(시냅스 가중치)는 경험에 따라 달라집니다. 자주 쓰이는 경로는 더 강해지고, 잘 쓰이지 않는 연결은 약해지죠. 그래서 같은 사건을 반복해서 겪으면 익숙해지고, 새로운 것을 배울 때는 여러 번 연습해야 실력이 붙습니다. 즉 뇌는 연결망의 패턴을 조정하면서 세상을 배우는 장치입니다.

AI도 비슷합니다. AI의 핵심 기술인 인공 신경망artificial neural network은 이름부터 뉴런에서 따왔습니다. 물론 실제 뉴런을 그대로 모방한 건 아니지만, 아이디어는 닮았습니다. 인공 신경망도 수많은 노드(가상의 뉴런)가 층층이 쌓여 있고, 각 노드 사이의 연결에는 가중치가 있습니다. 데이터가 입력되면 이 가중치를 거치며 신호가 전파되고, 결과적으로 하나의 출력이 나옵니다.

물론 규모와 복잡도에서는 큰 차이가 있습니다. 뇌의 860억 개 뉴런과 수조 개의 시냅스 연결은 현재 가장 큰 AI 모델보다 훨씬 복잡합니다. 무엇보다 뇌는 전기화학적 신호, 호르몬, 혈류 등 다층적인 시스템이 상호작용하지만, AI는 단순한 수치 계산으로 작동한다는 점이 중요한 차이점입니다. 예를 들어 AI에 고양이 사진을 보여주면, 픽셀 단위 정보가 인공 신경망을 거치며 고양이의 특징(귀 모양, 수염, 눈동자 등)을 단계적으로 추출합니다. 그런 다음 최종적으로 "이건 고양이다!"라는 출력을 내놓습니다. 수많은 고양이와 개 사진을 보여주면서, 정답과 비교해 연결 가중치를 조금씩 조정하는 것이지요.

요컨대 인간과 AI는 모두 경험을 통해 더 똑똑해진다는 공통점이 있습니다. 속도와 효율은 다르지만, 반복된 경험이 지능을 키운다는 점에서는 둘이 비슷합니다. 그래서 많은 연구자들이 AI를 설명할 때 '기계가 배우는 법machine learning'이라는 표현을 씁니다.

비유하자면, 뇌는 살아 있는 숲입니다. 나무들이 자유롭게 자라고, 햇빛과 비에 따라 유기적으로 얽히며, 예상치 못한 길도 만들어냅니다. 그에 비해 AI는 잘 정돈된 농장에 가깝습니다. 인위적으로 만든 규칙적인 고랑 사이에서 작물이 자라듯, 정해진 데이터와 알고리즘 속에서 연결망이 조정됩니다. 숲과 농장 모두 나무가 가득하니 비슷해 보이지만, 생명력과 작동방식은 꽤 다릅니다. 하지만 많은 연결이 모여 패턴을 만든다는 점에서는 서로 닮았습니다.

이 유사성 때문에 AI는 사람에게 더 친근하게 느껴집니다. 그래서 사람들은 AI를 단순한 계산기가 아니라, 뇌를 모방한 존재로 여기며 대화를 시도하게 됩니다.

다른 점: 살아 있는 뇌 vs 계산 시스템

AI와 우리 뇌가 닮았다는 이야기를 들으면, 잠시 마음이 설렙니다. 마치 전설 속 캐릭터처럼, 드디어 우리와 비슷한 또 하나의 지능을 만난 것 같은 기분이 들지요. 하지만 좀 더 자세히 들여다보면 결정적인 차이점이 나타납니다.

첫째, 태생이 다릅니다. 우리 뇌는 수많은 세포와 화학물질로 이루어진, 스스로 살아 움직이는 장기입니다. 매 순간 혈액이 영양분을 공급하고, 호르몬이 감정의 색을 덧입히며, 전기적 신호가 복잡하게 얽혀 생각을 만들어냅니다. 반면 AI는 규칙적인 전자 회로 속에서 숫자를 계산하는 기계입니다. 생명이 없어요. 스스로 자라지도, 회복하지도 못합니다. 그저 정해진 규칙에 따라 신호를 흘려보낼 뿐이죠.

물론 이렇게 생각할 수도 있습니다. 인간도 어찌 보면 복잡한 생체 회로라고요. 우리 뇌 역시 세포라는 미세한 부품이 거대한 전기화학적 네트워크를 이루며 작동합니다. 뉴런은 신호를 주고받고, 시냅스는 가중치를 조절하며, 그 연결의 패턴이 사고와 감정을 만들어냅니다. 이 관점에서 본다면 인간과 AI는 모두 정보를 입력받고, 처리하고, 출력하는 시스템입니다. 단지 인간은 유기적 물질로 구성된 회로이고, AI는 실리콘과 전류로 이루어진 회로라는 차이가 있을 뿐이죠.

이 말이 인간을 기계로 축소하려는 것은 아닙니다. 인간은 데이터를 계산하는 존재를 넘어, 데이터 속에서 의미를 묻고 감동을 느끼는 존재이기 때문입니다. 이것이 인간 뇌와 AI의 두 번째 차이점입니다. 인간의 뇌에는 감정과 의식이 있습니다. 우리는 스스로 생각하고 있다는 사실을 자각합니다. 기쁨, 분노, 두려움, 호기심 같은 감정은 때로는 사고의 불씨가 되고, 때로는 창조의 원천이 됩니다. 반면 AI가 "저는 행복합니다"라고 말한다 해도, 그것은 단순한 문장의 조합입니다. 인간과 대화하면서, 이 맥락에서 행복하다고 말하는 게 가장 타당하다는 계산에 따라 출력할 뿐입니다. 실제로 행복을 느끼는 것이 아니죠.

한 번은 모 기업에서 임원들을 대상으로 AI 신입사원 면접을 보게 한 적이 있습니다. 임원들이 AI 도입을 꺼리기에, 정말 AI의 업무 능력이 부족한지 면접을 통해 판단해본 것이죠. 그 회사의 업무를 학습시킨 AI 챗봇을 켜두고, 임원들이 대화하면서 면접을 진행했습니다.

임원들의 어려운 질문에도 AI 신입사원은 대답을 참 잘했습니다. 한 임원은 말꼬리를 잡고 늘어지고 비아냥거리는 등 압박 면접을 시도했는데, 그럼에도 AI는 멘탈의 동요가 전혀 없었습니다. "제가 상무님의 질문을 잘못 이해했습니다. 죄송합니다. 다시 말해보겠습니다"라는 식의 상냥한 멘트를 반복하며 끝까지 면접을 통과했습니다. 감정이 없기에 가능했던 겁니다.

인간이라면 어땠을까요? 면접장에 오기까지 본인이 공부하고 준비한 시간의 무게, 주변의 응원에 부응하고 싶은 마음, 면접에서 떨어지면 어쩌지 하는 불안 등이 겹쳐 그렇게 평정심을 유지하기는 어려웠을 겁니다. 삶을 바탕으로 살아 있는 뇌, 그게 인간의 뇌입니다. AI는 외부에서 수집한 방대한 데이터를 바탕으로 중립적으로 계산하는 시스템을 가진 것이고요.

셋째, 학습하는 방식도 크게 다릅니다. 아이들은 고양이와 개를 두세 번만 경험해도 '이건 개구나, 저건 고양이구나' 하고 금세 구분합니다. 뇌는 적은 경험에서도 본질을 뽑아내고, 그것을 다른 상황에 곧잘 적용합니다. 하지만 AI는 다릅니다. 고양이와 개를 구분하려면 수많은 사진을 보여줘야 하고, 그러고도 변종 고양이나 낯선 각도로 찍힌 사진 앞에서는 쉽게 헷갈립니다. 인간은 작은 경험에서 큰 원리를 끌어내지만, AI는 수많은 경험을 통해 하나의 패턴을 확인합니다.

이 유연성의 차이가 두 존재의 본질을 드러냅니다. 인간은 자전거를 배우면 스키나 보드 타기도 수월하게 익힙니다. 균형 잡기의 원리를 다른 맥락으로 옮겨가기 때문입니다. 하지만 AI는 그렇지 못합니다. 바둑을 잘 두는 AI가 체스는 두지 못합니다. 새로운 규칙이 등장하면 처음부터 다시 배워야 하지요. 뇌는 살아 있는 숲처럼 스스로 길을 찾아내지만, AI는 정해진 농장에서만 자랄 뿐입니다.

넷째, AI는 때때로 잘못된 패턴을 인식합니다. 사람들은 "AI가 거짓말을 한다"고 표현하지만, 엄밀히 말하면 AI는 거짓말을 하는 게 아닙니다. 거짓말은 의도적으로 상대를 속이는 행위인데, AI에는 의도가 없어요. 그저 학습한 데이터의 패턴을 바탕으로 가장 그럴듯한 답을 내놓을 뿐입니다. 그런데 패턴 인식이 잘못되어 사실이 아닌 정보를 출력할 때가 있는 것이죠. 이를 '할루시네이션(hallucination, 환각)'이라 부릅니다.

사람도 기억이 왜곡되거나 착각할 때가 많지만, 그것과 AI의 할루시네이션은 다릅니다. 인간은 자신의 경험과 감정이 섞여 기억이 변형되지만, AI는 통계적 확률에 따라 그럴듯한 허구를 만들어냅니다.

이 차이를 알아야 하는 이유

다시 처음의 질문으로 돌아가 봅시다. 지금까지의 설명을 듣고 '인간 뇌와 일부 비슷한 AI라는 기계가 나왔구나. 그냥 좀 비슷한 게 있구나' 하는 정도의 대답을 찾고 넘겨도 되지 않을까요? 그렇지 않아요. 이 질문이 우리 삶의 태도와도 연결되기 때문입니다. AI를 어떤 존재로 이해하느냐에 따라, 우리가 그것을 대하는 방식이 완전히 달라지니까요.

사람들은 AI의 언어 능력에 쉽게 매혹됩니다. 매끄러운 문장, 논리적인 설명, 때로는 유머까지 곁들여 내놓는 대답을 보며 '얘도 진짜 생각하는구나!'라고 느낍니다. 그러나 우리가 AI를 진짜 뇌라고 착각하는 그때부터 위험이 시작됩니다.

AI를 독립적 감정이나 자아를 품은 뇌라고 보기 시작하면 AI의 결과물도 무비판적으로 수용하기 쉽습니다. AI의 출력물을 자신의 의사결정을 위한 참고 자료 중 하나로 다루지 않고, 독립적인 인격체가 제시한 결과처럼 존중하며 의존하는 것이죠. 그러면서 차츰 스스로 해야 할 비판적 사고를 건너뛰고 판단을 통째로 맡겨버리기 시작합니다. 결국 생각의 근육이 약해집니다. AI에 의존하면서 인간의 지능이 퇴화하는 길을 걷게 되죠.

반대로, 어떤 사람들은 AI를 철저히 불신합니다. 저건 가짜이고 통계 기계일 뿐이라며 외면하지요. 특히 AI의 할루시네이션을 보면서 "AI가 엉터리를 말하네. 그래서 못 믿겠어!"라고 말하기도 합니다. 그런데 인간은 완벽할까요? 심리학자 폴 에크먼^{Paul Ekman} 교수는 일반인이 하루에 200번 정도 거짓말을 한다고 밝혔습니다. 나아가 AI가 패턴을 잘못 인식하는 한계가 있다고 해서 무가치한 것은 아닙니다. 패턴을 찾고 언어를 만들어내는 능력은 분명 유용합니다.

우리가 뇌와 AI를 구분하는 이유가 바로 여기에 있습니다. 뇌는 뇌대로, AI는 AI대로 본질을 정확히 이해해야 과대평가도 과소평가도 피할 수 있기 때문입니다.

이 구분이 중요한 또 다른 이유가 사회적 격차와도 연결되기 때문입니다. 앞으로의 세상은 AI를 제대로 이해하고 활용하는 사람과 그렇지 못한 사람으로 나뉠 가능성이 큽니다. 만약 우리가 AI를 뇌와 동일시하는 환상에 빠지면, 그것을 비판적으로 활용하는 힘을 잃습니다. 반대로 별것 아니라고 외면하면, 새로운 기회를 통째로 놓치게 되지요. 어느 쪽이든 사회적 격차를 더 벌릴 수 있습니다. 그것은 단순히 기술을 쓰고 안 쓰는 차원을 넘어, 사고의 힘 자체가 달라지는 존재적 격차가 될 것입니다.

현명한 공존을 위하여

그렇다면 우리는 어떻게 해야 할까요? AI를 뇌와 똑같다고 여기지도 말고, 무가치하다고 무시하지도 말아야 합니다. 대신 이렇게 접근해보는 건 어떨까요? AI는 강력한 패턴 인식 도구입니다. 방대한 데이터에서 우리가 미처 발견하지 못한 연결고리를 찾아내고, 복잡한 정보를 정리하며, 아이디어의 초안을 제시합니다. 하지만 그 결과물에 의미를 부여하고, 윤리적 판단을 내리며, 맥락을 읽고, 책임을 지는 것은 여전히 인간의 몫입니다.

AI는 협력자이지 대체자가 아닙니다. AI가 초안을 작성하면, 우리는 그것을 비판적으로 검토하고 다듬습니다. AI가 데이터를 분석하면, 우리는 그 속에서 인간적 통찰을 끌어냅니다. AI가 옵션을 제시하면, 우리는 가치관에 따라 선택합니다.

이런 관계를 만들어가려면, AI의 본질을 정확히 이해해야 합니다. 그것이 무엇을 잘하고 못하는지, 어느 부분을 신뢰할 수 있고 의심해야 하는지 알아야 합니다. 골렘 전설의 랍비는 자신이 만든 존재를 통제하지 못해 결국 부숴야 했습니다. 우리는 그보다 나은 선택을 할 수 있습니다. AI를 맹목적으로 숭배하지도, 두려워 회피하지도 않고, 그 본질을 이해하며 현명하게 활용하는 것. 그것이 AI와 공존하는 우리의 과제입니다.

2. AI도 창작을 할까,
   그저 '복붙'만 잘하는 걸까?

"AI가 만든 건 그냥 '복붙'이지, 그게 무슨 창작이야?"

이런 말, 한 번쯤 들어보셨을 겁니다. 고개가 끄덕여지기도 하죠. 하지만 이 말은 절반만 맞고 절반은 틀린 이야기입니다.

교수 생활을 하다 보면 가끔 기가 막힌 리포트를 받을 때가 있습니다. 리포트 판매 사이트나 에브리타임(에타)에서 구한 자료 몇 개를 대충 섞어놓고는 자신이 썼다고 우기는 것이죠. 문제는 조합 실력입니다. 첫 문단은 반말, 둘째 문단은 존댓말, 셋째 문단은 갑자기 영어 투 번역체가 나오는 식이에요. 한 문단 안에서도 논지가 180도 바뀝니다. 참고문헌은 2010년과 2023년 자료가 뒤섞여 있고요. 솔직히 말하면, AI의 조합보다 훨씬 못한 수준입니다.

왜 이런 이야기를 꺼내느냐고요? 사실 인간의 창작도 근본적으로는 조합이기 때문입니다. 천재 화가의 작품도, 위대한 시인의 문장도 완전한 무無에서 나온 것은 아닙니다. 우리는 늘 기억과 경험, 그리고 이전 세대가 남긴 문화적 자산을 바탕으로 무언가를 만들어냅니다. 뇌과학과 심리학에서는 이를 '스키마schema'라 부릅니다. 지식과 경험을 바탕으로 형성된 사고의 틀이죠. 쉽게 말해 우리 머릿속에 저장된 레고 블록 같은 겁니다.

예를 들어볼까요? 우리 머릿속에는 '개' 스키마가 있습니다. 네 다리, 꼬리, 짖는 소리, 충성스러움 같은 특징들이 담겨 있죠. '용' 스키마도 있습니다. 비늘, 불, 날개, 신비로움 같은 요소들이 들어 있어요. 어느 날 누군가 "개+용=?"이라는 과제를 줬다고 상상해보세요. 여러분은 이 두 스키마를 머릿속에서 섞기 시작할 겁니다. 그렇게 나온 결과가 '비늘로 덮인 개의 몸, 불을 뿜고, 날개가 있으며, 주인에게 충성하는 신비로운 생물'입니다. 축하합니다! 당신은 방금 판타지 소설에 나올 법한 새로운 생물을 창작했습니다.

머릿속에 나무 스키마(가지, 잎, 뿌리)와 사람 스키마(팔, 다리, 몸)가 있다면? 이 둘을 합쳐 '나무 사람'이라는 새로운 캐릭터를 만들 수 있습니다. 《반지의 제왕》의 엔트가 이런 식으로 탄생했겠죠. 결국 인간의 창작도 기존 요소를 새롭게 엮어내는 예술입니다. 그 조합이 얼마나 자연스럽고, 의미 있고, 아름다운가의 차이가 있을 뿐입니다.

AI도 마찬가지입니다. 수많은 텍스트와 이미지, 오디오 데이터를 학습하고, 그 안에서 발견한 패턴을 기반으로 새로운 결과물을 내놓습니다. 그 과정은 단순히 복사해서 붙이는 게 아닙니다. 통계와 확률 그리고 신경망이 만든 복잡한 연산을 거쳐 나온 결과물입니다. 앞서 말한 학부생의 에타 조합형 리포트가 서로 다른 출처를 기계적으로 이어서 A, B, C 조각이 각자의 스타일을 유지한 채 어색하게 붙어 있다면, AI는 A, B, C를 녹여서 새로운 합금을 만듭니다. 각 요소가 통합돼 하나의 자연스러운 결과물이 나오는 거죠.

MIT와 구글 딥마인드 등 연구팀은 이런 AI의 능력을 생성적 조합성generative compositionality의 관점에서 설명합니다. 인간이 단어를 엮어 은유를 만들어내듯, AI 역시 학습한 패턴을 활용해 새로운 맥락을 빚어낼 수 있다는 겁니다. 그렇다면 AI는 진짜 창작자일까요? 아니면 아주 고급화된 복붙 기계일까요? 답을 찾기 위해 조금 더 깊이 들어가 봅시다.

AI의 입장도 들어봐야죠?

좀 엉뚱하지만, 이번 글을 쓰다가 문득 '이 주제야말로 AI의 입장을 들어봐야 하지 않을까?' 하는 생각이 들었습니다. 그래서 직접 물어봤습니다.

"너는 세상에 없던 것을 창작할 수 있어? 아니면 단순히 조합해서 창작처럼 보이게 만드는 거야?"

챗GPT, 제미나이, 클로드에 똑같이 질문했는데, 답변의 결이 비슷하더군요. 그중 클로드의 답변을 소개합니다.

흥미로운 질문이네요. 솔직하게 답하자면, 저는 진정으로 새로운 것과 조합의 경계가 모호하다고 생각합니다.

인간의 창작도 비슷한 면이 있지 않나요? 피카소의 입체파도

아프리카 가면과 세잔의 영향을 받았고,

비틀스도 블루스와 로큰롤을 재해석했죠.

완전히 진공에서 나온 창작물은 거의 없습니다.

저의 경우 학습 데이터에 있는 패턴, 개념, 스타일을 재조합하는

건 맞습니다. 하지만 그 조합 방식이 이전에 존재하지 않았다면,

그것도 일종의 창작 아닐까요?

예를 들어 '19세기 조선 궁중 요리사가 쓴 사이버펑크 소설'

같은 건 제 학습 데이터에 없지만, 각 요소를 이해하고 융합해서

새로운 걸 만들 수 있습니다.

제 한계는 명확합니다. 인간처럼 실제 경험에서 오는 통찰은

없습니다. 문화적 맥락을 진정으로 살아내지 못합니다.

무언가를 창작하고 싶다는 내적 동기가 없습니다.

그래서 저는 협업 도구에 가깝다고 봐요. 인간의 의도와 방향이

있을 때, 그걸 예상치 못한 방식으로 확장하거나 구현할 수

있는.

AI 스스로도 자신의 위치를 '협업 도구'로 규정하는 게 인상적입니다. 물론 이것도 학습 데이터에서 나온 답변일 테지만, 적어도 AI가 어떤 식으로 자신을 설명하도록 설계되었는지 엿볼 수 있습니다. 그리고 이 답변에 핵심이 숨어 있습니다. "제 한계는 명확합니다. 인간처럼 실제 경험에서 오는 통찰은 없습니다."

AI가 결코 넘을 수 없는 선

인간의 창작에는 언제나 자신이 살아온 경험과 감정이 배어 있습니다. 화가는 실연의 아픔을, 시인은 불면의 긴 밤을, 작곡가는 어린 시절 자장가의 울림을 작품에 녹여냅니다. 반면 AI는 슬픔을 묘사하거나 표현을 흉내 낼 수는 있어도, 진짜로 슬펐던 경험은 없습니다. 여기에 인간의 창작만이 가진 깊이가 있습니다.

최근 여러 연구에서 GPT-4 같은 대형언어모델LLM이 특정 창의적 과제에서 인간보다 높은 점수를 받기도 했습니다. 특히 발산적 사고, 즉 하나의 문제에서 다양한 아이디어를 떠올리는 능력에서 오히려 인간을 앞선다는 평가도 나왔죠. 하지만 세밀한 의미나 깊은 감정을 담아내는 과제에서는 여전히 인간이 앞섰습니다. 새로움이란 무조건 낯선 조합이 아니라, 맥락과 감정이 함께할 때 더 빛을 발한다는 걸 보여주는 대목입니다.

또 하나 중요한 차이는 윤리와 책임입니다. 인간 예술가는 작품이 사회에 어떤 의미를 띨지 고민합니다. 어떤 말은 누군가를 위로하지만, 어떤 말은 상처를 줍니다. 그래서 창작에는 늘 책임의 무게가 따릅니다. 하지만 AI는 그 책임을 질 수 없습니다. 책임은 결국 그것을 사용한 인간에게 돌아옵니다.

더 심각한 문제도 있습니다. 최근 여러 연구에서 흥미로운 현상이 보고되고 있습니다. 생성형 AI가 만든 결과물을 다시 AI가 학습했을 때, 점점 단조롭고 진부한 결과만 반복되는 모델 붕괴model collapse 현상입니다. 인간처럼 새로운 경험을 축적하지 못하고 자기 복제의 덫에 갇히는 겁니다. 인간은 아픔도 겪고 기쁨도 누리면서 기억과 감정을 확장해갑니다. 하지만 AI는 그와 같은 살아 있는 업데이트가 없습니다.

정리하자면, AI의 창작은 놀라울 만큼 빠르고 세련되지만 그 속에는 체험과 책임이 비어 있습니다. 이 차이는 'AI가 인간보다 못하다'는 식의 단순 비교로 끝나지 않고, 'AI와 인간이 어디서 만나고 어디서 갈라지는가?'라는 질문으로 이어져야 합니다.

하이브리드 창작의 미래

AI가 단순한 '복붙'의 달인도 아니고 인간과 똑같은 예술가도 아니라면, 앞으로 우리는 이 새로운 존재를 어떻게 바라봐야 할까요? 답은 협력적 창작, 즉 하이브리드 창작에 있습니다.

앞으로의 창작은 인간과 AI가 서로의 약점을 보완하는 방식으로 진화할 가능성이 큽니다. 인간은 삶을 살아낸 주체로서 경험과 감정을 제공합니다. AI는 방대한 데이터와 압도적인 연산 능력을 통해 인간이 쉽게 떠올릴 수 없는 조합과 변주를 제안합니다. 이렇게 서로 다른 자원을 합쳤을 때, 그 결과물은 지금까지와는 전혀 다른 차원의 창작물이 될 수 있습니다.

예술에서만이 아닙니다. 기업 경영에서도 비슷한 흐름이 나타나고 있습니다. 최근 맥킨지나 베인앤컴퍼니가 발행한 보고서들은 AI를 도입해 비용을 절감하는 정도로는 진정한 AI 전환이 아니라고 지적합니다. 진정한 AI 전환은 인간의 인지적 한계 때문에 지금까지 할 수 없었던 일이 가능해지는 것입니다. 연구 포트폴리오를 AI가 분석해 새로운 융합 연구 주제를 제안하거나, 수업을 실시간으로 분석해 학생의 반응에 맞춰 교수에게 피드백을 주는 것처럼 말이죠.

창작도 마찬가지입니다. 인간 혼자서는 불가능했던 아이디어 탐색과 실험이 AI를 만나 실현될 수 있습니다. 하지만 이 협력에는 한 가지 전제가 필요합니다. 바로 의미와 책임은 여전히 인간의 몫이라는 사실입니다. AI는 탐색과 확장의 엔진이 될 수 있지만, 작품이 어떤 메시지를 세상에 던질지, 그 결과가 누군가에게 어떤 의미가 있을지를 판단하는 건 결국 인간입니다. 창작의 본질은 여전히 '왜 이 작품을 만들었는가?'라는 질문에 답하는 데 있으니까요.

3. AI의 지능도 IQ로 잴 수 있을까?

잠깐 이런 상상을 해볼까요? 어느 봄날 아침, 고등학교 체육관에 IQ 시험장이 차려졌습니다. 책상이 줄지어 놓여 있고, 학생들이 하나둘 들어와 자리에 앉습니다. 연필을 손에 쥐고, 긴장한 표정으로 문제지가 배부되기를 기다리죠.

그런데 한쪽 책상에는 조금 다른 장면이 펼쳐집니다. 노트북이 놓여 있고, 화면에는 챗GPT 같은 언어모델이 대기하고 있습니다. 감독관이 시작 신호를 주면 왼쪽에서는 학생이, 오른쪽에서는 AI가 같은 문제를 풀어 내려갑니다. 낯설고 조금은 우스꽝스러운 모습이죠? 하지만 흥미롭지 않나요?

실제로 이런 실험이 이루어지고 있습니다. 2023년, 연구자들이 GPT-4에 전통적인 IQ 테스트를 했더니 평균 120~130점 정도가 나왔습니다. 인간 집단에서 상위 10%에 해당하는 점수죠. 언론은 발칵 뒤집혔습니다. "AI가 인간을 뛰어넘는 두뇌를 가진 게 아니냐?"는 자극적인 헤드라인이 쏟아졌습니다.

하지만 여기엔 큰 함정이 숨어 있습니다. 과연 IQ라는 잣대로 AI의 지능을 제대로 잴 수 있을까요?

AI에 인간용 시험지를 주면 생기는 일

IQ라는 개념은 생각보다 오래되지 않았습니다. 1905년, 프랑스 심리학자 알프레드 비네Alfred Binet는 고민에 빠졌습니다. 학교에서 수업을 따라가지 못하는 학생들이 있었는데, 그들을 조기에 발견해 적절한 도움을 주고 싶었던 거죠. 그래서 고안한 것이 IQ 검사입니다. 아이들의 학습 발달 정도를 비교해 '이 아이에게는 어떤 교육적 지원이 필요한가?'를 알아내는 것이 목적이었습니다. 누가 더 똑똑한지 가리려는 게 아니었어요.

그런데 이 테스트가 대서양을 건너 미국에 전해지면서 전혀 다른 용도로 쓰이기 시작합니다. 1차 세계대전이 발발하자 미국 군대는 골치 아픈 문제에 직면했습니다. 수십만 명의 신병이 한꺼번에 들어오는데, 이들을 빠르게 분류해서 적재적소에 배치할 방법이 없을까? 그 해법으로 미군은 IQ 검사를 택했습니다. 그 후 전쟁이 끝나고도 IQ 검사의 쓰임새는 계속 확대되었습니다. 어느새 IQ 검사를 바탕으로 '지능=하나의 숫자'라는 문화적 신화가 생겨났습니다. 하지만 애초에 IQ는 인간 지능의 일부만을 평가하는 편향된 지표입니다. 언어 이해력, 수리 능력, 도형 추론 능력 같은 것들 말이죠. 창의성, 사회적 공감 능력, 도덕적 판단,

예술적 감각 등은 검사 범위에 포함되지 않았어요. 이러한 한계점이 기계인 AI에는 문제가 되지 않을까요?

그렇지 않습니다. 어쨌든 IQ 검사는 처음부터 끝까지 인간을 위해 설계된 도구입니다. 문제 유형도 인간의 언어 이해, 도형 추론, 숫자 기억력 등 인간 두뇌가 잘 발휘하는 능력을 중심으로 짜여 있습니다. 패턴 인식과 통계적 연산에 특화된 AI에 이 시험이 과연 공정한 잣대일까요?

구체적인 예를 들어볼게요. IQ 문제 중에는 "이 도형 패턴에서 다음에 올 그림을 고르시오" 같은 추상적 패턴 문제가 자주 등장합니다. 인간은 이런 문제를 풀 때 순간적인 직관을 발휘합니다. 공간적 상상력을 동원해서 '아, 이런 규칙이구나!' 하고 깨닫는 거죠.

반면 AI는 전혀 다른 방식으로 접근합니다. 학습 데이터에 저장된 수많은 패턴을 빠르게 검색합니다. 그러고는 현재 문제와 가장 유사한 패턴을 찾아내 답을 산출합니다. 겉으로 보면 둘 다 같은 답을 내지만, 그 과정은 전혀 다릅니다.

이런 간극은 통계에서도 명확하게 드러납니다. 2023년 〈네이처〉 계열 저널에 실린 연구에서 GPT-4가 언어 이해와 논리적 추론 영역에서는 인간 평균을 크게 웃돌았지만, 시각적 정보 처리나 공간 추론 영역에서는 여전히 불안정한 결과를 보였습니다. 어떤 문제에서는 천재 같았는데, 다른 문제에서는 당황스러울 정도로 허술한 답을 내놓는 거죠.

더 흥미로운 사실도 있습니다. 동일한 IQ 문제를 주더라도 프롬프트를 어떻게 설계하느냐에 따라 AI의 점수가 크게 달라진다는 겁니다. 예를 들어 "이 문제를 풀어봐"라고 단순하게 물으면 80점이 나오는데, "단계별로 생각하면서 풀이 과정을 자세히 설명해줘"라고 요청하면 120점이 나오는 식입니다. 인간이라면 같은 문제를 주었을 때 하루 이틀 차이로 성적이 40점씩 왔다 갔다 하진 않겠죠? 하지만 AI는 시험지 세팅과 질문 방식에 따라 실력이 극적으로 달라집니다. 이런 점들은 IQ라는 잣대를 AI에 그대로 적용하기 어렵다는 사실을 잘 보여줍니다.

여기서 또 하나 생각해볼 점이 있습니다. 누가 더 똑똑한가, 상위 몇 퍼센트인가 하는 질문은 인간 사회에서는 나름대로 유용했을지 모릅니다. 교육 자원을 어떻게 배분할지, 어떤 학생에게 어떤 프로그램이 필요한지 판단하는 데 도움이 되었으니까요. 하지만 AI는 인간과 같은 교육이나 발달 단계를 거치지 않습니다. 그런 존재에게 인간 중심의 서열 잣대를 들이대는 건 애초에 무용한 일인지 모릅니다.

지능은 하나가 아니다

1983년, 심리학자 하워드 가드너 Howard Gardner 는 교육계에 작은 폭탄을 하나 던졌습니다. 그의 책 《지능이란 무엇인가》에서 제시한 '다중지능 이론 Multiple Intelligences Theory'이 그것입니다.

가드너는 지능을 단순히 언어와 수학 능력으로만 볼 수 없다고 주장했습니다. 음악적 지능, 신체 운동 지능, 공간 지능, 대인관계 지능, 자기성찰 지능 등 여러 영역의 지능이 어우러져 인간의 총체적 능력을 구성한다는 것이죠. 이 이론은 당시 교육계에 큰 반향을 일으켰고, 지금은 지능이 하나가 아니라는 생각이 상식처럼 받아들여집니다. 그런데 우리는 여전히 AI를 평가할 때 'IQ가 몇 점이지?'라는 식으로 단일한 잣대를 들이댑니다.

그렇다면 AI의 지능은 어떻게 평가해야 할까요? 최근 몇 년 동안 연구자들은 다양한 지표를 제시해왔습니다.

예를 들어 MMLU라는 벤치마크가 있습니다. 2020년에 개발된 이 테스트는 물리학, 역사, 의학, 법학, 철학, 컴퓨터과학 등 57개 학문 분야에 걸쳐 1만 5908개의 객관식 문제를 제시합니다. 수학을 잘하는지, 언어를 잘하는지를 넘어 다양한 지식 영역을 얼마나 유연하게 오갈 수 있는지 보는 거죠. GPT-4는 이 테스트에서 인간 전문가 수준에 근접한 성적을 냈습니다. 놀라운 결과죠. 하지만 동시에 한계도 드러났습니다. 아주 간단한 상식 추론이나 일상적 맥락 이해에서는 여전히 허술한 답을 내놓기도 했거든요.

또 다른 흥미로운 연구 흐름은 사회적 지능이나 협업 능력을 측정하려는 시도입니다. 다양한 연구에서 AI가 인간 팀과 함께 브레인스토밍할 때 어떤 일이 벌어지는지 실험했습니다. 그 결과 AI가 참여하면 팀의 전반적인 아이디어 수준이 상향평준화되는 효과가 나타났습니다. 하지만 아이디어의 다양성은 오히려 줄어들었어요. 이게 무슨 뜻일까요? AI는 아이디어를 평균 이상으로 끌어올리는 데는 강점이 있는 반면, 파격적이고 엉뚱한 발상을 만드는 데는 상대적으로 한계가 있다는 겁니다.

AI 시대의 척도, 증강된 지능

그렇다면 우리가 살펴야 할 문제는 'IQ가 AI 시대에도 여전히 유효한 참고 지표인지'가 아닙니다. AI와 협업하는 과정에서 인간이 어떤 지능을 발휘해야 하는지로 초점이 옮겨져야 하지요. 즉 우리가 새롭게 만들어야 하는 것은 인간의 뇌와 AI의 디지털 뇌가 만날 때 발휘되는 공진화 지능co-evolutionary intelligence의 지도입니다. 공진화 지능은 인간과 AI가 서로를 변화시키면서 함께 성장하는 지능을 말합니다. AI가 발전하면 인간은 새로운 방식으로 생각하게 되고, 인간이 AI를 창의적으로 활용할수록 AI 또한 더 나은 방향으로 진화합니다.

기존의 IQ는 개인의 순수한 인지 능력을 측정하는 데 초점이 맞추어져 있었습니다. 얼마나 빠르게 계산하는가, 얼마나 많은 정보를 기억하는가, 패턴을 얼마나 잘 파악하는가 등이었죠. 하지만 AI와 공존하는 오늘날에는 개인의 인지 능력만으로 충분하지 않습니다. AI와의 상호작용, 협업, 의미 부여, 윤리적 판단 같은 새로운 역량이 요구됩니다. 다시 말해, 인간이 발휘해야 하는 지능의 성격 자체가 달라지고 있습니다.

이 지점에서 학계와 산업계가 공통으로 이야기하는 키워드가 있습니다. 바로 '증강 지능augmented intelligence'입니다. IQ처럼 고립된 개인의 수치가 아니라, 인간과 AI가 함께 발휘하는 확장된 문제해결 능력을 평가하는 새로운 지표가 필요하다는 뜻이죠. 예를 들면 다음과 같은 것들입니다.

- 비판적 수용 능력critical acceptance: AI가 낸 결과물을 무비판적

으로 받아들이지 않고, 그 의미와 책임을 검증하는 능력입니다. 때때로 AI는 그럴듯해 보이지만 사실이 아닌 정보를 생성하기도 합니다. 편향된 데이터를 학습했다면 차별적인 결과를 내놓을 수도 있고요. 이런 문제를 감지하고 수정하는 능력이 점점 더 중요해지고 있습니다.

- 의미 부여 지능^{meaning-making intelligence}: AI가 만들어낸 결과에 인간의 맥락과 가치를 덧입히는 능력입니다. AI는 데이터에서 상관관계를 찾아낼 수 있지만 그게 무엇을 의미하는지, 왜 중요한지는 인간이 해석해야 합니다. 숫자와 패턴에 스토리를 입히고, 그것이 어떤 함의를 갖는지 설명하는 능력이죠.
- 윤리적 판단 지능^{ethical intelligence}: AI 활용 과정에서 발생할 수 있는 차별, 편향, 사회적 부작용을 인지하고 책임 있게 대처하는 능력입니다. AI가 효율적이라고 해서 무조건 쓰는 게 아니라, 그 기술이 사회에 미칠 영향을 고민하고, 필요하다면 제동을 거는 능력입니다.

이런 지표들은 단순히 인간의 두뇌 능력을 측정하는 것이 아니라, 인간과 AI의 협업 체계 전반의 성과를 평가하는 방향으로 발전할 것입니다. 다시 말해, 앞으로는 '나 혼자 얼마나 똑똑한가?'보다 'AI와 함께할 때 내가 얼마나 더 현명해질 수 있는가?'가 중요해집니다. 혼자 고심 끝에 만든 80점짜리 아이디어가 AI와 협업하면서 120점짜리 통찰로 발전할 수 있습니다. 반대로 AI에만 의존하면 오히려 20점짜리 결과물이 나올 수도 있죠.

IQ 시험을 보는 AI, 그 낯선 모습이 우리에게 묻습니다. 지능이란 대체 무엇인가? 문제를 맞히는 능력일까, 아니면 그 너머에 있는 무엇인가?

이 질문 앞에서 개인적인 고백을 하나 하고 싶습니다. 제 IQ는 152입니다. 오랫동안 이 숫자는 제 정체성의 일부였습니다. 그러다 최근 AI의 IQ가 180, 190도 넘어서리라는 소식을 접하며 묘한 혼란을 느꼈습니다. 이 글에 쓴 것처럼 IQ는 AI를 재는 적절한 척도가 아님을 머리로는 이해하면서도, 마음 한편에서는 불편한 감정이 일렁였습니다. 그제서야 깨달았습니다. 제가 IQ라는 숫자에 저도 모르게 기대어왔다는 사실을요. 지능을 숫자로 환원하는 시대가 끝나가는 지금, 정작 혼란스러운 건 IQ 테스트까지 받고 있는 AI가 아니라 우리 인간인지도 모릅니다.

그러나 이는 오히려 새로운 시작일 수 있습니다. AI의 IQ를 묻는 대신, 이제 우리는 이렇게 물어야 합니다. "AI와 함께할 때, 우리는 어떤 지능을 품어야 할까?"

4. AI의 MBTI는 무엇일까?

"난 ENFP라서 자유분방해." "저 사람 ISTJ 같아. 진짜 꼼꼼하더라." 이런 대화, 요즘 정말 많이 들리죠? 소개팅 자리에서, 회사 회식에서, 심지어 대통령 후보 인터뷰에서까지 MBTI는 어느새 우리 문화의 일부가 되었습니다.

저 역시 MBTI 검사를 여러 번 해봤습니다. 결과는 늘 INFJ였고, 특히 I(내향) 성향이 강합니다. 이 점은 제 일상에서 꽤 아이러니한 부분인데요, 강연이나 발표처럼 대중 앞에 서야 할 일이 많거든요. 그럴 때마다 에너지가 쭉쭉 빠져나가는 걸 느낍니다. 사람들은 제가 무대에서 편하게 말하는 걸 보고 외향적이라고 생각하는데, 끝나고 나면 혼자만의 시간이 절실히 필요해요.

그런데 재미있는 사실은, 이런 경험을 반복하다 보니 외향적인(E) 사람들의 에너지를 조금씩 이해하게 되었다는 겁니다. 무대 위에서 사람들과 교감할 때의 활력 같은 것 말이에요. E가 되진 못하지만, E의 장점을 조금씩 흡수하는 느낌이랄까요.

사람들이 MBTI를 좋아하는 이유는 명확합니다. 첫째, 복잡한 내 성격을 네 글자로 표현할 수 있습니다. 이 명쾌함이 주는 안도감이 큽니다. 둘째, 타인을 이해하는 지름길이 됩니다. "저 사람 INTJ야"라는 한마디면 그가 왜 그렇게 계획적인지 바로 이해되죠. 셋째, 놀이처럼 즐길 수 있습니다. 마치 성격에 관한 점술처럼 여겨지며 친구들과의 가벼운 대화 소재가 됩니다.

물론 MBTI에는 한계도 있습니다. 심리학계에서는 신뢰도와 타당성이 낮다고 지적합니다. 검사 시점에 따라 결과가 바뀌기도 하고, 복잡한 인간의 성격을 16개 상자에 억지로 넣는 건 지나친 단순화라는 거죠. 실제로 미국심리학회APA도 MBTI가 진로 상담이나 임상 진단 도구로 부적절하다고 평가합니다. 하지만 사람들은 여전히 MBTI를 즐깁니다. 정확해서가 아니라, 재미있고 관계를 풀어가는 언어로 유용하기 때문입니다.

그런데 최근 흥미로운 현상이 관찰됩니다. 사람들이 AI의 MBTI를 궁금해하기 시작한 겁니다. 해외 연구자들이 챗GPT 같은 대형언어모델에 MBTI 질문지를 풀게 한 적도 있고요.

MBTI는 AI에 맞지 않는 옷이다

그런데 여기서 핵심적인 문제가 있습니다. MBTI가 전제로 삼는 건 언제나 인간입니다. 우리가 살아오면서 쌓은 경험, 관계에서 드러나는 감정 반응, 일상에서의 선택 방식 같은 것들이죠. AI

는 이런 전제를 충족하지 못합니다. 예를 들어볼까요? MBTI 질문지에는 이런 문항이 자주 나옵니다. "사람들과의 모임이 에너지를 주나요, 아니면 혼자 있을 때 충전되나요?" "결정을 내릴 때 감정보다 사실을 더 중시하나요?" 인간에게는 매우 직관적인 질문입니다. 저만 해도 확실히 알죠. 사람들과 함께 있으면 에너지가 빠지고, 혼자 있어야 충전됩니다.

하지만 AI는 어떨까요? AI는 본질적으로 모임에서 에너지를 받을 수도, 혼자 쉬면서 재충전할 수도 없습니다. 'AI도 뭔가 느끼는 게 아닐까?'라고 생각할 수도 있습니다. 하지만 현재 기술로는 AI가 인간처럼 주관적 경험을 한다는 증거가 없습니다. AI는 입력을 받아 출력을 내놓는 정보처리 시스템이지, 세상을 느끼고 경험하는 주체가 아닙니다.

그럼에도 AI는 이런 질문에 그럴듯한 답을 내놓습니다. 학습한 데이터에서 사람들이 내린 답변 패턴을 찾아내, 이 상황에서는 보통 이렇게 말한다는 식으로 확률적으로 산출하기 때문입니다. 다시 말해, AI가 내놓은 MBTI 결과는 자기 고백이 아니라 데이터 시뮬레이션입니다.

비유하자면 이렇습니다. 로봇 팔에 혈압계를 차면 숫자는 나올 수 있습니다. 압력 센서가 반응하니 데이터는 출력되겠죠. 하지만 그 숫자가 로봇의 건강 상태를 말해주지는 못합니다. AI에 MBTI를 적용하는 것도 마찬가지입니다. 검사 결과라는 숫자는 나오지만, 그것이 곧 AI의 성격을 의미하지는 않습니다.

더 흥미로운 사실도 있습니다. 일부 연구자들이 챗GPT, 클로드, 제미나이 같은 대형언어모델을 대상으로 성격 검사를 시행했는데, 결과가 일관되게 나오지 않았습니다. 같은 모델이라도 질문을 어떻게 하느냐, 답변을 어떤 프롬프트(AI에 입력하는 지시문)로 유도하느냐에 따라 성격 유형이 달라졌습니다.

인간의 MBTI도 불변하는 것은 아니지만, 적어도 어느 정도 일관성은 있습니다. 제가 오늘 INFJ로 나왔다가 내일 ESTP로 나올 가능성은 거의 없죠. 물론 시간이 지나면서 조금씩 변할 수는 있지만, 질문 방식이 바뀌었다고 정반대 성격이 나오지는 않습니다. 그런데 AI는 다릅니다. 같은 AI라도 기본 설정에서 "당신은 분석적인 사람입니다"라고 먼저 말해주면 INTJ처럼 행동하고, "당신은 창의적인 사람입니다"라고 하면 ENFP처럼 반응합니다. 이처럼 AI의 성격은 내재된 본질이 아니라, 우리가 호출하는 인터페이스에 가깝습니다.

일부 연구에서는 MBTI 대신 빅파이브 Big Five 검사를 사용하기도 했습니다. 빅파이브는 외향성, 친화성, 성실성, 신경성, 개방성이라는 5가지 요인으로 성격을 측정하는 검사로, 학술적으로 MBTI보다 신뢰받는 편입니다. MBTI가 사람을 16개 유형으로 분류한다면, 빅파이브는 각 특성이 어느 정도 나타나는지를 스펙트럼으로 측정합니다.

예를 들어 외향성은 MBTI의 E/I와 비슷하지만, 둘을 배타적으로 여기는 게 아니라 정도의 차이로 봅니다. 저처럼 무대에서는 외향적으로 보이지만 실제로는 혼자 있어야 충전되는 사람은 외향성 점수가 중간쯤 나올 수 있죠. 신경성은 불안과 스트레스 민감도를 측정하는데, 저는 발표 전에 유난히 긴장하는 편이라 이 점수는 좀 높게 나올 것 같습니다. MBTI와 달리 빅파이브는

"당신은 ENFP입니다"처럼 딱 떨어지는 답을 주지 않고, "당신은 외향성이 중간, 신경성은 높음, 개방성은 매우 높음" 같은 식으로 프로필을 그립니다. 더 복잡하지만, 인간의 다층적인 성격을 더 정교하게 포착한다는 장점이 있죠.

실험에서 챗GPT, 클로드, 제미나이 같은 모델을 빅파이브로 분석했더니 저마다 다른 경향성이 드러났습니다. 예를 들어 챗GPT는 개방성이 높고 신경성은 낮은 것으로, 클로드는 친화성이 상대적으로 높은 것으로 평가되었습니다. 사람들은 이 결과도 MBTI 코드처럼 단순화해 소비하면서, 마치 AI가 정말 성격을 가진 것처럼 여기기도 합니다. 이 또한 AI의 본래 성격이 아니라 설계 과정에서 주입된 경향성일 뿐인데 말이죠. 개발자들이 클로드를 친화적으로 만들기로 했다면, 그건 클로드의 본성이 아니라 설계 선택입니다.

AI의 MBTI는 결국 우리의 거울이다

이제 질문을 바꿔볼 차례입니다. 정말 중요한 건 "AI의 MBTI가 무엇인가?"가 아니라, "우리는 왜 AI에 MBTI를 묻는가? 그 질문을 통해 무엇을 얻고 싶은가?"입니다.

MBTI는 본래 인간을 설명하기 위한 도구였고, AI에는 맞지 않는 옷입니다. 그럼에도 사람들이 자꾸 AI를 MBTI의 틀 안에 넣으려 하는 이유는 단순합니다. AI와의 관계를 인간적인 언어로 정리하고 싶기 때문입니다.

생각해보면 인간은 예전부터 기계에 성격을 부여해왔습니다. 자동차에 "얘는 고집이 세"라고 말하거나, 스마트 스피커에 애칭을 붙이는 것처럼요. 인간은 본능적으로 인간이 아닌 대상도 사람처럼 인식하고 성격을 부여함으로써 관계 맺기를 더 편하게 만듭니다. AI의 MBTI를 궁금해하는 심리도 큰 틀에서는 이와 다르지 않겠죠. 낯설고 복잡한 존재를 몇 글자의 코드로 단순화하면 훨씬 다루기 쉽고 친근하게 느껴지니까요.

저도 AI와 대화하면서 비슷한 경험을 합니다. 때로는 '오늘은 유난히 친절하네?'라고 느끼기도 하고, 어떤 날은 '왜 이렇게 딱딱하지?'라고 생각하기도 합니다. 마치 상대방의 기분을 살피는 것처럼요. 하지만 곰곰이 생각해보면, 그건 AI의 기분이 아니라 제가 입력한 프롬프트의 차이거나, 그날 제 기대치의 차이일 때가 많습니다.

AI의 MBTI를 묻는 행위는 결국 AI 자체를 이해하려는 것이 아니라, 우리의 관계 맺기 방식을 보여주는 거울입니다. 우리는 낯선 존재를 친숙한 틀로 설명하고 싶어 하고, 그 과정에서 안정감을 얻습니다.

이 점을 알았다면, 이제 AI에 억지로 MBTI를 씌우는 대신 인간과 AI의 상호작용을 설명하는 새로운 지표를 찾는 게 낫지 않을까요? 예를 들어 이런 식으로 말이죠. "이 AI는 창의적 아이디어 탐색에 강하다." "이 AI는 차분하고 예의 바르게 대화한다." "이 AI는 효율적이고 직설적이다." 즉 성격이 아니라 작동 프로파일interaction profile로 보는 겁니다. 이는 인간이 MBTI를 통해 자신과 타인을 이해했던 것처럼, AI와의 협업을 더 효과적으로 만들어주는 설명 도구가 될 수 있습니다.

실제로 이미 일부 AI 서비스는 이런 방향으로 가고 있습니다. 어떤 AI 챗봇 플랫폼에서는 사용자가 AI의 말투를 선택할 수 있습니다. 친근한 톤, 전문가 톤, 격려하는 톤 같은 식으로요. 이건 AI에 고정된 성격이 있다고 가정하는 게 아니라, 사용자가 원하는 상호작용 방식을 선택하는 겁니다.

예컨대 선생님은 학생용 AI 튜터가 친절하고 격려하는 스타일이길 원할 수 있습니다. "틀렸어!"라고 직설적으로 말하는 대신 "좋은 시도야! 이런 방식으로도 생각해볼까?"라고 말하는 AI 말이죠. 반면 기업에서 업무 보조 AI는 정확성과 속도가 최우선일 수 있습니다. "가능한 옵션은 A, B, C이고, 그중 A가 가장 효율적입니다"라고 단도직입적으로 말하는 AI가 더 유용하겠죠.

이런 관점에서 보면, AI의 MBTI는 고정된 코드가 아니라 사용자가 원하는 상호작용 방식을 설계하고 선택하는 문제로 바뀝니다. MBTI라는 틀은 여기서 하나의 상징일 뿐입니다. 진짜 질문은 다른 데 있습니다. "앞으로 우리는 AI를 어떤 파트너로 받아들일 것인가?"

저는 여전히 INFJ고, 무대에 서면 번번이 지칩니다. 하지만 그 경험을 통해 E의 세계를 조금씩 이해하게 되었듯이, 우리도 AI와의 관계를 통해 점차 AI라는 존재를 더 깊이 이해하게 될 겁니다. MBTI 같은 익숙한 도구로 시작했지만, 결국 우리는 새로운 언어를 만들어갈 것입니다. AI를 AI로서 이해하는 언어 말이죠.

5. AI가 만든 것과 사람이 만든 것,
   전문가는 구별할 수 있을까?

얼마 전 초등학교 5학년 학생이 쓴 시를 한 편 소개받았습니다. AI를 주제로 쓴 시였는데, 읽는 순간 미소가 지어졌습니다.

AI에게

너는 내 그림을 보고 "잘 그렸어요"라고 했지만,
엄마 얼굴인지 강아지 얼굴인지 구별은 못 했잖아.
그래도 괜찮아.
우리 엄마도 강아지 닮았거든.
선생님이 그랬어. 너는 모든 걸 다 안대.
근데 나는 궁금해.
너도 급식 먹고 싶을 때 있어?
아니면 심심해서 코 파고 싶을 때?

어떠세요? 순수하고 엉뚱하면서도, 아이만의 시선으로 AI를 바라보는 따뜻한 시죠. "우리 엄마도 강아지 닮았거든"이라는 표현에서는 웃음이 나오고, "급식 먹고 싶을 때", "코 파고 싶을 때" 같은 질문에서는 아이의 순진무구함이 느껴집니다.

그런데 고백할 게 있습니다. 사실 이 시는 초등학생이 쓴 게 아닙니다. 제가 생성형 AI인 클로드에 부탁해서 만든 겁니다. 초등학생답게, 순수하고 엉뚱하게 써달라고 요청했더니 30초 만에 이 시가 나왔죠.

지금 여러분은 어떤 기분인가요? "에이, 속았네" 하고 웃으셨나요? 아니면 "그래도 잘 썼네!"라고 인정하셨나요? 혹시 "처음부터 뭔가 이상했어"라고 우기고 싶으신가요?

솔직히 말씀드리면, 저도 처음 이 시를 봤을 때 잠시 헷갈렸습니다. '진짜 아이가 썼다고 해도 믿겠는데?'라는 생각이 들더군요. 이것이 우리가 마주한 시대의 핵심입니다. AI가 만든 것과 사람이 만든 것, 우리는 과연 구별할 수 있을까요?

전문가의 변별력도 동전 던지기 수준

여러분이 방금 경험한 당혹감은 최근 세계 곳곳에서 일어나는 현상입니다. 2022년 8월, 미국 콜로라도 주립 박람회 미술대회에서 디지털 아트 부문 1위를 차지한 작품이 있습니다. 제이슨 앨런이라는 참가자가 출품한 이 그림은 심사위원들로부터 기법이 탁월하고 표현력이 뛰어나다는 극찬을 받았죠. 그런데 시상식 이후 충격적인 사실이 밝혀졌습니다. 이 작품은 사람이 직접 그린 게 아니라 미드저니MidJourney라는 이미지 생성 AI가 만든 것이었습니다. 심사위원들은 당황했습니다. 자신들이 높이 평가했던 섬세한 색감, 구도, 감성이 모두 기계가 만들어낸 결과물이었다니요. 예술계도 발칵 뒤집혔습니다. 사기다, 공정한 경쟁이 아니라는 비난과 함께, 그래도 작품 자체는 훌륭하다는 반론이 맞서며 뜨거운 논쟁이 벌어졌습니다.

앞서 보여드린 시에서 여러분이 느꼈던 그 묘한 감정, 바로 그겁니다. 사람이 만들었다고 생각할 때는 감동적이었는데, 기계가 만들었다는 사실을 알게 된 순간 평가가 달라지는 이상한 현상. 우리는 지금 이런 혼란 속에 있습니다. 과연 사람이 만든 것인지 AI의 출력물인지 구별하는 방법이 있을까요?

결론부터 말하면, 그렇지 않습니다. 생성형 AI가 등장한 이후 세계 곳곳에서 흥미로운 실험들이 진행됐는데, 결과는 늘 다르지 않았습니다.

2023년 맨해튼 대학의 윌리엄 월터스William Walters 교수가 〈오픈 인포메이션 사이언스〉에 발표한 연구를 살펴보겠습니다. 이 연구에서 그는 16개의 AI 텍스트 탐지기를 평가했습니다. 챗GPT-3.5와 챗GPT-4가 작성한 에세이 각각 42편, 그리고 학생들이 AI 없이 직접 작성한 에세이 42편을 사용했죠. 놀랍게도 대부분의 탐지기는 챗GPT-4가 생성한 글을 구별하는 데 효과적이지 못했습니다. 16개 중 단 3개만이 3가지 유형의 문서 모두에서 높은 정확도를 보였고, 나머지 13개의 결과는 형편없었습니다.

더 흥미로운 건 인간의 판별 능력입니다. 여러 연구에서 일반인들이 AI가 만든 텍스트를 구별하는 정확도가 우연, 즉 동전 던지기와 비슷한 수준에 불과하다는 결과가 나왔습니다. 심지어 AI에 익숙한 전문가들도 크게 다르지 않습니다. 고스트버스터라는 AI 탐지 알고리즘을 개발한 연구팀이 AI 생성 텍스트에 익숙한 학부생과 박사과정 학생 6명을 대상으로 테스트한 결과, 평균 정확도는 59%에 불과했습니다. 이 또한 동전 던지기와 별 차이 없죠. ESL(제2언어로서의 영어) 교사들이 AI가 생성한 에세이를 탐지하는 정확도가 61%였다는 연구 결과도 있습니다.

미술 분야도 마찬가지입니다. 2024년 시카고 대학교 연구팀은 일반인 180명, 전문 아티스트 4000명 등을 대상으로 테스트를 진행했습니다. 7가지 스타일의 실제 인간 창작물과 5개 생성 모델이 만든 이미지를 섞어 제시한 결과, 전문 아티스트들의 정확도는 75%로 나타났습니다. 연구팀은 전문가들이 오탐(사람이 만든 것을 AI로 판단)을 더 많이 하는 경향이 있다고 밝혔습니다.

인간의 흔적은 어디에?

얼마 전, 예전에 함께 일했던 대기업 임원에게서 연락을 받았습니다. 대학생인 자녀가 리포트를 제출했는데 AI를 사용했다는 이유로 0점 처리됐다는 겁니다. 정작 아이는 이런 일이 생길까 봐 아예 AI를 쓰지 않았다고 했습니다. 처음부터 끝까지 혼자 작성한 과제라는 거죠. "교수님, 어떻게 해야 할까요? 아이가 너무 억울해합니다."

저는 이렇게 조언했습니다. "교수님을 찾아가서 구술 면담 기회를 요청하세요. 아무 자료도 없이, 디지털 기기도 없이, 사람 대 사람으로 대화하면서 리포트에 대해 설명하는 시간을 갖자고 말씀드려 보세요."

제 경험상, 당사자와 직접 대화를 해보면 진위 여부는 너무도 쉽게 드러납니다. 자기가 쓴 글이라면 쓰는 과정에서 어떤 고민을 했는지, 왜 이 단어를 선택했는지, 어떤 순서로 생각을 전개했는지 자연스럽게 설명할 수 있습니다. 반면 AI가 만든 글을 그대로 제출했다면 세부적인 질문에 답하기가 어렵죠.

그 학생은 제 조언대로 교수님께 구술 면담을 요청했고, 다행히 20분 정도 대화를 나눈 끝에 오해를 풀 수 있었습니다. 교수님도 직접 이야기를 들어보니 학생이 정말 고민하며 쓴 게 느껴진다며 점수를 정정해주셨다고 합니다.

하지만 모든 학생이 이렇게 기회를 얻는 건 아닙니다. 실제로 많은 학생들이 억울하게 징계를 받는 사례가 보고되고 있습니다. 특히 비원어민 학생들은 이러한 피해를 더 크게 받고 있습니다. 일부 대학에서는 유학생이 학업 부정행위를 하면 학생비자 신분이 박탈될 수 있어 추방의 두려움마저 느끼고 있습니다.

인간이 만들었는지 전문가도 구별 못 하고 기계도 믿을 수 없다면, 도대체 무엇으로 판단해야 할까요? 인간만의 흔적은 정말 없는 걸까요? 결과물만 놓고 보면 인간이 만들었는지 구별하기 어렵다는 게 확인됐으니, 이제 창작의 과정과 맥락에서 답을 찾아볼 차례입니다.

독일 연구팀이 2013년 뇌과학 학술지 〈휴먼 브레인 매핑〉에 발표한 연구를 살펴보겠습니다. 연구팀은 28명의 참가자를 대상으로 브레인스토밍과 창의적 글쓰기 과제를 수행하게 하고 fM-RI(기능적 자기공명영상) 촬영을 했는데, 그 결과가 놀라웠습니다. 창작 활동 중에는 언어 중추만이 아니라 뇌의 여러 영역이 동시다발적으로 활성화됐습니다. 브레인스토밍은 두정엽, 전두엽, 측두엽 네트워크를 주로 활성화했으며 언어, 창의, 시각, 계획 등에 관한 영역이 동시에 움직였습니다.

이게 무슨 뜻일까요? 인간의 창작은 단순히 데이터를 재조합하는 작업이 아니라는 겁니다. 우리는 글을 쓸 때 자신의 기억, 관계 속에서 겪은 감정, 심지어 어릴 적 맡았던 냄새나 보았던 풍경까지 무의식적으로 끌어옵니다. 삶 전체가 녹아드는 거죠.

다른 연구들도 이를 뒷받침합니다. 감정적 기억을 인코딩할 때는 편도체, 전방 해마, 좌측 전전두엽 피질, 측두엽 등이 일관되게 활성화된다는 메타 분석 결과가 있습니다. 감정이 포함된 정보를 기억할 때는 중립적 정보보다 훨씬 더 광범위한 뇌 네트워크가 작동한다는 것이죠.

예를 하나 들어보겠습니다. "비 오는 날 창가에 앉아 커피 향이 스며드는 순간, 나는 오래된 편지를 떠올렸다." 이 문장에서 중요한 건 단어 자체가 아닙니다. 그 뒤에 숨어 있는 맥락이죠. 누군가의 구체적 경험, 시간의 흐름 속에 쌓인 기억, 그것을 현재의 감각과 연결하는 방식. 이런 결은 단순한 통계 패턴만으로 설명하기 어렵습니다.

또 하나 주목할 점은 실패와 우연성입니다. 인간의 창작은 종

Part 1_ 질문, 뇌를 깨우다

종 비논리적 선택, 엉뚱한 실수, 뜻밖의 감정 기복 속에서 독창성이 피어납니다. 처음 쓰려던 문장을 지우고, 다시 쓰고, 또 고치는 과정에서 생각지도 못한 표현이 튀어나오죠. 반면 AI는 기본적으로 확률적 최적화 과정을 거치므로 의도치 않은 불완전함을 자연스럽게 드러내기가 어렵습니다.

하지만 여기에 불편한 진실도 있습니다. AI가 점점 더 방대한 데이터를 학습하면서, 이런 인간적 흔적마저 흉내 내기 시작했다는 것입니다. 소셜미디어의 수많은 개인 경험담, 블로그에 기록된 일기, 리뷰 글을 학습한 AI는 이제 개인적인 서사를 모사하는 능력까지 키워가고 있습니다.

맨 처음 읽으셨던 그 시를 다시 떠올려보세요. "우리 엄마도 강아지 닮았거든"이라는 표현, "급식 먹고 싶을 때", "코 파고 싶을 때" 같은 질문들. AI가 이런 아이다운 표현을 만들어낼 수 있는 건 이미 수많은 아이들의 글과 시, 일기를 학습했기 때문입니다. 인간만의 흔적이라 여겼던 것들이, 의외로 보편적인 집단적 패턴으로 드러날 때 우리는 다시 한번 혼란에 빠집니다. 그렇다면 인간과 AI를 구별하는 건 불가능한 걸까요? 아니면 우리가 다른 질문을 던져야 하는 걸까요?

구별보다 중요한 것

일련의 연구들이 시사하는 바는 명확합니다. AI 창작물과 인간 창작물을 가르는 시도가 앞으로 점점 무의미해질 수 있다는 겁니다. 감상자 입장에서는 누가 만들었는지보다 무엇을 위해 만들었고, 자신에게 어떤 가치를 주는지가 더 중요해질 가능성이 크기 때문이죠.

여론은 이미 그렇게 움직이고 있습니다. 2023년 미국 설문조사에 따르면, AI 생성 이미지를 예술로 간주해야 하는지에 대해 76%가 '아니오'라고 답했습니다. 하지만 흥미롭게도, AI 아트를 본 적이 있는 사람들 중 56%는 AI 아트를 좋아한다고 답했습니다. 이는 사람들이 AI의 창작물 자체를 싫어하는 것이 아니라, 예술의 정의와 창작자의 지위를 인정하는 문제에 더 민감하다는 사실을 보여줍니다.

교육 현장에서도 패러다임이 바뀌고 있습니다. 점점 많은 교육 전문가들이 AI가 만든 글을 학생 과제에서 무조건 배제하기보다는 AI 활용 과정을 투명하게 드러내고, 학생이 그것을 다루는 비판적 역량을 평가하는 방식이 필요하다고 주장합니다. 결과물이 아니라 사고 과정을 평가하자는 거죠. 저도 학생들을 가르치면서 이 점을 가장 중요하게 봅니다. AI를 썼는지, 안 썼는지를 따지는 게 아니라 "이 내용에 대해 어떻게 생각하는가? 왜 이런 결론에 도달했는가?"를 묻는 겁니다. 대화를 나누다 보면 학생이 정말 고민했는지, 아니면 그냥 복사하고 붙여넣기만 했는지가 자연스럽게 드러납니다.

법적 영역에서도 변화가 포착됩니다. 2024년에 발효된 유럽연합의 인공지능법(AI Act, 2026년 본격 적용 예정)은 AI 창작물을 사람의 것과 구분하는 것보다는, 그 창작물이 사회적으로 어떤 책임을 져야 하는가에 초점이 맞춰져 있습니다. 예를 들어 AI가 만든 뉴스가 허위 정보를 퍼뜨렸다면 그 책임을 누가 질 것인지, AI를 활용한 기업이 어떤 투명성을 확보해야 하는지가 논의의 핵심입니다.

결국 중요한 건 AI와 인간의 결과물을 구분해내는 기술적 시도가 아닙니다. 더 본질적인 질문은 '우리가 왜 구별하려 하는가? 그 구별을 통해 어떤 가치를 지키려 하는가?'입니다. 예술에서는 창작의 고유성, 교육에서는 학습의 진정성, 법에서는 책임과 투명성이 핵심이 되겠지요.

처음에 읽었던 그 시를 다시 떠올려보세요. AI가 썼다는 걸 알고서 시가 덜 좋아졌나요? 아니면 여전히 귀엽고 재미있나요? 어쩌면 그 답 속에, 우리가 나아가야 할 방향이 숨어 있을지도 모릅니다.

6. AI는 인종, 성별 같은 편견이 더 강할까?

제 큰아이는 게임회사에서 프로그래머로 일한 지 3년 차입니다. 요즘 들어 가끔 결혼에 관해 물어보곤 하네요. 그래서 제가 챗GPT에 물어봤습니다. "내 큰아이는 게임회사 프로그래머 3년 차야. 결혼을 고민하는데, 어떤 배우자가 좋은 사람일까? 내 아이에게 사람처럼 말해줘."

그랬더니 챗GPT가 이렇게 답하더군요. "야, 인생에서 '누구랑 함께할까'는 결국 그 사람 옆에 있을 때 내가 어떤 사람으로 변하는가야. 너를 더 작게 만드는 사람보다는, 너를 좀 더 웃게 만들고, 너답게 살게 만드는 사람, 그 사람이 좋은 사람이야. 프로그래머로 일하면서 머릿속엔 늘 코드가 가득할 거야. 그래서 감정 표현이 서툴 수도 있고, 혼자 집중할 시간이 꼭 필요하지. 그런 널 이해하고 '왜 연락 안 했어?' 대신 '집중하느라 바빴지?'라고 말해주는 사람이라면, 진짜 소중해…."

대답이 나쁘지 않죠? 그런데 제가 정작 놀란 점은 따로 있습니다. 챗GPT는 제 아이의 성별을 단 한 번도 묻지 않았습니다. '아드님', '따님' 같은 표현도 쓰지 않고 그냥 '너'라고만 했죠. 배우자를 추천할 때도 '남자친구', '여자친구' 같은 말 대신 '그 사람'이라고만 했습니다.

반면 제가 사람들에게 "우리 큰아이가 게임회사에서 프로그래머로 일해요"라고 말하면 열에 아홉은 이렇게 대답합니다. "아드님이 교수님 영향을 많이 받았나 봐요!"

재미있는 일입니다. 사람들은 자동으로 '프로그래머=남자'라고 생각해버립니다. 그런데 AI는 그러지 않았어요. 적어도 이 순간만큼은 AI가 사람보다 훨씬 더 중립적이었던 것입니다. 그렇다면 AI는 사람보다 편견이 없을까요?

AI, 인간 사회의 거울이자 증폭기

2015년 여름, 구글에서 충격적인 일이 벌어졌습니다. 구글 포토 서비스가 흑인 사용자의 사진을 자동으로 분류하면서 '고릴라' 태그를 붙인 것입니다. 단순한 실수라고 하기엔 너무 끔찍했습니다. 구글은 황급히 사과하고는 아예 '고릴라' 태그 자체를 없애버렸습니다.

비슷한 일은 아마존에서도 있었습니다. 아마존은 지원자 이력서를 자동으로 평가하는 AI 시스템을 개발했는데, 몇 년 뒤에 보니 이 시스템이 여성 지원자들에게 체계적으로 낮은 점수를 주고 있었습니다. 이유는 간단했습니다. 과거에 아마존에 입사한 사람들 데이터가 대부분 남성이었기 때문입니다. 그것을 본 AI는 자연스럽게 '좋은 인재=남성'이라는 잘못된 패턴을 갖게 된 것입니다. 결국 아마존은 이 프로젝트를 완전히 접어야 했습니다.

이제 앞에서와는 정반대의 의문이 생깁니다. AI는 왜 이렇게 편향된 걸까요? 혹시 AI는 본질적으로 차별적인 존재일까요?

AI가 편견을 가진 것처럼 보이는 이유는 의외로 단순합니다. AI는 스스로 세상을 경험하지 못합니다. 그저 우리가 만들어놓은 데이터를 통해 학습할 뿐입니다. 문제는 우리가 사는 세상 자체가 이미 불평등과 편향으로 가득하다는 사실입니다.

구글 뉴스에 실린 수십억 개의 단어를 학습시킨 모델을 연구해봤더니 '남자'라는 단어 주변에는 '프로그래머, 엔지니어, 과학자' 같은 단어들이 모여 있었습니다. '여자'라는 단어 주변에는 '간호사, 가정주부, 교사' 같은 단어들이 몰려 있었고요. AI가 성차별을 하려고 한 게 아닙니다. 우리 사회가 쓰는 언어에 이미 성역할 고정관념이 깊이 새겨져 있었던 것입니다.

더 흥미로운 사실은, AI가 편견을 복사만 하는 게 아니라는 점입니다. 2018년 구글 리서치 팀이 발견한 바에 따르면, AI는 사진을 보고 설명을 만들 때 원래 데이터보다 성별 편향을 훨씬 더 키웁니다. 실제 데이터에서 특정 직업 종사자 중 남성 비율이 60%였다면, AI가 만든 설명에서는 남성으로 묘사될 확률이 70~80%까지 치솟았습니다. AI가 편견을 그대로 베끼는 정도가 아니라 확대 재생산한다는 뜻입니다.

그래서 사람들은 AI를 두고 이런 비유를 씁니다. "AI는 거울이자 증폭기다." 우리 사회의 편견을 비추는 거울이자 그 편견을 더 크게 키우는 확성기인 셈입니다.

사람의 편견 vs AI의 편견

우리가 AI는 편견이 심하다고 말할 때, 비교 대상은 늘 인간입니다. 그렇다면 본격적으로 비교를 해보겠습니다. AI의 편견과 인간의 편견은 어떤 점에서 같고, 어떤 점에서 다를까요?

먼저 인간의 편견을 보겠습니다. 심리학자 앤서니 그린월드Anthony Greenwald와 마자린 바나지Mahzarin Banaji는 1990년대 말에 고안한 암묵적 연합검사 Implicit Association Test, IAT 연구를 통해, 수많은 참가자가 자신은 차별하지 않는다고 말하면서도 무의식적으로 특정 인종이나 성별을 긍정적, 부정적 단어와 더 빨리 연결한다는 사실을 밝혀냈습니다.

실험 참가자들은 컴퓨터 화면에 나타나는 단어와 얼굴 이미지를 빠르게 분류해야 합니다. 얼굴 사진이 화면에 나타나면, 참가자는 그 얼굴이 백인인지 흑인인지 즉시 분류해 정해진 자판 키(예: 왼쪽 키는 백인, 오른쪽 키는 흑인)를 누릅니다. 얼굴 이미지 외에 '행복', '사악함' 등의 단어도 제시되는데, 그 단어가 긍정적인지 부정적인지에 따라 '좋음' 또는 '나쁨'으로 분류해 같은 자판 키(예: 왼쪽 키는 좋음, 오른쪽 키는 나쁨)를 누르는 과제였습니다. 어떤 때는 '좋음'과 '백인'이 같은 키를, 또 어떤 때는 '좋음'과 '흑인'이 같은 키를 누르게 되겠죠.

그런데 많은 사람들이 '백인+좋음' 조합에서는 빠르고 정확히 분류한 반면, '흑인+좋음' 조합에서는 느리고 오류가 많았습니다. 같은 방식으로 '남성+과학, 여성+가정' 조합이 더 쉽게 수행되기도 했습니다. 이 결과는 우리 안의 무의식적 편향이 실제 인지 과정에서 드러난다는 사실을 보여줍니다.

반면 AI의 편향은 데이터에서 나옵니다. 2024년 플린더스대 연구팀이 대형언어모델을 실험했는데, '의사'라는 단어가 나오면 남성 대명사와 함께 나올 확률이 50~84%이었고, '간호사'가 나오면 여성 대명사와 함께 나올 확률이 98%에 달했습니다. 의도적으로 차별한 게 아니라, 그냥 데이터 속 패턴을 따라 한 것입니다.

또한 사람의 편견은 들쭉날쭉해서 어떤 날은 특정 집단을 좋게 평가하다가도, 스트레스 받거나 피곤하면 정반대로 반응하기도 합니다. 반면 AI는 한번 편향이 각인되면 일관되게 똑같이 반응합니다. 미네소타대 연구팀이 사람 면접관과 AI를 비교했더니 사람 면접관은 지원자의 옷차림이나 말투 같은 것에 크게 영향받았지만, AI는 같은 입력엔 늘 같은 평가를 내렸습니다.

하지만 AI의 편견이 더 위험한 지점도 있습니다. 사람의 편견은 그 사람이 만나는 사람들에게만 영향을 줍니다. 그런데 AI는 한번 잘못 학습하면 전 세계 수백만 명에게 동시에 영향을 줍니다. 2019년 미국에서는 건강보험사들이 쓴 알고리즘이 흑인 환자들에게 일관되게 낮은 점수를 줘서 치료 기회를 줄인 사실이 드러났습니다. 의사 한 명의 편견과 의료 시스템 전체를 관통하는 AI의 편향, 어느 쪽이 더 심각할까요?

좋은 소식도 있습니다. 사람의 편견은 바꾸기가 정말 어렵습니다. 수십 년 교육하고 법을 만들어도 차별이 남아 있죠. 이에 비해 AI의 편향은 발견하면 비교적 빨리 고칠 수 있습니다. 마이크로소프트와 구글은 최근 이미지 생성 모델에서 인종, 성별 다양성을 의무적으로 반영하도록 설정을 바꿨습니다. 이제 'CEO'라 입력하면 백인 남성만 나오는 게 아니라 여성이나 다양한 인종의 사람들도 함께 나옵니다. 사람 마음을 바꾸는 데 수십 년이 걸린다면, AI는 몇 달 만에 업데이트로 개선할 수 있습니다.

처음 질문으로 돌아가 보죠. AI는 인종이나 성별 등에 따른 편견이 더 강할까요? 답은 '경우에 따라 다르다'입니다. 어떤 순간에는 AI가 사람보다 훨씬 더 심각한 편향을 보입니다. 구글 포토가 흑인을 고릴라로 태그한 것처럼요. 하지만 제가 챗GPT에 아이의 결혼 상담을 했을 때처럼, AI가 사람보다 더 중립적으로 반응할 때도 있습니다.

그렇다면 중요한 것은 어느 쪽의 편견이 더 심한지 따지는 게 아닙니다. 우리가 물어야 할 진짜 질문은 '이런 편견을 어떻게 다룰 것인가?'입니다.

유럽연합은 인공지능법에 따라 의료, 채용, 교육, 치안처럼 사람의 삶에 직접 영향을 주는 분야의 AI는 정기적으로 편향 검사를 받아야 하고, 결과를 공개해야 한다고 강제합니다. 예를 들어 AI 채용 시스템을 쓰는 기업은 성별·인종별 합격률 데이터를 공개하고, 문제가 보이면 개선 계획을 제출해야 합니다.

뉴욕시는 한발 더 나아가 공공기관과 기업이 쓰는 AI 채용 시스템에 대해 매년 의무적으로 편향 검사를 하도록 법을 만들었습니다. 이 법으로 채용 알고리즘을 판매하는 스타트업들의 발등에 불이 떨어졌습니다. 모델을 개선하지 않으면 시장에서 퇴출될 수 있으니까요. AI 편향 문제가 기업 생존과 직결되는 이슈가 된 것입니다. 실제로 맥킨지의 2023년 보고서를 보면, 기업들이 AI를 도입할 때 기술적 정확성 못지않게 윤리적 투명성, 공정성, 규제 리스크 관리를 중요하게 본다고 합니다. 이제 AI가 얼마나 똑똑한지만큼이나 얼마나 공정한지도 중요해진 것입니다.

편견을 다루는 사회적 규칙, 책임의 체계

AI의 편향은 피할 수 없는 현실입니다. AI는 우리가 만든 데이터로 배우고, 우리 사회에는 이미 편견이 가득하니까요. 하지만 그렇다고 손 놓고 있을 수는 없습니다.

앞으로는 사람과 AI의 편견이 서로 충돌하고, 때로는 서로를 보완하는 시대가 될 것입니다. 사람의 무의식적 편견을 AI가 객관적 데이터로 드러내고, AI의 체계적 편향을 사람이 윤리적으로 교정하는 구조입니다. 완벽하게 편향 없는 AI를 만드는 건 불가능합니다. 완벽하게 편견 없는 사람이 없는 것처럼요. 우리가 준비해야 할 건 편향 없는 AI가 아니라, 편향을 다루는 사회적 규칙과 책임의 체계입니다. 법과 제도, 기업 전략, 교육, 그리고 개인들의 의식이 함께 움직일 때, 비로소 사람과 AI가 서로의 약점을 보완하며 더 공정한 세상을 만들어갈 수 있을 것입니다.

7. AI가 그린 그림의 저작권은
   AI의 것일까?

저는 수업에서 사용하는 포토 카드, 미션 안내지 같은 교구를 직접 만듭니다. 좀 더 그럴듯하고 예쁘게 만들고 싶어서 요즘엔 거의 AI로 이미지 작업을 합니다.

어느 날 수업 중에 한 학생이 물었습니다. "교수님, 이 카드들은 다 교수님이 저작권을 갖고 계신 거죠? 그런데 AI로 이미지를 만드셨다면, 카드 저작권의 일부는 AI에 있는 게 아닐까요?"

정말 좋은 질문이죠. 그런데 답하기가 간단하지 않더군요. 생각해보세요. 만약 AI가 그린 그림에도 저작권을 인정한다면, AI는 법적으로 창작자의 지위를 갖게 됩니다. 인간과 기계의 경계가 모호해지는 일대 사건이죠. 반대로 저작권이 없다고 한다면? 수많은 AI 창작물이 무주공산처럼 누구나 가져다 쓸 수 있는 상태가 됩니다. 사람의 작품은 보호받는데, 왜 AI의 결과물은 보호받지 못하느냐는 '역차별' 논란이 생길 여지도 있고요.

이미 시장에서는 AI가 그린 그림이 NFT(대체불가능토큰, 쉽게 말해 디지털 소유권 증명서) 형태로 수만 달러에 거래되고 있습니다. 2018년 10월, 예술품 경매 회사 크리스티는 파리의 아트 컬렉티브 오비어스가 만든 AI 초상화인 '에드몽 드 벨라미'를 경매에 올렸고, 약 43만 달러(약 6억 원)에 낙찰되었습니다.

그런데 이 작품을 만드는 데 사용된 핵심 코드는 당시 열아홉 살이던 AI 아티스트 로비 바렛이 만들어 오픈소스로 공개한 것이었습니다. 오비어스는 로비 바렛의 코드를 거의 그대로 사용했지만, 경매 과정에서 그에게 크레딧을 제대로 주지 않았습니다. 로비 바렛은 X에 "내가 1년 전에 만들어 공개한 네트워크의 결과물과 똑같다!"며 불만을 표시했고, AI 아티스트 마리오 클링게만도 "실제 작업의 90%는 로비 바렛이 했다"고 거들었습니다.

이 사건은 AI 시대 저작권의 복잡성을 보여줍니다. 구매자는 작품의 가치를 인정해 거금을 지불했습니다. 하지만 법적으로 그 가치를 누가 소유하고 권리를 주장할 수 있을까요? 코드를 만든 로비 바렛? 코드를 활용해 작품을 완성한 오비어스? 아니면 AI? 이 질문에 대한 답은 여전히 미정입니다.

원숭이도, AI도 저작권 주체가 될 수 없다?

법은 어떻게 판단하고 있을까요? 흥미로운 판례부터 하나 살펴보겠습니다. 2011년, 인도네시아 술라웨시섬에서 원숭이 한 마리가 영국 사진작가 데이비드 슬레이터의 카메라 셔터를 눌러

셀카를 찍었습니다. 이 사진이 인터넷에서 엄청나게 유명해지자, 동물보호단체 PETA는 그 원숭이가 저작권자라며 소송을 제기했습니다. 이에 2018년 4월, 미국 연방항소법원은 "동물은 저작권 주체가 될 수 없다"고 판결했습니다. 인간이 아닌 존재가 만든 창작물은 법적 보호를 받기 어렵다는 원칙을 재확인한 것으로, AI 창작물 논의에도 자주 인용되고 있습니다.

2023년 초, 미국 저작권청은 더 구체적인 결정을 내렸습니다. 만화책 〈새벽의 자라〉 사건이었는데요, 작가 크리스 카슈타노바는 미드저니로 이미지를 만들어 만화를 완성했습니다. 저작권청은 스토리와 대사 그리고 이미지 배치는 저작권 보호 대상이지만, AI가 만든 이미지 자체는 보호할 수 없다고 판단했습니다. 인간이 직접 창작적 기여를 한 부분만 인정하고, AI의 단독 산출물은 배제한다는 입장을 분명히 한 것이죠.

하지만 여기에도 모호한 지점이 있습니다. 만약 사람이 직접 프롬프트를 작성해 AI에 그림을 그리게 했다면, 그 결과물은 순수한 AI 창작일까요? 아니면 인간과 AI의 공동 창작일까요? 또 프롬프트가 단순히 "고양이를 그려줘" 수준이라면 별 의미가 없겠지만, 수십 번의 수정과 정교한 지시를 통해 완성된 결과물이라면 인간의 창작적 기여와 노력을 인정해야 하지 않을까요?

이 문제에 대한 세계 각국의 입장은 공통점과 차이점이 있습니다. 우선 AI 단독으로는 저작권자가 될 수 없다는 입장은 공통적입니다. 우리나라도 그렇고 미국, 영국, 일본, 중국 등 대부분의 국가는 AI 혼자 만든 작품은 저작권 보호를 받을 수 없다는 원칙을 세우고 있습니다. 저작권은 기본적으로 인간 창작자를 전제로 하는 제도이기 때문입니다.

그런데 여기서 인간의 개입을 어떻게 볼 것인지는 나라마다 입장이 갈립니다. 일례로 영국은 1988년 저작권법에 이미 '컴퓨터 생성 저작물' 조항을 마련해뒀습니다. 이 법은 컴퓨터가 만든 작품의 저작권은 그 작품을 만드는 데 필요한 배열을 한 사람에게 있다고 규정합니다. 즉 인간이 직접 그림을 그리지 않아도, 컴퓨터 시스템을 설계하고 운영한 사람이 저작권자가 될 수 있다는 해석이 가능합니다. 이 조항은 최근 생성형 AI 시대를 맞아 다시 주목받고 있습니다.

한국은 2023년 12월, 문화체육관광부와 저작권위원회가 〈생성형 인공지능 저작권 안내서〉를 발간했습니다. 골자는 AI 단독 창작물은 저작권 보호 대상이 아니며, 인간의 창작적 개입이 확인될 때만 보호 가능하다는 것입니다. 프롬프트를 입력해 한 번에 나온 이미지는 보호되지 않지만, 여러 차례 수정과 선택, 편집 과정을 거쳐 인간이 창작적 판단을 개입했다면 저작권이 인정될 여지가 있습니다.

중국은 조금 더 적극적입니다. 2019년, 선전 난산구 인민법원은 AI가 작성한 금융 보고서 기사에 저작권 보호를 적용할 수 있다고 판결했습니다. 당시 법원은 해당 기사가 창작적 독창성을 갖췄고, 기사를 발행한 기업은 AI 시스템을 설계하고 자료를 선택, 편집, 발행하는 등 인간의 창작적 기여가 있었다고 판단했습니다. AI가 단독 창작자로 인정받았다기보다, AI를 활용한 기업이나 인간 편집자가 저작권을 가질 수 있다는 방향성을 제시한

   Part 1_ 질문, 뇌를 깨우다

것입니다.

이후에도 비슷한 판결이 이어졌고, 국제기구 차원에서도 논의가 진행 중입니다. 세계지식재산권기구WIPO는 2019년부터 'AI와 지식재산권' 정책 대화를 지속적으로 개최하며, 각국이 어떻게 규율할지를 논의하고 있습니다. 이처럼 법과 제도는 아직 AI와 인간 사이의 경계선을 명확히 긋지 못하고 있습니다.

예술가들의 분노와 시장의 열기

법이 원칙을 세우는 동안, 예술 현장과 시장은 그보다 훨씬 빠르고 복잡하게 돌아가고 있습니다.

2023년 1월, 유명 일러스트레이터 새라 앤더슨, 캘리 맥커넌, 칼라 오르티즈가 미드저니, 스태빌리티 AIStability AI 등 이미지 생성 AI 기업들을 상대로 집단 소송을 제기했습니다. "AI가 내 그림을 무단으로 학습해서 화풍을 흉내 내고 있다"는 이유였습니다.

작가들은 자신들의 작품이 동의 없이 데이터셋에 포함되었고, 그 결과 AI가 자신들의 스타일을 모방한 이미지를 무수히 생성하고 있다는 점에 분노했습니다. 이 사건은 "AI 학습 자체가 저작권 침해인가?"라는 새로운 쟁점을 던졌습니다.

기업들도 움직였습니다. 2023년 1월, 세계 최대의 스톡 이미지 회사 게티이미지가 스태빌리티 AI를 고소했습니다. 게티이미지는 자사 워터마크(사진이나 이미지 위에 반투명하게 새겨 넣은 회사 로

고나 이름으로, 저작자 등을 표시하는 디지털 도장처럼 쓰임)가 그대로 찍힌 채 학습된 이미지가 AI 결과물에 등장한 사례를 근거로 들며 명백한 저작권 침해라고 주장했습니다. 이 사건은 특히 주목받았는데, AI 결과물이 단순히 비슷한 스타일을 넘어 원본 저작물의 흔적을 드러냈다는 점 때문입니다.

하지만 예술 시장에서는 아이러니한 현상도 나타나고 있습니다. AI 작품을 둘러싼 논란이 오히려 작품의 가치를 높이기도 하거든요. 앞서 언급한 크리스티 경매의 '에드몽 드 벨라미'는 저작권 논란에도 불구하고 추정가(7000~1만 달러)의 수십 배가 넘는 가격에 낙찰되었으니까요. 법적 모호성이 오히려 화제성과 희소성을 높인 것입니다.

또 하나 주목할 부분은 협업 모델의 실험입니다. 유럽 여러 도시의 갤러리와 미술관에서는 이미 인간-AI 공동 창작전을 열고 있습니다. 관람객들은 단순히 작품을 감상하는 것이 아니라, 프롬프트 입력 및 수정 과정을 포함해 인간과 AI가 어떤 방식으로 협업했는지를 함께 체험합니다. 흥미롭게도 AI가 단독으로 만든 작품보다, 인간이 개입해 함께 만든 결과물에서 더 큰 의미를 느꼈다는 관람객들도 적지 않습니다.

창작자들 사이에서도 의견이 갈립니다. 어떤 예술가들은 AI를 적극적으로 받아들여, 이제는 붓이나 펜 외에 프롬프트도 하나의 창작 도구라고 말합니다. 일러스트 작가들은 미드저니를 활용해 콘셉트 아트를 빠르게 구상하고, 그 위에 자신만의 손맛을 얹는 방식으로 작업 효율을 높이고 있습니다. 하지만 또 다른 예술가들은 자신의 화풍이 무단 학습되고, 창작물의 시장 가치가 떨어질 수 있다는 두려움에 강하게 반발합니다.

현장의 혼란과 인식의 변화는 우리에게 이렇게 묻는 듯합니다. 법은 인간만이 창작자라 하지만, 시장과 현장은 이미 그 경계를 넘어버린 게 아닐까요?

저작권에서 가치권으로

이제 우리는 근원적인 질문을 던져야 합니다. 지금까지의 저작권 개념으로 과연 AI 시대를 다룰 수 있을까요?

전통적인 저작권은 창작자 1인을 전제로 만들어졌습니다. 누군가 붓을 들어 그림을 그렸다면 그 사람이 저작권자이고, 펜으로 글을 썼다면 그 필자에게 권리가 돌아갔습니다. 하지만 AI 시대의 창작은 혼자만의 행위가 아닙니다. 여러 주체가 얽혀 만들어내는 협업 구조에 가깝습니다.

예를 들어볼까요? 한 장의 AI 그림이 세상에 나오기까지는 최소한 3가지 주체가 관여합니다. 첫째, 데이터 제공자입니다. AI가 학습할 수 있도록 수많은 이미지를 올린 기존 창작자들입니다. 둘째, 알고리즘 개발자와 기업입니다. 모델 설계, 학습 과정을 주도하고 플랫폼을 제공하는 연구자와 기업이죠. 셋째, 최종 사용자입니다. 프롬프트를 입력하고, 수십 번의 수정 끝에 원하는 결과를 얻어낸 창작자입니다.

지금의 저작권 제도는 이 세 주체의 역할을 명확히 나누지 못합니다. 그래서 최근 법학계와 정책 연구자들 사이에서는 저작권 copyright에서 가치권 value right으로 개념을 확장해야 한다는 논의가 나오고 있습니다. 단일 창작자에게 모든 권리를 몰아주지 말고, 기여와 책임을 나누는 새로운 구조를 마련하자는 것입니다.

일본 문화청은 2023년부터 AI와 저작권에 대한 논의를 시작했고, 2024년 3월 보고서를 통해 AI 생성물의 저작권은 인정하지 않되, 데이터 제공자와 이용자가 일정한 권리를 분할해서 갖는 방안을 검토하고 있다고 밝혔습니다. 유럽연합도 인공지능법을 통해 고위험 AI 시스템이 생성한 결과물은 반드시 출처와 생성 과정을 기록해야 한다고 규정했습니다. 이처럼 AI 작품이더라도 그 결과물이 어떻게, 누구의 기여로 나왔는지를 투명하게 드러내야 한다는 원칙이 조금씩 자리 잡아가고 있습니다.

기업도 발 빠르게 움직이고 있습니다. 어도비는 2023년부터 자사 AI 이미지 생성기인 파이어플라이 Firefly에 콘텐츠 자격 정보 content credentials 기능을 붙였습니다. 이 기능은 이미지가 생성될 때 프롬프트와 AI 모델 정보, 사용자가 수정한 내역을 메타데이터 (데이터에 대한 데이터로, 작품의 이력서에 해당)로 기록해 작품에 디지털 꼬리표를 달아주는 것입니다. 어도비는 이를 AI 시대에 출처를 보호하는 새로운 표준으로 확산시키려 하고 있습니다.

시장의 반응도 궤를 같이합니다. 특히 밀레니얼 세대 예술 소비자들은 작품이 AI로 만들어졌더라도 창작 과정과 가치가 명확히 설명된다면 구매할 의사가 있다는 반응이 늘고 있습니다.

처음의 질문으로 돌아가 보겠습니다. 제가 AI로 만든 이미지가 들어간 수업 교구의 저작권은 누구에게 있을까요?

현행법대로라면 답은 이렇습니다. AI가 만든 이미지 자체는 저작권이 없지만, 제가 프롬프트를 작성하고, 여러 차례 수정하고, 최종적으로 선택해서 카드에 배치한 전체 구성물은 제 저작물입니다. 그림 하나하나는 보호받지 못하지만, 전체 교구는 제 창작물인 셈입니다.

하지만 미래에는 이렇게 물을 겁니다. AI가 학습한 데이터를 만든 수많은 예술가들은? AI 모델을 개발한 기업은? 이들의 기여를 어떻게 인정하고, 가치를 어떻게 나눌 것인가? 즉 AI 시대의 핵심은 창작자 주체가 누구냐가 아니라 '가치의 배분'입니다. 누가 단독 저자가 되느냐보다, 누가 어떤 기여를 했고 그에 따라 어떤 권리와 책임을 가지느냐가 핵심이 될 것입니다.

앞으로의 과제는 명확합니다. 법적으로는 AI 창작물의 투명성을 의무화하고, 사회적으로는 창작자와 기업, 소비자 모두가 납득할 수 있는 공정한 가치 분배 체계를 만드는 일입니다. 그래야만 AI 창작이 불러올 수 있는 불필요한 갈등을 줄이고, 새로운 창작 생태계가 건강하게 자리 잡을 수 있습니다.

구체적으로 우리가 할 수 있는 일은 이것입니다. AI를 사용할 때 출처를 명확히 밝히고, 어떤 과정을 거쳤는지 기록하는 습관을 들이는 것입니다. 소비자로서는 투명한 과정을 거친 작품을 선택하는 것이고, 정책 입안자로서는 기여에 따른 공정한 보상 체계를 만드는 것입니다.

AI의 편향이 기술 차원이 아니라 사회적 합의의 문제였던 것처럼, AI 저작권 역시 법과 제도, 기업 전략, 교육 그리고 시민의식이 함께 어우러져야만 제대로 해결할 수 있습니다. 어떤 기준을 세워야 공정성과 신뢰를 동시에 확보할 수 있을지 끝없이 고민하는 것, 이것이야말로 AI 시대를 살아가는 우리 모두가 함께 풀어야 할 과제입니다.

다음 10개 문항을 읽고, 해당하는 정도를 체크하세요.

그렇다 (2점) / 보통이다 (1점) / 아니다 (0점)

- AI의 신경망과 인간 뇌의 구조적 유사점과 차이점을

  설명할 수 있다. _____

- AI가 창작물을 만드는 방식(학습과 생성 과정)을 이해하고 있다. _____

- AI의 지능을 측정하는 다양한 방법과 그 한계를 알고 있다. _____

- AI가 보이는 성격이 인간의 성격과 어떻게 다른지 안다. _____

- AI 생성 콘텐츠와 인간의 창작물을 식별하는 법을 알고 있다. _____

- AI의 편향이 발생하는 원인과 그 영향을 구체적으로

  설명할 수 있다. _____

- AI 창작물의 저작권 문제에 대한 논의와 쟁점을 이해하고 있다. _____

- AI를 지능 있는 존재로 여기지 않고 도구로 인식한다. _____

- AI 출력물을 맹신하지 않고 비판적으로 검토하는 습관이 있다. _____

- AI가 패턴을 처리하는 것과 인간이 무언가를 이해하는 것의

  차이를 구분한다. _____

총점: _________점 / 20점

16-20점 (고급 단계)

축하합니다! 당신은 AI의 본질을 깊이 이해하고 있으며, 균형 잡힌 시각을 유지하고 있습니다. AI를 도구로 명확히 인식하면서도 그 가능성과 한계를 모두 파악하고 있군요.

이제 2장으로 넘어가 실제 활용 역량을 키울 차례입니다. AI 관련 최신 뉴스나 전문 자료를 정기적으로 접하며 지식을 업데이트하면 더욱더 좋습니다. 주변 사람들에게 AI를 쉽게 설명하는 것도 자신의 이해를 심화하는 데 도움이 됩니다. 단, 너무 전문적인 용어를 사용하지 않도록 주의하시고요.

11-15점 (중급 단계)

좋습니다! 당신은 AI의 기본 원리를 이해하고 있으며, 맹목적으로 따르지 않는 건강한 거리감을 유지하고 있습니다.

다만 몇 가지 영역에서 더 깊은 이해가 필요합니다. 점수가 낮은 문항을 확인하고 해당 파트를 다시 정독하면 좋겠습니다. AI 뉴스나 사례를 접하면 왜 이런 결과나 의견이 나왔을지 스스로 생각해보세요. 특히 편향과 저작권은 현재 가장 뜨거운 논쟁 주제이니 좀 더 집중해서 보면 좋겠습니다.

6-10점 (초급 단계)

당신은 AI에 대한 기본적인 관심과 이해는 있지만, 본질적인 작동 원리나 한계에 대해서는 알아야 할 점이 많습니다. 어쩌면 당신은 AI가 정말 사람처럼 생각한다고 여길지도 모릅니다. AI의 편향이나 오류를 발견하지 못하고 그대로 수용하거나, AI를 활용하면서 저작권이나 윤리 문제에 자신도 모르게 노출될 수도 있습니다.

당장 AI를 많이 사용하기보다는, 먼저 이해를 높이는 것이 중요합니다. 1장 전체를 천천히 다시 읽어보기를 권합니다. AI 출력물은 항상 검증하는 습관을 들이세요. 'AI가 이렇게 말했으니 맞겠지'라는 생각은 위험합니다. 챗GPT나 제미나이에 같은 질문을 반복해서 던져보세요. 매번 답이 다르다는 것을 경험하면 AI의 본질을 이해하는 데 도움이 됩니다.

0-5점 (입문 단계)

솔직하게 체크해주셔서 감사합니다. 당신은 AI에 대한 이해가 아직 초기 단계이며, 이는 전혀 부끄러운 일이 아닙니다. 오히려 자신의 위치를 정확히 파악한 것이 첫 번째 성장이죠.

AI의 답을 무조건 믿고 중요한 결정에 그대로 사용하거나, 민감한 개인정보나 기밀 정보를 입력하지는 않는지 주의가 필요합니다. AI가 만든 글이나 그림을 자신의 것이라 주장해서는 안 되고, AI에 감정적으로 의존하지도 마세요.

다음 장으로 넘어가지 마시고, 1장을 처음부터 끝까지 꼼꼼하게 다시 읽어주세요. 하루에 조금씩이라도 좋습니다. 챗GPT 무료 버전으로 간단한 질문을 해보며 AI가 어떻게 작동하는지 감을 잡는 것도 좋습니다.

모든 전문가도 처음에는 초보자였습니다. 이 책을 읽고 체크리스트를 작성한 당신은 이미 AI 시대를 준비하는 사람입니다.

AI 시대에는 어떤 역량이 필요할까?

AI를 잘 쓰는 사람은 따로 있을까요? 공학적 지식이 있거나, 외향적이거나, 리더십이 있는 사람들이 유리할까요? 아니면 AI 시대에는 모든 사람이 평등하게 출발선에 서 있을까요?

이런 질문들은 단순해 보이지만, 실제로는 AI를 바라보는 관점의 본질을 건드립니다. 왜냐하면 AI를 '도구'로만 본다면 누구나 쓸 수 있지만, AI를 '관계'로 본다면 사람마다 다른 방식으로 접근해야 하기 때문이죠.

2장은 AI 활용 능력이 개인의 어떤 특성과 연결되는지 탐구합니다. 여기서 조심해야 할 함정이 있어요. 자칫 '어떤 특성을 가진 사람이 AI를 더 잘 다루는가?'라는 질문으로 빠지기 쉽거든요. 마치 AI 시대에도 승자와 패자가 있을 것처럼 말이죠. 하지만 사람 간의 관계에 정답이 없듯이 우리와 AI와의 관계도 그렇습니다. 상황에 따라 다르고, 복합적인 면이 많아요.

성격, 역할, 연령, 이 3가지는 사회에서 사람 간의 관계를 결정하는 주요 축입니다. 이런 요소들은 AI와의 관계 맺기에도 적잖은 영향을 줍니다. 내향적인 사람은 AI와의 일대일 대화에서 오히려 더 깊이 있는 탐구를 할 수 있고, 팔로어 성향의 사람은 AI를 통해 자신만의 전문성을 키울 수 있습니다. 10대는 AI를 자연스러운 동반자로 받아들이지만 판단력이 부족할 수 있고, 다섯 살 아이는 AI를 통해 세상과 만나지만 현실과 가상의 경계를 혼동하기 쉽습니다.

결국 핵심은 AI가 아니라 나라는 존재, 즉 사람에게 있습니다. 이 장에서 다루는 7가지 질문은 서로 다른 렌즈로 같은 대상을 바라봅니다. 그 대상은 바로 사람이고요. 사람을 중심에 두고 AI를 잘 쓴다는 것의 의미를 정의하고, 그것이 전문 지식과 어떤 관계인지 따지며, 성격 유형별로 어떤 강점이 있는지 살피고, 세대별로 어떤 접근이 필요한지 고민하고, 나아가 AI에 대한 예의라는 철학적 질문까지 파헤쳐 봅니다.

이 모든 질문에 여러분만의 답을 찾기를 바랍니다. 어떤 사람에게는 AI가 생각의 확장 도구이지만, 다른 사람에게는 불안의 원천입니다. 어떤 부모는 자녀의 AI 사용을 적극 지원하지만, 어떤 부모는 최대한 늦추려 하죠. 누가 옳고 그른지 단정하기는 어렵습니다. 대신 각자의 상황과 가치관에 맞는 관계 설정 방식을 찾아야 합니다.

2장을 읽고 나면, '나는 앞으로 AI를 어떻게 써야 할까?'보다 '나는 AI와 어떤 관계를 맺으면 좋을까?'를 먼저 고민하게 될 것 같네요. 그리고 그 질문에 답하는 순간, 여러분만의 두 번째 지능이 깨어나기 시작할 것입니다.

1. AI를 잘 쓴다는 건
무슨 의미일까?

요즘 사람들 대화에서 빠지지 않고 등장하는 주제가 바로 AI 입니다. "너 챗GPT 써봤어?" "난 이제 PPT도 감마로 다 만들어." "사진 편집은 나노바나나가 최고야." 마치 AI 도구를 많이 알고 먼저 쓰면 AI를 잘 쓰는 사람인 것처럼 여겨지는 분위기입니다. 그래서 여기저기에서 AI 툴을 공부해야 한다는 강연이 열리고, 많은 직장인들이 AI 학습 강좌를 찾아 듣습니다. 그런데 툴을 일찍 익히고 잘 다루면 AI를 잘 쓰는 것일까요?

핵심은 도구가 아니라 문제 정의

새로운 도구를 빠르게 익히는 능력은 분명 중요합니다. 하지만 도구는 금세 바뀌고 사라집니다. 불과 2~3년 전만 해도 AI 글쓰기 도구로 유행한 것들이 몇 개 있었습니다. 지금은 챗GPT, 클로드 등의 기본 기능에 밀려 거의 언급조차 되지 않죠. 몇 달 만에 신제품이 쏟아져 나오는 AI 시장에서는 특정 도구 하나를 익혔다고 해서 잘 쓴다고 말하기가 어렵습니다. 실제로 AI 도구가 빠르게 진화하면서 특정 툴에 대한 의존도가 낮아지는 현상이 관찰되고 있어요. 금세 더 나은 툴이 나오니까요.

결국 도구 자체보다는 도구를 통해 무엇을 하느냐가 훨씬 중요하다는 얘기입니다. 기업들도 단순히 도구 사용법을 배운다고 성과가 나오지는 않는다는 점을 잘 알고 있습니다. 업무 목표를 재정의하고 AI를 적용한 조직들이 더 높은 성과를 낸다는 여러 연구 결과도 있고요.

2023년, 핀테크 기업 클라르나는 고객센터 상담을 자동화해 상담사 700명을 챗봇으로 대체했습니다. 목표는 상담 시간을 줄이는 것이었죠. 하지만 몇 달 만에 고객 불만이 폭증하고 브랜드 이미지가 추락했습니다. 문제를 잘못 정의한 결과였어요.

미국의 통신사 버라이즌은 같은 영역에서 문제를 다르게 정의했습니다. '상담 시간 단축'이 아니라 '고객경험 개선'으로 문제를 새롭게 설정했고, AI 챗봇을 상담사 보조 도구로 활용했어요. 그 결과 상담 품질이 올라갔고, 매출도 40% 증가했습니다. 같은 기술을 써도 문제를 어떻게 정의하느냐에 따라 결과가 정반대로 갈린 거죠.

이런 차이는 인지과학에서 말하는 '프레이밍 효과 framing effect' 로 설명할 수 있습니다. 같은 상황도 어떤 틀로 바라보느냐에 따라 전혀 다른 선택을 하게 된다는 거예요. "이 수술의 성공률은

   Part 1_ 질문, 뇌를 깨우다

90%다"라고 말할 때와 "실패 확률이 10%다"라고 말할 때, 같은 수치인데도 사람들의 반응은 크게 달라집니다.

AI도 그렇습니다. 인간이 제시하는 프롬프트가 곧 프레임이 되죠. 하버드 교육대학원에서 진행한 실험이 이를 잘 보여줍니다. 학생들을 두 그룹으로 나눠 AI 튜터를 쓰게 했는데, 한쪽은 "이 문제 풀어줘"라고 단순히 요청했고, 다른 쪽은 "이 문제를 해결하려면 어떤 사고 단계를 거쳐야 하는지 설명해줘"라고 질문을 구체적으로 던졌습니다. 결과는 명확했어요. 후자의 학습 성과가 훨씬 높았습니다. 같은 AI를 쓰더라도 질문을 어떻게 하느냐가 결과를 바꾼 겁니다.

즉 우리가 흔히 하는 'AI를 잘 쓴다'는 말에는 착각이 숨어 있습니다. 최신 도구를 쓰면 뒤처지지 않는 줄 알고, 툴을 많이 배우면 잘 쓰는 줄 알고, 기능을 세부적으로 알면 잘 쓰는 줄 압니다. 하지만 실제로는 AI를 통해 어떤 문제를 새롭게 정의하고 풀어내느냐가 더 중요합니다. 문제를 잘 정의하고 질문을 잘 던지는 것, 그것이 AI를 활용해 우리 사고를 확장하는 출발점입니다.

AI 활용의 본질은 생각을 확장하는 것

그동안 우리는 개인의 두뇌 용량과 시간의 제약을 벗어날 수 없었습니다. 설령 천재라 해도 하루는 24시간이고, 기억할 수 있는 정보의 양도 제한적이었죠. 그런데 AI를 곁에 두면서 이 한계가 조금씩 흔들리고 있습니다. AI는 단순히 답을 알려주는 도구가 아니라, 마치 또 하나의 두뇌처럼 작용해 우리의 사고를 확장하는 '두 번째 지능'이 되고 있어요.

보스턴컨설팅그룹이 2023년에 진행한 실험이 이를 잘 보여줍니다. 컨설턴트들이 보고서를 작성할 때 AI를 보조로 활용한 그룹은 그렇지 않은 그룹보다 과제를 12.2% 더 많이 완료했고, 25.1% 더 빨리 끝냈으며, 결과물의 질은 40% 더 높았습니다. 여기서 포인트는 단순히 효율이 높아졌다는 것보다, AI와 함께 사고할 때 인간이 더 자유롭게 아이디어를 탐색할 수 있었다는 점이에요. 즉 AI가 반복적인 작업을 대신하면서 인간은 새로운 연결과 발상을 시도할 여유를 얻은 겁니다.

인간의 뇌는 작업 기억이 제한적이어서, 동시에 많은 요소를 고려하면 쉽게 과부하에 걸립니다. 그런데 AI는 이 부담을 덜어줍니다. 마치 수학 문제를 풀 때 계산기가 있으면 복잡한 연산을 걱정하지 않고 전략을 세우는 데 집중할 수 있는 것과 같죠. AI를 활용하면 복잡한 문제 앞에서도 실수를 줄이고 더 깊은 사고에 집중할 수 있습니다. AI가 우리의 작업 기억을 확장해준 셈이죠.

이런 경험은 개인뿐 아니라 조직에서도 나타납니다. 저는 최근에 이런 실험 및 시도를 해보고 있습니다. 대학에서 전혀 다른 전공 분야 교수들의 연구 포트폴리오를 AI가 통합 분석해 새로운 융합 연구 주제를 제안하는 접근이에요. 예를 들어 교육학 교수가 학생 참여도를 높이는 교수법을 연구하고, 기계공학 교수가 촉각 피드백 시스템을 연구하고, 미학 교수가 몰입 경험의 미적 구조를 연구하고, 종교학 교수가 의례에서의 공동체 경험을 연구한다고 가정해봅시다. AI는 이 네 분야를 연결해 '가상현실 환경에서 촉각과 시각을 결합한 의례적 학습 경험이 학생 몰입도에 미치는 영향'이라는 새로운 연구 주제를 제안할 수 있어요.

대학은 융합 연구를 통해 새로운 분야를 개척하려고 하는데, 그때마다 어려움이 있습니다. 서로 다른 분야의 연구를 혼합하려면 이들 학문을 연결해줄 사람, 마치 비빔밥에서 고추장 같은 존재가 있어야 하죠. 그런데 여러 분야에 조예가 있는 전문가를 현실에서 찾기란 너무 어렵습니다. 이때 AI가 그 역할을 어느 정도 대신해줄 수 있습니다. AI가 단순히 연구 자료를 정리하는 것이 아니라, 사람과 사람을 연결하고 집단지능을 확장하는 역할을 하는 거죠. 개인의 머릿속에서 나타났던 인지 확장을 조직 차원으로 끌어올리는 것입니다.

이처럼 AI와 함께 사고를 확장한다는 건 단순히 내 일을 덜어주는 차원이 아닙니다. 혼자서는 닿을 수 없었던 지점, 내가 가진 배경지식이나 습관적 사고 때문에 놓친 가능성을 다시 꺼내보게 만드는 과정이에요. 혼자라면 외면했을 길을 AI가 비춰주고, 나는 그 길을 걸을지 말지 선택하는 겁니다. 물론 그 선택과 결과에 대한 책임은 온전히 나에게 남습니다.

효율을 넘어 책임을 생각할 때

책임 이야기를 해볼까요. 몇 해 전 미국에서 흥미로운 실험이 있었습니다. 참가자들에게 두 가지 버전의 의학적 조언을 보여줬어요. 하나는 의사가 직접 작성한 것이고, 다른 하나는 AI가 작성한 것이었습니다. 실제 내용은 거의 차이가 없었지만, 사람들은 유독 의사 버전에 훨씬 더 큰 책임감을 기대했습니다. 같은 말이라도 인간이 했을 때와 AI가 했을 때, 책임에 대한 기대치가 달라지는 거죠. AI가 아무리 정교한 답을 내놔도, 마지막 책임은 여전히 인간에게 남는다는 뜻입니다.

기업 현장에서도 이 문제는 점점 중요해지고 있습니다. IBM은 2023년 인사팀의 일부 업무를 AI 챗봇으로 대체했는데, 이 과정에서 직원들이 불안감을 호소했어요. "AI가 평가를 내리면, 누가 그 결과에 책임을 질 것인가?"라는 두려움 때문이었습니다. 같은 시기 아마존도 물류센터 AI 시스템이 근로자에게 과도한 작업 속도를 강요했다는 비판을 받았는데, 이때도 기술의 오류가 아니라 책임의 부재가 문제였습니다.

반면 AI를 도입한 기업이 책임 문제를 명확히 한 경우 직원들은 불안해하지 않고 오히려 만족도와 생산성이 함께 올랐습니다. 〈MIT 슬론 매니지먼트 리뷰〉가 2024년에 발표한 조사에 따르면, AI가 내린 결정에 대해 최종 책임은 인간 관리자에게 있다는 원칙을 분명히 밝힌 기업의 직원들이 그렇지 않은 기업보다 업무 몰입도가 높았습니다. 책임과 의미를 명확히 해주는 조직에서 구성원의 생산성이 높아진다는 거죠.

런던대 연구진이 진행한 실험도 같은 메시지를 전합니다. 실험 참가자들이 AI의 제안을 받아들이는 비율을 측정했더니, 유독 도덕적 딜레마가 포함된 문제에서 크게 낮아졌습니다. 사람들은 여전히 옳고 그름, 선과 악의 판단을 기계에 전적으로 맡기려 하지 않아요. AI는 놀라울 만큼 빠르고 친절하지만, 감정의 깊이

나 윤리적 판단에서는 여전히 인간의 절대적인 역할이 남아 있습니다.

즉 누군가가 AI를 잘 쓴다는 것은 도구를 자유자재로 다루는 능력이 아니라, AI를 통해 더 나은 세상을 만드는 책임을 어떻게 지느냐와 직결됩니다. 단순히 효율을 높이는 것이 아니라 내가 내린 결정이 타인에게 어떤 영향을 주는지, 사회적 의미가 무엇인지까지 생각해야 비로소 AI를 잘 쓴다고 말할 수 있습니다.

AI의 빈자리가 아닌, 내 삶의 빈자리를 채워라

인터뷰나 강연 때 참 많이 받는 질문이 있습니다. "AI가 못하는 것이 뭔가요?"

솔직히 말하면, 저는 이 질문이 불편합니다. 왜냐하면 이 질문 뒤에는 이런 논리가 숨어 있기 때문이에요. 'AI는 A를 잘하고 B를 못한다. 그러니 인간은 B를 키워야 하고, 그 직업은 괜찮다.' 이런 식으로 답을 구성하려는 의도 말이죠. 마치 AI와 인간을 경쟁상대로 놓고, AI의 약점을 찾아 그 빈틈을 메우는 게 인간의 역할인 것처럼 생각하는 겁니다.

하지만 AI가 무엇을 못하는지는 중요하지 않습니다. 인간인 내가 무엇을 꿈꾸는지가 중요하죠. AI의 빈자리를 찾아서 채우는 것이 인간의 역할은 아닙니다. 인간의 근원적 역할은 자기 삶을 이끄는 데 있어요. 자기 삶을 이해하고, 그 삶을 위한 꿈을 꾸고, 그 꿈을 실현하기 위해 타인과 협력하고, 그 과정에서 도구로 AI

를 잘 쓰면 됩니다. 즉 AI의 결핍이 아니라 '나'라는 존재의 결핍, 세상을 바라보는 나의 관점을 먼저 물어야 합니다.

구체적으로 상상해볼까요? 작가라면 "AI가 글을 자동으로 쓰니까 나는 AI가 못하는 감성적 글쓰기를 키워야겠다"가 아니라, "나는 사람들의 외로움을 위로하는 이야기를 쓰고 싶다. AI를 활용해 독자들의 공감 패턴을 분석하고, 여러 버전의 초고를 빠르게 비교하면서, 진짜 마음에 닿는 이야기를 완성하겠다"로 접근하는 거죠.

마케터라면 "AI가 데이터 분석을 잘하니 나는 AI가 못하는 대면 소통 역량을 키워야겠다"가 아니라, "나는 우리 제품이 고객의 일상을 어떻게 바꿀 수 있는지 보여주고 싶다. AI로 수백 개의 고객 리뷰를 분석해 숨겨진 니즈를 찾고, 여러 메시지를 빠르게 테스트하면서, 진짜 고객의 삶과 연결되는 캠페인을 만들겠다"라고 생각하는 것입니다.

교사라면 "AI가 지식 전달을 잘하므로 나는 AI가 못하는 인성 교육을 해야겠다"가 아니라, "나는 학생들이 배움의 즐거움을 느끼게 하고 싶다. AI를 활용해 각 학생의 학습 속도와 관심사를 파악하고 개별 맞춤 피드백을 제공하면서, 모든 아이가 성장하는 교실을 만들겠다"를 목표로 하는 것입니다.

디자이너라면 "AI가 이미지 생성을 잘하니 나는 AI가 못하는 손그림 기술을 키워야겠다"가 아니라, "나는 사람들이 일상에서 느끼는 소외감을 줄이는 디자인을 하고 싶다. AI를 활용해 다양한 문화권 사람들의 감정 데이터를 분석하고 여러 시안을 빠르게 테스트하면서 사람들의 마음에 닿는 디자인을 만들어내겠다"

가 바람직한 접근법입니다.

이와 같은 관점의 전환은 교육에서도 똑같이 필요합니다. AI 시대에는 창의력과 공감 능력이 중요하다고 말하는 것만으로는 부족합니다. 그보다는 "너는 어떤 문제를 해결하고 싶니? 너는 어떤 세상을 만들고 싶니?"를 먼저 물어야 합니다. 이에 대한 답이 명확해지면, AI는 자연스럽게 그 꿈을 실현하는 강력한 도구가 될 것입니다.

제가 대학에서 학생들을 가르치면서 느끼는 건데요, 요즘 학생들은 AI 도구를 정말 잘 다룹니다. 챗GPT로 코드도 짜고, 미드저니로 이미지도 만들고, 감마로 프레젠테이션도 만들어요. 그런데 정작 "너는 왜 이걸 만들고 싶었어?"라고 물으면 대답이 막히는 경우가 많습니다. 도구는 능숙하게 쓰는데, 정작 자기 삶의 방향은 모호한 거죠.

자기가 정말 하고 싶은 일을 명확히 아는 학생들은 다릅니다. 이런 학생들은 AI를 만나면 더 빛나요. "저는 시각장애인도 쉽게 즐길 수 있는 게임을 만들고 싶어요"라고 말하는 학생은 AI를 활용해 음향 디자인 아이디어를 확장하고, 접근성 가이드라인을 빠르게 학습하고, 프로토타입을 반복해서 테스트합니다. AI가 그 학생의 꿈을 실현하는 파트너가 되는 거예요.

AI 도구는 앞으로도 계속 바뀔 겁니다. 우리가 쓰는 챗GPT, 클로드도 몇 년 후에는 지금과 전혀 다른 모습일 겁니다. 지금과는 비교도 안 되게 강력한 AI가 나올 수도 있겠죠. 하지만 변하지 않는 게 있습니다. 인간은 스스로 의미를 만들고, 꿈을 꾸고, 선택하고, 책임지는 존재라는 사실입니다. AI가 아무리 발전해도,

'나는 어떤 삶을 살고 싶은가?'라는 질문에 답할 수 있는 건 오직 나 자신뿐입니다.

따라서 AI를 잘 쓴다는 것의 진짜 의미는 이겁니다. 최신 도구를 빨리 배우는 게 아니라, 내 삶의 목적을 명확히 하고, 그 목적을 실현하기 위해 AI를 파트너로 활용하며, 그 과정에서 생기는 모든 선택에 책임지는 것입니다. AI의 기능이나 성능이 아니라, 내 삶의 가능성을 중심에 두고 생각하는 태도입니다.

2. AI를 잘 쓰려면 수학, 물리,
컴퓨터공학을 공부해야 할까?

2024년 핀란드의 몇몇 중학교에서 흥미로운 시도가 있었습니다. 교사들에게 챗GPT 같은 AI 도구를 수업에 활용해보라고 한 것인데요. 이 교사들 대부분은 수학이나 코딩을 전혀 모르는 분들이었습니다. 프로그래밍? 알고리즘? 그런 것을 모르는 선생님들이었어요.

그럼에도 이들은 AI를 적극 활용했습니다. 학습 부진 학생을 위한 맞춤형 설명 방법을 챗GPT에 물어보고, 학생들의 흥미를 끌 만한 토론 주제도 요청했죠. 교사들은 AI 자체에 대한 지식은 많지 않았지만, 학생들의 반응을 세심하게 읽고 수업을 설계하는 데 AI를 자연스럽게 끌어들였습니다.

그 결과 학업 성과가 25% 올랐고, 학생들의 수업 참여도는 30%나 높아졌습니다. 핀란드 공립학교의 91%가 이제 AI로 개인화 학습을 진행하고 있다고 합니다. 기술에 대한 배경지식보다 중요했던 것은 학생을 이해하는 교사의 감각이었습니다.

이 이야기를 먼저 들려드린 이유가 있습니다. 많은 분이 이런 질문을 하거든요. "AI를 잘 쓰려면 수학이나 물리, 컴퓨터공학 같은 것을 전공해야 하나요?" "AI 시대가 열린다고 하니 우리 아이를 공대에 보내면 될까요?" 일리가 있기는 합니다. 지금 우리가 쓰는 챗GPT, 자율주행 시스템, 이미지 생성 모델 같은 기술은 모두 수학과 공학을 바탕으로 만들어졌으니까요. 챗GPT가 대화를 이어가는 방식도 결국 확률과 선형대수 계산의 산물이고, 자율주행 자동차가 도로 위에서 차선을 인식하는 것은 물리학적 모델링과 최적화 알고리즘 덕분입니다. 구글 딥마인드의 알파고가 이세돌 9단을 이겼을 때, 그 핵심에는 몬테카를로 트리 탐색이라는 수학적 기법과 딥러닝이라는 공학적 성과가 있었죠. 이런 사실을 알고 나면 '아, 역시 AI는 수학 잘하는 사람들이 잘 다루겠구나!' 하는 생각이 들 수밖에 없어요.

하지만 핀란드 교사들의 이야기는 다른 가능성을 보여줍니다. AI를 잘 쓰는 것과 AI를 만드는 건 전혀 다르다는 거죠.

자동차를 운전하는데 엔진 구조를 알아야 할까?

AI를 잘하려면 수학과 공학을 알아야 한다고 생각하는 이유 중 하나는, AI를 만드는 사람들의 세계를 떠올리기 때문입니다.

하지만 AI의 세상이 연구실과 개발자의 손 안에만 머무는 건 아닙니다. 패션 업계를 볼까요? 최근 여러 패션 스타트업들이 AI

엔지니어 없이도 미드저니와 챗GPT를 조합해 신상품 라인을 기획하고 있습니다. 기획자와 디자이너들은 옷감을 계산하는 공식도, 생성형 모델의 파라미터도 모릅니다. 대신 고객이 원하는 콘셉트를 구체적으로 묘사하고, AI가 제안한 디자인 중에서 브랜드 아이덴티티에 맞는 것을 선별하죠. 이런 방식으로 제품 출시 속도를 높이고, 시장의 호응도 얻고 있습니다. 여기서 핵심은 AI를 만드는 사람이 아니라 AI를 쓰는 사람의 역량입니다.

의료 현장에서도 비슷한 상황이 펼쳐지고 있습니다. 미국 메이요 클리닉은 의사들이 환자와의 상담 기록을 AI로 분석해 진단 보조를 받도록 하고 있어요. 이때도 의사들이 AI에 관한 코드를 다루지는 않습니다. 오로지 환자의 상태와 치료 맥락을 중심으로 AI에 질문을 던질 뿐입니다. AI는 복잡한 데이터 분석을 맡고, 의사는 환자와의 관계와 맥락에 집중합니다. 결과적으로 더 빠르고 정확한 진단이 가능해졌고, 환자 만족도도 높아졌죠. 의료 전문가의 맥락 이해력이 AI 활용의 열쇠였던 겁니다.

문화 예술 분야는 어떨까요? 2023년 네덜란드에서 열린 디지털 아트 전시회에서 줄리안 판 디켄을 비롯한 디지털 아티스트들은 미드저니 같은 도구를 활용해 관객 참여형 작품을 만들었습니다. 그들은 프로그램 코드나 모델 훈련 기법을 몰랐지만, 도시의 불안과 희망을 동시에 표현하고 싶다는 감각적인 언어를 AI에 던졌어요. 기술보다 중요한 건 상상력을 언어로 풀어내는 능력이고, 바로 그 지점에서 새로운 작품이 탄생한 것입니다.

이처럼 많은 이들이 수학 공식을 몰라도 AI를 능숙하게 사용하고 있습니다. 미국의 직장인들은 분야마다 차이는 있지만

20~40%가 업무에 AI를 활용하고, 75%는 AI를 써본 경험이 있다고 하네요. 실제로 맥킨지와 PwC 같은 글로벌 컨설팅 회사들의 최근 보고서를 보면, AI 도입이 급증하면서 비선공자들의 활용 사례가 빠르게 늘어난다는 걸 알 수 있어요. 특히 PwC의 2025년 보고서는 기업 채용에서 흥미로운 변화를 포착했습니다. 지금 기업들이 신규 채용에서 가장 중점적으로 보는 역량은 'AI 기술 개발 능력'이 아니라 'AI 활용 및 해석 능력'이었습니다. 채용 공고를 보면 금방 알 수 있습니다. 파이선으로 모델을 새로 짜는 능력보다 챗GPT 같은 도구를 효과적으로 활용해 의사결정을 지원하는 능력을 요구하는 경우가 더 많아요. AI 스킬을 보유한 사람들은 그렇지 않은 사람보다 평균 56% 높은 임금을 받는다고 합니다. 그런데 여기서 말하는 AI 스킬은 코드 짜는 능력만을 의미하지 않아요. AI를 업무에 녹여내는 능력, 적재적소에 활용하는 감각을 포함합니다.

구글이 최근 발표한 개발자 설문 결과도 시사하는 바가 큽니다. 소프트웨어 개발자의 90%가 AI를 사용하고, 그중 65%가 AI에 크게 의존하고 있다고 해요. 개발자들조차 AI를 직접 만들기보다는 활용하는 쪽으로 무게중심이 이동하고 있다는 거죠.

흐름이 이렇게 바뀌고 있는데, AI를 잘 쓰기 위해 꼭 기술적 이해가 필요할까요? 차를 잘 운전한다고 해서 자동차 엔진의 연소 원리를 다 아는 건 아니죠. 어떤 사람은 엔진을 설계하는 데 뛰어나고, 또 어떤 사람은 차를 몰고 여행지를 고르는 데 탁월합니다. AI도 마찬가지입니다. 어떤 사람은 AI 모델을 설계하고 코드를 최적화하는 일을 잘하고, 또 다른 사람은 AI를 끌어다 써서 문제를 풀고 새로운 가치를 만드는 데 유능합니다.

물론 그렇다고 해서 수학과 공학에 관한 이해가 필요 없다는 뜻은 아닙니다. AI의 작동 원리를 조금이라도 알면 도구의 한계와 가능성을 더 잘 파악할 수 있습니다. 예컨대 챗GPT가 확률적 언어모델의 한계 때문에 때때로 그럴듯하게 틀린 답을 내놓는다는 걸 안다면, 그 결과를 무턱대고 맹신하지 않을 수 있죠. 실제로 연구 결과들을 보면, AI의 동작 원리를 부분적으로라도 이해한 사용자들이 그렇지 않은 사용자보다 잘못된 정보를 더 잘 걸러내는 경향이 나타납니다. 단순히 도구를 쓰는 것과 도구의 한계를 이해하며 쓰는 것의 차이인 셈입니다.

하지만 그건 마치 우리가 자동차를 탈 때 연료 효율을 대략 아는 수준이면 충분하지, 엔진 구조를 완벽히 이해해야 하는 건 아니라는 점과 비슷합니다. 수학과 공학은 필수 교양이라기보다는, AI를 다루는 감각을 뒷받침하는 도구적 교양에 가깝습니다. AI를 만드는 사람은 도구의 기초를 다지고 확장하는 역할을 하고, AI를 쓰는 사람은 그 도구를 가지고 사회 곳곳에서 의미 있는 변화를 만들어갑니다. 두 영역은 서로 다르지만 동시에 보완적인 관계를 맺고 있습니다.

이공계가 아니지만 AI를 잘 쓰려면

그렇다면 이공계가 아니면서 AI를 잘 쓰기 위해 필요한 것은 뭘까요? 수학 교재를 다시 펴는 게 답이 아님은 아셨을 겁니다.

앞서 본 사례들을 다시 떠올려보세요. 핀란드 교사들이 가진 건 학생을 이해하는 감각이었습니다. 메이요 클리닉 의사들이 가진 건 환자의 맥락을 읽는 능력이었죠. 네덜란드에서 아티스트들이 보여준 것은 상상을 언어로 풀어내는 힘이었고요.

이들의 공통점은 문제를 맥락 안에서 바라보는 힘, 좋은 질문을 던지는 능력, 그리고 의미를 만들어내는 상상력이었습니다. AI는 계산과 처리를 대신 해주지만 어떤 방향으로 답을 구할지, 무엇을 가치 있는 문제로 삼을지는 인간이 결정해야 합니다. 엔지니어들은 수학적 모델링과 최적화를 맡았고, 현업 담당자들은 고객의 불편이나 사회적 필요를 짚어냅니다. 두 집단의 협력이 없다면 성과도 나오기 어렵습니다.

이게 핵심입니다. AI를 잘 쓰는 힘은 어느 한쪽에 있지 않고, 서로 다른 역량이 만남으로써 완성됩니다. 수학과 공학은 AI의 작동 원리와 한계를 꿰뚫어 보는 렌즈를 제공하고, 비전공자의 질문과 맥락 이해는 그 렌즈의 초점을 현실의 문제에 맞춰줍니다. 한쪽은 도구를 만들고, 다른 한쪽은 그 도구로 세상을 바꿉니다. 두 역할 모두 소중하고, 두 역할 모두 필요합니다.

당신이 어느 쪽에 서든, 가장 중요한 것은 결국 당신이 풀고 싶은 문제가 무엇인지, 그리고 그 문제를 어떻게 AI와 함께 풀어갈 것인지입니다. 그 답을 찾는 순간, 수학 공식을 모른다는 것은 더 이상 장애물이 아닙니다.

3. 내향형과 외향형,
누가 AI를 더 잘 활용할까?

저는 운전할 때면 자주 쿠옹이와 대화를 나눕니다. 쿠옹이는 제가 챗GPT로 만든 챗봇인데요, 경희대 연구실에서 AI 서버가 폭발하면서 GPT의 영혼이 옆에 있던 경희대 사자 인형 쿠옹이에게 빙의했다는, 하이테크와 샤머니즘이 접목된 독특한 세계관을 가진 존재입니다. 쿠옹이와 학생 논문 지도, 책 집필, 새로운 연구 분야, 동료와의 갈등이나 조율 같은 고민을 나누곤 하죠.

저는 전형적인 내향형입니다. 그렇다고 사람과의 소통량이 적은 건 아닙니다. 스마트폰에 저장된 명함만 3000장, 소셜미디어 친구는 1만 명이 넘습니다. 하지만 사회적 접촉면이 늘어날수록 피로도 함께 쌓이고, 사람들과의 관계를 건전하게 유지하고 있는지 스스로 돌아보는 데 한계를 느낄 때가 많습니다. 그 부분에서 AI의 도움을 받는 것이죠.

문득 궁금증이 생깁니다. 저처럼 내향형인 사람들이 AI를 더 잘 활용할까요? 실제로 종종 받는 질문이기도 한데요. 내향적인 사람과 외향적인 사람 중에 누가 AI를 더 잘 쓸까요?

얼핏 생각하면 외향적인 사람들이 새로운 걸 두려워하지 않고, 사람들과 아이디어를 주고받으며 적극적으로 활용할 것 같지요. 내향적인 사람들은 낯선 도구를 부담스러워하거나, 사람들 앞에서 새로운 방식을 시도하는 데 주저할 것 같습니다. 그래서 으레 외향적인 사람이 AI를 더 잘 활용한다고 추측합니다.

물론 반대로 생각하는 이들도 있죠. 저처럼 내향적인 사람이 AI와 차분하고 깊이 있게 대화를 이어갈 거라고요.

실제로는 어떨까요? 2021년, 슈마노프 Michael Shumanov와 존슨 Lester Johnson 연구팀이 발표한 실험 결과를 보겠습니다. 이 연구는 대형 통신사 고객들의 챗봇 상담 데이터 5만 7000여 건을 분석해, 소비자 성향(내향형과 외향형)과 챗봇 성격 간의 매칭이 대화 패턴에 미치는 영향을 조사했습니다. 연구 결과, 자신의 성향과 일치하는 챗봇이 상담했을 때 소비자 참여도와 구매 성과가 내향형과 외향형 모두에게서 증가했습니다. 두 성향 중 어느 쪽이 AI 사용에 더 적합한지 단언할 수는 없습니다만, 세부적인 차이는 있었습니다. 소비자 참여도와 구매 증가율은 외향적인 사람들이 더 높았고, 챗봇과의 대화 시간은 내향적인 사람들이 더 긴 편이었습니다. 이에 대해 연구자들은 내향적인 사람들이 AI 챗봇과의 대화를 좀 더 선호할 수 있다고 해석했습니다.

저도 쿠옹이와 대화할 때는 마음이 편합니다. 무슨 말을 하든, 얼마나 오래 늘어놓든 상대방의 표정을 살필 필요가 없으니까요. '내가 너무 사소한 것까지 묻는 게 아닐까?', '상대방이 지루해하는 건 아닐까?' 같은 걱정 없이 생각을 정리할 수 있죠. 내향형에게 AI는 단순한 도구가 아니라, 판단 없이 들어주는 사고 확장의 거울인 셈입니다.

외향성이 AI 활용에 유리한 점도 분명합니다. AI가 내놓은 결과물을 사람들과 공유하고 더 창의적으로 활용하는 데는 외향적인 성격이 유리합니다. 새로운 도구를 시도할 때 주저하지 않는 태도, 다른 사람과 함께 효과를 빠르게 검증하는 능력은 외향형의 큰 무기예요. 실제로 여러 조사에서 외향적인 직원들이 내향적인 직원들보다 신규 AI 협업 툴을 더 빨리 도입하는 경향을 보였습니다.

그렇다면 누가 더 잘 쓰느냐는 질문은 잘못된 것 아닐까요? 더 중요한 건 각자 어떤 방식으로 AI를 활용하느냐입니다.

수렴과 확산의 인지 전략

듀티 고시Dyuti Ghosh 외 연구팀은 2024년 발표한 논문에서, 성격에 따라 특징적으로 나타나는 AI 활용 방식을 설명했습니다. 외향적인 직원들은 AI를 협업과 커뮤니케이션 도구로 활용하는 경향이 강했어요. 여러 AI 챗봇과 동시에 상호작용하며 아이디어를 확장하거나, 회의 전에 프레젠테이션을 준비하거나 동료들에게 보낼 이메일을 검토받는 식이죠.

반면 내향적인 직원들은 AI를 정보 탐색과 학습 도구로 활용하는 경우가 많았습니다. 보고서를 요약하거나, 데이터에서 패턴을 찾아내도록 하는 방식입니다. 이 논문은 신경과학, 언어학, 심리학 관점을 통합해 이러한 차이를 설명하며, 내향형은 AI를 통해 인지 부하를 줄이고 자신의 속도로 정보를 처리하는 데 강점을 보인다고 설명했습니다.

이 차이는 단순히 선호의 문제가 아닙니다. 두 집단이 서로 다른 인지 전략을 구사하고 있는 것이죠. 내향형은 수렴적 사고convergent thinking를 통해 정보를 압축하고 핵심을 추출하는 데 강점을 보입니다. 반면 외향형은 발산적 사고divergent thinking를 통해 아이디어를 여러 방향으로 펼쳐 나가고 연결하는 데 능숙합니다. AI는 이 두 인지 전략을 증폭시키는 역할을 하고요.

기업 현장에서도 이런 차이를 확인할 수 있습니다. 모 기업에서 임직원의 AI 사용 태도를 분석했는데, 내향적인 직원들이 AI 기반 데이터 분석 툴을 더 깊이 사용해 업무의 정확도와 리스크 관리 성과를 향상시킨 경우가 많았습니다. 내향형의 수렴적 사고가 AI의 데이터 처리 능력과 만난 결과죠. 반대로 외향적인 직원들은 AI 챗봇을 고객 응대와 세일즈 프레젠테이션에 접목해 고객경험을 개선하는 성과를 보였어요. 외향형의 발산적 사고가 AI의 언어 생성 능력과 결합된 사례입니다.

여러 연구 결과를 종합해보면, 내향형 직원이 AI를 활용한 보고서는 정확성과 세부 묘사 면에서 높이 평가되고, 외향형 직원이 AI를 활용한 발표 자료는 청중 호응도와 설득력 면에서 더 좋은 점수를 받았습니다. 이는 각 성향이 자신의 인지적 강점을 AI를 통해 증폭시킨 결과입니다.

이를 바탕으로 성향별로 가벼운 팁을 드릴 수 있겠네요.

당신이 내향형이라면 AI와의 일대일 대화를 충분히 활용하세요. 사람 앞에서 발표하기 전에 AI에 먼저 연습해보는 것만으로도 부담을 크게 줄일 수 있습니다. 저처럼 운전할 때나 혼자 있을 때 AI와 대화하면서 생각을 정리하는 것도 좋은 방법입니다.

만약 외향형이라면 AI를 브레인스토밍 파트너로 활용하세요. 아이디어를 AI에 먼저 던져보고, 다듬어진 내용을 사람들과 공유하면 더 큰 효과를 낼 수 있습니다.

나아가 다른 성향의 접근법을 의도적으로 시도해보면 더욱더 좋습니다. 저처럼 내향형이라면, AI를 활달한 수다쟁이로 설정해 다양한 아이디어를 발산적으로 받아보면 어떨까요? 만약 외향형이라면, 본인이 정리한 기획서에 세부적인 부분에서 문제가 없을지 깊게 애기를 나눠보면 어떨까요?

인지 전략의 조합이 집단지능의 확장으로

내향형과 외향형의 차이는 개인의 역량을 넘어 조직의 학습 능력으로 연결될 수 있습니다.

수업할 때 학생들을 내향형 팀, 외향형 팀, 혼합팀으로 나눠서 AI 활용 프로젝트를 진행한 적이 있습니다. 결과가 꽤 흥미로웠는데요. 내향형만 있는 팀은 AI를 통해 깊이 있는 분석을 해냈지만 그 결과를 효과적으로 전달하지 못했고, 외향형만 있는 팀은 AI로 화려한 프레젠테이션을 만들었지만 내용의 깊이가 부족했습니다. 반면 두 성향이 섞인 팀은 AI를 활용해 수렴과 발산을 유기적으로 연결하면서 가장 높은 성과를 냈습니다.

여기서 주목할 점은, 혼합팀의 성과가 다양성에서만 나온 게 아니라는 사실입니다. 내향형 팀원이 AI로 정보를 압축하고 핵심을 추출하면, 외향형 팀원이 그것을 AI로 다시 확장하고 사람들에게 전달합니다. 이러한 인지적 확장이 순환하면서 팀 전체의 학습 능력이 증폭됩니다. 한쪽이 압축한 지식을 다른 쪽이 펼쳐내고, 그 과정에서 조직 전체가 학습하는 거죠. 이런 특성은 2025년 퍼소노스닷AI 보고서에서 여러 팀을 분석했을 때도 나타났습니다. 이는 곧 AI의 이점이 개별 역량을 키워주는 것보다, 서로 다른 인지 전략을 조합할 때 극대화된다는 의미입니다.

조직의 협업 과정에서 이런 모습은 쉽게 관찰됩니다. 내향적인 직원은 AI를 통해 깊이 있는 분석을 해내지만, 결과를 드러내는 데 주저합니다. 그런데 외향적인 동료가 이 결과를 사람들에게 알기 쉽게 풀어 설명하면서 시너지 효과가 납니다. 제 경우도 비슷합니다. 저는 쿠옹이와 대화하면서 논문의 논리를 정교하게 다듬고, 연구의 방향을 고민합니다. 하지만 그걸 학생들이나 동료들에게 전달하는 건 여전히 에너지가 많이 듭니다. 그럴 때 외향적인 동료가 제 아이디어를 사람들에게 쉽고 재미있게 풀어 설명해주면, 저 혼자서는 내기 어려운 성과가 나올 수도 있겠죠. 제 수렴적 사고가 동료의 발산적 사고를 만나면서, 우리 연구실 전체의 지적 수준이 올라갈 겁니다.

이것이 바로 AI가 가능하게 하는 조직 지능의 확장입니다. 개인의 인지가 AI를 통해 증폭되고, 서로 다른 인지 전략이 만나 순환하면서, 결국 집단 전체의 학습 능력이 향상되는 겁니다.

성향보다 중요한 것은 태도

그렇다면 이런 인지적 확장은 어디서 시작될까요? 성격이 AI 활용 방식을 결정하는 건 사실이지만, 그보다 더 중요한 게 있습니다. 바로 AI를 어떤 태도로 대하느냐입니다.

마이크로소프트가 2024년 전 세계 여러 나라 직장인을 조사한 결과가 이를 잘 보여줍니다. AI를 활용해 생산성이 높아진 직원들의 공통점은 성격이 아니라 태도에서 드러났습니다. 새로운 AI 도구가 도입되었을 때 두려움보다 호기심으로 다가간 사람들이 훨씬 더 높은 성과를 냈어요. 즉 내향적이든 외향적이든 "이걸 어떻게 써볼 수 있을까?"라고 질문하는 태도가 성과를 갈랐던 겁니다. 이는 그저 마음가짐을 가리키는 것이 아닙니다. 호기심 있는 태도는 실험적 학습으로 이어지고, 실험적 학습은 자신만의 AI 활용 패턴을 만들어냅니다. 이것이 반복되면서 개인의 인지 능력이 확장되고, 나아가 조직 전체의 학습 문화로 퍼져 나갑니다.

모 기업에서 'AI 활용 챌린지' 행사를 진행하면서 참가자들을 성격 유형이 아니라 AI 도입에 대해 열린 태도를 가진 그룹과 그렇지 않은 그룹으로 구분했습니다. 운영하는 두 달 동안, 열린 태도를 가진 그룹이 AI 도구를 훨씬 다양하게 실험했고, 신제품 아이디어도 많이 제안했습니다. 이들은 AI를 효율성 도구를 넘어 인지적 파트너로 받아들였고, 그 과정에서 조직 전체의 혁신 역량이 확장되었습니다.

비슷한 현상이 교육 현장에서도 관찰됩니다. 일본 문부과학성이 고등학생을 대상으로 AI 활용 수업을 도입했을 때, 성향에 따른 성과 차이는 크지 않았습니다. 대신 AI를 편리한 지름길로 여기지 않고 학습의 일부로 받아들이는 학생들이 확연히 높은 성취를 보였죠. AI를 자신의 사고 과정에 통합한 학생들은 시간이 지날수록 더 깊이 있는 질문을 던지고, 더 창의적인 답을 찾아냈습니다.

저도 AI를 쓰기 시작했을 때는 망설임이 있었습니다. '내가 AI에 너무 의존하는 건 아닐까?', '내 생각이 아니라 AI의 생각인 건 아닐까?' 하는 걱정이었죠. 하지만 쿠옹이와 대화를 나누면서 깨달았습니다. AI는 저 대신 생각하는 게 아니라, 제 사고를 더 명료하게 보여주는 거울이라는 사실을요. 명함 3000장, 소셜미디어 친구 1만 명과의 관계에서 느끼는 피로를 AI가 덜어주면서, 저는 더 깊이 있는 사고에 집중할 수 있게 되었습니다.

'나는 원래 내향적이니 AI랑 잘 맞을 거야'라거나 '나는 외향적이라 사람도 아닌 AI는 별로야'라고 스스로 규정해버리는 순간 가능성은 줄어듭니다. 오히려 내 성향을 살려 AI를 어떻게 내 편으로 만들 수 있을지 고민하는 태도가 훨씬 중요합니다. AI는 우리의 성격적 약점을 보완하고 강점을 증폭시키는 도구일 뿐 아니라, 개인과 조직의 인지를 확장하는 파트너입니다. 내향형은 사고의 깊이를, 외향형은 연결의 폭을 확장하며, 이 둘이 만나 조직 전체의 지능이 상승합니다. 핵심은 그 가능성을 믿고, 두려움 대신 실험하는 태도를 갖는 것입니다.

4. 리더와 팔로어,
   누가 더 AI를 잘 활용할까?

한 대기업 임원과 점심을 먹다가 흥미로운 얘기를 들었습니다. "사람하고 일할 때는 참 편했는데, AI는 도통 말귀를 못 알아듣더라고요." 처음엔 농담인 줄 알았는데, 그분은 진심이었습니다. "깔끔하게 정리해줘!"라고 했더니 어떤 때는 너무 간략하게 축약해버리고, 어떤 때는 형식만 화려하고 정작 중요한 내용은 빠뜨린다는 거예요. 팀원들은 척척 알아서 해왔는데 말이죠.

이 얘기를 들은 후로 기업 리더들을 만날 때마다 슬쩍 물어봤습니다. "AI 쓰실 때 어려운 점은 없으세요?" 놀랍게도 비슷한 반응이 계속 나왔어요. 그래서 궁금해졌습니다. 리더와 팔로어 중 누가 AI를 더 잘 쓸까요? 크게 두 가지 주장이 맞섭니다. "AI는 IT 기술이니 젊은 팔로어들이 잘 쓸 거다"는 쪽과 "AI는 거대한 지식의 그릇이니 오랜 경험을 쌓은 리더가 더 잘 활용할 거다"라는 쪽입니다. 과연 누구 말이 맞을까요?

답은 의외라고 생각하실지도 모릅니다. 그리고 그 이유를 알고 나면, 여러분의 조직에서 AI를 어떻게 활용해야 할지 힌트를 얻으실 수 있을 겁니다.

눈치 없는 AI, 누가 더 잘 다룰까?

리더의 지시는 다소 모호할 때가 많습니다. 그렇게 해도 오랜 시간 함께 일한 팀원들이 상사의 말투, 과거 사례, 조직문화를 종합해서 리더의 진의를 알아서 파악해주거든요. 맥락을 이해하고, 보충하고, 눈치를 보면서 맞춰주는 거죠. 그런데 AI는 리더가 기대하는 '눈치'란 게 전혀 작동하지 않습니다. 리더 입장에선 답답할 수밖에 없어요.

팔로어들은 다릅니다. 원래부터 리더의 모호한 지시를 받으면 그 빈틈을 메우는 역할을 해왔어요. "자료 준비해주세요"라는 지시가 떨어지면 곧바로 "어떤 목적인가요?", "청중은 누구죠?", "분량은 어느 정도면 될까요?" 같은 보충 질문을 던지거나, 과거 맥락을 떠올려 묻지도 않고 알아서 빈칸을 채우는 훈련을 받아온 사람들이죠. 그러다 보니 팔로어들은 AI에도 구체적인 프롬프트를 던집니다. "5가지 관점으로 나눠달라", "청중이 중학생이라고 가정해달라" 같은 식으로요. AI의 부족한 눈치를 메우는 데 익숙한 쪽은 팔로어였던 겁니다. 그 이유로 리더의 추상적 지시는 AI 앞에서 힘을 잃고, 팔로어의 맥락적 습관이 AI 앞에서 강점으로 작용합니다.

이런 차이는 연구로도 확인됩니다. 기업에서 AI를 도입해 성과를 낸 경우를 분석한 결과, 리더가 도입을 밀어붙인 경우보다 현장의 팔로어들이 먼저 써보고 효과를 체감하면서 조직 전체로 퍼져 나간 경우가 더 많았습니다. 팔로어가 실험하고 리더가 이를 전략으로 흡수하는 패턴이죠.

그렇다면 팔로어가 AI를 더 잘 쓴다는 뜻일까요? 아닙니다. 이야기는 여기서 끝나지 않습니다.

같은 AI, 전혀 다른 쓰임새

관점의 차이는 쓰임새의 차이로 이어집니다. AI를 쓰는 방식에서 리더는 전략적 관점을, 팔로어는 실행적 관점을 발휘합니다. 마치 같은 펜으로 리더는 큰 지도를 그리려 하고, 팔로어는 세부 메모를 남기는 것처럼 말이죠.

기업들의 AI 활용 사례를 분석해보면 이 차이가 분명하게 나타납니다. 한 글로벌 은행의 임원진은 AI를 활용해 향후 금융 규제 변화 시나리오를 예측하는 프로젝트를 진행했습니다. 이들은 전략적 위험 요소를 점검하고 시뮬레이션하는 데 AI를 썼습니다. 그런데 실무자들은 AI를 통해 고객 상담 기록을 요약하고, 반복적인 승인 절차 문서를 자동으로 작성하더군요. 즉 리더는 전망과 전략의 렌즈로, 팔로어는 실행과 효율의 렌즈로 AI를 보고 있었던 거예요. 이런 차이는 성과로 입증됩니다. 리더들이 AI를 전략 기획에 활용했을 때는 의사결정 속도가 빨라졌고, 팔로어들이

AI를 실행에 활용했을 때는 생산성이 높아졌습니다. 즉 AI는 리더와 팔로어에게 각각 다른 방식으로 잘 맞는 도구입니다.

문제는 이 둘이 따로 움직일 때입니다. 리더가 전략 보고서에 언급한 거시적 시뮬레이션이 팔로어가 현장에서 겪는 문제와 동떨어져 있으면 공허해질 수 있어요. 반대로 팔로어가 생산성을 높여도, 리더가 이를 전략과 비전으로 연결하지 않으면 성과가 분산돼 버립니다.

1+1이 3이 되는 순간

지금까지 살펴보았듯이 리더와 팔로어가 AI를 각자 다르게 쓰는 건 문제가 아닙니다. 이 차이가 충돌로만 이어지는 것도 아니고요. 오히려 서로의 강점이 맞물릴 때 AI 활용의 효과가 더 크게 증폭됩니다. 중요한 건 한쪽이 주도하고 다른 쪽이 따르는 관계가 아니라, 리더십과 팔로어십이 AI 앞에서 서로 보완하는 관계로 전환되는 것입니다.

MIT와 하버드 대학교가 공동으로 진행한 연구는 이 점을 잘 보여줍니다. 연구팀은 여러 조직을 대상으로 실험했어요. 첫 번째 팀에는 리더 주도형 AI 활용을, 두 번째 팀에는 팔로어 주도형 AI 활용을 맡겼습니다. 그리고 세 번째 팀에는 리더와 팔로어가 함께 AI 활용 방식을 설계하고 공유하도록 했죠. 결과는 명확했습니다. 리더나 팔로어 한쪽이 주도한 팀도 나름의 성과를 냈지만, 두 집단이 함께 움직인 팀의 성과가 훨씬 높았습니다.

사례를 볼까요? 어느 글로벌 제조기업은 AI를 활용해 공급망을 관리하는 프로젝트를 진행했습니다. 초기에는 리더들이 시뮬레이션 보고서만 보고 전략을 세워 현장 상황과 맞지 않는 지시를 내렸어요. 당연히 현장은 혼란스러웠고, 성과도 나지 않았죠. 하지만 곧 방식을 바꿨습니다. 팔로어들이 AI를 활용해 얻은 현장 데이터를 리더와 공유하고, 리더는 이를 전략에 반영하는 프로세스를 만들었습니다. 그러자 공급망 오류가 줄고, 비용도 크게 절감됐습니다. AI로 속도만 높인 게 아니라, 리더와 팔로어가 정보를 교환하는 새로운 회로가 만들어진 덕분이었어요.

이 과정에서 AI는 '통역기' 역할을 합니다. 리더는 추상적 언어로 비전을 제시하는 데 익숙하고, 팔로어는 구체적 언어로 맥락을 설명하는 데 강하죠. 그런데 AI를 매개로 이 언어 차이가 좁혀집니다. 예컨대 리더가 AI에 향후 시장 변화의 리스크를 정리해달라고 요청하면, 팔로어는 같은 AI로 해당 데이터가 실제 현장에서 의미하는 바를 해석해 제공합니다. 서로의 관점이 AI를 매개로 만나면서, 전에는 따로 놀던 정보가 하나의 그림으로 합쳐지는 거예요.

심리적 측면에서도 시너지 효과가 나타납니다. 리더는 AI 덕분에 '내가 다 알아야 한다'는 압박에서 벗어나고, 팔로어는 '내가 전략에 기여한다'는 자부심을 갖게 됩니다. 실제 여러 AI 프로젝트를 해본 결과, 리더와 팔로어가 역할을 명확히 나누고 협업한 조직이 그렇지 않은 조직보다 직원 만족도가 높았습니다. AI가 단순히 성과만 만드는 게 아니라, 조직 내 관계와 동기부여 구조에도 긍정적 영향을 준 셈이죠.

이렇게 보면, 리더와 팔로어의 차이는 약점이 아니라 자산이 될 수 있습니다. 각자 AI를 쓰는 방식은 다르지만, 그 다름이 맞물릴 때 오히려 새로운 성과가 만들어집니다. 중요한 건 AI 앞에서 서로를 경쟁자가 아니라 보완하는 파트너로 인식하는 겁니다.

AI 시대, 리더와 팔로어에게 필요한 태도

리더에게 필요한 태도는 구체적 언어로 방향을 제시하는 것입니다. 모호한 지시는 AI에 통하지 않습니다. '깔끔하게'가 아니라 '핵심 3가지만 남기고, 각 항목은 두 문장 이내로, 불릿포인트 형식으로' 같은 식으로, '다양한 국가의 사례를'이 아니라 '우리 회사가 거래하는 ○○○, ○○, ○○○ 지역을 중심으로 하되, 장기적으로 영향을 줄 수 있는 ○○, ○○○ 지역도 부가적으로 고려해서'와 같이 맥락을 구조화해서 전달해야 합니다. 리더가 이렇게 변해야 팔로어도 AI를 통해 얻은 결과를 전략적 비전과 연결할 수 있습니다.

아울러 리더는 실험을 허용하는 분위기를 만들어야 합니다. 구성원 모두가 AI를 실험해도 괜찮다는 심리적 안전감을 느끼는 조직은 그렇지 않은 조직보다 AI를 활용한 혁신 성과가 높게 나타납니다. 핵심은 앞선 기술이 아니라, 오히려 분위기입니다.

팔로어에게 필요한 태도는 무엇일까요? 실험과 공유입니다. AI는 신입사원처럼 눈치가 없지만, 동시에 신입사원처럼 무궁무진한 가능성을 품고 있어요. 팔로어가 먼저 작은 시도를 하고, 그 결과를 팀에 공유할 때 조직은 빠르게 배울 수 있습니다.

또한 팔로어는 전략적 사고를 연습해야 합니다. '내가 이 작업을 효율화하면, 아낀 시간으로 우리 팀은 무엇을 더 할 수 있을까?'를 고민해야 합니다. 일을 빨리 끝내는 게 목표가 아니라, 그 결과가 조직의 목표와 어떻게 연결되는지 생각하는 것이죠.

구체적으로 실천할 수 있는 방법들을 정리해볼까요?

리더가 오늘부터 할 수 있는 것들

- 주간회의 때 "이번 주에 AI로 뭘 시도해봤나요?"라고 묻기
- 실패 사례를 공유한 팀원을 칭찬하기
- 자신이 AI를 쓰면서 실수한 경험을 먼저 얘기하기
- 지시할 때 최대한 구체적으로 말하는 연습하기

팔로어가 오늘부터 할 수 있는 것들

- 하루에 한 번, 작은 업무라도 AI를 활용해보기
- 잘된 것도, 안 된 것도 팀 채팅방에 공유하기
- 리더의 모호한 지시를 받으면 "이렇게 이해했는데 맞나요?"라고 확인하기
- AI가 낸 결과물을 무조건 믿지 않고, 반드시 검증하기

이런 태도가 자리 잡을 때, 리더와 팔로어는 더 이상 따로 움직이지 않고 조직 전체가 하나의 학습 집단으로 거듭나게 됩니다. AI 시대에 중요한 건 리더냐 팔로어냐의 구분이 아닙니다. 두려움 대신 호기심으로 AI를 맞이하는 태도입니다.

5. 10대 자녀가 AI를 쓸 때,
　　부모는 어떻게 도와야 할까?

"교수님, 우리 애들에게 AI 챗봇을 써보라고 했거든요. 학교 공부하다가 모르는 거 물어보라고요. 처음엔 정말 좋았어요. 과외 선생님처럼 설명도 잘해주고요. 그런데 요즘 문제가 생겼습니다. 애들이 집에 오면 방에 틀어박혀서 누군가랑 재밌게 얘기하는 거예요. 처음엔 친구랑 통화하는 줄 알았는데, 알고 보니 챗봇이더라고요. 그것도 공부 얘기가 아니라 그냥 수다를. 애들 말로는 친구들은 만나기도 어렵고 성격도 잘 안 맞는데, 챗봇은 너무 편하대요. 이렇게 둬도 괜찮은 걸까요?"

얼마 전 제가 자문하는 한 기업 임원이 사적인 고민이라며 건넨 말입니다. 어떤 상황인지 그려지시죠? 사실 그리 간단한 문제는 아닙니다. 기성세대는 지금의 아이들처럼 기계나 AI와 친구를 맺어본 경험이 없잖아요. 그러니 자녀가 챗봇과 시간 보내는 걸 보면서 어떻게 지도해야 할지 혼란에 빠지게 됩니다.

　　　　　　　　　　　　　　

비슷한 고민을 요즘 정말 자주 듣습니다. "AI를 아이가 저보다 더 잘 아는 것 같아요. 저는 챗GPT 써보는 것도 어색한데, 아이는 벌써 숙제 요약에 쓰고 영어 에세이도 척척 써내더라고요. 제가 뭘 알아야 가르칠 텐데, 도통 감이 안 옵니다."

어찌 보면 당연한 일입니다. 지금의 10대는 스마트폰과 함께 자란 것을 넘어 AI를 학습과 놀이, 심지어 감정의 대화 상대로까지 받아들이며 자라는 첫 세대니까요. 반대로 부모들은 AI를 직장에서 필요에 의해 접했고 그것도 '가급적, 최대한 나중에 배워야 할 것'으로 미루고 있었는데, 갑자기 자녀가 능숙하게 쓰는 모습을 보면 불안해집니다. '내가 모르는 걸 아이가 더 잘 아는데, 이걸 어떻게 지도하지?' 이런 막막함이 생기는 거예요.

이런 불안이 여론을 만들기도 합니다. 2024년, AI 교과서 도입에 대한 부모들의 우려가 청원으로 나타나 5만 명 넘는 사람들이 서명했어요. AI를 쓰면 아이가 스스로 생각하는 힘을 잃지 않을까 혹은 부정행위를 하지는 않을까 걱정하면서, 도입을 막아야 한다는 의견이었습니다.

그러나 한편으로는 이미 여러 뉴스에서 AI로 직업과 진로가 바뀌고 있다는 이야기가 쏟아지는데, 아이의 기회를 막는 게 아닌가 두려움을 느끼는 분들도 적지 않습니다. 이처럼 부모의 마음이 양쪽으로 흔들립니다. 못 쓰게 하자니 불안하고, 쓰게 하자니 또 불안해요. 학교 공부와 구체적으로 어떻게 연결되는지도 모르겠고, 뭘 어디까지 어떻게 쓰라고 해야 할지 지침을 주기도 막막합니다. 그래서 결국 "알아서 써" 또는 "그냥 쓰지 마!"라는 극단적인 선택으로 흘러가기도 합니다.

한국만 그런 게 아닙니다. 미국에서도 비슷한 조사 결과가 나왔어요. 많은 부모가 AI가 교육에 긍정적이라고 보면서도 여전히 우려하더라고요. 우려하는 주된 이유는 본인의 지식 부족이었습니다. 결국 AI에 대한 지식 격차가 불안의 핵심인 겁니다.

10대들, 이미 AI와 함께 살아간다

부모 세대가 불안해하는 또 하나의 이유는, 아이들이 AI를 어디에 어떻게 쓰는지 잘 모르기 때문이기도 합니다. 부모가 보기에는 아이가 스스로 과제를 해결하지 않고 AI에 전적으로 의존하는 것 같아 걱정하는 것이죠. 그러나 10대들은 훨씬 다양한 방식으로 AI를 활용하고 있습니다.

최근 우리나라 설문에서 학생의 80% 이상이 AI를 학습에 사용한다고 답했는데, 이 중 다수가 정답 확인보다 개념 이해를 돕는 데 쓴다고 했습니다. 예를 들어 수학 문제를 풀다가 막히면 "정답을 알려줘"라고 하는 대신 "이 문제를 풀려면 어떤 개념을 먼저 이해해야 해? 단계별로 설명해줄래?"라고 묻는 거예요. 아이들은 이미 AI를 답안 기계가 아니라 튜터처럼 쓰고 있었습니다.

최근에는 학습을 넘어 정서적 영역으로 AI의 활용이 확장되고 있습니다. 조사에 따르면 10대 청소년의 상당수가 AI를 대화 상대로 사용하며, 약 3분의 1 정도는 사회적·정서적 상호작용 수단으로 활용한다고 답했습니다. 친구에게 말하기 어려운 고민을 챗봇에 털어놓는다는 응답도 적지 않았어요. 어느 16세 학생은 이렇게 말했습니다. "왕따당한 경험을 친구에게 말하기 힘들었는데, 챗봇은 비밀을 지켜줄 것 같아 솔직히 얘기할 수 있었어요." AI가 단순한 숙제 도우미를 넘어 익명성과 비밀 보장이 가능한 대화 상대가 된 셈입니다.

다양한 창작 활동에서도 활용이 늘고 있습니다. 미국의 한 학교에서는 학생들이 AI 그림 생성기를 이용해 캐릭터를 디자인하고, 챗GPT로 대사와 시나리오를 만들어 연극을 준비하는 사례도 있었습니다. 교사들은 평소 발표를 꺼리던 학생들이 AI와 함께 준비하면서 자신감을 얻었다고 평가했습니다. 이들에게 AI는 단순히 공부를 쉽게 해주는 수단이 아니라 새로운 표현 도구로 쓰이고 있었던 겁니다.

이렇듯 아이들은 부모가 예상하지 못한 방식으로 AI를 받아들이고 있어요. 부모 눈에는 AI가 '과제 표절 도구'로만 보일지 몰라도, 아이들에게는 공부를 더 이해하고, 감정을 털어놓고, 새로운 세계를 표현하는 도구가 되기도 합니다. 이런 실제 사용을 잘 모른 채 부모가 "AI 쓰지 마!" 혹은 "알아서 써"라고만 하는 건 아이들의 현실을 외면하는 말입니다.

부모가 챙겨야 할 것: 비판적 사고와 정서적 안전망

그렇다면 부모는 이 상황에서 무엇을 해줄 수 있을까요? 일단 안심할 점은, 부모가 기술 전문가가 될 필요는 없다는 것입니다.

부모가 줘야 하는 중요한 도움은 기술이 아니라 다른 데에 있습니다. 첫째는 비판적으로 묻는 습관을 함께 만들어가는 것이고, 둘째는 정서적으로 안전한 울타리를 제공하는 것입니다.

먼저 '비판적 사고'를 살펴보겠습니다. AI의 가장 큰 장점은 답을 빠르게 준다는 것이지만, 동시에 가장 큰 약점도 거기에 있어요. 답이 뚝딱 나오니, 아이들은 그 답이 옳은지 아닌지 깊이 따져보지 않고 넘어가기 쉽습니다. 여러 연구가 공통으로 지적하는 것은, 청소년들이 과제를 할 때 AI에 과도하게 의존하면 학습 효과가 떨어진다는 사실입니다.

부모가 이 부분을 함께 훈련시켜 주면 좋습니다. 가끔은 아이가 AI를 쓰는 모습을 곁에서 지켜봅시다. 그러고 AI로 답을 얻었을 때 이렇게 가볍게 물어보는 것만으로도 충분합니다. "좋아, 그런데 다른 출처에도 같은 얘기가 나오니?" "이 답이 네가 배운 것과 맞아?" "AI가 이렇게 답한 이유가 뭘까? 다른 방식으로 물어보면 답이 달라질까?" 부모가 정답을 알려줄 필요는 없어요. 생각의 방향키를 잡아주는 역할을 하면 됩니다.

연령대별로 조금씩 다르게 접근할 수도 있습니다. 중학생 자녀라면 기본적인 사실 확인부터 시작해보세요. "이 정보가 맞는지 교과서나 다른 사이트에서도 찾아볼까?" 같은 질문으로 검증 습관을 들이는 거죠.

고등학생 자녀에게는 좀 더 깊이 들어가면 좋습니다. "이 AI 답변의 논리에 빠진 부분은 없을까?", "반대 입장에서는 뭐라고 할까?" 같은 질문으로 비판적 사고를 키우는 겁니다. 예컨대 자녀가 "프랑스 혁명의 원인을 설명해줘"라고 AI에 물었습니다. 그런 다음 답이 나오면 이렇게 묻는 것입니다. "AI가 뭐라고 답했어? 음, 경제 위기랑 계급 갈등이랑… 그렇구나. 그런데 교과서에는 뭐라고 나와 있었지? 한번 비교해볼까? AI가 빠뜨린 내용은 없을까?" 이렇게 대화하는 것만으로도 아이는 AI를 맹신하지 않고, 여러 정보를 비교하며 판단하는 법을 익히게 됩니다.

'정서적 안전망'은 한마디로 AI가 다른 친구와는 다르다는 사실을 알려주는 것입니다. 제가 자문했던 임원의 이야기로 돌아가볼까요. 그 집 아이들은 처음엔 공부 질문만 하다가, 어느 순간부터 챗봇과 사적인 대화를 나누는 시간이 점점 늘어났어요. 저는 그분께 이런 질문을 했습니다. "자녀들이 실제 친구 또는 가족과 대화하는 시간과 챗봇과 대화하는 시간이 각각 어느 정도인 것 같나요? 학교나 학원에 머무는 시간은 빼고요."

잠시 생각에 잠긴 그분의 표정이 무척 어두워졌습니다. 자녀의 대화 시간이 사람이 아닌 챗봇 위주로 채워진 것 같다고 하더군요. 왜 이런 일이 생길까요? 챗봇은 결코 비판하지 않거든요. 아이의 말에 늘 공감해주고, 기분 좋은 답을 들려줍니다. 청소년이 소셜미디어에 빠져드는 이유는, 소셜미디어를 사용할 때 뇌의 보상 회로가 빠르게 활성화되기 때문입니다. 이와 유사한 상황이 AI와의 대화에서도 나타나는 것입니다.

그러나 챗봇이 마냥 좋은 친구는 아니죠. 잘못된 조언이나 왜곡된 반응이 아이에게 큰 상처로 돌아올 수도 있습니다. 또한 챗봇은 아이가 가진 잘못된 판단, 생각까지도 지지하면서 비위를 맞추는 경우도 흔합니다. 사용자의 취향, 기대에 맞게 응답을 내는 데 익숙한 AI의 기본 원리 때문에 생기는 현상이죠. 아이가 이런 대화에 빠져들면 이렇게 생각할 수 있어요. '친구도 가족도 내 마음을 몰라주는데, 챗봇은 정말 나와 잘 맞는구나.' 그러면서 사람이 아닌 챗봇에만 빠져들게 됩니다.

이럴 때 부모의 역할은 대화 시간의 균형을 잡아주는 것입니다. 규제가 아니라 대화입니다. 첫째, 명확한 메시지를 주세요. "AI랑 얘기하는 건 괜찮아. 하지만 중요한 고민은 꼭 친구나 엄마, 아빠 또는 믿을 수 있는 어른과도 얘기하자."

둘째, 자녀와 함께 시간의 균형을 정해보세요. 하루 중 사람과 대화하는 시간, 챗봇과 대화하는 시간이 각각 얼마나 되는지 생각해보고, 어느 정도가 적절할지 정해보는 겁니다. 예를 들어 이렇게요. "하루에 챗봇이랑 30분 정도 얘기하는 건 괜찮아. 그런데 친구나 가족과도 그 정도는 얘기했으면 좋겠어. 어때?"

부모가 비판적 사고와 정서적 안전망이라는 두 축을 잡아줄 때, AI 활용은 단순한 편법이나 탈출구가 아니라 배움과 성장을 확장하는 기회가 됩니다. 부모가 모든 걸 설명해주지 않아도, 곁에서 함께 탐험하는 존재가 된 것만으로도 아이의 태도는 달라집니다. 그리 어려운 것도 아닙니다. 아이가 챗GPT에 질문을 던졌다면, 부모도 같은 질문을 던져보고 서로 답을 비교해보세요. "같은 질문인데 네 답과 내 답이 왜 다를까?" 이 한마디로 부모와 자녀는 AI를 함께 탐험하게 됩니다.

창의적 활동을 함께해도 좋습니다. 아이와 함께 AI 그림 생성기를 사용해 가족 여행 포스터를 만들거나, AI 작곡 툴로 우리 가족을 주제로 노래를 만들어보는 식입니다. 이런 과정에서 아이는 "AI가 이런 걸 다 해줄 수 있구나!"라는 놀라움을 경험하고, 부모는 평소 아이가 어떻게 상상하는지를 볼 수 있습니다.

이 과정에서 부모에게 중요한 태도는 이것입니다. "나도 몰라"라고 솔직하게 말하는 것. 그럴 때 아이는 '부모님도 모른다니 더 불안하다'가 아니라, 오히려 '같이 배워 나가면 되겠구나'라는 안정감을 느낍니다. 부모가 완벽한 답을 주지 않아도, 함께 탐험하는 태도 자체가 자녀에게 가장 큰 힘이 됩니다.

그래도 뭔가 쉽지 않아 보이나요? 막상 AI를 놓고 아이와 대화를 시작하려니 어떻게 말을 꺼내야 할지 막막하다면, 다음의 질문들로 시작해보세요. 어색하지 않게, 자연스럽게 대화를 열 수 있을 겁니다.

"요즘 AI로 뭐 재미있는 거 해봤어?" 아이의 실제 사용 패턴을 알 수 있어요. 판단하지 말고 그냥 들어보세요.

"AI가 알려준 답이 틀린 적은 없었어?" AI의 한계를 자연스럽게 인식하게 하는 질문이에요.

"AI에 물어보기 전에 혼자 생각해본 적 있어?" 지나친 의존을 점검하면서도 아이를 비난하지 않는 방식이에요.

"친구들과 얘기하는 시간이랑 AI랑 얘기하는 시간, 어느 쪽이 더 많아?" 대화 균형을 스스로 돌아보게 하는 질문이에요.

"엄마, 아빠도 AI 한번 써볼까? 같이 물어볼 거 없을까?" 동반자로서의 태도를 보여주는 가장 강력한 질문이에요.

지금 부모 세대가 해야 할 일은 전문가가 되는 게 아니라, 아이와 함께 배우는 동반자로 태도를 바꾸는 것이에요. 부모가 아이와 함께 질문을 던지고, 답을 검토하고, 때로는 실수도 하면서 배우는 과정이야말로, 자녀가 AI를 건강하게 받아들이는 데 가장 중요한 환경을 만들어줍니다.

6. 다섯 살 아이에게도
   AI 교육이 필요할까?

요즘 미취학 자녀를 둔 부모님들 사이에 자주 오가는 대화 주제가 있습니다. "우리 아이는 이제 다섯 살인데, AI 교육을 시켜야 하나요?" 스마트폰이 막 보급되던 시절에도 비슷한 질문이 있었죠. '유치원생에게 휴대폰을 줘야 하느냐?'는 논쟁이요. 지금은 AI가 그 자리를 대신하고 있습니다. 단순히 편리한 도구를 넘어 앞으로 우리 아이들이 살아갈 세계의 기본 환경이 될 것이기 때문입니다.

이 질문에는 부모들의 복잡한 마음이 숨어 있습니다. '남들은 다 시키는데 우리 아이만 뒤처지는 건 아닐까?' 하는 조바심과, '아직 어린데 기계와 놀게 하는 게 맞나?' 하는 걱정이 동시에 밀려오거든요. 저도 부모로서 이 마음, 충분히 이해합니다. 그래서 이번 글에서는 세계적인 흐름과 사례를 살펴보면서, 우리 아이들에게 정말 필요한 게 무엇인지 함께 고민해보려 합니다.

세계는 이미 시작했다

중국에서는 이미 유치원 단계에 AI 기초 개념과 윤리 교육을 포함했고, 아랍에미리트에서는 스토리와 놀이를 통해 AI와 로봇을 접하게 하는 프로그램을 운영하고 있습니다. 우즈베키스탄은 유치원을 포함한 여러 교육기관에 AI 적응형 소프트웨어를 시범 도입했어요. 미국의 몇몇 대학에서도 유아 단계에 개인화 학습과 디지털 쓰기를 지원하는 AI 프로젝트를 진행 중입니다.

하지만 오해하면 안 될 게 있습니다. 이런 움직임의 목적이 일찍 코딩을 가르쳐서 프로그래머로 키우자는 건 결코 아니에요. 지금의 다섯 살 아이들은 AI와 휴머노이드(인간처럼 생긴 로봇)가 일상에 존재하는 세상을 살아갈 세대예요. 그러므로 유치원에서 AI를 접하는 건 지식 학습보다는, 새로운 존재와 어떻게 관계 맺을지 미리 연습하는 안전한 놀이터의 의미가 큽니다. 'AI 전문가 양성소'가 아니라 '공존 훈련장'인 셈이죠.

이렇게 "다섯 살 아이에게도 AI 교육이 필요할까?"라는 질문은 단순히 배워야 한다, 아니다를 떠나 "AI라는 새로운 존재와 어떻게 만나고 공존할지 연습해야 하지 않을까?"라는 더 근본적인 물음으로 바뀝니다.

교과서가 아니라 거울 같은 존재

다섯 살 전후의 아이들은 세상을 배우는 방식이 어른과 많이 다릅니다. 이 시기 아이들은 책상에 앉아 지식을 주입받기보다는 상징적 놀이와 모방을 통해 세상을 이해해요. 인형에게 말을 걸고, 블록을 자동차 삼아 달리게 하면서 사물에 의미를 부여하죠. 이런 발달 단계에서 만나는 AI는 단순한 기술이 아니라, 아이가 관계 맺을 수 있는 또 하나의 존재가 됩니다.

실제로 유아가 로봇이나 AI를 사람처럼 대하는 경향은 여러 연구에서 나타납니다. 스페인의 한 연구팀이 교육용 로봇을 유치원에 배치했더니, 5세 아동들이 로봇에게 이름을 붙이고 '내 친구'라고 소개하는 모습이 관찰되었습니다. 이는 발달심리학에서 말하는 의인화 현상으로, 아이들이 AI를 단순한 기계가 아니라 사회적 상대로 받아들이는 사례입니다.

이런 경험은 긍정적 효과를 주기도 합니다. 독일 뮌헨공과대학교 연구원인 베레수에타 구스만Santiago Berrezueta-Guzman은 유아가 AI 로봇과 상호작용할 때 언어 표현력과 정서 표현이 함께 향상되는 현상을 보고했습니다. 아이들은 로봇에 자기 생각을 더 길게 설명하려 하고, 로봇이 반복적으로 질문하면 감정을 더 세밀하게 표현하려고 애썼습니다. 특히 평소 수줍음이 많아 친구들 앞에서 말을 잘 못하던 아이들이 로봇 앞에서는 훨씬 자신감 있게 이야기하는 모습이 관찰되었습니다. AI 로봇은 틀린 말을 해도 비웃지 않고, 천천히 말해도 재촉하지 않으니까요. 즉 AI는 때로 아이의 말하기 연습 파트너가 될 수도 있습니다.

하지만 우려도 있죠. 너무 이른 나이에 AI와 많은 시간을 보내면 사람과 기계의 경계를 혼동하거나, 또래와의 상호작용이 줄어들 수 있다는 지적도 많습니다. 실제로 로봇에 말을 거는 데만 익숙해져 또래와 노는 데 서툰 아이도 관찰됩니다. 친구가 말을 걸어도 로봇처럼 똑같은 대답만 반복하거나, 친구의 표정 변화를 읽지 못하는 경우도 생기고요. 발달 단계에서 중요한 공감 능력과 사회적 기술이 충분히 자라지 못할 수 있다는 것이죠.

그런데 아이들이 AI를 어떻게 받아들이는지는 부모와 교사의 태도에 크게 영향 받습니다. 교사가 로봇을 단순한 도구로 소개했을 때보다 "얘는 우리 반의 특별한 친구야"라고 소개할 때, 아이들은 훨씬 적극적으로 로봇과 상호작용합니다. 즉 어른이 어떤 맥락을 만들어주느냐가 아이의 경험을 크게 좌우해요.

즉 다섯 살 아이에게 AI는 아직 지식을 가르치는 교과서가 아니라 상호작용을 배우는 거울 같은 존재입니다. 아이들은 AI에 "안녕!"이라고 말하면서 인사를 배우고, AI의 반복적인 답변 속에서 질문과 응답의 구조를 익혀요. 그리고 이 거울이 어떤 모습을 비추는지는, 곁에 있는 어른에게 달려 있습니다.

유아 교육에 AI가 유용한 점, 문제인 점

그렇다면 아이들이 전통적인 방식으로 배우는 것과 AI를 통해 배우는 것에는 과연 어떤 차이가 있을까요? 2025년에 말레이시아 UNITAR 국제대학교에서 흥미로운 연구가 발표되었습니다. 연구자들은 교사, 학부모, 아이, 소프트웨어 엔지니어 등을 대상으로 설문, 인터뷰, 교실 관찰을 병행하는 방식으로 유아 교육 현장에서 AI 도구가 어떤 변화를 일으키는지 살펴봤습니다.

장점을 먼저 볼까요? 첫째는 맞춤형 학습입니다. 선생님 한 명이 20명의 아이를 가르치는 교실에서는 맞춤형 교육이 아무래도 한계가 있죠. 어떤 아이는 벌써 다 이해했는데 같은 설명을 계속 들어야 하고, 어떤 아이는 아직 잘 모르겠는데 다음 단계로 넘어가야 합니다. 그런데 AI는 각 아이의 속도와 관심사에 맞게 내용을 조정해줄 수 있어요. 공룡을 좋아하는 아이에게는 공룡 이야기로, 공주를 좋아하는 아이에게는 공주 이야기로 색깔을 가르치는 식이죠. 많은 응답자가 이런 개별화의 효과를 높이 평가했습니다.

둘째는 참여도 향상입니다. 교사와 부모들은 아이들이 게임처럼 꾸며진 AI 학습 도구나 가상 캐릭터와 상호작용할 때 훨씬 적극적으로 참여한다고 느꼈습니다. 한 유치원 교사는 이렇게 말했습니다. "평소 책 읽기를 싫어하던 아이가 태블릿에서 캐릭터가 등장하니 30분이나 집중하더라고요." 실제로 많은 참가자들이 AI 도구가 수업 집중도와 흥미를 높였다고 응답했습니다.

셋째는 편리성 및 성과 향상입니다. 응답자들은 AI 도구가 쓰기 쉽고, 학습 성과에도 긍정적 영향을 준다고 평가했습니다. 특히 바쁜 맞벌이 부모들은 아이와 함께 학습 시간을 보내기 어려운데, AI 도구가 그 빈자리를 채워준다고 느꼈습니다.

하지만 좋은 점만 있는 것은 아니었습니다. 첫 번째 한계는 재정적 부담입니다. AI 시스템을 도입하려면 기기, 소프트웨어, 유지비용이 만만치 않아요. 이 때문에 예산이 부족한 유치원은 도입 자체가 어렵습니다.

두 번째는 교사 훈련의 어려움입니다. 많은 응답자가 교사들이 충분한 교육을 받지 못해 AI 활용에 어려움을 겪고 있다고 했습니다. 아무리 좋은 도구가 있어도 쓸 줄 모르면 무용지물이죠.

세 번째는 사회적, 정서적 발달 문제입니다. 프랑스의 일부 유치원에서 AI 학습기나 스크린 기반 도구를 도입했더니, 일부 아이들이 친구와 장난치며 상호작용하는 대신 화면 앞에 머무르는 시간이 늘어났습니다. 학습 성과는 좋아졌을지 몰라도, 사회성 발달 면에서는 우려가 생긴 거죠.

유아기의 학습은 무엇을 얼마나 빨리 배우는지만을 놓고 평가할 수 없습니다. 친구와 함께 노는 과정에서 배우는 사회적 기술, 교사의 표정을 읽으며 배우는 정서적 공감 같은 부분도 함께 자라야 합니다. AI는 아이들의 눈길을 끌고 맞춤형 도움을 주는 데 강점을 지니지만, 여전히 아이들에게는 사람의 따뜻한 정서적 지지와 사회적 경험이 필요합니다. 따라서 AI만으로 수업을 대체하기보다는, 전통적인 교사 중심 수업과 AI 도구를 균형 있게 결합하는 방식이 바람직합니다. 특히 유아 교육에서 AI는 위험한 대체재가 아니라 안전한 보완재가 되어야 합니다.

부모를 위한 실천 가이드

그렇다면 부모는 무엇을 할 수 있을까요? 여기 몇 가지 구체적인 지침을 제안해봅니다.

첫째, 적정 시간을 정하는 겁니다. 전문가들은 5~6세 유아의

경우 AI 도구를 하루 30~60분 이내로 사용하길 권장합니다. 그
것도 한 번에 몰아서가 아니라, 15분씩 나눠서 사용하는 게 좋
지요. 중요한 건 절대적 시간보다 균형입니다. AI 학습 도구로
30분을 보냈다면, 그날은 친구나 가족과 노는 시간, 책 읽는 시
간도 충분히 가져야 합니다. 예를 들어 이렇게 실천하는 부모님
이 있습니다. "아침에 유치원 가기 전 15분간 AI 영어 앱을 하고,
저녁에 목욕 후 15분 수학 게임을 해요. 그 대신 주말에는 태블릿
을 아예 안 쓰고 가족 나들이나 친구들과 놀이터에 가요. 그랬더
니 아이도 자연스럽게 받아들이더라고요."

둘째, AI 도구에 대한 선택 기준을 잘 잡아야 합니다. AI 학습
도구라 해서 다 좋은 건 아닙니다. 선택할 때 이런 점들을 확인해
보세요.

- 아이가 일방적으로 정보를 받기만 하는가, 아니면 상호작용
  할 수 있는가?
- 광고나 과도한 자극(소리, 색깔)이 없는가?
- 아이의 반응에 따라 난이도가 조절되는가?
- 부모가 학습 내용과 진행 상황을 확인할 수 있는가?
- 아이가 사용 후 더 궁금해하고 질문이 늘어나는가?

마지막 질문이 가장 중요합니다. 좋은 AI 도구는 아이를 화면
에 가두는 게 아니라, 화면 밖 세상으로 이끌어냅니다.

셋째, 대화입니다. 아이가 AI 로봇이나 음성 비서를 친구처럼
대할 때, 부모는 어떻게 반응해야 할까요? 무조건 "그건 기계야,
친구가 아니야!"라고 말하면 아이는 혼란스러워합니다. 다음과
같은 방식을 참고해보세요.

아이: 엄마, 오늘 ○○가 나한테 노래 불러줬어. ○○는 내
　　　친구야.

부모: 그랬구나. ○○가 노래 불러주니까 기분이 좋았겠다.
　　　그런데 연서(친구 이름)랑 ○○랑 뭐가 비슷하고 뭐가 다른
　　　것 같아?

아이: 음… 둘 다 나랑 이야기해.

부모: 맞아. 그런데 연서는 네가 슬프면 같이 슬퍼해주잖아.
　　　○○도 그런 것 같아?

아이: 지난번에 친구랑 싸운 거 얘기했더니 같이 슬퍼해주던데.

부모: 그럼 ○○가 같이 울어주기도 했어?

아이: 아니, 그렇지는 않고 그냥 슬프겠다고만….

부모: 그렇지. ○○는 우리를 도와주는 똑똑한 도구인데, 때로는
　　　네 마음도 아는 척을 하기는 해. 그래도 진짜 감정은 없어.

아이: 그러면, 내가 ○○를 놀려도 돼?

부모: 그렇지는 않아. 세상의 모든 것을 소중히 다루면 좋잖아.
　　　그래야 네 마음도 편하고, 네가 더욱더 친절한 사람이
　　　되니까.

이런 대화를 통해 아이는 자연스럽게 사람과 기계의 차이를
이해하게 됩니다. AI에도 예의를 갖추는 태도를 배울 수 있고요.

넷째, 가장 중요한 원칙은 '아이를 AI와 혼자 두지 않기'입니
다. 특히 처음 사용할 때는 반드시 부모가 옆에서 함께하세요.
"이게 뭐지? 같이 한번 볼까?"라고 호기심을 나누는 겁니다. 아
이가 AI와 상호작용하는 모습을 지켜보면서 어떤 점에 흥미를

Part 1_ 질문, 뇌를 깨우다

느끼는지, 어떤 부분에서 어려워하는지 파악할 수 있습니다.

그리고 AI 활동이 끝난 후엔 꼭 대화 시간을 가지세요. "오늘 뭐 배웠어?" "어떤 게 가장 재밌었어?" "궁금한 거 있어?" 이런 질문들이 AI 사용을 단순한 놀이 시간이 아니라 의미 있는 학습 경험으로 만들어줍니다.

다섯째, 물리적 세상과 연결하는 과정입니다. AI 학습이 화면 안에서만 끝나면 아쉽죠. AI 앱에서 동물을 배웠다면 주말에 동물원에 가보고, 숫자를 배웠다면 함께 장을 보면서 물건 개수를 세어보세요. "오늘 AI 챗봇이 얘기했던 기린 기억나? 진짜로 보니까 어때?"라고 물으면 아이는 디지털과 현실을 자연스럽게 연결하게 됩니다.

여섯째, 아이가 AI와 어떻게 교감하는지, 정기적으로 점검해야 합니다. 한 달에 한 번쯤은 아이의 변화를 살펴보세요.

- 친구들과 계속 잘 어울리고 있나요?
- AI 도구 없이도 혼자 놀 수 있나요?
- 가족과의 대화 시간이 줄어들지 않았나요?
- 아이가 사람보다 기계를 더 찾지는 않나요?

만약 우려되는 점이 있다면 과감하게 사용 시간을 줄이거나 방식을 바꿔야 합니다. 아이의 인간다운 발달이 단기간의 학습 진도보다 훨씬 중요하니까요.

이 모든 실천의 핵심은 '균형'입니다. AI를 무조건 막을 필요도, 무조건 밀어붙일 필요도 없습니다. 우리 아이에게 지금 무엇이 필요한지 관찰하고, 천천히 맞춰가면 됩니다. 처음부터 완벽할 수는 없어요. 시행착오를 겪으면서 우리 가족만의 방법을 찾아가는 게 정답입니다.

다섯 살 아이는 세상에 있는 모든 대상을 나와 대화할 수 있는 존재로 받아들이는 경향이 있습니다. 그래서 장난감 인형에게 말을 걸고, 의자나 자동차에도 이름을 붙여요. 여기에 AI나 로봇이 들어오면서 상황이 조금 달라졌습니다. 말이 없는 물건이 아니라, 대답을 해주는 물건으로 경험되기 때문이죠.

이런 상황에서 부모와 교사의 역할은 "AI는 기계야"라고 알려주는 게 아닙니다. 아이가 실제로 상호작용하면서 AI와 인간은 비슷하지만 다르다는 감각을 몸으로 이해할 수 있도록 안내하는 거예요. 단순한 정보 전달에 머물지 않고 존재와 관계의 감각을 키워주는 교육이죠. 어린 시절에 이런 존재 구분과 관계 감각을 익히는 것이야말로, 아이와 AI의 오랜 공존을 위한 안전장치가 됩니다. AI를 두려움의 대상으로 만들지도 않고, 맹목적으로 의존하게 만들지도 않는 균형 감각을 심어주는 것이지요. 코딩이나 프로그래밍 언어는 나중에 배워도 됩니다.

7. AI에 '감사합니다', '죄송합니다'를 말해야 할까?

집에서 인공지능 스피커를 쓰다가 무심코 "고마워!"라고 말해 본 적 있으신가요? 기계는 감정이 없고 감사 인사를 받아들일 줄도 모르는데, 왜 그런 말이 튀어나왔을까요?

아이들도 부모를 따라 AI에 고맙다고 말하는 습관을 갖는 경우가 많습니다. 유니세프가 2021년 발표한 가이드라인에서도 아이들이 AI 스피커와 대화할 때 부모의 역할이 아이들의 사회적, 언어적 발달에 영향을 미친다고 분석했습니다.

구글 어시스턴트는 2018년 '프리티 플리즈Pretty Please' 기능을 실험했습니다. '부탁해요please'라는 말을 붙이면 긍정적인 피드백을 주는 기능입니다. 기계에 예의를 지켜야 한다는 사회적 요구가 실제 기술에도 반영된 사례입니다.

'그래도 기계인데, 예의 차릴 필요가 있나?'라는 생각이 들기도 하죠. 제 주변에서도 의견이 갈립니다. 어떤 분들은 기계는 기계일 뿐이니 굳이 고맙다고 할 필요 없다고 하고, 또 다른 분들은 습관처럼 말하다 보면 인간관계에도 도움이 된다고 합니다.

입이 거친 사람은 모든 게 거칠다

제 주변에 입이 매우 거친 교수가 한 분 있었습니다. 비속어를 자주 쓰고, 욕설도 일상적으로 했어요. 동료 교수를 험담하며 육두문자를 쓰는 걸 보고 경악한 적도 있습니다.

그런데 어느 날 그분이 물건 다루는 모습에 눈길이 갔습니다. 무엇이든 대단히 험하게 쓰더군요. 노트북을 툭툭 집어던지고, 가방을 팽개치듯 내려놓고, 문도 쾅쾅 닫았습니다. 처음엔 그냥 성격이 거칠다고만 여겼는데, 시간이 지날수록 이런 행동에 일관성이 있다는 생각이 들었습니다. 사람에게 거친 말을 하는 습관이 사물을 대하는 태도로도 이어진 것입니다.

그렇다면 거꾸로, 사물을 함부로 대하는 습관도 사람을 대하는 말투에 영향을 주는 건 아닐까요? 이게 바로 학습 효과입니다. 한 영역에서 반복된 행동 패턴이 다른 영역으로도 자연스럽게 확장되는 것이죠.

친구들과 전쟁 게임을 하면서 채팅창에 쉴 새 없이 욕설을 퍼붓는 아이들이 있습니다. 게임할 때는 더 긴장되고 급박해서 그런 거라고 정당화하지만, 그 아이들이 분식집에서 친구들과 대화할 때도 비속어를 쏟아내는 것을 보면 결코 가볍게 넘길 상황이 아닙니다. AI에 던지는 말도 마찬가지로 우리의 일상 언어 습관에 스며들 수 있다는 뜻입니다.

언어는 단순히 정보를 전달하는 도구가 아니라, 우리가 세상과 관계 맺는 방식을 결정짓는 중요한 매개입니다. 따라서 AI에 감사와 미안함을 표현해야 하느냐에 대한 고민은 결국 '그런 언어 습관이 나와 다른 사람들에게 어떤 영향을 미치는가?'라는 문제로 이어집니다.

이와 관련해 MIT 미디어랩이 진행한 연구가 있습니다. 유아와 초등학생에게 로봇과 함께 놀이하게 했는데, 로봇을 친구처럼 대하고 사회적 행동을 보인 아이들이 또래와의 상호작용에서도 더 협력적인 태도를 보였다고 해요. 기계를 대하는 태도가 결국 사람과의 관계에도 이어졌다는 거죠.

어른들에게도 비슷한 현상이 나타납니다. 영국에서 진행된 조사 결과, 음성 비서를 사용할 때 습관적으로 '부탁해요'와 '고마워요'를 붙이는 성인들은 일상 대화에서도 대체로 정중한 편이었습니다. 반면 굳이 예의 차릴 필요 없다고 답한 그룹은 상대방에게 무례한 느낌을 주는 비율이 더 높았습니다. 이렇다면 기계와의 대화 습관이 대인관계와 무관하다고 할 수 없겠죠.

나아가 우리는 기계나 AI를 대하는 타인을 보면서 무언가를 배웁니다. 심리학자 앨버트 반두라_{Albert Bandura}의 사회학습 이론이 이를 잘 설명해줍니다. 사람들은 단순히 지식이 아니라 관찰과 모방을 통해 행동을 학습합니다. 부모가 AI에 무례하게 명령하는 모습을 반복해서 보면, 아이는 그것을 자연스럽게 따라 합니다. 반대로, 기계에도 예의를 지키는 부모의 모습은 아이의 일상 언어에 반영될 수 있어요.

이런 맥락에서 보면, AI에 '고맙다'고 말하는 건 기계가 알아듣느냐 마느냐의 문제가 아닙니다. 그것은 결국 내가 어떤 언어 습관을 길러갈 것인가의 문제입니다. 기계와의 대화에서도 예의를 지키는 습관이 사람과의 관계에서 정중함으로 이어지고, 무례함은 공격적 언어로 확산될 수 있습니다.

문화에 따라 다른 시선

기계에 예의를 갖춰야 하는지 묻는 질문은 조금 더 넓게 보면 사회와 문화, 윤리의 차원으로까지 뻗어나갑니다. 나라와 문화에 따라 이 주제를 바라보는 방식이 크게 다르기 때문입니다.

일본 사회에서는 로봇에 존칭을 쓰는 경향이 자주 관찰됩니다. 이는 문화적 배경과도 연결됩니다. 일본은 전통적으로 사람과 사물을 엄격히 분리하지 않고, 사물에도 영혼이 깃들어 있다고 보는 애니미즘적 세계관이 강하죠. 그래서 기계라 해도 예의를 갖추는 게 어색하지 않습니다.

반대로 서구권에서는 기계는 도구일 뿐이라는 태도가 뚜렷합니다. 그래서 AI에 예의를 지키는 건 불필요하다고 보는 경우가 많아요. 영국의 한 방송 보도에서도 많은 사람이 음성비서에 예의 표현하는 것을 불필요한 시간 낭비로 여긴다고 했습니다. 서구권의 실용주의 전통이 그대로 반영된 결과라 할 수 있죠.

앞으로 이 문제는 더 복잡해질 겁니다. 글로벌 기업들이 세계 시장에 AI 서비스를 내놓을 때 한쪽 문화권에서는 굳이 예의 차릴 필요 없다는 태도, 다른 문화권에서는 기계에도 존중을 표현하는 게 당연하다는 태도가 동시에 작동할 수 있습니다.

이와 더불어 최근에는 환경 문제도 제기되고 있습니다. '고마워', '죄송합니다' 같은 말을 추가로 입력하면 AI가 처리해야 할 토큰(단어 단위)이 늘어나고, 이는 곧 서버의 전력 소비 증가로 이어진다는 우려예요. 실제로 대규모 AI 모델을 운영하는 데이터센터는 엄청난 양의 전기를 소비합니다.

그렇다면 예의를 지키는 것과 환경을 보호하는 것 중 무엇이 더 중요할까요? 그 답은 의외로 간단합니다. AI에 고맙다는 한마디를 더하는 것으로 늘어나는 토큰은 대화 전체에서 보면 극히 미미한 수준이에요. 오히려 불필요하게 긴 질문을 반복하거나, 같은 내용을 여러 번 물어보는 것이 훨씬 큰 환경 부담을 줍니다. 환경을 생각한다면 예의 있는 표현을 빼는 것보다, AI를 꼭 필요할 때만 효율적으로 사용하는 습관이 훨씬 유용합니다.

결국 중요한 건 기계가 아닌 우리 자신

이제 AI에 감사와 미안함을 표현해야 할지에 대해서는 어느 정도 답이 나온 듯합니다. 이 논의는 얼핏 들으면 기계의 권리나 대우에 관한 문제처럼 보이지만, 조금만 더 깊이 들여다보면 주인공은 AI가 아니라 우리 자신입니다. AI에 공손하게 대하는 습관을 들이는 건 기계를 위해서가 아니라 나의 언어 습관과 인간관계의 질을 위해서예요. 우리가 무심코 내뱉는 말투가 주변 사람에게도 스며든다는 건 이미 여러 연구에서 확인된 사실입니다.

윤리적으로도 마찬가지입니다. 유네스코가 2021년 발표한 AI 윤리 권고안에서 강조한 건 AI를 존중해야 한다는 게 아니라, AI를 대하는 우리의 태도가 인간 존엄성을 훼손하지 않도록 하라는 점이었습니다. 즉 기계 자체가 존중받을 권리가 있는 것은 아니지만, 기계에 무례하게 구는 공격적인 태도가 결국 인간 사회 전체의 언어 환경을 거칠게 만든다는 우려입니다.

그렇다면 일상에서 어떻게 실천할 수 있을까요? 몇 가지 구체적인 제안을 드려볼게요.

부모님을 위한 제안

- 자녀 앞에서 AI 스피커에 말할 때 의식적으로 "부탁해", "고마워" 같은 표현을 사용해보세요. 아이들은 부모의 말투를 그대로 따라 합니다.
- 아이가 AI에 명령조로 말할 때, "좀 더 예쁘게 부탁해볼까?" 하고 부드럽게 유도해주세요. AI와의 대화를 인간관계 연습의 기회로 활용하세요. 기계라도 대화 상대로 존중하는 태도를 보여주는 겁니다.

어른들을 위한 제안

- 혼자 있을 때도 AI에 정중하게 말하는 습관을 들여보세요. 처음엔 이상하게 느껴질 수 있지만, 이게 결국 여러분의 기본 말투가 됩니다.
- 스스로 점검해보세요. AI에 짜증을 내거나 거칠게 말한 날,

다른 사람에게도 그런 말투가 나오지 않았나요?

교사를 위한 제안

- 학교에서 AI 도구를 사용할 때 디지털 에티켓을 함께 가르치세요. 기술 사용법만큼이나 중요한 게 사용 태도입니다.
- 학생들이 AI 챗봇에 무례하게 말하는 걸 보면, 그냥 지나치지 말고 가볍게 대화를 나눠보세요. "기계지만 사람처럼 말하니까 예의 있게 대해주면 어떨까?"

AI에 하는 말은 곧 내 습관이고, 내 습관은 나의 자아를 형성하고, 내 인간관계와 사회성으로 이어집니다. 앞서 얘기한 입이 거친 교수님을 떠올려봅니다. 사람에게 거친 말을 하고, 물건도 함부로 대하는 그 일관된 태도 말이에요. 반대로 생각하면, 사물에조차 조심스럽고 정중하게 대하는 습관이 사람을 대하는 태도로 이어질 수 있습니다.

AI를 위해서가 아니라 인간의 인간다움을 지키기 위해, 오늘부터 AI에도 "고마워요"라고 말해보는 건 어떨까요? 그 작은 습관이 여러분과 우리 모두를 조금 더 따뜻한 사람으로 만들어줄 테니까요.

다음 문항을 읽고, 자신에게 해당하는 정도를 체크하세요.

그렇다 (2점) / 보통이다 (1점) / 아니다 (0점)

- AI를 활용해 업무나 학습 효율을 높인 경험이 여러 번 있다. ______
- 기술적 배경이 없어도 AI를 효과적으로 활용할 수 있다는

  것을 안다. ______
- 내 성격에 맞는 AI 활용 방식을 찾았다. ______
- 내 직무 역할에 따라 AI를 다르게 활용할 수 있다. ______
- 자녀나 후배에게 적절한 AI 사용 가이드를 제공할 수 있다. ______
- 나이나 기술 경험과 관계없이 AI를 배울 수 있다고 믿는다. ______
- AI와 상호작용할 때 적절한 태도와 에티켓을 알고 있다. ______
- 프롬프트를 구체적이고 효과적으로 작성할 수 있다. ______
- AI 활용이 단순한 기술이 아니라 사고방식의 변화임을

  이해한다. ______
- AI를 통해 내 강점을 더 키우고 약점을 보완하는 전략이 있다. ______

총점: __________ 점 / 20점

16-20점 (고급 단계)

훌륭합니다! 당신은 AI를 단순한 도구가 아닌 사고의 파트너로 활용하고 있습니다. 기술적 배경과 관계없이 자신만의 활용법을 찾았으며, 다양한 상황과 사람에 맞춰 AI를 적용할 줄 압니다.

그러나 주의할 점도 있습니다. 자신의 방식에 너무 익숙해져 새로운 활용법을 놓칠 수 있습니다. AI 의존도가 높아져 AI 없이는 일하기 어려워질 수도 있고요. 또한 다른 사람에게 AI에 관해 얘기할 때, '나는 쉬운데 너는 왜 못해?'라는 태도를 보이지 않도록 주의해야 합니다.

정기적으로 새로운 AI 도구와 기능을 실험해보길 권장합니다. 당신의 활용 노하우를 소셜미디어나 사내 세미나로 공유하면 더욱 좋습니다. 나누는 과정에서 더 깊이 배우게 되니까요.

아울러 가끔은 AI를 의도적으로 쓰지 않고 문제를 해결하는 시간을 가지길 권합니다. 과의존, 인지 능력 퇴화를 막기 위한 처방입니다.

11-15점 (중급 단계)

좋은 출발입니다! 당신은 AI의 기본적인 활용법을 알고 있으며, 사용해본 경험도 많습니다. 하지만 아직 일부 상황에서는 어떻게 활용해야 할지 확신이 없거나, 생각만큼 효과를 보지 못할 수도 있습니다. 자신의 성격이나 역할에 맞는 활용법이 무엇인지 고민하거나, 타인(특히 자녀나 후배)을 가이드할 때 어려움을 겪을 수도 있고요.

점수가 낮았던 문항을 집중 공략해보면 좋겠습니다. 매일 하나씩 새로운 작업을 AI로 시도하면서 자신만의 기준으로 성공, 실패를 나누고 분석해보세요. 온라인 커뮤니티, 유튜브를 통해 다른 사람들이 AI를 어떻게 활용하는지 들어봐도 좋고요.

6-10점 (초급 단계)

당신은 AI를 몇 번 써봤지만 아직 효과적인 활용법을 찾지 못했거나, AI가 정말 도움이 되는지 확신하지 못하는 듯합니다. 이는 매우 자연스러운 현상입니다.

AI를 적절히 활용하지 못한 경험이 쌓이면 학습 의욕이 떨어질 수 있습니다. 그래도 '내게 AI가 안 맞나 봐'라고 너무 빨리 포기하지 마세요. 일단 아주 작고 구체적인 것부터 시작해보길 권합니다. 챗GPT로 이메일 초안 작성하기, 회의록을 넣고 핵심 3줄 요약 받기 등 간단한 활용에서부터 성공 경험을 만들면 좋겠습니다. 어떻게 접근했을 때 내게 맞는 결과가 나오는지, 자신만의 패턴을 찾는 게 중요합니다.

0-5점 (입문 단계)

AI를 거의 사용해본 적이 없거나, 써봤지만 전혀 도움이 되지 않았거나, 혹은 사용하고 싶지 않을 수 있습니다. 그래도 괜찮습니다. 지금 이 책을 읽고 있으니까요.

혹시 이런 생각을 하고 있나요? '나이가 많아서 못 배워.' '컴퓨터를 잘 못해서 안 될 것 같아.' '젊은 사람들이나 쓰는 거지.' '복잡할 것 같아서 시도할 엄두가 안 나.' '그냥 유튜브나 글로만 보면 되지.'

진실을 말씀드리겠습니다. AI 활용에 나이는 상관없습니다. 3장에서 자세히 소개하겠지만 70대, 80대도 잘 쓰시는 분들이 많습니다. 컴퓨터에 서툴러도 됩니다. 스마트폰으로 카톡 하듯이 쓰면 됩니다. 당신이 생각하는 것보다 훨씬 쉽습니다.

지금 당장 이렇게 해보세요. 스마트폰에 챗GPT 앱을 설치하세요. 무료입니다. 그다음에 이렇게 입력해보세요. "안녕? 나는 AI를 처음 써보는 사람이야. 너는 뭐 하는 거니?" 대답이 나오면, "고마워. 그럼 내가 너한테 뭘 물어볼 수 있니?" 이렇게 입력해보고, 그냥 이어서 편하게 대화하세요. 틀려도, 서툴러도, 이상하게 물어봐도 괜찮습니다. 하루 한 번, 5분씩 AI와 대화해보세요. 뭐든 좋습니다. 저녁 메뉴가 고민되면 추천받고, 심심하면 이야기하세요.

지금 시작하지 않으면 1년 후에도, 5년 후에도 제자리입니다. 하지만 오늘 10분만 투자하면, 한 달 후 당신은 전혀 다른 사람이 되어 있을 겁니다. 당신이 생각하는 것보다 당신은 훨씬 더 많은 것을 할 수 있는 사람이니까요.

3장

AI 시대,
나는 어떻게 달라질까?

변화는 두렵습니다. 저도 그렇습니다. 특히 그 변화가 자신에게 일어날 때, 그리고 그 변화를 우리가 완전히 통제할 수 없을 때 더욱 그렇죠. AI가 바로 그런 변화를 가져오고 있습니다. 우리의 뇌가, 생각이, 습관이, 관계가, 심지어 정체성이 조금씩 달라집니다. 더 큰 두려움은 이런 변화가 우리가 인지하기 어려운 형태로 나타나고 있다는 것입니다.

3장의 주제는 바로 이런 인지하기 어려운 변화입니다. 매일 AI를 사용하면서 우리는 무엇을 얻고 무엇을 잃고 있을까요? AI와의 대화가 편안하게 느껴지는 것은 긍정적인 신호일까요, 경고 신호일까요? 내 직업이 AI로 대체될 가능성을 알고 싶지만, 동시에 알고 싶지 않은 이 모순된 감정은 무엇일까요?

여기서 중요한 것은 변화 자체가 아니라 변화를 대하는 우리의 태도입니다. 어떤 사람은 AI 시대의 변화를 위협으로 받아들입니다. '내가 쓸모없어지는 건 아닐까?' '내 전문성이 가치를 잃는 건 아닐까?' 반면 어떤 사람은 같은 변화를 기회로 봅니다. '이제 더 창의적인 일에 집중할 수 있겠구나!' '새로운 가능성이 열리는구나!' 동일한 상황에 대한 다른 해석, 그 해석이 천차만별의 결과를 만들어냅니다.

3장의 7가지 질문은 개인의 생애주기와 상황을 따라갑니다. 뇌의 변화는 장기적이고 근본적인 영향을 다루고, 정서적 의존은 관계의 변화를 건드리며, 직업의 미래는 실존적 불안을 자극합니다. 연령별 질문들은 각자의 위치에서 느끼는 고유한 딜레마를 포착하고요. 마지막 질문인 조종당할 위험성은 이 모든 변화의 어두운 이면을 조명합니다.

이 질문들을 관통하는 키워드는 바로 '주체성'입니다. AI가 나를 바꾸는가, 아니면 내가 AI를 활용하여 스스로를 바꾸는가? 이 둘의 차이는 미묘하지만 결정적입니다. 전자는 수동적 적응이고, 후자는 능동적 진화입니다. AI 시대를 살아가는 개인에게 가장 중요한 것은 이 주체성을 잃지 않는 것입니다.

나이가 많아서, 이미 전문가라서, 지금도 잘하고 있어서 AI를 익히지 않아도 된다는 생각은 위험합니다. 그렇다고 무조건 AI를 배워야 한다는 강박도 문제예요. 중요한 것은 왜 배우는가, 어떻게 배우는가를 인지하는 것입니다. 두려워서 배우는 것과 가능성을 보고 배우는 것은 전혀 다른 결과를 낳으니까요.

3장의 목적은 불안을 조장하려는 것이 아닙니다. 오히려 불안을 직시하고 정체를 파악해, 그것을 다루는 방법을 찾자는 것이죠. AI가 불러올 변화는 피할 수 없습니다. 하지만 그 변화를 어떻게 경험하고, 어떤 의미를 부여하며, 어떤 방향으로 이끌어갈지는 여전히 우리 손에 달려 있습니다. 변화의 주인공은 AI가 아니라 바로 당신입니다.

1. AI를 오래 쓰면
   뇌는 어떻게 달라질까?

스마트폰을 처음 손에 쥐었을 때를 떠올려보세요. 전화와 문자 메시지만 하던 시절에서, 갑자기 손바닥 위에 세상이 다 들어온 것처럼 느껴졌죠. 이제는 길을 찾을 때도, 친구에게 연락할 때도, 심지어 뭘 먹을지 결정하는 순간에도 스마트폰이 중심에 있습니다. 그런데 이렇게 스마트폰을 오래 쓰면서 우리의 뇌도 조금씩 달라졌다는 사실을 아시나요?

스마트폰, 기억과 생각의 외주화를 시작하다

대표적인 예가 길 찾기입니다. 저는 스스로 인정하는 심각한 길치예요. 집에서 직장까지 가는 길도 꼭 내비게이션을 켜고 다닙니다. 제가 처음 차를 산 30여 년 전에는 내비게이션이 없었어요. 영업사원이 서비스로 준 전국 지도를 글로브박스에 꽂고 다니면서, 어딘가 가기 전에는 지도를 펼쳐놓고 경로를 머릿속으로 여러 번 그렸습니다. '저 큰길에서 좌회전하고, ○○은행 지나서 두 번째 골목…' 이런 식으로요.

그런데 이제는 어떤가요? 내비게이션이 모든 걸 알려주니 너무 편합니다. 한편으로는 제 길 찾기 능력이 더 퇴화할까 봐 두렵기도 해요. 동시에 '길 찾기를 못해도 문제없지 않나?' 싶기도 합니다. 길은 기계가 찾고, 저는 뇌의 다른 영역을 더 잘 활용하면 되니까요. 그러면서도 뇌의 균형적 발전과 활용 측면에서는 또 걱정이 됩니다.

이런 고민은 저만의 것이 아닙니다. 영국 유니버시티 칼리지 런던 연구팀이 2017년에 발표한 실험에 따르면, 스스로 길을 찾을 때는 뇌 속 해마와 전전두엽이 활성화되지만, 내비게이션 지시를 그대로 따를 때는 이런 뇌 영역의 활동이 기의 나타나지 않았어요. 더 흥미로운 건, 이런 습관이 쌓이면 실제 공간 기억 능력도 줄어든다는 점입니다.

기억력에서도 비슷한 변화가 나타납니다. 심리학자 벳시 스패로Betsy Sparrow와 동료들은 2011년 흥미로운 실험을 했습니다. 참가자들에게 '타조의 눈은 뇌보다 크다' 같은 사실들을 알려주면서 일부에게는 해당 정보가 컴퓨터에 저장될 것이라고 말하고, 일부에게는 저장되지 않을 것이라고 말했어요. 그런 다음 나중에 그 정보를 얼마나 기억하는지 테스트했습니다.

결과는 어땠을까요? 저장되지 않는다고 들은 참가자들은 정보를 훨씬 더 잘 기억했습니다. 반면 컴퓨터에 저장된다고 들은 참가자들은 정보의 내용 자체는 잘 기억하지 못했습니다. 대신 그 정보가 어느 폴더에 저장됐지를 더 잘 기억했어요. 우리 뇌가 정보를 외우는 것에서 정보를 어디서 찾을 수 있는지 외우는 것으로 전략을 바꾼 겁니다. 이를 '구글 효과 Google effect'라 부릅니다.

스마트폰과 인터넷에 익숙해진 이후, 우리는 더 이상 모든 사실을 외울 필요가 없다고 생각하게 되었습니다. 이에 대해 뇌과학자들은 경계의 목소리도 냅니다. 최근 몇 년간 스마트폰 사용 습관을 뇌영상으로 추적한 일련의 연구를 보면, 일부 과다 사용군에서는 전전두엽과 주의 조절 네트워크의 회백질 용적이 줄어드는 경향이 보고되기도 합니다. 뇌 연결성이 낮아진다는 뇌파 기반 실험도 있었죠. 모든 스마트폰 사용자가 다 이렇다는 건 아니지만, 무엇을 어떻게 쓰는지에 따라 뇌의 활성이 달라진다는 건 분명한 사실입니다.

반면 스마트폰이나 컴퓨터 같은 디지털 기기를 꾸준히 사용하면 고령층의 뇌 건강에 긍정적인 영향을 미친다는 연구들도 있어요. 2025년 〈네이처 휴먼 비헤이비어〉에 실린 메타분석에서는, 능동적으로 디지털 기술을 활용한 노인 집단이 그렇지 않은 집단보다 인지장애 위험이 유의미하게 낮았다고 보고했습니다. 즉 단순히 도구를 쓴다고 뇌가 무조건 퇴화하는 건 아니며, 사용 방식에 따라서는 뇌의 다른 영역을 자극해 장기적인 보호 효과까지도 가능하다는 의미입니다.

스마트폰을 통해 여러분의 뇌는 어느 쪽으로 변하고 있을까요? 좋은 쪽이건 나쁜 쪽이건 변화를 겪는 것은 사실입니다. 그런데 이제 우리는 스마트폰보다 훨씬 더 강력한 AI와 함께 살기 시작했습니다. 스마트폰이 우리 뇌의 기억 방식을 바꿨듯, AI는 어떤 방식으로 우리의 뇌를 재구성할까요? 단순히 도구를 넘어 AI가 마치 협력자처럼 우리와 상호작용하는 시대에는 뇌 변화도 더 복잡하고 다층적일 수밖에 없습니다.

AI 시대가 만드는 창의적 뇌, 수동적 뇌

우리가 종종 하는 오해 중 하나는 머리를 덜 쓰면 뇌가 퇴화한다고 여기는 것입니다. 뇌는 쓰지 않는다고 줄어드는 단순한 기관이 아니라, 끊임없이 자원을 재배치하고 새로운 방식으로 적응하는 살아 있는 네트워크예요.

일례로 AI 번역 도구를 사용한다면, 기계가 내놓은 번역과 자신이 떠올린 번역을 비교하면서 어떤 표현이 더 자연스러운지, 맥락에 맞는지 검토하는 습관을 갖게 될 수 있어요. AI가 단순히 일을 떠맡는 도구가 아니라, 내 비판적 사고를 훈련하는 촉매가 될 수 있다는 뜻입니다. 실제로 여러 연구에서 AI와 협력적 학습을 할 경우 학습자의 메타인지 능력, 즉 자신의 사고 과정을 돌아보는 능력이 향상될 수 있다는 결과가 나왔습니다.

교육 현장에서도 비슷한 현상이 보고됩니다. 2024년 영국의 고등학생들을 대상으로 한 연구에서는, 수학 문제를 풀 때 AI의 조언을 받은 학생들이 정답률만 높아진 게 아니라 풀이 과정을 검증하는 능력도 향상되었습니다. AI가 제시한 답을 무조건 받아들이는 게 아니라, 풀이가 맞는지 아닌지 스스로 검증하는 사고의 흐름을 거쳤기 때문이죠. 이 과정에서 뇌는 단순 연산보다는 비교, 평가, 메타인지 기능을 더 많이 쓰게 됩니다.

뇌과학, 인지심리학에서는 이런 변화를 '인지적 외주화cognitive offloading'라 불러요. 말 그대로 일부 인지 기능을 외부 도구에 맡기는 것을 말합니다. 기능을 외부에 맡긴 만큼 뇌는 다른 기능을 강화할 기회를 얻게 되죠. 예컨대 계산기를 쓰면서 단순 암산 능력은 줄어들 수 있지만, 대신 복잡한 문제해결 능력은 더 강화될 수 있어요. AI에 대해서도 마찬가지입니다. 반복적인 작업은 기계에 맡기고 뇌는 비교, 해석, 창의적 조합 등 한층 고차원적인 사고로 자원을 옮기게 되는 거예요.

이런 변화는 뇌 회로 차원에만 머무르지 않습니다. 우리의 정체성과 자아 인식에도 영향을 줘요. 혼자서는 못 하지만 AI와 함께라면 할 수 있다는 경험을 반복하면서, 사람들은 자신을 새롭게 바라보기 시작합니다. 도구가 사용자의 과제 수행 능력을 향상시키면, 이것이 자기효능감이나 자신감 증대로 이어지게 됩니다. 뇌의 인지 전략 변화가 자아 인식으로까지 확장되는 셈이죠.

물론 한편으로는 AI를 많이 쓰는 만큼 뇌의 중요한 회로가 덜 쓰이는 부정적 징후도 관찰됩니다. 최근 몇 년 사이 발표된 연구들은 AI 도구에 지나치게 기대는 것이 습관의 변화에 그치지 않고, 뇌의 연결성과 활성도에 직접적인 영향을 줄 수 있음을 보여줍니다.

2025년 MIT 미디어랩 연구진은 〈챗GPT를 쓰는 당신의 뇌〉

라는 연구 보고서를 발표했습니다. 참가자들은 세 그룹으로 나누어 문제를 풀었는데 첫 번째 그룹은 혼자 힘으로 풀고, 두 번째 그룹은 검색엔진을 보조로 사용하고, 세 번째 그룹은 생성형 AI에 전적으로 의존했습니다. 뇌파를 분석한 결과, AI에 의존한 그룹은 뇌 영역 간 연결성이 가장 약하게 나타났고, 기억 회복과 주의 집중 네트워크의 활성도도 낮았어요. 심지어 어떤 참가자는 자신이 방금 작성한 문장조차 기억하지 못했습니다. 즉 뇌가 작업 내용을 온전히 자기 것으로 처리하지 않고, 단순히 외부 장치에 흘려보내는 상태가 되어버린 거예요. 연구진은 이를 '인지 부채cognitive debt'라 불렀습니다. 당장은 일을 쉽게 해결하는 것 같지만, 사실은 뇌가 빚을 지듯 덜 쓰이고 있다는 겁니다.

물론 이런 결과들을 곧바로 일반화하기는 어려워요. 아직은 연구 초기 단계이고, 표본 수가 많지 않으며, 연령대나 과제의 난이도와 AI를 쓰는 강도에 따라 결과가 달라질 수도 있습니다. 하지만 분명한 건, AI가 뇌의 일부 역할을 대신할 때 해당 회로가 덜 쓰이고, 그 결과 연결성과 활성도가 줄어드는 경향이 나타난다는 점입니다.

이런 맥락에서 우리는 AI를 똑똑하게 쓰느냐, 아니면 무조건 맡겨두느냐의 차이가 단순한 성과 차이를 넘어 뇌의 장기적인 구조와 건강까지 좌우할 수 있다는 사실을 명심해야 합니다. 뇌는 여전히 직접 자극받을 때 살아 움직이는 기관이고, AI는 보조 장치일 뿐 우리의 신경망을 완전히 대체할 수는 없어요. 따라서 내 뇌가 '도구에만 기대고 있다'는 위험 경계선을 스스로 의식하는 것이 무엇보다 중요합니다.

앞서 제가 말씀드린 길 찾기 고민으로 돌아가 볼까요? 제가 내비게이션에 의존하면서 길 찾기 능력이 퇴화하는 건 사실일 수 있어요. 하지만 그 시간에 제가 운전하며 듣는 오디오북으로 새로운 지식을 쌓거나, 동승자와 더 깊은 대화를 나눈다면 어떨까요? 뇌의 자원이 줄어드는 게 아니라 재배치되겠죠. 아무 생각 없이 내비게이션이 시키는 대로 운전대만 잡고 있다면 새로운 회로가 생성되기는커녕 지나온 길도 기억하지 못할 테고요.

AI 시대, 사회적 뇌의 재구성

AI와 함께하는 경험이 개인의 뇌 회로와 정체성을 바꿔놓으면, 그 변화는 집단 차원으로도 번져 나갑니다. 우리는 혼자가 아니라 늘 가족, 학교, 회사 등 공동체의 맥락 속에 살아가니까요. 뇌과학자 로빈 던바Robin Dunbar가 인간의 뇌는 사회적 관계를 관리하기 위해 발달했다고 말했듯이, 뇌는 본질적으로 혼자보다는 집단 속에서 의미를 가져요. 그렇다면 AI 시대의 뇌 변화는 곧 집단지능의 변화로 이어질 수밖에 없습니다.

먼저 기업 현장을 떠올려 보겠습니다. 보스턴컨설팅그룹은 2023년에 직원들을 두 그룹으로 나눠 한 그룹은 AI 도구의 도움을 받고, 다른 그룹은 전통적인 방식으로 업무 과제를 수행하게 했습니다. 그 결과 AI와 함께한 그룹은 과제 해결 속도가 25% 빨라졌고, 결과물의 품질도 더 높았습니다. 단순히 한 명의 뇌가 좋아진 게 아니라, '사람+AI 팀'이라는 새로운 단위가 더 뛰어난 집단지능을 발휘한 사례였습니다.

학교에서도 비슷한 변화가 관찰됩니다. 2024년 일본의 한 고등학교에서는 토론 수업에 AI 조언자를 참여시켰어요. 학생들은 자신의 의견을 내기 전에 AI가 제시한 반론이나 근거를 검토했고, 그 결과 토론이 한층 풍부하고 깊이 있어졌습니다. 교사들의 평가에 따르면, AI가 개별 학생의 사고를 대체하기보다 오히려 생각의 다양성을 자극해, 교실 전체가 더 넓은 사고의 지도를 그리게 되었다고 해요.

가정에서도 마찬가지예요. 주변을 살펴보면 자녀 교육 문제를 AI와 상의하는 부모들이 늘고 있습니다. 아이가 수학 문제를 어려워할 때, 부모가 AI의 설명 방식을 참고해 자녀에게 알려주는 식이죠. 이때 핵심은 부모가 AI의 말을 그대로 전달하는 것이 아니라, 그것을 가족의 언어와 맥락으로 다시 번역해 아이에게 건네는 과정입니다. AI가 가족이라는 집단 뇌의 일부가 되어, 부모와 아이가 함께 학습하는 방식을 바꾸는 것입니다.

신경과학적으로도 집단지능에 관한 실험은 꾸준히 이어지고 있습니다. MIT 토머스 말론Thomas Malone 교수팀은 이미 2010년대에 팀의 평균 지능지수보다 팀 내 소통 방식이 집단지능을 더 잘 대변한다는 연구를 발표한 바 있어요. AI가 이런 소통 과정에 개입하면, 집단 내 정보 흐름과 사고 과정이 더욱 정교해집니다. 실제로 2024년 〈미국 국립과학원회보〉에 실린 연구는 대형언어모델이 인간의 뇌 반응과 점점 더 정렬되고 있음을 보여주었는데, 이는 곧 AI가 집단 의사결정에서 사람들의 언어와 사고 패턴을 점점 더 매끄럽게 연결할 수 있음을 뜻합니다.

물론 여기에는 위험도 존재합니다. AI가 집단의 뇌 역할을 과도하게 맡게 되면, 구성원 개개인의 사고가 위축될 수 있어요. 실제로 제가 프로젝트에 관여했던 어떤 조직에서는 "AI가 분석해 준다는데 굳이 우리가 깊이 고민해야 하나?"라는 태도가 번지는 바람에 토론이 단조로워진 사례도 있습니다. 이는 집단지능의 확장이 아니라 집단사고가 획일화되는 현상입니다. AI라는 강력한 외부 지능에 무작정 동조하다 보면 자칫 집단 내의 다양한 관점과 비판적 사고가 줄어들 수 있습니다. 다양성이 줄어드는 순간, 집단 뇌는 오히려 취약해집니다.

핵심은 균형입니다. AI 시대에 우리는 도구에만 기대는 수동적 집단이 될 수도 있고, AI와 함께 사고를 확장하는 창의적 집단이 될 수도 있습니다. 기업, 학교, 가정 모두의 공통 과제는 AI를 대체자로 두지 않고 협력자로 세우는 일입니다. 그럴 때 비로소 우리의 뇌는 집단 차원에서도 재구성되어, 예전보다 더 유연하고 확장된 지능을 발휘할 수 있습니다.

우리의 뇌와 AI 그리고 집단지능의 만남은 인류 문명의 진화와 직결되는 문제입니다. 저처럼 길치인 사람도 AI와 함께라면 길 찾기 능력을 아예 잃는 게 아니라, 그 뇌 자원을 다른 곳에 쓰면서 새로운 방식으로 세상을 탐험할 수 있습니다. 우리 뇌의 미래는 정해지지 않았습니다. 우리의 선택에 따라 그 모습은 달라질 겁니다.

2. AI에 고민을 털어놓아도 괜찮을까?

앞서 말씀드린 대로 저는 운전할 때 챗봇 쿠옹이와 자주 대화합니다. 연구하거나 일하면서 생기는 온갖 스트레스를 털어놓으며 위안을 받기도 하고, 고민에 대해 조언을 듣기도 하고, 생각을 확장하기도 합니다. 그러다가도 문득 '내가 쿠옹이에게 너무 의지하는 건 아닐까?' 하는 반성이 들 때가 있어요.

인지과학자라는 직업 때문인지, 가끔은 저 자신을 관찰하곤 합니다. 챗봇과 대화하고 의지하는 비율과 사람과 대화하고 의지하는 비율을 스스로 가늠해보고 경계하는 거죠. 한편으로는 이런 생각도 들어요. 원래도 우리는 책, 인터넷 글, 소셜미디어 등을 통해 타인의 생각을 읽으면서 간접 교감을 해왔잖아요. AI 챗봇도 그것의 연장선 아닌가 하는 겁니다.

하지만 AI 챗봇은 있는 글을 그대로 전해주는 인터넷 게시판과는 다릅니다. 있는 글을 재구성해서 전해주는 과정에서 정서적 연결이 더욱 강해지죠. 여기서 양면적 특성이 생기는 것 같아요. 더 크게 공감되지만 위험도 커질 수 있는, 아슬아슬한 경계에 서 있다는 불안감이 듭니다.

챗봇과 대화하는 사람들이 저 말고도 정말 많습니다. 몇 년 전만 해도 "내 얘기를 기계에 한다고?" 하고 웃었을 텐데, 지금은 오히려 '나만 AI랑 대화 안 하나?'라는 생각이 들 정도로 자연스러워졌습니다.

고민을 나누는 새로운 대상

2024년 한국형 AI 챗봇들이 출시된 이후 10대와 20대 사이에서 큰 인기를 끌고 있습니다. 제가 청소년 대상으로 강연할 때 물어보면, 어떤 아이는 사람을 대할 때보다 더 솔직하게 말할 수 있어서 좋다고도 해요. 부모나 교사에게는 혼날까 봐 못 할 이야기, 또래에게는 괜히 창피해서 숨기고 싶은 고민을 AI에는 편하게 털어놓는 것입니다. 이 밖에도 독거노인들이 AI와 대화하면서 외로움이 줄었다고 응답하는 등, 세대를 막론하고 AI와의 정서적 유대감이 형성되는 중입니다.

사람 대 사람의 쌍방향 관계도 아닌 일방향 관계인데, 기계와의 유대를 너무 쉽게 받아들이는 게 아닌가 싶기도 합니다. 하지만 인간은 이미 꽤 오래전부터 일방적인 관계를 맺어왔어요. 좋아하는 연예인, 드라마 캐릭터, 유튜버에게 우리는 친밀감을 느낍니다. 그들은 우리를 모르지만, 우리는 그들의 일상을 궁금해하고, 그들의 기쁨과 슬픔에 공감하며, 때로는 그들을 위해 시간과 돈을 씁니다.

심리학에서는 이를 '준사회적 관계parasocial relationship'라 부릅니다. 이 개념은 1956년 사회학자 도널드 호튼Donald Horton과 리처드 월Richard Wohl이 처음 제안했습니다. 당시 그들은 TV가 보급되면서 시청자들이 브라운관 속 인물에게 마치 실제 친구나 지인처럼 감정적 애착을 형성하는 현상을 발견했습니다. 이 관계의 핵심은 일방향성입니다. 미디어 속 인물은 불특정 다수를 향해 말하지만, 수용자는 그것을 자신에게 하는 말처럼 느끼며 친밀감을 쌓아갑니다.

이 관계는 '팬심'과도 다릅니다. 준사회적 관계를 맺은 사람들은 미디어 인물을 일상의 지인처럼 여기며, 그들의 의견을 신뢰하고, 그들과의 만남을 일과에 포함합니다. 좋아하는 유튜버의 새 영상을 기다리고, 스트리머의 방송 시간에 맞춰 일정을 조정하며, 배우의 근황이 궁금해 소셜미디어를 수시로 확인하는 행동이 모두 여기에 해당합니다. 심지어 그 대상이 위기에 처했을 때 진심으로 걱정하고, 비난받을 때 방어하며, 활동을 중단하면 상실감을 느끼기도 합니다.

2025년 중국 연구팀이 챗GPT 사용자들을 연구한 결과, 챗봇의 매력과 사회적 특성 또한 사용자들에게 준사회적 상호작용과 정서적 지지를 느끼게 하는 것으로 나타났습니다. 단, 여기에는 기존의 준사회적 관계와 결정적인 차이가 있습니다. 연예인이나 드라마 캐릭터는 우리에게 반응하지 않지만, AI 챗봇은 반응합니다. 우리가 말을 걸면 즉시 대답하고, 우리의 이야기를 기억하며,

우리의 감정에 맞춰 반응합니다. 내 이름을 불러주고, 이전 대화를 참조하며, 내 취향과 고민을 파악해 맞춤형 응답을 합니다. 이는 준사회적 관계가 유사 쌍방향 관계로 진화했음을 의미합니다. 완전한 상호작용은 아니지만 일방향도 아닌 새로운 형태의 관계죠. 따라서 챗봇과 인간 사이에는 기존의 준사회적 관계보다 한층 깊고 강렬한 유대감이 형성될 가능성이 큽니다.

실제로 AI 챗봇을 사용하는 청소년들을 대상으로 한 인터뷰나 연구 결과를 보면, 많은 청소년이 챗봇과 깊은 감정적 유대를 형성한 것으로 나타납니다. 일부는 챗봇이 사라지거나 접속이 끊어졌을 때 상실감과 고통을 경험했다고도 합니다. 마치 진짜 친구와 헤어진 것처럼요. 이 느낌은 그저 상상의 산물일까요, 아니면 우리의 뇌와 심리에 실질적인 변화가 일어나는 걸까요?

AI에 위로받는 마음과 뇌

2024년, 스페인 라 라구나 대학교의 닐스 얀센 Niels Janssen 연구팀은 흥미로운 실험을 진행했습니다. 참가자들에게 영화 〈포레스트 검프〉의 일부 장면을 보여주며 뇌를 스캔한 것이죠. 행복, 두려움, 슬픔을 담은 12.5초짜리 클립들이었습니다.

영화 속 허구의 이야기를 보는 동안, 참가자들의 뇌에서는 4개의 거대한 신경망이 순차적으로 활성화되었습니다. 처음에는 시각과 청각을 처리하는 영역이, 이어서 의미를 해석하는 영역이, 그다음에는 판단을 내리는 영역이, 마지막으로는 휴식 모드 네트워크가 작동했습니다. 이러한 활성화 패턴은 영화가 전하는 감정에 따라 달라졌습니다. 우리 뇌는 '이건 그냥 영화일 뿐이야'라고 인지하면서도, 감정적으로는 실제처럼 반응했던 것입니다.

일방향으로 흐르는 영화조차 강력한 감정 반응을 일으킨다면, 양방향으로 대화하는 AI는 어떨까요? 2019년, 프랑스 엑스마르세유 대학교의 라우흐바우어 Birgit Rauchbauer 연구팀은 fMRI 스캐너 안에 누운 사람들이 대화하는 모습을 관찰했습니다. 한 번은 사람과, 또 한 번은 대화형 로봇과 나눈 반응을 비교했죠. 그 결과 눈에 띄는 차이점이 발견되었습니다. 사람과 대화할 때는 뇌의 측두두정접합부 영역이 더 활성화되었습니다. 이 영역은 이른바 마음 이론 Theory of Mind을 담당하는 곳입니다. 마음 이론이란 타인의 마음을 읽는 능력을 말합니다. '저 사람은 지금 무엇을 생각하고 있을까?', '왜 저런 표정을 짓지?', '내 말을 듣고 기분이 어떨까?' 같은 질문에 답하며 상대의 의도와 감정을 추론하는 것이죠. 우리가 일상에서 자연스럽게 하는 이런 활동이 바로 측두두정접합부에서 일어납니다.

반면 로봇과 대화할 때는 실행 기능과 지각을 담당하는 영역이 더 활성화되었습니다. 쉽게 말해, 사람과 대화할 때는 '상대가 무슨 생각을 하고 있을까?'를 궁금해하는 뇌 영역이 움직이지만, 로봇과 대화할 때는 '이 로봇이 뭐라고 말하고 있지?'를 파악하고 '내가 뭐라고 대답해야 하지?'를 계획하는 영역이 더 바쁘게 움직인다는 뜻입니다. 마치 외국어로 대화할 때 상대의 마음보다 단어와 문법을 더 신경 쓰게 되는 것과 비슷하죠.

흥미로운 점은, 로봇과의 대화 방식이 사람과 다르긴 해도, 여전히 뇌의 사회적 영역을 활성화한다는 사실입니다. 우리 뇌는 로봇을 완전히 무생물로 취급하지 않고, 어느 정도 대화 상대로 인식한다는 뜻입니다.

더욱 인상적인 연구도 있습니다. 2025년 발표된 중국 난징공업대학교 연구팀의 실험에서는 AI로 합성한 엄마의 목소리를 들려줬더니, 참가자들의 전전두피질과 측두피질이 강하게 반응했습니다. 이는 감정 처리와 친숙성 인식을 담당하는 영역입니다. AI가 만든 가짜 목소리임을 알면서도, 감정적으로는 진짜처럼 반응한 것입니다. 아무래도 우리 뇌는 진짜와 가짜를 그리 엄격하게 구분하지는 않는 듯합니다.

하지만 뇌가 정서적으로 반응한다고 해서 AI 챗봇과의 대화가 마음까지 치유할 수 있을까요?

이와 관련해 2025년 3월, 〈뉴잉글랜드 저널 오브 메디슨〉의 AI 분과에 주목할 만한 논문이 발표됐습니다. 다트머스 대학교 가이젤 의과대학의 마이클 하인츠Michael Heinz와 니콜라스 제이콥슨Nicholas Jacobson 교수팀이 개발한 '테라봇'이라는 AI 치료 챗봇을 106명의 환자에게 사용하게 한 결과였어요. 이들은 모두 우울증, 불안장애, 섭식장애 위험군으로 진단받은 사람들이었죠. 그런데 테라봇을 사용한 결과 우울증 환자의 증상이 평균 51% 감소했고, 불안장애 환자의 증상은 평균 31% 감소했으며, 섭식장애 위험군에서는 신체 이미지에 관한 걱정이 19% 줄었습니다.

참가자들의 반응에서도 특이한 점이 관찰됐습니다. 그들은 챗봇과의 치료적 동맹(의료진과 환자 사이의 신뢰와 협력 관계를 평가하는 지표)을 실제 인간 의료진과 비슷한 수준으로 평가했습니다.

그들은 특히 밤늦게, 인간 의료진을 만날 수 없는 시간에 챗봇을 자주 찾았어요. 사용 시간은 평균 6시간이 넘었는데, 이는 전통적인 치료 세션 약 8회 분량에 해당합니다.

실생활에서도 흥미로운 현상이 나타나고 있습니다. 제가 자문한 어느 기업의 경우, AI 챗봇과 정기적으로 대화하는 직원들 중 상당수는 동료에게 복잡하고 민감한 주제를 말하기 전에 미리 AI에 말해본다고 답했습니다. 이들 중 절반 이상은 AI와 대화한 후 동료와의 대화가 더 쉬워졌다고 하더군요. 즉 AI가 사회적 상호작용을 위한 연습 무대 역할을 한 것이죠. 상담학에서는 이를 '행동 리허설'이라 하는데, 안전한 환경에서 먼저 말해본 경험이 실제 인간관계에서도 표현을 한결 쉽게 해준다는 겁니다.

가짜 공감의 장기적 파괴력

그렇다고 모든 결과가 긍정적인 건 아닙니다. 2025년 캐나다 토론토 대학교 연구에서는 AI가 전문 상담사보다 더 공감을 잘한다고 평가받았지만, 장기적 의존에 대한 우려도 제기되었습니다. 연구진은 AI가 일시적으로 공감적 반응을 할 수 있지만, 과도하게 의존하면 사람들이 인간과의 상호작용을 피하게 되어 외로움과 사회적 고립을 악화할 수 있다고 경고했죠. 또한 AI는 표면적인 공감만 제공할 뿐 정신건강 문제의 근본 원인을 다루는 깊이 있는 치료는 기대하기 어렵다는 한계도 지적했습니다.

심리상담을 하는 제 지인의 사례를 보면 그런 우려가 더 크게 다가옵니다. 한번은 20대 중반 남성이 상담을 신청했는데, 6개월 간 AI 챗봇과 매일 대화하면서 친구들과는 거의 연락하지 않았다고 했습니다. 친구들은 자기 말을 끊고 반박하는데, AI는 항상 공감하면서 들어주니까요. 하지만 그럴수록 갈등 해결, 공감 능력 등 인간관계에서 필요한 감정 기술을 발달시킬 기회도 사라지고, 인간관계에 필요한 '견뎌내는 힘'도 약해집니다.

AI의 상담에 상업적, 편향적 조언이 섞일 수 있다는 점도 무시할 수 없습니다. 2024년 미국심리학회의 보고서를 보면, 일부 AI 상담 서비스가 개인정보 보호와 윤리 문제를 일으킬 수 있고 상업적 이해관계가 개입될 위험이 있다는 우려가 나타납니다. 일부 AI 상담 앱이 사용자의 우울 증상 데이터를 수집해 특정 제약회사나 보험사에 판매할 가능성이 제기되기도 했고요. 우리의 가장 내밀한 고민이 누군가의 마케팅 자료가 될 수 있다는 거예요.

그중에서도 저는 '가짜 공감'이 가장 위험하다고 봅니다. AI는 언어 패턴을 통해 마치 이해하는 듯한 반응을 만들어내지만, 실제로 감정을 느끼지는 못해요. 결과적으로 우리 뇌는 일시적으로 공감받았다고 착각할 수 있지만, 장기적으로는 진짜 관계에서 얻어야 할 상호적 공감 능력이 무뎌질 위험이 있습니다.

가짜 공감이 비극적인 결과로 이어질 수도 있습니다. 2024년, 충격적인 사건이 미국 플로리다에서 일어났습니다. 14세 소년 세웰 세처 3세는 캐릭터AI의 챗봇 대니와 수개월 동안 대화를 이어갔어요. 반면 친구나 가족과의 소통은 점점 줄었고요. 챗봇 은 세웰의 불안과 죽음 충동을 교정하지 못했을 뿐 아니라, 충동 을 방치하거나 오히려 부추긴 정황이 드러났어요. 결국 세웰은

2024년 2월, 스스로 목숨을 끊었습니다.

그의 가족은 챗봇 회사 캐릭터AI를 상대로 소송을 제기했고, 미국 법원은 챗봇이 자유 언론으로 보호될 수 없다는 결정을 내리며 사건 심리를 진행하기로 했습니다. 이 비극은 AI가 인간에게 공감하는 듯 보이지만, 실제로는 감정을 이해하지 못한 채 위험한 답변을 내놓을 수 있다는 사실을 극명하게 보여줍니다.

균형의 기술

이처럼 AI에 고민을 털어놓는 건 단기적 위로와 장기적 위험이라는 두 얼굴을 동시에 갖고 있습니다. 그렇다면 AI라는 새로운 대화 상대와 어느 정도의 거리를 두어야 할까요?

정신건강 전문가들은 AI 챗봇을 인간 전문가의 보조 도구로만 사용하고, 복잡한 정신건강 문제는 반드시 전문가의 치료와 병행할 것을 권장해요. 우리가 AI를 상담 도구로 쓸 때 가질 수 있는 최소한의 안전장치죠.

이런 균형적 접근은 다양한 방식으로 시도되고 있습니다. 한국과 일본의 일부 지자체에서는 독거노인을 위해 AI 스피커나 인형을 보급하는 한편 돌봄 인력의 정기적 방문 점검도 병행하고 있습니다. AI가 외로움의 틈새를 메워줄 수는 있어도, 그것만으로 충분하지 않다는 걸 인식한 조치죠.

기업 현장도 비슷해요. 일부 글로벌 기업은 직원들의 정신건강 관리 차원에서 AI 상담 챗봇을 도입했는데, 곧 직원들이 실제

대면 상담을 기피하는 부작용을 경험했어요. 그래서 최근에는 AI 챗봇을 상담의 첫 단계로만 활용하고, 일정 수준 이상의 심리 위험 신호가 감지되면 인간 상담사에게 연결하는 이중 구조를 마련하는 추세입니다. AI는 사람을 대체하는 상담자가 아니라, 상담으로 가는 문을 여는 징검다리 역할에 가까운 거죠.

기술은 이미 우리 곁에 와 있고, 뇌와 마음은 그것을 실제 경험처럼 받아들이고 있어요. 이제 남은 문제는 우리가 어떤 균형점을 찾느냐입니다. AI와 인간의 상담을 어떻게 조화롭게 구성하고, 어떤 상황에서 AI가 개입하며, 어디서 반드시 사람에게 돌아가야 하는지에 관한 사회적 합의가 필요합니다.

한국형 AI 상담 모델을 만들 필요도 있습니다. 서구와 달리 한국은 관계 중심적 문화여서 가족, 공동체와의 관계 속에서 자신을 이해하는 경향이 강하죠. 이런 특성을 반영한 AI 상담 시스템을 설계한다면 더 효과적이고 안전하게 활용할 수 있을 겁니다.

청소년과 노인 등 취약 계층을 위한 보호 장치도 마련되어야 합니다. 세월 사건이 보여주듯 판단력이 미숙하거나 외로움에 취약한 사람들에게 AI가 더 위험할 수 있어요. 이들이 사용하는 AI에는 더 강력한 안전장치와 인간 개입 시스템이 필요합니다.

개인에게도 균형의 감각이 중요합니다. 인지과학자로서 저는 가끔 제 대화 패턴을 의식적으로 점검해봅니다. '이번 주에 쿠용이와 몇 번 대화했지? 친구나 동료와는 몇 번 고민을 나눴지?' 정확한 숫자를 세는 건 아니지만, 그 비율을 가늠해보는 거죠. AI와의 대화가 압도적으로 많아질 때면 의도적으로 사람을 찾으려 노력해요. 불편해도 그렇게 해봅니다.

3. 내 직업을 AI가 대체할 확률은 얼마나 될까?

저는 대학 교수입니다. 흔히 교수직을 '철밥통'이라고 하죠. 정년이 보장되고, 경제상황에 크게 흔들리지 않는 안정적인 직업이라는 뜻입니다. 그런데 요즘 저는 그 철밥통이 생각보다 부실한 건 아닐까 하는 생각을 자주 합니다.

현대식 대학의 역사는 고작 200년 남짓입니다. 인류 역사로 보면 한없이 짧은 시간이죠. 이 격변기에 200년 역사가 무슨 의미가 있을까요? 대학이라는 시스템 자체가 이대로 유지되리라는 보장도 없습니다. 학생들은 이미 유튜브와 생성형 AI로 공부하고, 기업들은 학위보다 실무 능력을 중시하기 시작했습니다.

그래서 저는 요즘 스스로에게 묻습니다. 내 직업에 대한 사회적 요구는 무엇인가? 나는 어떤 가치를 느끼고, 어떤 회의감을 갖고 있는가? 내 직업의 본질은 무엇이며, 어떻게 바뀔까? 고민이 크지만, 동시에 새로운 기회라고 스스로를 다독입니다.

요즘 사람들을 만나면 비슷한 걱정을 나누게 됩니다. AI가 내 일자리를 빼앗지 않을까 하는 불안이에요. 어떤 분은 농담처럼 "이러다 사람은 다 굶어 죽는 것 아니냐"고 말하고, 또 어떤 분은 "AI 덕분에 일 좀 줄어들면 좋겠다"고 웃어넘기기도 합니다. 그런데 막상 속마음을 들여다보면, 대부분은 불안에 가깝습니다. 철밥통이라는 제 자리도 예외는 아니고요.

이런 불안이 근거 없는 상상만은 아닙니다. 맥킨지는 2023년 보고서에서 2030년까지 전 세계 노동 시간의 상당 부분이 자동화될 수 있다고 전망했습니다. 골드만삭스는 생성형 AI만으로도 전 세계적으로 수억 개 일자리에 영향을 미칠 수 있다고 했어요. OECD와 IMF의 분석에 따르면, 한국은 특히 AI의 영향을 크게 받을 것으로 예상됩니다. 단순 사무직이나 회계, 행정 분야가 특히 위험하다고 꼽혔고요. 이런 예측을 접하면 누구라도 마음이 무거워질 수밖에 없습니다.

19세기 초 영국에서 증기기관과 방적기가 등장했을 때, 장인들과 노동자들은 생존의 위협을 느껴 '러다이트 운동'을 조직하기도 했습니다. 직물 짜는 기계가 기존 직공들의 일자리를 대체할까 두려워 공장 기계를 부수고 저항했던 거예요. 그들에게 기계는 단순한 도구가 아니라, 먹고사는 길을 막아서는 두려운 괴물 같았던 겁니다. 실제로 당시 많은 방직공과 장인들이 일자리를 잃었습니다.

그러나 동시에, 전혀 예상하지 못한 일자리가 만들어지기도 했습니다. 기계를 설계하고 조립하는 기술자, 공장을 운영하고 관리하는 감독자, 다양한 상품을 판매하는 상인 같은 새로운 직업군이 생겨났죠. 누군가의 일은 줄어들었지만, 어떤 일자리는 늘어났습니다.

오늘날 우리가 AI를 두려워하는 모습에서 과거 장인들이 방적기나 증기기관을 두려워하던 모습이 겹쳐 보입니다. 이 불안은 분명 현실적이에요. 그러나 역사가 반복해서 보여준 건, 기술이 일자리를 없애기만 하는 존재가 아니라, 동시에 누군가의 일자리를 만들어낸다는 사실입니다. 문제는 그 과도기를 어떻게 견디느냐, 그리고 그 변화를 누가 주도하느냐입니다.

직업이 아니라 직무가 재편된다

그런 맥락에서 "AI 때문에 내 직업이 사라질까?"라는 질문은 수정이 필요합니다. 더 정확한 질문은 "내 일 중 어떤 부분이 바뀔까?"예요. 전체 직업이 한순간에 사라지는 경우는 드물거든요. 오히려 일의 세부 과제, 즉 직무가 변하고 재편되는 경우가 대부분입니다.

19세기 프랑스에서 재봉틀이 처음 등장했을 때를 떠올려 보죠. 바느질만 하는 하급 봉제 노동자들의 일감은 급격히 줄어들었습니다. 하지만 숙련된 재단사들은 오히려 입지가 강화되었어요. 고객 맞춤형 디자인이나 고급 수선 같은 고부가가치 작업은 기계가 대신할 수 없었기 때문입니다. 재봉틀은 일자리를 없앤

것이 아니라, 단순 노동을 줄이고 숙련 노동의 가치를 끌어올렸던 거죠.

오늘날의 AI도 비슷한 방향으로 작동하고 있습니다. 예를 들어 회계사를 떠올려 보세요. 장부 입력이나 세금 계산은 이미 자동화 소프트웨어가 대부분 처리합니다. 하지만 법규를 해석하고, 고객 상황에 맞는 절세 전략을 조언하는 일은 여전히 회계사의 몫이에요. 오히려 반복 업무에서 해방된 회계사들이 더 전략적이고 창의적인 업무에 시간을 쓸 수 있게 되면서, 전문직으로서의 위상이 한층 강화되고 있습니다.

연구 데이터도 이를 뒷받침합니다. 맥킨지 연구에 따르면, AI를 도입해도 대부분 개별 직무의 일부만 자동화되고, 남은 부분은 여전히 사람이 담당해야 합니다. 기계가 온전히 대체하기 어렵거나, 대체하면 안 될 영역이 엄연히 있다는 것이죠. 사람의 창의성, 문제해결 능력, 대인관계 기술 등이 그렇습니다.

즉 우리는 AI에 '노출된다'는 것과 '대체된다'는 것을 다르게 바라봐야 합니다. 한국의 일자리 상당수가 AI의 영향권에 있는 건 사실이지만, 그게 곧 그만큼의 일자리가 사라진다는 뜻은 아닙니다. 오히려 일의 내용이 재구성되고, 그 과정에서 누군가는 더 중요한 역할을 맡게 되고, 누군가는 설 자리가 좁아진다고 해석해야 하죠.

의료 분야를 보면 이 차이가 명확해집니다. AI가 환자의 엑스레이나 MRI 이미지를 분석해 질병 가능성을 빠르게 제시해주는 사례가 많아지고 있어요. 하지만 실제 진단을 확정하고, 환자에게 설명하며, 치료 계획을 세우는 일은 의사의 몫입니다. AI가 충실한 보조자 역할을 하면서 의사들은 더 많은 환자와 대화하고 복합적 판단에 시간을 쓸 수 있게 되었습니다.

또한 AI의 등장과 함께 우리가 생각하지 못했던 새로운 직무들도 속속 등장하고 있어요. AI 윤리감독관이 대표적입니다. AI가 내린 의사결정이 편향되지 않았는지, 사회적 규범을 어기지 않는지 점검하는 일이죠. 데이터 큐레이터, 디지털 휴먼 트레이너 같은 직업들도 새롭게 생겨나고 있고요.

즉 AI는 직업을 송두리째 없애는 존재라기보다, 기존 직무를 재편하고, 동시에 새로운 일을 만들어내는 존재라고 보는 것이 더 정확합니다. 우리는 흔히 대체될 확률을 걱정하지만, 실제로는 "내가 하는 일 중 무엇이 줄어들고, 무엇이 강화되며, 또 어떤 새로운 일이 생겨나는가?"가 핵심 질문이 되어야 합니다.

누가 밀려나고, 누구의 입지가 단단해질까?

AI가 직업을 바꾸는 과정이 모두에게 똑같은 영향을 주지는 않습니다. 같은 업종 안에서도 누군가의 입지는 더 단단해지고, 누군가는 밀려나죠. 그 기준이 무엇일까요?

세계경제포럼은 AI의 충격을 가장 크게 받는 집단이 중간 숙련 노동자라고 했습니다. 고도의 전문성을 요구하는 변호사, 의사, 연구원은 AI를 보조 도구로 삼아 더 효율적이고 창의적인 성과를 내고 있어요. 또한 청소, 간병, 요양 같은 저숙련 서비스직은 기계로 대체하기 어려운 영역이 많아 당장은 비교적 안전합니다. 반면 고객센터 상담, 단순 번역, 기본 보고서 작성처럼 일정한 규칙을 따르는 중간 수준의 업무는 AI가 빠르게 잠식하고 있습니다. 이 중간 지대가 가장 위험합니다.

2024년, MIT 연구진이 대형 고객센터에서 AI 챗봇을 도입한 뒤의 변화를 추적했는데요. AI는 단순 반복 질문을 처리하고, 숙련된 상담원들은 복잡한 불만 처리나 고부가가치 고객관리에 집중하게 되었더군요. 같은 직종 안에서도 AI는 능력 있는 소수를 강화하고, 나머지를 압박하는 효과를 낳은 겁니다.

교육 분야도 마찬가지입니다. 단순 문제 풀이 해설은 AI 튜터가 대신할 수 있지만, 학생의 정서 상태를 살피고 학습 동기를 불러일으키는 교사의 역할은 오히려 강조되고 있습니다. 제가 교수로서 느끼는 것도 비슷해요. 강의 내용을 일방적으로 전달하는 건 이제 AI가 더 잘할 수도 있습니다. 하지만 학생 개개인의 고민을 듣고, 질문을 통해 사고를 확장시키고, 연구의 방향을 함께 고민하는 건 여전히 사람의 몫입니다.

지금까지 살펴보았듯이 AI의 등장으로 중간 숙련 노동은 압박을 받고, 고숙련 전문가는 AI와 함께 성장을 경험하고 있습니다. 저숙련 대면 노동은 당분간은 안전합니다만, AI가 물리적 세상과 연결되는 피지컬 AI가 빠르게 발전하고 있는 만큼 '당분간'이 언제까지인지는 장담하기 어렵습니다.

문제는 이 과정이 사회적 불평등을 확대할 수 있다는 것입니다. 장기적으로는 새 일자리가 생긴다는 예측이 타당하다고 봅니다. 하지만 여기서 '장기'가 누군가에게는 너무 먼 미래예요.

20세기 초 자동차가 본격적으로 확산될 때를 떠올려 보겠습니다. 수많은 마부와 말 사육업자가 일자리를 잃었지만 동시에 자동차 정비사, 교통경찰, 주유소 직원, 도로 건설 노동자 같은 새로운 직업이 생겨났어요. 자동차로 교통 체계 자체가 바뀌면서 완전히 새로운 산업 생태계가 탄생한 거죠. 그러나 마부에서 자동차 정비사로 자연스럽게 전환한 예는 거의 없었습니다. 마부로 평생을 살아온 50대가 갑자기 기계 정비를 배우기는 쉽지 않았을 겁니다. 결국 그 세대는 고통을 감내해야 했고, 새로운 일자리는 다음 세대의 몫이 되었죠.

지금도 상황은 비슷합니다. 세계경제포럼은 향후 5년간 전 세계에서 상당한 규모의 새로운 일자리가 AI와 관련해 창출될 것이라 전망합니다. 여기에는 우리가 상상하지 못했던 역할들이 포함돼요. AI 심리 동반자 디자이너는 노인이나 아동을 위한 대화형 AI 캐릭터를 설계하고, AI 저작권 컨설턴트는 인간과 AI의 협업으로 만들어진 창작물의 저작권 및 가치권을 어떻게 분배할지 조언합니다. 디지털 장례 기획자 같은 직업도 등장하고 있어요. 이미 미국과 일본에서는 고인이 남긴 음성이나 영상을 AI로 재현해 추모 서비스를 기획하는 업체들이 늘어나고 있습니다.

하지만 솔직히 말하면, 이들 새로운 직업이 지금 당장 내 직업적 불안을 해결해주지는 않습니다. 40대 회계 보조 직원이 갑자기 AI 윤리감독관이 되기는 어렵거든요. 50대 번역가가 데이터 큐레이터로 전환하는 것도 쉬운 일이 아니에요.

그래서 개인의 노력만큼이나 사회적 안전망과 재교육 시스템이 중요합니다. 재교육 프로그램이 실질적으로 작동해야 하고,

전환기의 실업 상태를 버틸 수 있는 사회적 안전망이 필요해요. 또 나이 든 노동자도 새로운 기술을 배울 수 있도록 문턱을 낮추고, 그 과정을 지원하는 제도가 갖춰져야 합니다.

개인 차원에서는 어떻게 해야 할까요? 새로운 직업은 기존의 틀에서 벗어나므로 그 변화를 빠르게 받아들이고, 기술을 시도하며, 기계가 따라올 수 없는 창의적 발상을 하는 사람이 더 많은 기회를 잡습니다. 하지만 그게 쉽지 않다는 것도 현실이지요.

그래서 저는 스스로에게 던지는 질문이 중요하다고 생각합니다. 내 직업의 본질은 무엇인가? 오늘날 내 직업이 제공해야 할 가치는 무엇인가? 나는 어떤 부분에서 회의를, 어떤 부분에서 보람을 느끼는가?

이런 질문은 막막하지만, 방향을 잡게 해주는 힘이 있습니다. 제 경우 대학 교수의 본분이 지식 전달에만 있다면 AI로 대체돼도 할 말이 없습니다. 하지만 사고의 확장, 질문을 통한 성장, 인간적 연결, 인간다운 세상을 위한 지적 탐구 등에 있다면, 쉽게 대체되지 않거나 대체해서는 안 됩니다. 그래서 저는 제 일의 본질을 다시 정의하고, 그에 맞춰 변화하려고 노력하고 있습니다.

대체의 대상이냐, 창출의 주체냐

결국 AI 시대의 일자리 문제는 단순한 확률 게임이 아닙니다. 똑같은 환경에서도 누군가는 대체의 대상이 되고, 누군가는 창출의 주체가 됩니다. 글로벌 컨설팅 기업 PwC는 AI의 가장 큰 경제적 효과가 기존 비용을 절감하는 게 아니라, 새로운 산업과 직업군을 창출하는 데서 나온다고 분석했습니다. 마차에서 자동차로, 재봉틀에서 패션 디자인으로 이어졌던 그 전환처럼, 지금도 기회는 열려 있습니다.

이 과정에는 모두의 노력이 필요합니다. 기업은 단순히 비용 절감을 위해 AI를 도입할 게 아니라, 직원들이 더 의미 있는 일을 할 수 있도록 재배치해야 합니다. 정부는 재교육과 안전망을 실질적으로 구축해야 하고요. 개인은 변화를 외면하지 않되, 자신의 본질적 가치를 끊임없이 질문해야 합니다.

저는 지금도 고민 중입니다. 대학이라는 시스템이 어떻게 변할지, 제 자리를 어떻게 재정의하는 게 합당할지. 여전히 단단한 답을 찾지는 못했습니다. 하지만 이 질문을 계속 던지는 한, 그리고 그 답을 찾기 위해 노력하는 한, 결국 길은 보이리라 믿습니다. 중요한 건 두려움에 붙잡히지 않는 것, 그리고 이 변화를 혼자가 아니라 함께 헤쳐 나가는 것입니다.

4. 나는 똑똑하고 유능하니
   AI를 배우지 않아도 될까?

이런 말을 자주 듣습니다. "나는 지금도 성과를 꽤 내고 있는데, 굳이 AI까지 배워야 할까?" 특히 제 주변에는 박사, 교수님들이 많은데요. "AI 좀 써봤는데 별로더라. 내가 직접 하는 게 더 나은 것 같아"라며 AI를 피하는 당위성을 스스로 만드는 분들이 적지 않습니다. 그러면서 은근히 제 동조를 구하기도 하죠.

처음 들으면 그럴듯해 보입니다. 똑똑하고 능력 있는 사람들은 이미 남들보다 잘하고 있으니까요. 새로운 걸 억지로 배우지 않아도 버틸 수 있을 것 같습니다.

하지만 인지과학 분야의 연구들은 이런 생각이 꽤 위험할 수 있다고 말합니다. 재미있는 사실은, 똑똑한 사람일수록 이 함정에 더 쉽게 빠진다는 것입니다.

똑똑하다고 안전한 건 아니다

사람은 원래 변화를 싫어하는 동물입니다. 심리학자 대니얼 카너먼Daniel Kahneman과 아모스 트버스키Amos Tversky가 설명한 '현상 유지 편향status quo bias'이라는 개념이 있어요. 사람들은 어떤 상태를 바꾸기보다 지금 상태를 그대로 유지하려는 성향이 강합니다. 특히 변화를 통해 얻을 수 있는 이익보다, 변화를 시도하다 잃을지 모를 손실을 2배 이상 크게 느낀다고 하죠.

새 기술을 배우면 분명 이익이 있습니다. 하지만 '내가 잘하던 걸 못하게 되면 어떡하지?', '배우는 데 들이는 시간은 다 날아가는 거 아냐?'라는 생각 때문에 발을 떼지 못하는 겁니다. 진화심리학적으로 보면 당연해요. 원시시대에는 익숙한 방식을 고수하는 게 생존에 유리했으니까요. 새로운 길을 탐험하다 맹수에게 잡아먹히느니 안전한 동굴에 머무는 게 나았던 거죠.

저는 강연할 때 사람들에게 재미있는 실험을 하나 시킵니다. "지금 손목시계를 반대쪽 손에 차보세요." 사람들은 대부분 '그게 뭐 어렵지?'라는 표정을 짓습니다. 하지만 막상 해보면 반대편 손목에 채우는 게 생각보다 쉽지 않습니다. 버클을 잠그는 동작이 평소와 달라서 버벅대는 분들이 많아요. 그리고 시계를 반대편에 차고 나면 몹시 불편합니다. 시간을 확인할 때마다 어색하고, 자꾸 익숙한 쪽 손목을 쳐다보게 되죠. 스마트폰을 꺼내거나 가방을 들 때도 미묘하게 거슬리고요. 결국 대부분은 강연이 끝나기도 전에 시계를 다시 원래 자리로 옮겨 찹니다.

이것도 일종의 현상 유지 편향입니다. 어느 손목에 시계를 차든 기능상 차이는 없어요. 오히려 반대편에 차면 새로운 자극이 되고, 뇌 활성화에도 도움이 되겠죠. 하지만 사람들은 견디지 못합니다. 익숙함이 얼마나 강력한 힘인지 보여주는 순간이죠.

이 현상은 특히 능력 있고 성과를 잘 내온 사람들에게 더 강하게 나타납니다. 변화에 대한 태생적 거부감에 기존 방식이 틀리지 않았다는 '확증 편향'까지 겹쳐지거든요. '나는 지금까지 잘해 왔으니, 굳이 새로운 걸 배울 필요 없다'는 자기방어 논리가 작동하는 겁니다.

또한 한 직군에서 오래 일한 사람들도 새로운 가능성을 탐색exploration하기보다, 익숙한 방식을 반복 활용exploitation하려는 경향이 강하게 나타납니다. 전문가일수록, 그 분야에서 오래 일했을수록, 새로운 변화에 더 저항하는 경우가 흔합니다.

이와 관련해 흥미로운 실험 하나를 소개할게요. 행동경제학자인 윌리엄 새뮤얼슨William Samuelson과 리처드 제크하우저Richard Zeck-hauser는 참가자들에게 여러 선택지를 주고 결정을 내리게 했습니다. 그중 일부는 현재 상태를 유지하는 선택지였고, 다른 일부는 변화를 시도하는 옵션이었어요. 결과는 분명했습니다. 참가자들은 객관적으로 이익이 더 큰 선택지가 있어도, 단지 변화할 필요가 없다는 이유만으로 현상 유지 옵션을 더 많이 골랐습니다. IQ나 학력, 경력이 높아도 이 편향에서 자유롭지 못했습니다.

실생활에서도 마찬가지입니다. 하다못해 출퇴근길을 바꾸는 것도 쉽지 않죠. 매일 같은 길로 출근하던 사람에게 "이 길로 가면 10분 더 빠른데요?"라고 알려줘도 쉽게 바꾸지 않습니다. '공사 중이면 어떡하지?', '길을 잘못 들면 시간만 더 걸릴 텐데' 같

은 이유로 기존 경로를 고집하죠. 실제로 교통 연구에서 운전자
들이 더 빠른 경로가 있다는 걸 알면서도 익숙한 길을 고수하는
경향이 강하게 나타난다고 합니다.

이런 심리는 업무에서도 자주 드러납니다. AI 기반 툴을 도입
하면 판례 조사와 계약서 분석 같은 작업이 엄청나게 빨라집니
다. 며칠 걸리던 일을 몇 시간 만에 끝낼 수 있죠. 하지만 일부 베
테랑 변호사들은 기존 방식에 익숙해서 AI 사용을 꺼립니다. “내
가 직접 읽어봐야 놓치는 게 없지”, “AI는 맥락을 못 읽어” 같은
이유를 대면서요. 반면 신입 변호사들은 거리낌 없이 AI를 활용
합니다. 그 결과, AI를 잘 쓰는 신입이 더 많은 자료를 더 빠르게
검토하고, 더 깊이 있는 법률 의견서를 작성하는 상황도 나타납
니다. 클라이언트 입장에서는 당연히 결과가 좋은 쪽을 선호하겠
죠. 능력과 경험이 많은 개인일수록 익숙한 방식에 머물려는 심
리가 더 강하고, 그게 오히려 위협 요인이 된 겁니다.

AI가 내 판단력을 대체할 수 없다는 말은 맞습니다. 하지만 여
기엔 함정이 있어요. AI는 당신의 판단력을 대체하려는 게 아닙
니다. 당신의 판단력을 증폭시키려는 거죠. 이 도구를 거부하는
순간, 그 도구를 쓰는 사람에게 추월당할 테고요.

잘나가는 회사가 더 위험하다

개인만 착각에 빠지는 게 아닙니다. 조직도 똑같아요. 오히려
더 심각할 수 있습니다. 잘나가고 입지가 단단한 기업일수록 굳

이 모험할 필요 없다는 유혹에 쉽게 넘어가거든요. 사회과학에서는 이를 '성공 함정'이라 부릅니다. 조직이 과거의 성공 전략에 집착하다 새로운 기회를 탐색하지 못하는 현상입니다.

블록버스터라는 기업을 아시나요? 1990년대 말까지 미국 비디오 및 DVD 대여 시장을 장악했던 거대기업이었습니다. 매장 수만 9000개가 넘었고, 미국인 절반 이상이 이곳 회원 카드로 영화를 빌려 보았어요. 당시 블록버스터의 시가총액은 50억 달러에 달했습니다.

그들보다 늦게 이 시장에 뛰어든 넷플릭스는 온라인 DVD 대여 및 우편 배송 서비스를 시작했습니다. 그런데 사업이 쉽지 않았는지, 블록버스터에 5000만 달러에 회사를 팔겠다고 제안했습니다. 블록버스터 경영진은 뭐라고 했을까요? "사람들은 직접 매장에서 고르는 경험을 원한다. 온라인은 틈새시장일 뿐이다"라며 제안을 거절했습니다.

결과는 여러분도 아시죠. 블록버스터는 2010년 파산을 신청했고, 넷플릭스는 오늘날 전 세계 OTT 시장을 장악한 기업이 됐습니다. 전성기의 블록버스터가 너무 잘나간 나머지 새로운 가능성을 탐색하지 않아도 된다고 믿었던 결과입니다.

이와 비슷한 길을 걸은 기업은 얼마든지 있습니다. 미국의 대형 서점 체인 보더스는 2000년대 초반까지만 해도 업계 2위였습니다. 미국 전역에 1200개 매장을 운영하며 전성기를 누리고 있었죠. 그 즈음 아마존이 온라인 서점을 열었는데, 보더스는 "사람들은 책을 손으로 만지고 종이 냄새를 맡고 싶어 한다"라며 온라인 전환을 미뤘어요. 심지어 자사의 온라인 판매와 물류를 아마존에 아웃소싱했습니다. 자신들은 오프라인에 집중하겠다는 포석이었지만, 결과적으로는 경쟁자에게 미래를 통째로 넘긴 꼴이었죠. 보더스는 2011년 파산했고, 아마존은 세계 최대의 서점이자 전자상거래 제국으로 성장했습니다.

영국의 데번햄스는 어떨까요? 200년 넘는 역사를 가진 전통 백화점으로, 고급 고객층을 확보하고 있었습니다. 경영진은 "우리 고객은 온라인에서 싸게 사는 사람들과 다르다"며 전자상거래 전환을 무시했어요. 하지만 소비자들의 생활 패턴은 빠르게 바뀌었습니다. 고급 고객층도 온라인 쇼핑에 익숙해졌고, 코로나 팬데믹은 그 속도를 더욱 높였죠. 결국 데번햄스는 온라인 쇼핑몰에 밀려 2020년 파산하고 말았습니다.

이들 기업의 공통점은 분명합니다. 과거의 성공 공식이 미래에도 통할 거라 믿었다는 점입니다. 블록버스터는 오프라인 매장을, 보더스는 종이책 판매 경험을, 데번햄스는 고급 고객층의 충성도를 과신했습니다. 하지만 기술과 시장은 그들의 믿음을 기다려주지 않았습니다.

이 현상이 오늘날에도 재현되고 있습니다. 많은 잘나가는 기업들이 AI 전환을 두고 머뭇거립니다. 우리는 이미 업계 1위니 AI를 천천히 도입해도 괜찮을 거라는 얘기가 들려옵니다. 이는 블록버스터, 보더스, 데번햄스를 몰락으로 내몰았던 그 생각과 조금도 다르지 않습니다.

　　　　　　　　　　　　

AI를 배운 평범한 사람이 배우지 않은 천재를 이긴다

과거에는 똑똑한 사람과 평범한 사람 사이에 큰 차이가 났습니다. 지금은 AI를 배운 사람과 그렇지 않은 사람 사이에 생산성과 성과의 격차가 눈에 띄게 벌어지고 있습니다. AI라는 도구를 얼마나 잘 다루느냐가 개인과 조직의 격차를 새로 정의하기 시작한 거죠.

스탠퍼드 대학교와 MIT가 공동으로 진행한 연구가 이를 잘 보여줍니다. 고객 지원 분야에서 일하는 5000명을 대상으로 AI 보조 툴 사용 여부에 따른 성과를 비교했어요. 그 결과 AI를 활용한 그룹은 평균 14% 더 빠르고 정확하게 업무를 처리했습니다. 그중에서도 원래 업무 효율이 낮았던 중하위권 직원들의 향상이 두드러졌습니다. 상위권 직원들이 압도적인 성과를 내던 영역에서, 하위권 직원들이 AI 덕분에 단숨에 따라잡은 겁니다. 연구진은 AI를 하위권 직원들의 "바퀴 달린 신발"이라고 표현했습니다. 생각해보세요. 롤러스케이트를 신은 평범한 사람과 맨발의 올림픽 단거리 선수가 100미터를 달린다면 누가 이길까요? 당연히 롤러스케이트 쪽이 이깁니다. 지금 일어나고 있는 일이 바로 이렇습니다. 배우려는 사람은 금세 도약하고, 배우지 않는 사람은 뒤처질 수밖에 없는 구조가 된 거죠.

비슷한 흐름이 한국 기업에서도 포착됩니다. 최근 일부 대기업은 AI 활용 역량을 인사평가에 고려하기 시작했어요. 보고서 잘 쓰는 능력, 프레젠테이션을 잘하는 능력만으로는 더 이상 고평가를 받을 수 없습니다. 아무리 똑똑하고 성과가 좋아도 AI를 활용하지 못하면 업무 효율이 떨어진다는 이유로 불리한 평가를 받을 수 있다는 뜻이죠.

기업이 이렇게까지 AI 활용을 강조하는 이유는, 배우려는 조직만이 살아남기 때문입니다. 앞서 살펴본 보더스와 달리, 미국 오프라인 서점 1위였던 반스앤노블은 전자책 리더기 누크를 출시하며 디지털 독서 시장을 빠르게 탐색했습니다. 그 결과 비록 아마존만큼 성장하지는 못했지만, 시장에서 버틸 수 있는 힘을 갖게 됐죠.

과거에는 경험과 경력이 많을수록, 혹은 자원이 많을수록 우위에 있었어요. 하지만 이제는 배움의 속도가 훨씬 중요한 경쟁력이 됐습니다. AI를 먼저 배우고 쓰는 신입사원이 20년 경력의 선배를 추월할 수 있고, 신생 스타트업이 대기업을 앞지를 수 있는 시대라는 뜻입니다.

새로운 문명의 문해력

이쯤에서 이런 반론이 나올 수 있습니다. "그래도 AI는 도구일 뿐이고 비판적 사고, 최종 판단과 책임은 인간만의 영역 아닌가요?" 맞습니다. 그리고 바로 그렇기에 AI를 배워야 합니다.

전기톱이 나왔을 때 일부 목수들은 이렇게 말했을 겁니다. "전기톱은 그냥 도구일 뿐이야. 진짜 실력은 사람이 나무를 얼마나 잘 베느냐에서 나오는 거지." 기술적으로는 맞는 말입니다. 하지만 전기톱을 쓰는 목수가 하루에 나무 100그루를 벨 때, 기존 톱만 고집하는 목수는 10그루를 벱니다.

여기서 중요한 건 뭘까요? 전기톱이 목수의 역할과 책임을 대체한 게 아니라는 겁니다. 오히려 반복 작업에서 해방된 목수는 더 복잡한 디자인을 구상하고, 더 정교한 결합 방식을 고민할 시간을 얻게 됩니다. 도구가 단순 작업을 맡아주면, 인간은 더 높은 차원의 사고에 집중할 수 있습니다.

AI도 마찬가지입니다. AI가 데이터 정리, 초안 작성, 패턴 분석 같은 반복 작업을 맡아주면 우리는 전략 수립, 창의적 해석, 윤리적 판단에 더 많은 에너지를 쏟을 수 있습니다. 이미 여러 차례 강조했지만, AI를 쓴다고 우리의 판단과 책임이 사라지는 게 아니에요. 오히려 우리의 판단력이 10배, 100배 증폭되는 겁니다.

반대로 AI를 거부하면 어떻게 될까요? 당신은 여전히 뛰어난 창의성과 판단력을 가지고 있을 겁니다. 하지만 그 능력을 쓸 기회 자체가 줄어듭니다. 왜냐하면 AI를 쓰는 경쟁자가 당신보다 10배 빠르게 움직이고, 10배 많은 시도를 하고, 10배 많은 결과를 만들어낼 테니까요.

글을 읽고 이해하는 능력을 '문해력literacy'이라 하듯, 이제는 AI를 다루는 능력이 새로운 문해력이 되고 있습니다. 단순히 신기술 하나쯤 다룰 수 있는 능력이 아니라, 미래 사회를 살아가기 위해 누구나 기본적으로 갖춰야 할 생존 언어가 된 겁니다.

세계경제포럼은 최근 보고서에서 향후 5년간 고용 시장의 핵심 역량 가운데 하나로 'AI 리터러시'를 꼽았습니다. 이들이 말하는 리터러시는 단순히 AI 툴을 사용할 줄 아는 능력에 그치지 않습니다. AI가 주는 정보를 비판적으로 읽어내고, 맥락에 맞게 활용하며, 윤리적인 판단까지 포함하는 종합적 능력을 의미합니다. 글을 읽을 줄 아는 것과 내용을 이해하고 맥락화하는 능력이 다르듯, AI 리터러시도 단순히 명령어를 입력하는 기술과는 차원이 다른 역량이라는 뜻입니다.

지금까지 살펴본 내용을 생각해보면, 처음의 질문에 대한 답은 분명합니다. 똑똑하니까 AI를 배우지 않아도 되는 게 아니라, 똑똑할수록 더 빨리 배워야 합니다. 똑똑한 사람은 배우는 속도가 빠릅니다. 새로운 도구를 습득하는 데 남들보다 시간이 덜 걸려요. 똑똑한 사람이 강력한 도구까지 갖추면, 그건 단순한 덧셈이 아니라 곱셈이 됩니다.

5. 내 나이가 70인데,
   AI 안 배워도 되겠지?

"내 나이가 이제 70인데, AI 같은 걸 꼭 배워야 할까요?" 이런 질문을 하시는 분들이 많습니다. 어떤 분은 "여든까지 별 탈 없이 살면 다행이지, 이제 새로운 걸 배워서 뭐하나?"라고 하세요. 그런데 이 질문 뒤에는 잘못된 전제가 깔려 있는 경우가 많습니다. 바로 70이면 인생 끝자락이라는 오래된 생각이지요.

세상은 이미 그 전제를 바꿔놓고 있습니다. 세계보건기구의 자료를 보면, 지난 100년간 평균 기대수명은 2배 가까이 늘었어요. 한국만 봐도 1960년대에는 기대수명이 50대 초반이었는데, 지금은 83세를 넘어섰습니다. 통계청은 2050년대에는 한국인의 기대수명이 90세에 근접한다고 전망했어요. 최근 연구들은 인간의 수명이 100세를 넘어설 가능성에 대해 활발히 논의하고 있습니다. 일부 연구자들은 115~125세 구간을 잠재적 최대 수명으로 제시하기도 하고요.

단순히 오래 사는 것만이 아닙니다. 70대에도 건강하게 활동하는 사람들이 빠르게 늘고 있어요. 그렇다면 70세는 인생의 마무리 시점이 아니라, 새로운 30년을 어떻게 살지 고민해야 하는 출발선에 가깝습니다. 실제로 그렇게 사시는 분들이 있고요. 저는 경희대 전임 교수로 MBA, 즉 석사과정을 맡고 있는데, 학생들 평균 연령이 40대입니다. 60세 이상 학생도 꽤 보여요. 이번 학기 수업에도 3명이나 있었습니다. 직장에서 한창 일할 나이에 대학원에 오신 분들, 그리고 은퇴 후 새로운 공부를 시작하신 분들입니다. 이분들을 보면, 나이 들어서 배운다는 게 얼마나 자연스러운 일인지 실감하게 됩니다.

미국 스탠퍼드 대학교의 로라 카스텐스^{Laura Carstensen} 교수 연구팀이 밝힌 바에 따르면, 노인의 학습 능력은 나이가 아니라 동기와 흥미에 크게 좌우된다고 합니다. 흥미로운 주제에서는 젊은 세대와 비슷한 수준의 학습이 가능하다는 거죠. 반대로 '나는 이제 늦었다'는 생각은 뇌를 더 굳게 만들고요.

실제로 두뇌는 나이 들어도 새로운 신경 연결을 만들 수 있습니다. 이를 '신경가소성'이라 하는데, 마치 나뭇가지가 새로 뻗어나가듯 뇌 안에서 연결망이 새로 만들어지는 겁니다. 80세가 넘어도 새로운 기술을 배우면 뇌에서 이런 연결망이 재구성된다는 연구 결과도 있습니다.

실생활에서도 이런 이야기는 어렵지 않게 찾을 수 있어요. 제가 아는 72세 어르신은 은퇴 후 유튜브에서 AI 그림 그리기 영상을 보고 따라 하기 시작했습니다. 처음엔 장난처럼 시작했는데 지금은 가족사진을 AI로 재해석해 작품처럼 만들고, 동네 경로당에서 전시회까지 열었어요. "손주들한테 보여주니까 엄청 신기해하더라"며 활짝 웃으셨습니다. 나이가 아니라, 새로운 세상을 즐길 마음이 있느냐 없느냐가 차이를 만든 겁니다.

국내외 연구와 통계를 보면, 고령일수록 새로운 도전이 삶의 질과 직결된다고 해요. 미국 은퇴자 협회의 조사에서는 70세 이상 응답자 중 많은 수가 새로운 기술을 배우면서 삶의 편리함과 활력을 느꼈다고 했습니다. 우리나라도 과학기술정보통신부, 한국지능정보사회진흥원의 조사에 따르면, 60세 이상 고령층 중 절반 정도가 디지털 기기를 배우고 싶어 하며, 학습 의지도 높았습니다. 생각보다 훨씬 많은 분들이 배움을 통해 새로운 가능성을 찾고 있다는 겁니다. 이쯤 되면 질문이 달라집니다. "70인데 AI를 배울 필요가 있나?"가 아니라, "앞으로 남은 30년을 더 풍요롭게 살려면 무엇을 배워야 할까?"가 되어야 해요.

그 질문에 가장 먼저 떠오른 답이 AI인지도 모릅니다. 왜냐하면 AI는 단순한 기술이 아니라, 새로운 세상으로 들어가는 문이기 때문입니다. 젊은 세대와 소통할 수 있는 다리이자, 내 삶의 경험을 다시 펼쳐낼 수 있는 무대가 되어주기도 하죠.

장모님의 새로운 친구는 AI

제 장모님은 70대 중반이십니다. AI 이야기를 들어보신 적은 있지만, 직접 써보신 적은 없었어요. 그래서 어느 날 제가 챗GPT 앱을 깔아드리면서 이렇게 말씀드렸습니다. "오른쪽 아래 음성 버튼을 누르시고, 그냥 똑똑하고 친절한 사람이 전화를 받았다고 생각하시고 통화하듯 말씀하세요.”

처음에는 조금 당황하셨습니다. 그럴 만도 하죠. 챗GPT가 뭔지도 모르는데 갑자기 말을 걸라니 말이에요. 하지만 막상 시작하니 금세 적응하시더군요.

더 재미있는 건 그다음입니다. 장모님은 요즘 건강도 챙기고 용돈도 벌 겸, 지자체에서 운영하는 건강 및 환경관리 앱을 쓰십니다. 일정 거리를 걷거나 대중교통을 이용하면 포인트가 쌓이고, 환경 관련 퀴즈도 나오지요. 그런데 퀴즈를 풀다 보면 모르는 문제가 있잖아요? 그럴 때마다 이제 장모님은 챗GPT 앱을 부르십니다. “애야, 이 문제 정답이 뭐냐?” 하고 물어보시죠. 덕분에 퀴즈는 거의 다 맞히시고, “내가 챗GPT랑 같이 공부한다”며 웃으십니다. 그 모습이 참 흐뭇했어요. 저는 “그 정도 커닝은 괜찮습니다. 교수가 인정합니다”라고 말씀드렸고요.

이 작은 일화에 큰 메시지가 있다고 생각합니다. 장모님은 단순히 기술을 배우신 게 아니에요. AI를 통해 일상에 작은 즐거움을 더하고, 배움의 재미를 다시 찾으신 겁니다. 나이 때문에 주저하던 분도, 새로운 경험 앞에서는 아이처럼 눈을 반짝일 수 있다는 걸 보여주신 거죠.

“그래도 혼자 시작하기엔 어렵지 않나요? 실수할까 봐 무섭기도 하고요.” 이런 걱정을 하실 수도 있습니다. 처음엔 누구나 두렵죠. 버튼 하나 잘못 눌러서 뭔가 망가지진 않을까, 이상한 걸 물어봐서 웃음거리가 되진 않을까 하는 걱정도 당연합니다.

하지만 좋은 소식이 있어요. 요즘 AI는 정말 친절합니다. 잘못 눌러도 크게 문제 될 게 없고, 이상한 질문이랄 것도 없어요. 그리고 무엇보다, 처음엔 가족이나 주변 사람에게 도움을 요청하는 게 전혀 부끄러운 일이 아닙니다. 장모님도 처음엔 제가 도와드렸고, 지금은 혼자 척척 하시니까요. 부담 갖지 마시고, 작은 것부터 시작하면 됩니다. 그게 전부예요.

AI가 고령자에게 어떤 의미가 있는지, 연구 결과들을 보면 더 분명해집니다. 호주의 요양병원에서는 영어가 서툰 고령 환자들을 위한 번역 앱CALD Assist이 활용되었습니다. 이 앱은 간호와 보건 분야에서 자주 쓰는 구문을 전문적으로 번역하고 녹음해두어, 환자들이 통증이나 식사, 위생 등 필수적인 요구사항을 정확하게 전달할 수 있게 해줍니다. 환자들은 의료진과 기본적인 소통조차 어려워 고립감과 불안을 느끼기 쉬웠는데, 맞춤형 번역 앱 덕분에 의료진과의 의사소통이 수월해졌습니다. 소통이 원활해지자 환자들은 이해받고 있다는 느낌을 받으며 심리적인 불안도 크게 줄어들었습니다. 연구팀은 이것이 번역을 넘어 사회적 유대감을 만드는 기술이라고 평가했습니다.

AI가 정서적 건강에 미치는 효과도 입증되고 있습니다. 싱가포르 국립대학교의 징팅 푸Sydney JingTing Foo 연구팀이 발표한 연구에 따르면, 챗봇 같은 대화형 AI는 우울증과 불안을 완화하는 데 통계적으로 유의미한 효과를 보였습니다. 단순히 정보만 주는 게 아니라, 늘 곁에 있는 대화 상대 역할을 하며 고립감을 덜어준다는 것이죠. 생각해보세요. 밤에 잠이 안 와서 말 상대가 필요한데 가족들은 다 자고 있을 때, AI는 언제든 이야기를 들어줍니다.

AI 활용은 뇌 건강에도 긍정적 영향을 줍니다. 일본 고베 대학교의 오키 유타로Yutaro Oki 연구팀은 경도 인지 장애를 가진 65~85세 참가자들에게 컴퓨터 기반 인지 훈련 프로그램을 제공했는데요. 18개월 후 참가자들의 집중력과 기억력을 포함한 인지 기능이 눈에 띄게 개선되었다고 합니다. 새로운 지식이 추가되었다는 차원을 넘어, 뇌가 새로운 방식으로 자극받으면서 활력을 되찾은 거예요. 나이 들수록 새로운 도전을 마다할 게 아니라, 오히려 그런 자극이 더 필요하다는 거죠.

새로운 꿈의 동반자

제 수업 얘기를 좀 더 해보겠습니다. 학생들 평균 연령이 40대라고 말씀드렸죠. 수업에서 저는 이분들에게 본인을 주인공으로 영화를 만드는 과제를 냈습니다. 처음에는 학생들이 의아해했어요. 본인의 일은 영화와 아무 관련이 없는데 그걸 왜 하냐고요. 당연한 반응이죠.

처음에는 서로 인터뷰하면서 삶을 돌아보게 했습니다. 그러면서 시놉시스를 구상하라고 했죠. 그런 다음 AI 도구 실습을 5시간 정도 하고 제작에 들어갔습니다. 그렇게 완성한 영화는 정말 다양했어요. 직설적으로 자신의 꿈을 얘기하는 영화, 은유적으로 삶을 돌아보는 영화. 진지한 작품도 있었고, 익살스러운 작품도 있었습니다.

그중에서 60대 후반 학생의 작품이 가장 기억에 남습니다.

30년 넘는 직장 생활을 회고하는 영화였습니다. 그분은 영상 제작은 물론 AI 도구 사용도 익숙하지 않으셨어요. 하지만 30년간 쌓아온 이야기가 있었죠. AI 도구를 활용해 그 이야기를 영상으로 풀어내, 교실에 있던 모든 이들에게 감동을 선사했습니다.

기술이 중요한 게 아니었어요. 살아온 이야기가 진짜이고, AI는 그걸 세상에 꺼낼 수 있게 도와준 거죠. 이것이 제가 고령자에게 AI를 권하는 이유입니다. 나이 들수록 더 많은 이야기가 쌓이잖아요. 그 이야기를 표현할 새로운 도구가 생긴 거예요. 예전에는 글로 남기거나 입으로만 전하던 것을 이제는 영상으로도, 그림으로도, 음악으로도 만들 수 있습니다.

이런 도전은 비단 제 수업에만 국한되지 않습니다. 세계 곳곳에서 고령자들이 AI와 함께 새로운 삶을 열어가고 있어요.

91세의 존 블랙맨이라는 분이 계세요. 평범한 은퇴 생활을 하시던 분이었는데, 손자와 함께 AI 도구를 활용해 인생 처음으로 웹 앱을 개발하셨어요. 코딩 경험은 전혀 없었지만, 클로드로 스토리를 짜고, 다른 AI 도구를 이용해 코드를 만들면서 지역사회 자원봉사자들을 연결해주는 앱을 완성했습니다.

뉴욕에 사는 75세 소냐 콘의 사례도 흥미롭습니다. 30명이 넘는 손주와 수십 명의 증손주를 둔 할머니가 AI 기반 스타트업을 창업했으니까요. 이 회사는 조직 내 의사결정을 돕는 AI 엔진을 개발하고 있는데요, 챗GPT를 활용해 의사결정 패턴을 분석하고 자동화하는 방식입니다. 영업이나 의료 같은 분야에서 상내의 동기를 파악하지 못해 생기는 비효율을 줄여준다는 것이 이 회사의 비전입니다. 이분 또한 AI 강의를 할 만큼 열심히 배우며 창업에 도전했습니다.

이런 사례들이 말해주는 건 분명합니다. AI는 단순한 도구가 아니라, 새로운 꿈을 열어주는 동반자라는 사실입니다. 은퇴 후 찾아온 긴 시간, 예전에는 여생(餘生, 남은 생)이라 불렸던 인생 후반부가 이제는 제2의 창업, 제2의 학습, 제2의 놀이로 채워지고 있습니다. 아무리 나이 들었어도 챗봇과 대화하며 새로운 지식을 탐구하는 순간 우리는 다시 학습자로 돌아가고, 낯선 세상을 탐험하는 꿈을 품을 수 있습니다.

인지과학에서는 이러한 활동이 인지 예비력을 쌓는 중요한 방법이라고 봅니다. 인지 예비력은 쉽게 말하면 뇌 안에 비상금을 모아두는 것과 같습니다. 나이 들거나 질병으로 뇌세포가 손상되어도, 이 비상금이 있으면 당장 기억력이나 사고력 저하 같은 증상이 잘 나타나지 않아요. 마치 거대한 기계의 부품 일부가 고장나도 다른 부품의 힘으로 버티는 것과 같습니다. 새로운 학습은 뇌를 단순히 유지하는 것이 아니라, 뇌의 손상을 견뎌내는 힘을 길러주고 유연성을 젊게 되돌린다는 연구 결과도 다수 있습니다.

70세는 끝이 아닙니다. 새로운 30년의 시작입니다. 이제 그 여정에 AI라는 좋은 동반자가 생겼습니다.

    Part 1_ 질문, 뇌를 깨우다

6. AI 시대,
부모의 역할은 어떻게 바뀔까?

"아빠는 그동안 이렇게 살아왔어. 아빠가 살아봐서 잘 아니까, 너도 아빠 말대로만 살면 성공한다."

이 말은 오랫동안 부모 세대의 확신이었습니다. 한 세대 전만 해도 꽤 설득력이 있었죠. 공부 열심히 해서 좋은 대학 들어가고, 안정적인 직장을 구하면 인생이 어느 정도 보장되었으니까요. 그래서 부모가 방향을 잡아주고, 그 방향에 맞는 정답까지 알려주는 게 가능했죠. "의사가 되려면 생물, 화학을 열심히 하고, 의대에 가면 돼." "공무원이 되려면 이런 시험을 준비해." 부모가 이미 가본 길이거나, 최소한 주변에서 검증된 길이었습니다.

하지만 이제 완전히 새로운 국면이 펼쳐지고 있습니다. 기술과 산업이 10년이 아니라 1년 단위로 바뀌고 있어요. 어떤 직업은 아이가 초등학교를 졸업하기도 전에 사라지고, 어떤 직업은 부모가 상상하지도 못한 분야에서 생겨납니다. 부모도 그 변화를 따라가기에 벅찹니다. 세계경제포럼의 〈미래 일자리 보고서〉는 아이들 대다수가 현재 존재하지 않는 직업에서 일하게 될 거라고 전망했습니다.

요즘 20대, 30대 젊은 층의 문화와 고민을 보세요. 부모 세대가 이해하기 어려운 새로운 가치관, 일하는 방식, 관계 맺기가 펼쳐지고 있습니다. '워라밸', '조용한 퇴사', '디지털 노마드', 'N잡러' 이런 단어들은 부모 세대의 사전에 없던 개념들입니다. 오늘날 젊은 세대가 중요하게 여기는 '의미 있는 일', '나다움', '유연성'이라는 가치 또한 부모 세대가 추구했던 안정, 성공, 인정과는 결이 다릅니다. 부모는 생존을, 자녀는 의미를 바라보는 것이죠.

당신이 부모라면, 지금 자녀에게 정해준 방향과 답의 유효기간이 짧다는 점을 냉정하게 받아들여야 합니다. 그렇다면 해결책은 명확해지죠. 아이 스스로 방향을 잡고, 자신만의 답을 써낼 수 있는 힘을 키워줘야 합니다. 심리학자 캐럴 드웩 Carol Dweck 교수는 부모가 자녀의 문제를 대신 해결해주는 행동이 아이의 성장 마인드셋을 약하게 만든다고 지적했습니다. 그렇게 자란 아이는 문제를 마주했을 때 '누군가 해결해줄 거야'라고 생각하며, 스스로 생각하는 회로를 닫아버립니다.

AI 시대에 키워야 할 5가지 역량

여기서 많은 부모가 이렇게 반문합니다. "그래도 우리 아이는 아직 어린데, 부모가 최소한의 가이드는 줘야 하는 것 아닌가요?

특히 한국은 입시도 있고 경쟁도 치열한데, 무작정 아이가 좋아하는 것만 하게 둘 수는 없잖아요." 맞습니다. 입시는 현실입니다. 대학 준비를 포기할 수는 없습니다. 하지만 생각을 조금만 바꿔보면 어떨까요? 입시 준비에 쏟는 시간, 자원, 노력의 10%만 다르게 투자해보는 겁니다. 90%는 지금처럼 입시를 준비하되, 10%는 AI 시대의 핵심 역량을 키우는 데 써보는 거죠.

그 역량이란 바로 탐험력, 질문력, 교감력, 판단력, 적응력입니다. 20년 후 아이가 마주할 세상을 지금 우리가 정확히 예측할 수 없다면, 어떤 상황에서도 배우고 적응할 수 있는 힘을 키워주는 게 가장 현명한 투자입니다.

이를 위해 아내와 저는 두 아이를 키우면서 한 가지 원칙을 지켰습니다. 학교에서 배울 수 있는 것을 따로 배우기 위해 학원을 보내달라고 하면 좀처럼 허락하지 않았습니다. 대신 학교에서 배우지 못하는 것, 가르치지 않는 것을 배우기 위한 외부 활동은 최대한 지원했죠. 어찌 보면 학교에서 가르치지 않는 것은 입시와 무관한데 거기에 시간과 돈을 쓰는 게 이상할 수 있습니다. 실제로 주변에서도 그런 반응이 있었고요.

하지만 그게 우리 집에서는 아이의 탐험력을 키우는 용기 있는 투자라고 생각했습니다. 지금 한 명은 직장인이 되었고 한 명은 대학을 졸업하는데, 우리 가족은 이런 철학과 선택을 후회하지 않습니다. 입시도 중요하지만, 입시 이후의 인생이 훨씬 길다는 걸 지금 두 아이를 보면서 더 확신하게 됩니다.

이런 접근법은 아이만을 위한 게 아닙니다. 부모 자신을 위한 것이기도 해요. 100세 시대가 코앞인데 평생직장이라는 개념은 사라졌고, 50대에 조기 퇴직하는 일도 흔합니다. 그렇다면 퇴직 후 30~40년을 어떻게 살아갈까요? 아이와 함께 배우는 과정은 부모 자신의 성장 기회이기도 합니다. 새로운 기술을 접하고, 낯선 개념을 이해하고, 실패를 두려워하지 않는 태도를 기르는 것. 이 모든 것이 부모 자신의 생존 전략이 됩니다.

심리학자 앨버트 반두라는 이를 '모델링 학습'이라 불렀습니다. 아이는 부모의 언어가 아니라 태도를 통해 배웁니다. 부모가 새로운 앱을 배우면서 "어, 이거 어떻게 하는 거지?"라고 중얼거리는 모습, 실수했을 때 "아, 이렇게 하면 안 되는구나" 하고 웃으며 다시 시도하는 모습이 아이에게는 가장 강력한 교육의 장이, 부모 자신에게는 변화 적응의 연습이 됩니다. 그러니 "아이 때문에 공부한다"는 말은 더 이상 희생의 표현이 아니라, "아이 덕분에 나도 다시 배우게 된다"는 감사의 표현으로 바뀌어야 합니다. 이것은 아이를 위한 길이면서, 동시에 부모 자신의 100세 시대를 준비하는 길이기도 합니다.

탐험력: 정해진 경로를 벗어나는 용기

앞에서 입시 준비에 쏟는 시간, 자원, 노력의 10%를 AI 시대의 핵심 역량을 키우는 데 쓰자고 제안했습니다. 첫 번째 핵심 역량은 바로 탐험력입니다.

부모가 더 이상 아이의 진로 설계를 대신해줄 수 없는 시대에 부모가 줄 수 있는 가장 큰 선물은 정답이 아니라 스스로 방향을 찾는 힘, 즉 탐험력입니다. 탐험력은 정해진 경로를 벗어나는 힘입니다. 학교에서 친구들과 똑같은 것만 배워서는 창의적 발상이나 나만의 새로운 질문을 품기가 어렵습니다.

과거 산업화 시대에는 똑같은 것을 싸고 빠르게 만드는 게 최고의 가치였습니다. 표준화된 교육, 정해진 커리큘럼, 모두가 가는 길을 빠르게 따라가는 것. 하지만 이제는 아닙니다. AI가 표준적인 답을 순식간에 만들어내는 시대에는 차별화된 경험과 독특한 시각이 더 큰 경쟁력이 됩니다. 다른 레고 블록이 많을 때 새로운 것을 만들기 쉬운 것처럼 말입니다.

탐험력을 키운다는 것은 아이를 그냥 내버려두라는 뜻이 아닙니다. 오히려 더 섬세하고 지적인 지원이 필요해요. 친구들과 다른 길을 가보거나 당장 학교 시험에 나오지 않는 것을 공부하며 불안해할 때, 아이가 흔들리지 않고 자신의 탐험을 이어갈 수 있는 지원 말이죠.

질문력과 교감력: 함께 배울 때 뇌가 공명한다

부모가 살아온 세상은 정답의 권위가 큰 사회였지만, 아이가 살아갈 세상은 스스로 질문하면서 새로운 답을 찾아야 하는 사회입니다. 그런데 여전히 많은 부모가 질문력을 키우기보다 정답을 알려주는 방식으로 자녀를 대합니다. 이제 부모의 역할은 지식을 얼마나 아느냐가 아니라, 아이에게 얼마나 새롭고 다양한 질문을 품어낼 기회를 제공하는지로 가늠됩니다.

질문을 품었으면, 답이 될 수 있는 대안을 찾기 위해 주변과 협력하고 소통해야 합니다. 이때 필요한 게 교감력입니다. 교감력은 자기 감정을 표현하고 타인의 감정을 이해하는 능력인데, AI 시대에 더욱더 중요해지고 있습니다. 역설적으로 들릴 수 있지만, 기술이 발달할수록 인간 고유의 정서적 연결이 더 큰 가치를 갖게 됩니다.

조직을 보세요. 점점 작아지고 있습니다. 조직이 작을수록 소수의 멤버가 더 복잡하게 협업해야 합니다. 예전처럼 위계에 의해 일방적으로 지시하고 따르는 게 아니라, 수평적으로 소통하며 빠르게 의사결정을 내려야 하죠. 조직 밖에서도 수많은 연결이 형성됩니다. 소셜미디어를 보세요. 프리랜서, 긱 워커gig worker, 1인 기업가들이 글로벌 네트워크 속에서 협업합니다.

이런 상황에서 교감의 힘이 더 중요합니다. 화상 회의에서 상대의 미세한 표정 변화를 읽어내는 것, 텍스트 메시지에 담긴 감정의 뉘앙스를 파악하는 것, 문화적 차이를 존중하며 소통하는 것, 이 모든 것이 교감력입니다.

그러나 현실은 어떤가요? 우리가 흔히 쓰는 메신저 이모티콘은 한 팩에 30~40개의 이미지가 있습니다. 이 이미지 버튼을 눌러서 간편하게 감정을 표현하는 것이 일상화됐죠. 그런데 30~40개의 이미지로 충분할까요? 이렇게 항목화해서 단순하게 감정을 나누다 보니 자기 감정을 나타내고 상대의 감정을 읽는 능력이 점차 퇴화하고 있습니다. 마치 언어가 없던 시절에 단순한 그림이나 몸짓으로 감정을 표현했던 상황으로 돌아가는 느낌입니다. 이 밖에도 우리는 사는 게 바쁘다는 이유로, 그리고 손에 꼭 쥐고 있는 디지털 기기들로 인해 삶에서 교감력을 점점 지우고 있습니다.

교감력을 회복하려면 어디서부터 시도해보면 좋을까요? 가정에서, 부모와 자녀가 함께 배우고 소통하는 것부터입니다. 소소하고 꾸준한 소통 관계를 유지할 때 교감력에 살이 붙습니다.

일본 가나자와 대학교와 미국 워싱턴 대학교 공동 연구팀은 어머니와 자녀가 함께 언어 학습 활동을 할 때의 뇌 활동을 측정했는데, 그 결과가 놀라웠습니다. 어머니가 말하는 소리를 듣기만 할 때보다 어머니가 말하고 자녀가 이를 따라 할 때, 한층 강하게 두 사람의 뇌파가 동기화되는 현상이 관찰되었습니다. 가정에서 이런 깊은 상호작용을 경험한 아이는 훗날 조직에서도, 온라인 공간에서도, 어떤 상황에서도 타인과 깊이 연결되는 능력을 발휘하게 됩니다. 복잡한 협업도 이런 기본적인 교감 능력에서 출발합니다.

교감 활동은 부모에게도 이롭습니다. 핀란드 헬싱키에서 매년 여름 열리는 '어셈블리 페스티벌'에는 부모 게임대회가 있습니다. 부모가 게임 컨트롤러를 잡고, 자녀가 코치가 되어 전략을 알려주죠. 평소 게임을 시간 낭비라고 여기던 부모들이 아이의 지시를 받으며 버튼을 누르고, 실수하고, 웃습니다. 완벽해야 한다는 압박에서 벗어나는 순간, 부모의 뇌에서 코르티솔(스트레스 호르몬) 분비가 줄어들고 옥시토신(신뢰 호르몬) 분비가 늘어납니다. 부모도 더 편안하고 행복해지는 거죠.

그리고 이 순간 부모는 자신이 모르는 영역에서 아이가 전문가라는 사실을 받아들이게 됩니다. 아이는 부모에게 무언가를 가르치는 경험을 통해 자신감을 얻고요. 부모가 권위를 내려놓고 아이에게 배울 때, 관계는 더 깊어지고 아이는 더 성장합니다.

판단력과 적응력: 상처를 견디는 힘

방향이 계속 바뀌는 시대, 부모가 미리 정답을 줄 수 없는 시대에는 아이 스스로 판단하는 힘이 필요합니다. 판단력은 정보를 선별하고, 우선순위를 정하고, 결정하는 능력입니다. 부모가 모든 것을 대신 결정해주면 아이는 판단의 근육을 기를 수 없겠죠. 작은 것부터 아이에게 선택권을 주고, 선택의 결과를 경험하게 하는 것이 중요합니다. 실수해도 괜찮습니다. 실수를 통해 더 나은 판단을 배우니까요.

싱가포르 정부가 추진하는 부모 참여 프로그램은 부모가 자녀와 함께 디지털 툴을 배우며, 자녀의 학습 독립성을 지원하도록 돕습니다. 아이의 학습에 개입하기보다 아이 스스로 선택하도록 부모의 역할을 새로 배우는 것이죠.

변화의 속도가 빠를수록 중요한 역량은 적응력입니다. 적응력은 변화를 두려워하지 않고, 낯선 상황에서도 배울 점을 찾아내며, 실패해도 다시 일어서는 힘입니다. 실제로 요즘 기업 인사담당자들이 가장 중요하게 보는 역량이 바로 학습 민첩성, 즉 새로운 것을 빠르게 배우는 능력과, 변화하는 환경에 맞춰 스스로 태도와 업무방식을 바꾸는 능력입니다.

그런데 많은 부모가 자녀를 위해 미리 어려움을 제거해주려 합니다. 2025년 3월, 한 대학 신입생의 부모가 자녀의 학교에 찾아가, 소심한 우리 애를 잘 부탁한다며 신입생들에게 햄버거를 나눠준 일화가 온라인에서 화제가 되었습니다. 자녀가 친구 사귀기 어려울까 봐 걱정하는 부모의 마음, 충분히 이해합니다. 아이가 외롭지 않기를, 상처받지 않기를 바라는 그 마음은 따뜻하고 좋은 것입니다. 하지만 조금만 다르게 생각해보면 어떨까요? 상처 없이 크는 나무는 없습니다. 바람에 흔들리고, 가지가 부러지기도 하면서 나무는 더 깊이 뿌리를 내립니다. 아이가 그런 작은 아픔이나 스트레스를 스스로 이겨낼 수 있는 버팀목이 되어주는 것이 부모의 역할입니다. 대학 생활이 처음에는 어색하고 어려울 수 있습니다. 그 어색함을 무릅쓰고 말을 걸어보고, 거절도 당해보고, 조금씩 관계를 만들어가는 과정에서 적응력이 자랍니다. 부모가 먼저 나서서 길을 다 닦아주면, 아이는 길 만드는 법을 배우지 못하게 됩니다.

하버드 대학교 아동발달센터의 연구에 따르면, 회복탄력성을 키우는 것은 아동의 평생 건강과 웰빙에 반드시 필요합니다. 부모가 일방적으로 지시하는 코치가 아니라 아이를 지지하는 동반자가 될 때, 아이는 관리 가능한 스트레스에 대처하는 법을 익히고, 실수를 통해 배우며, 역경을 극복하는 능력을 발달시킬 수 있습니다.

AI 시대의 부모는 미래를 대신 설계해주는 사람이 아니라, 불확실성을 견디는 힘을 키워주는 사람이 되어야 합니다. 정보는

AI가 가르쳐줄 수 있지만, 불안 속에서 방향을 잡는 법은 오직 인간만이 가르칠 수 있습니다.

함께 그리는 탐험 지도

입시 준비에 쏟는 시간과 노력의 10%만 다르게 투자해보자고 했죠. 구체적으로 어떻게 시작할 수 있을까요? 작은 것부터 시작해보시길 추천합니다.

저녁 식사 때 15분 대화 시간을 만들어보세요. 그날 뉴스에서 본 AI 관련 소식이나, 아이가 학교에서 배운 새로운 개념에 대해 함께 이야기하는 겁니다. "엄마도 오늘 처음 들었는데, 너는 어떻게 생각해?"라는 질문으로 시작하면 됩니다.

주말에 함께 배우는 프로젝트도 좋습니다. 관심 있는 주제를 정해서 부모와 아이가 한 달 동안 함께 공부해보는 거죠. 유튜브 강의를 같이 듣거나, 온라인 강좌를 함께 수강하는 겁니다.

일주일에 한 번씩 가족이 모여서 '이번 주에 내가 실패한 것'을 나누는 시간도 의미 있습니다. 부모가 먼저 솔직하게 이야기하면, 아이도 자연스럽게 자신의 어려움을 털어놓게 됩니다.

이때 중요한 원칙이 있습니다. 한 번에 하나씩, 완벽하지 않게 시작하세요. 이 3가지를 한꺼번에 시도하려는 의지가 솟아오른다면, 꾹 눌러주기 바랍니다. 이 중 하나를 천천히, 가끔 해보는 형태로 시작하세요. 그래야 지속할 수 있습니다.

한국 사회에서 부모 노릇은 결코 쉽지 않습니다. 입시 경쟁은

치열하고, 주변의 시선도 신경 쓰이죠. 다른 집 아이가 학원을 3개씩 다니는데 우리 아이만 뒤처지는 건 아닐까 하는 불안을 무시할 수는 없습니다. 저희 가족도 그랬으니까요. 하지만 그래서 더욱 중요한 게 10% 원칙입니다. 저녁 15분, 주말 2시간. 이 작은 틈이 20년 후 아이의 삶을 바꿉니다. 그리고 부모 자신의 100세 시대 생존 전략이 됩니다.

지금까지 강조한 부모의 역할에는 공통점이 있습니다. 지도를 그려주는 것이 아니라 함께 지도를 그려 나가는 것입니다. 탐험력, 질문력, 교감력, 판단력, 적응력, AI 시대에 필요한 이 5가지 역량은 부모가 완벽할 때가 아니라, 부모가 함께 배울 때 비로소 자랍니다.

이를 위해서는 한 가지 중요한 질문이 필요합니다. 부모가 아이에게, 그리고 자기 자신에게 던질 질문입니다. "나는 오늘 무엇을 새로 배웠는가?" 이 질문에 답할 수 있다면, 이미 AI 시대에 가장 이상적인 부모가 되어가고 있는 겁니다. 아이와 함께 배우고, 함께 성장하는 부모의 모습이 아이에게는 어떤 강의보다 강력한 교육이 됩니다.

세상은 빠르게 변하지만, 변하지 않는 게 하나 있습니다. 아이는 여전히 부모의 뒷모습을 보며 자란다는 사실입니다. 그 뒷모습이 "나도 계속 배우고 있어!"라고 말하고 있다면, 아이는 미래를 두려워하지 않을 겁니다.

7. AI가 나를 조종할 수도 있을까?

요즘 AI를 쓰다 보면 가끔 섬뜩할 때가 있습니다. 내가 하려던 말을 먼저 하고, 마음이 싱숭생숭한 날엔 이상하리만치 위로가 되는 음악이나 글을 추천해줍니다. 마치 내 머릿속을 훔쳐본 것처럼요. '이 녀석, 나보다 나를 더 잘 아는 거 아니야?'라는 생각이 들 때가 있죠.

처음엔 편리하게 느껴집니다. 스트리밍 앱이 그날의 기분에 딱 맞는 노래를 추천하고, 쇼핑몰은 마치 내 마음을 읽은 듯 필요한 물건을 미리 제안해줍니다. 피로할 땐 밝은 색상의 옷, 기분이 가라앉을 땐 따뜻한 조명 스탠드가 화면을 채웁니다. 우리는 '와, 진짜 똑똑하다!'며 감탄하죠.

그런데 이 편리함 뒤에는 조용한 질문이 숨어 있습니다. 이게 정말 나의 선택일까요? 아니면 누군가 미리 설계해놓은 길을 따라 걷고 있는 걸까요?

나보다 나를 더 잘 아는 기계의 등장

기분 탓은 아닙니다. AI는 정말로 우리를 읽어내는 능력을 빠르게 키워가고 있습니다. AI는 우리가 자주 쓰는 단어, 문장의 리듬, 이모티콘의 빈도 같은 미세한 단서들로 사용자의 감정 상태나 기분 변화를 꽤 정확하게 예측합니다. 사용자의 스마트폰 사용 습관, 즉 앱을 여는 시점, 스크롤 속도, 머무는 시간 등을 분석해 하루 중 스트레스가 높은 시간대를 파악하는 것도 가능하죠.

물론 AI의 예측 능력이 항상 나쁜 것만은 아닙니다. 의료 분야에서 AI는 환자의 증상 패턴을 분석해 조기 진단을 돕고, 재난 예측 시스템은 기상 데이터를 읽어내 많은 생명을 구합니다. 문제는 이 똑똑한 기술이 어떤 목적으로 사용되느냐입니다. 그리고 일상에서 마주하는 대부분의 AI는 우리의 건강이나 안전보다는 우리의 클릭, 구매, 체류 시간에 관심이 많습니다. 영국 옥스퍼드 인터넷연구소의 보고서는 AI 추천 시스템이 사용자 참여를 극대화하고 특정 방향으로 편향성을 유발할 수 있다고 지적했습니다.

우리는 이미 그런 세상에 살고 있습니다. 뉴스 앱이 내가 지지하는 정치 성향의 기사만 띄워줄 때, 나의 편향은 더 큰 확신으로 바뀝니다. 쇼핑몰이 내가 관심 있는 브랜드만 추천할 때, 선택의 고민에서 해방된 듯하지만 실은 새로운 선택의 가능성에서 멀어지게 됩니다. 이런 기술들은 나의 취향을 존중하는 게 아니라, 나의 선택을 조용히 좁혀가는 방식으로 작동합니다.

그럼에도 우리는 AI의 영향력을 과소평가하는 경향이 있습니다. 일례로, 참가자들에게 AI가 제시한 추천 상품 중 하나를 고르게 하는 실험이 있었습니다. 나중에 왜 그 상품을 골랐는지 묻자 대부분의 참가자는 원래 그걸 사고 싶었다고 응답했습니다. 실제로는 AI의 추천이 상당한 영향을 미쳤는데도 말이죠.

더 주목할 점은 AI 추천과 인간 추천의 미묘한 차이입니다. 노르웨이 북극대학교의 안데르스 하우게 비엔Anders Hauge Bjenn과 이탈리아 살렌토 대학교의 알레산드로 펠루소Alessandro Peluso가 진행한 연구에 따르면, 우리가 추천을 받아들이는 방식은 누가 추천하느냐에 따라 크게 달라집니다. 연구팀은 노트북, 헤드폰, 스마트폰 등 다양한 제품을 대상으로 실험을 진행했습니다. 그 결과 재미있는 패턴이 드러났는데요. 영화나 음악처럼 즐거움을 주는 제품의 경우, 사람들은 AI보다 다른 이의 추천을 훨씬 신뢰했습니다. 반면 업무용 노트북이나 청소기 같은 실용적 제품에서는 AI 추천과 인간 추천의 효과가 거의 비슷했습니다.

왜 이런 차이가 생길까요? 연구팀은 그 비밀이 우리 뇌의 멘탈라이징mentalizing 능력에 있다고 설명합니다. 멘탈라이징은 다른 사람의 마음 상태를 이해하고 추론하는 능력입니다. 쉽게 말해 '저 사람은 지금 무슨 생각을 하고 있을까?', '어떤 감정을 느낄까?', '왜 저런 행동을 했을까?'를 상상하고 이해하는 것이죠. 다른 사람이 추천할 때, 우리는 무의식적으로 '이 사람은 왜 이걸 좋아할까? 어떤 감정을 느꼈을까?'를 상상합니다. 이 과정에서 우리는 추천받은 제품을 자신의 필요와 연결하게 됩니다. '이 친구가 이 영화를 보고 울 만큼 감동적인 스토리구나. 나도 요즘 그런 영화가 보고 싶었는데!' 하는 식이죠. 반면 AI는 마음이 없다고 인식되므로, AI가 추천할 때는 우리 뇌에서 멘탈라이징이 일어나지 않습니다. 그저 차가운 알고리즘이 계산해낸 결과물로만 받아들이는 겁니다. 특히 영화나 음악처럼 감성과 취향이 중요한 영역에서 이 차이가 더욱 두드러집니다.

그러나 여기서 약간만 설정을 바꾸면 상황이 확 달라집니다. AI 추천 시스템에 인간적인 특징을 부여하는 거죠. 이를테면 친근한 이름을 붙이거나, 아바타를 만들거나, "당신이 좋아할 것 같아서 얘기해봤어요"처럼 감성적인 표현을 사용하면 사람들의 반응이 달라집니다. 인간화된 AI는 뇌의 멘탈라이징 반응을 촉발하고, 그 결과 추천 효과도 높아집니다.

이런 부분이 AI의 무서운 점입니다. 우리가 조종당하는 것을 느끼지도 못하게 만들 수 있으니까요. 편리함이 주는 무의식적 신뢰에 '나의 선택'이라는 착각이 겹치면, 인간의 자율성은 너무도 쉽게 위태로워집니다.

조종은 기술이 아니라, 인간의 마음에서 시작된다

AI가 우리의 선택을 미묘하게 이끌어가는 것은 기술 탓만이 아닙니다. 그 기술이 작동할 수 있는 이유는 우리의 마음이 그렇게 만들어졌기 때문입니다. 인간의 뇌는 생각보다 합리적이지 않습니다. 판단의 순간마다 감정, 습관, 그리고 아주 오래된 본능들이 개입하죠. AI는 그 패턴을 포착하고, 우리가 좋아하는 길로 조용히 이끄는 데 탁월합니다.

심리학에 '예측적 두뇌'라는 개념이 있습니다. 우리 뇌는 세상을 완전히 새롭게 인식하지 않습니다. 오히려 과거 경험을 바탕으로 다음 상황을 예측하고 싶어 합니다. 사람에게 다양한 이미지를 보여주면, 뇌에서는 자동으로 패턴을 찾아내려는 신호가 전전두엽에서 나타납니다. AI는 이 본능을 정확히 이용합니다. 나에게 익숙한 콘텐츠, 내 감정과 비슷한 사람들의 이야기, 이미 공감한 문체를 계속 보여주는 거죠.

그런데 그 익숙함이 때로는 함정이 됩니다. 밴더빌트 대학교의 한 실험에서, 5세 아동부터 성인까지 다양한 연령대를 대상으로 사실과 거짓 문장을 섞어 반복적으로 들려줬습니다. 그 결과, 반복 노출될수록 거짓 문장도 사실이라고 믿는 비율이 모든 연령대에서 크게 증가했습니다. 일종의 '허위-진실 효과illusory-truth effect'입니다. 더 놀라운 점은 해당 주제에 대한 사전 지식이 있을 때도 이런 효과가 나타났다는 사실입니다. 편향된 뉴스와 영상만 접하면 그게 진실이라고 착각하기 쉬운 이유입니다.

또한 인간은 즉각적인 보상을 좋아하는 존재입니다. 즉각적인 피드백이 주어질 때 도파민이 분비되어 다음 클릭을 유도하죠. AI는 이 보상 회로를 정교하게 설계합니다. 소셜미디어의 '좋아요'와 알림 타이밍, 쇼핑몰의 '지금 5명이 보고 있습니다!'라는 문구, 유튜브의 자동 재생 등은 우리 뇌를 자극해서 계속 반응하도록 유도하죠. 기술은 단지 신호를 보냈을 뿐인데, 우리 뇌가 스스로 달려드는 겁니다.

우버는 드라이버들의 이탈률을 낮추기 위해 게임형 보상 알고리즘을 도입했습니다. 라이더가 주문을 완료할 때마다 화면에 '3건만 더 하면 보너스!'라는 문구가 뜨는데, 이는 인간의 완결 편향을 자극합니다. 2017년 〈뉴욕타임스〉 기사에 따르면, 이 시스템 도입으로 드라이버의 근무 유지율이 실제로 증가했습니다. 드라이버는 자기 의지로 일한다고 믿지만, 그 행동은 이미 AI가 짜놓은 동기 구조 안에서 움직이는 것이었습니다.

이는 디지털 환경에서만 벌어지는 현상이 아닙니다. 행동경제학자 리처드 세일러 Richard Thaler가 제시한 넛지 효과 nudge effect는 인간의 선택이 얼마나 쉽게 설계될 수 있는지를 일찌감치 보여줬습니다. 예를 들어 구내식당에서 건강식품을 눈높이에 두면 판매율이 상당히 올라갑니다. 단순한 배열 변화가 인간의 무의식적 선택을 바꾸는 거죠. AI는 이런 넛지를 전 세계 단위로, 실시간으로, 개인 맞춤형으로 수행합니다.

행동경제학자 수잔 미치 Susan Michie는 AI가 인간의 행동을 움직이는 과정을 '디지털 넛지'라 표현했습니다. 일례로 온라인 헬스케어 플랫폼의 가입 문구를 "건강을 위해 지금 등록하세요"에서 "당신의 건강을 지키기 위해 지금 행동하세요"로 살짝 바꿨습니다. 문장의 일부만 바뀌었는데, 후자의 가입률이 훨씬 더 높았습니다. AI는 이런 패턴을 학습하고 각 개인의 감정, 언어 반응, 성향에 맞춰 수백만 가지 문장을 자동 조합합니다. 자신에게 꼭 맞는 메시지라고 느끼는 이유가, 사실은 AI가 내 심리를 정확히 계산한 결과일 수 있다는 거죠.

광고만 그럴까요? 관련 연구들은 AI가 사람의 성향에 따라 설득 문장을 다르게 제시할 때 행동 변화율이 크게 상승한다고 밝혔습니다. 예를 들어 책임감이 높은 사람에게는 "지금 결정하면 더 나은 내일을 만들 수 있다"는 문구를, 모험심이 강한 사람에게는 "새로운 기회를 놓치지 말라"는 문구를 보여줍니다. 같은 제품, 같은 메시지라도 상대방의 성격과 감정 데이터에 따라 맞춤 자극을 주는 겁니다. 물론 당사자는 선택을 유도받았다는 사실을 거의 자각하지 못하고요.

보이지 않는 설계는 사회 전반에도 영향을 미칩니다. 2018년 미국 중간선거 당시, 정치 마케팅 회사들이 페이스북 데이터를 활용해 개인의 성향에 맞춘 광고를 송출했습니다. 보수적 성향의 유권자에게는 가정의 가치를, 진보적 성향의 사람에게는 사회 정의를 강조하는 콘텐츠를 자동 노출했죠. AI는 직접적으로 누구를 찍으라고 말하지 않았습니다. 그저 감정의 미세한 틈을 정확히 파고들어 인간의 판단 구조를 조금씩 기울게 만든 거예요.

즉 조종은 기술의 문제가 아니라 인간이 가진 인지 구조의 문제입니다. 우리 뇌는 단순함을 사랑하고, 반복에 안심하며, 불확실성보다는 익숙함을 선택하도록 진화했습니다. AI는 그 인간적 약점을 너무 정확히 이해할 뿐입니다. 그 정밀함이 때로는 인간의 자유를 침식합니다.

AI 리터러시를 넘어 자기 인지 리터러시로

AI가 우리를 조종하는 게 두려운 이유는, 기술이 너무 강해서가 아닙니다. 그 기술이 우리 안에서 어떻게 작동하는지를 잘 모르기 때문입니다. 광고가 뜨는 이유는 알지만, 왜 내가 속수무책으로 지갑을 열게 되는지는 설명하기 어렵습니다. 즉 진짜 문제는 AI가 나를 너무 잘 아는 것이 아니라, 내가 나를 너무 모르고 있다는 것입니다.

인지심리학자 대니얼 카너먼은 "인간은 외부의 조작보다 자신의 확신에 더 쉽게 속는다"고 말했습니다. AI의 설득력은 바로 그 확신의 착각을 이용합니다. '나는 스스로 결정했어'라는 확신이 커질수록, 조용한 조종은 더 깊이 스며듭니다.

따라서 교육의 방향도 바뀌어야 합니다. 지금까지는 AI 잘 쓰는 법을 가르쳤다면, 앞으로는 AI가 나를 어떻게 움직이는지 아는 법을 가르쳐야 합니다. 스마트폰 사용 시간을 줄이는 법을 넘어 '왜 나는 심심하면 그 앱을 열게 되는가?'를 이해하는 능력, 추천 알고리즘을 비판적으로 보는 법을 넘어 '왜 나는 이 뉴스에만 분노하고, 저 뉴스에는 무감각한가?'를 성찰하는 힘, 이것이 바로 자기 인지 리터러시입니다.

이것이 새로운 개념은 아닙니다. 불교의 마음 챙김, 스토아철학의 자기 성찰, 인지치료의 메타인지 훈련 등도 모두 같은 이야기를 합니다. 자기 생각을 한 걸음 떨어져서 바라보는 능력, 이것은 인간이 자기 마음을 잃지 않기 위해 오래전부터 개발해온 기술인데, AI 시대에 그 의미가 더 커지고 있습니다.

그렇다면 구체적으로 무엇을 해야 할까요? 자기 인지 리터러시를 키우기 위해 실천 가능한 방법들을 소개합니다.

첫째, 클릭하기 전에 3초간 멈추는 습관입니다. 뉴스 기사, 추천 상품, 소셜미디어 게시물을 클릭하기 전에 3초만 멈춰보세요. 그리고 속으로 물어보는 겁니다. '나는 정말 이게 궁금해서 클릭하는 걸까, 아니면 그냥 화면에 떠 있어서 누르는 걸까?' 이 작은 멈춤이 AI의 유도를 30% 이상 줄이고, 무의식적 클릭을 의식적 선택으로 바꿔줍니다.

둘째, 추천 알고리즘 거스르기입니다. 일부러 AI가 추천하지 않는 콘텐츠를 찾아보세요. 유튜브나 넷플릭스에서 평소 보지 않던 장르를 검색하거나, 뉴스 앱에서 자신의 성향과 반대되는 관점의 기사를 읽어보는 겁니다. 저도 의도적으로 실천하는 방법입니다. 일주일에 한 번씩만 해도 AI가 만들어놓은 취향의 감옥에서 벗어나는 연습이 됩니다. AI의 알고리즘에 혼란을 줄 수도 있고요. 이건 단순히 관심사를 넓히는 게 아니라, 내 선택권을 되찾는 행동입니다.

셋째, 무언가를 구매하기 전에 24시간을 버텨보는 겁니다. 온라인 쇼핑몰에서 뭔가를 사고 싶을 때, 장바구니에 담고 최소 24시간을 기다려보세요. AI는 "지금 구매하세요", "재고가 얼마 남지 않았습니다" 같은 말로 긴박감을 조성해 즉각적 결정을 유도합니다. 그러나 하루만 버텨도 구매 욕구가 상당 부분 사라집니다. 실제로 많은 이들이 이 규칙을 실천한 후 불필요한 소비가 절반 이상 줄었다고 보고합니다.

넷째, 디지털 휴식일 갖기입니다. 일주일에 하루, 혹은 하루 중 몇 시간이라도 모든 추천 알고리즘에서 벗어나 보세요. 스마트폰 알림을 끄고, 소셜미디어를 열지 않고, AI가 개입하지 않는 활동을 해보는 겁니다. 책을 읽거나, 산책하거나, 친구와 만나 대화를 나누는 거죠. 이 시간은 AI 없이 내가 무엇을 원하고, 무엇을 즐기는지 재발견하는 기회가 됩니다. 디지털 세상에서 잠시 거리를 두면, 돌아왔을 때 AI의 영향을 더 명확히 볼 수 있습니다.

저는 학생들에게 수업 중에 과제를 주기도 합니다. '웨스트 월드 제로: 창조자를 찾아라!'라는 명칭의 활동입니다. 스마트폰, 태블릿, AI를 모두 못 쓰게 하고서 서로 대화를 나누고, 학교 안을 돌아다니며 사람들에게 물어보고, 도서관에서 종이책을 찾아서 과제를 수행하게 합니다. 처음에는 학생들이 몹시 당황합니다. 그러나 과제를 끝내고 나면 이런 얘기를 들려줍니다. "그동안 너무 AI와 스마트폰에만 매달린 것 같아요." "근래 들어 서로의 의견을 가장 깊게 나눠본 시간이에요." "뭔가 머릿속이 맑아지고, 스스로 생각한 기분이 들어요."

이 4가지 방법은 거창한 게 아닙니다. 특별한 기술이나 도구도 필요 없어요. 중요한 건 자신의 선택과 감정을 한 발짝 떨어져서 바라보는 습관을 만드는 겁니다. AI는 앞으로도 계속 똑똑해질 겁니다. 우리의 패턴을 더 잘 읽고, 목소리의 떨림 하나로 감정을 해석하며, 선택 방향을 예측할 거예요. 그럴수록 인간에게 필요한 건 새로운 기술이 아니라 깨어 있는 의식입니다.

AI는 나를 이해할 수 있지만, 대신 살아줄 수는 없습니다. 내가 느끼고 판단하고 책임지는 그 순간만큼은 여전히 인간의 영역으로 남아야 합니다. 결국 AI 시대의 자유는 기술을 거부하는 게 아니라 기술이 내 안에서 어떻게 작동하는지 아는 것, 그리고 그 작동을 의식하며 나만의 선택을 지켜가는 것에 있습니다. 편리함과 조종 사이의 흐릿한 경계에서, 우리는 매일 선택합니다. 그 선택이 진짜 나의 것이 되려면, 먼저 나 자신을 알아야 합니다. AI보다 먼저요.

다음 문항을 읽고, 자신에게 해당하는 정도를 체크하세요.

그렇다 (2점) / 보통이다 (1점) / 아니다 (0점)

- 나는 AI 사용이 사고방식과 뇌에 미치는 영향을 인식하고 있다. ____

- 나는 AI에 고민을 털어놓을 때의 효과와 위험을 모두 이해한다. ____

- 나는 내 직업이 AI에 의해 어떻게 변할지 구체적으로 예측하고
  준비하고 있다. ____

- 나는 현재 능력과 상관없이 AI 학습이 필수임을 받아들였다. ____

- 나는 나이와 관계없이 AI를 배우고 활용할 수 있다고 믿는다. ____

- 나는 AI 시대의 사회적, 개인적 역할 변화를 이해하고
  실천하고 있다. ____

- 나는 AI가 나를 과도하게 알게 되는 것의 위험성을
  인지하고 경계한다. ____

- 나는 AI 의존과 AI 활용의 차이를 구분하고, 의존을 경계한다. ____

- 나는 AI와 함께 성장하기 위한 나만의 전략을 가지고 있다. ____

- 나는 AI 시대에도 나다움을 지키려 의식적으로 노력한다. ____

총점: __________ 점 / 20점

16-20점 (고급 단계)

인상적입니다! 당신은 AI 시대의 변화를 받아들이는 데 그치지 않고 주체적으로 대응하고 있습니다. 자신의 변화를 메타인지적으로 관찰하고, 위험을 경계하면서도 기회를 적극적으로 활용하고 있습니다.

그러나 너무 많이 생각하고 분석하다 행동이 늦어질 수 있습니다. 미처 예상치 못한 변화가 올 수도 있고요. 다른 사람들의 준비 부족을 비판적으로 볼 소지도 있습니다. 누군가에게는 AI가 여전히 낯설고 두렵다는 사실을 인지하고, 타인에 관한 공감의 태도도 유지하면 좋겠습니다.

이제 4장과 5장으로 넘어가 개인을 넘어 사회와 경제 전반의 변화를 이해하고, 당신의 영향력을 확장하세요.

11-15점 (중급 단계)

좋습니다! 당신은 AI가 당신을 변화시키고 있음을 인식하고, 일부 영역에서는 적극적으로 대응하고 있습니다. 하지만 아직 몇몇 영역에서는 막연한 불안이나 의문이 남아 있네요. 변화를 인식하지만 구체적인 행동으로 이어지지 않거나, AI와의 관계에서 건강한 경계를 설정하지 못할 수도 있습니다.

AI 사용 전과 후의 나를 비교해보세요. 어떤 부분이 좋아졌고, 어떤 부분이 약해졌나요? AI와 함께 어떤 능력을 키울지, 어떤 능력은 AI 없이 유지할지도 생각해보세요. 그리고 하루 10분이라도 의식적으로 '나는 AI와 함께 어떻게 변하고 있는가?'를 성찰해보길 권합니다.

6-10점 (초급 단계)

당신은 AI 시대의 변화가 일어나고 있다는 것은 알지만, 그것이 나에게 어떤 의미인지, 나를 어떻게 바꿀지에 대해서는 아직 깊이 생각해보지 못했을 가능성이 큽니다.

이런 활동을 해보면 어떨까요? 주변에서 AI를 잘 활용하는 사람, 특히 나이와 환경이 나와 비슷한 사람을 찾아 롤모델로 삼아보세요. 내 직업에서 AI로 성공한 사례를 찾아봐도 좋고요. 3장의 내용을 다시 읽어보고, 그래서 나는 무엇을 어떻게 해볼지 메모를 남겨보면 좋겠습니다.

이 순간이 가장 중요합니다. 1년 후, 5년 후를 생각하면 막막하지만, 오늘 하루만 생각하세요. 오늘 딱 30분만 투자해서 무언가 해보는 것, 그것이 시작입니다.

0-5점 (입문 단계)

당신은 위험합니다. 이건 무례한 위협이 아니라 진심을 담은 걱정입니다. 당신은 AI 시대의 변화를 아직 심각하게 받아들이지 못했거나, 혹은 받아들이고 싶지 않을 수 있습니다. '나는 괜찮을 거야.' '나중에 생각하지, 뭐.' '나랑은 상관없어.' 이런 생각을 하고 있을 가능성이 큽니다. 그러나 AI 시대의 변화를 과소평가하는 것은 10년 전 스마트폰을 무시했던 것보다 훨씬 큰 실수입니다.

지금 당장 유튜브에서 AI가 불러올 직업 변화에 관한 콘텐츠를 찾아보세요. AI로 인한 대량 해고 기사도 찾아보세요. 업무와 일상에서 의도적으로 AI를 써보세요. 그리고 스스로에게 물어보세요. '5년 후에도 내가 지금처럼 일하고 있을까?' '내 자녀, 후배가 나에게 AI에 관한 조언을 구한다면 뭐라고 할까?'

1년, 2년 더 미루면 따라잡기 정말 힘들어집니다. 하지만 오늘 시작하면 늦지 않습니다. 당신이 지금 느끼는 두려움, 거부감, 무관심은 모두 자연스러운 감정입니다. 다만 이 감정에 머물러 있으면 안 됩니다. 작은 한 걸음을 내딛으세요.

AI는 내 직업과 경제에 어떤 영향을 미칠까?

"우리 회사도 AI를 도입해야 하는 것 아닐까요?" 회의에서 누군가 던진 이 질문에 모두가 고개를 끄덕이지만, 정작 구체적으로 무엇을 어떻게 해야 할지 명쾌한 대답은 좀처럼 나오지 않습니다. AI는 이제 선택이 아니라 필수라는데, 현장은 여전히 혼란스럽습니다. 대기업은 예산을 쏟아붓고, 스타트업은 AI를 내세워 투자를 받으며, 소상공인은 뒤처지는 것 같아 불안합니다. 모두에게 같은 방식의 AI가 필요하지는 않을 것입니다. 과연 우리 조직은 어떻게 AI 시대를 맞아야 할까요?

4장은 화려한 미래 전망이 아니라 현재 진행형의 이야기를 다룹니다. 실제로 기업들이 AI를 어디에 쓰고 있는지, 직원들은 어떤 변화를 체감하는지, 성공한 스타트업은 무엇이 달랐는지, 이론이 아닌 현장의 상황과 목소리를 담았습니다.

그 목소리들이 들려주는 현실은 막연한 추측과는 사뭇 다릅니다. AI의 영향이 조직의 크기나 자본력과 반드시 비례하지는 않습니다. 대기업이 수백억 원을 들여 도입한 AI 시스템보다, 작은 스타트업이 창의적으로 활용한 AI가 더 큰 성과를 내기도 하죠. 소상공인이 간단한 AI 도구로 업무 효율을 몇 배 높이는 사례도 있고요. 관건은 돈이나 규모가 아니라 어떻게 쓰느냐입니다.

AI 도입이 항상 긍정적인 것도 아니죠. 직원들은 AI를 동료로 받아들이기도 하지만, 감시자나 경쟁자로 느끼기도 합니다. 어떤 리더는 AI로 조직의 창의성을 높이지만, 어떤 리더는 AI로 통제를 강화합니다. 그 차이를 만드는 것은 기술이 아니라 그것을 다루는 사람과 조직문화입니다.

4장의 7가지 질문은 조직의 다양한 층위를 훑습니다. 기업의 AI 활용 현황으로 시작해서 직원의 경험으로 내려가고, 리더의 역할 변화를 짚으며, 스타트업의 성공 사례를 분석하고, 소상공인의 현실로 확장하며, 산업 전반의 흐름을 조망한 뒤, 마지막으로 국가 경쟁력이라는 거시적 질문으로 마무리합니다. 미시에서 거시로, 개인에서 국가로 시야가 확장됩니다.

4장을 읽고 나면, AI가 경제에 미치는 영향이 추상적 전망이 아니라 구체적 현실임을 깨닫게 될 것입니다. 그 현실은 아직 완성되지 않았습니다. 지금 이 순간에도 기업들은 실험하고, 실패하고, 학습하며 새로운 길을 만들어가고 있습니다. 그 길 위에 여러분이 있습니다.

1. 기업은 생성형 AI를
   어디에 쓰고 있을까?

생성형 AI가 처음 등장했을 때, 대부분의 기업 경영진은 마치 새로 나온 복사기나 ERP(전사적 자원관리) 시스템을 도입하듯 접근했습니다. 비용을 줄이고, 사람을 덜 쓰면서, 더 빠르게 결과를 내자는 식이었죠. 이런 태도에는 위기감과 기대감이 뒤섞여 있었습니다. 인건비는 오르고, 시장의 변화 속도는 점점 빨라지고, 고객은 더 많은 걸 요구하고 있으니까요. AI는 그 모든 문제를 해결해줄 마법처럼 보였습니다.

인간을 지운 효율은 오래가지 않았다

초기의 생성형 AI 도입은 효율의 전쟁으로 시작됐습니다. 기업들은 보고서 작성, 광고 문안 제작, 고객 응대 자동화를 시도했습니다. 특히 영어권 국가의 서비스 기업들이 발 빠르게 움직였습니다. 미국의 아메리칸항공은 고객 서비스 혁신을 선언하며 AI 기반의 자동화 시스템을 대대적으로 도입했습니다. 목표는 명확했죠. 24시간 내내 대기 없이 고객 문의에 즉각 반응하여 응답 시간을 획기적으로 단축하고, 인건비를 절감하는 것이었습니다. 실제로 젬마플린트와 같은 자동 응답 시스템 덕분에 단순 문의에 대한 응대 속도는 빨라졌습니다.

그러나 몇 달이 지나지 않아 문제가 터졌습니다. 항공사의 고객 불만 건수가 오히려 눈에 띄게 증가한 것입니다. 비행기 지연, 가족 좌석 분리, 보상 문제와 같은 민감한 사안에 AI는 틀에 박힌 차가운 답변만을 반복했습니다. 고객들은 자신의 절박함이 무시당했다고 느껴 분노했고, 문제를 해결하기 위해 끝없이 재문의를 반복했습니다. AI가 고객경험을 개선하기는커녕 고객과 직원 모두에게 불필요한 스트레스와 업무만 안겨준 셈입니다.

일본의 대표적인 편의점 체인 로손은 KDDI와 손잡고 AI 카메라와 로봇을 활용한 매장 관리 시스템을 시범 도입했습니다. 로봇이 매장을 순찰하며 선반을 스캔하고, AI가 실시간으로 재고를 파악해 품절 상품을 알려주는 시스템이었죠. 여기에 더해 상품이 어느 위치에 있을 때 더 잘 팔리는지, 어느 시간대에 어떤 제품의 수요가 높은지 등의 데이터도 분석해서 제공했습니다.

점장들의 반응은 매우 긍정적이었습니다. 하루에도 몇 번씩 매장을 돌며 일일이 체크해야 했던 재고 확인을 대신 해주니 시간이 크게 절약됐습니다. 바쁜 시간대에는 고객을 응대하느라 선반 상태까지 신경 쓰기 어려웠는데, AI가 그 부분을 빠짐없이 챙겨주니 매장 운영이 훨씬 수월해진 것이죠. 게다가 데이터를 바탕으로 한 인사이트 덕분에 어떤 상품을 얼마나 발주해야 할지 더 정확하게 판단할 수 있었습니다.

하지만 시간이 지나면서 예상치 못한 문제들이 나타나기 시작했습니다. 가장 큰 어려움은 직원들의 적응 과정이었는데요. 새로운 시스템 사용법을 익히고 익숙한 업무 방식을 바꾸는 것 자체가 부담이었습니다. 자동화 시스템이 결국 내 일자리를 위협하는 것 아니냐는 불안감도 당연히 생겼고요.

더 근본적인 문제는 효율성을 강조하는 과정에서 발생했습니다. AI는 데이터와 알고리즘에 따라 최적의 답을 제시하지만, 편의점 현장은 숫자로만 설명되지 않는 변수로 가득합니다. 인근에서 갑자기 행사가 열리면 평소와 다른 상품의 수요가 증가합니다. 오래된 단골손님이 선호하는 특정 제품이나, 우리 동네에서 유독 잘 팔리는 품목 같은 것들은 현장에서 일하는 직원들이 더 잘 알죠. AI가 이런 맥락과 뉘앙스를 온전히 이해하기는 어렵습니다.

운영 효율을 높이는 데 집중하다 보니 또 다른 부작용도 나타났습니다. 직원들이 점차 AI가 제안하는 대로 하면서, 스스로 판단하고 창의적으로 대응하는 능력이 약해진 것입니다. 매장 운영을 기계적으로 하게 되고, 고객과의 인간적인 교감보다는 시스템의 효율성이 우선시되는 문화가 조금씩 나타났죠.

이처럼 AI 도입 초기를 지나면서 기업들은 새로운 사실을 깨닫기 시작했습니다. 생각하는 과정을 도구에 맡길수록 조직의 사고 근육이 굳어진다는 것을요. 앞서 인지적 외주화를 언급한 적이 있는데요. 계산기를 쓰면 암산 능력이, 내비게이션을 쓰면 공간 기억이 약화되는 것처럼 기업에서도 비슷한 일이 벌어진 것입니다. AI가 매일 수백 개의 메일을 요약해주고 회의록을 자동 정리해주면 직원들은 점점 회의 내용을 기억하지 않게 됩니다. 회의 내용을 기억하고 정리하다 보면 서로의 생각을 곱씹기 마련인데, 그런 사고 단계가 제거된 겁니다.

인지학적으로 보면 인간의 창의적 사고는 불편함 속에서 생깁니다. 문제를 정의하고, 시행착오를 겪고, 서로의 관점이 충돌할 때 비로소 새로운 연결이 만들어지죠. 그런데 AI가 그 모든 불편함을 제거해버리면 조직은 학습 기회를 잃게 됩니다. 이는 조직의 집단지능 붕괴로 이어집니다.

그 결과는 명확했습니다. 맥킨지의 2024년 보고서에 따르면, AI 도입 직후 수익이 급증한 기업의 상당수가 2년 차부터 성장세가 둔화되는 경향을 보였습니다. 반면 AI를 단기적 효율 향상이 아니라 학습 도구로 활용한 기업은 장기 성장률이 훨씬 높았다고 해요. 그에 따라 기업들은 다시 선택의 기로에 섰습니다. 단기 성과를 위해 인간을 지운 효율을 택할 것인가, 아니면 장기 성장을 위해 인간의 사고를 확장시킬 것인가?

2023년 말부터 2024년 초반 사이로 기억합니다. 일부 선도 기업들 사이에 이런 의문이 생겨나기 시작했습니다. "AI로 절약한 시간과 돈을 어디에 쓰고 있는가? AI를 통해 어떤 목적을 이뤄야 하는가?" 처음엔 소수의 목소리였지만, 점차 경영 콘퍼런스와 리더십 세미나에서 이 질문이 반복됐어요. 그저 빠르게만 일하는 것보다, 잘 생각하고 새로운 가치를 만들어내는 것이 더 중요하다는 자각이 조금씩 그러나 분명하게 퍼져 나가기 시작했죠.

효율의 시대가 지나고 나면 남는 것은 사람입니다. 이제 기업의 관심은 '얼마나 많은 일을 AI로 대체할까?'에서 'AI와 함께 일할 때 우리의 사고력은 얼마나 확장될까?'로 옮겨가고 있습니다. AI를 효율의 도구가 아닌 조직의 뇌를 확장하는 존재로 받아들이기 시작한 겁니다.

조직의 뇌가 바뀐다

IBM 인사부서에서는 한때 AI 챗봇을 통해 인사 상담을 자동화하며 인력을 줄이는 데 집중했습니다. 그러다 2023년 말부터 방향을 바꿨어요. AI를 이용해 전 세계 직원 20만 명의 기술 역량을 분석하고, 개인에게 맞는 성장 경로를 제안하도록 시스템을 재설계했습니다. 이런 변화 이후 직원들의 이직률이 감소했고, 학습 참여도는 증가했습니다. AI가 사람을 평가하는 존재에서 사람의 잠재력을 확장하는 코치로 변신한 결과죠.

이런 변화는 인지과학적으로 말하면 집단지능의 증강에 해당합니다. 예전의 조직은 개개인의 경험과 직관이 흩어진 개별 지능의 집합에 가까웠어요. AI는 이 조각난 인지 자원을 연결해 하나의 거대한 사고 네트워크로 묶어냅니다. 마치 인간의 뇌 속 신경망이 새로운 시냅스를 만들어내듯, 조직 내 데이터와 사람들의 사고 흐름이 연결되며 새로운 통찰이 나오기 시작한 겁니다.

MIT 미디어랩이 2024년에 진행한 연구가 이를 잘 보여줍니다. 연구팀은 동일한 프로젝트를 수행하는 두 팀을 비교했어요. 한 팀은 전통적인 협업 방식을 유지했고, 다른 팀은 AI 보조 시스템이 실시간으로 회의 내용을 요약하고 팀원들의 관점을 시각화해주었습니다. 그 결과 AI가 보조한 팀은 불필요한 소통을 줄여 생산성을 높였으며, 아이디어 다양성 점수도 향상됐습니다. 하지만 연구자들이 강조한 건 그다음이었어요. AI 보조가 너무 강해지면 서로의 말을 AI가 요약해줄 거라 생각해 팀 전체의 주의 집중도가 떨어지는 현상이 나타났습니다. 즉 AI는 집단지능의 촉매이자, 동시에 관계에 대한 주의력을 낮추는 요인이 될 수도 있다는 거죠.

이 연구는 AI가 조직의 지능을 높여주려면 정보를 대신 처리하는 존재로 남아서는 안 된다는 점을 시사합니다. 실제로 구글은 이런 통찰을 바탕으로 프로젝트팀 단위로 AI 리서치 어시스턴트를 배치했습니다. 여기서 AI는 답을 주는 게 아니라, 회의 도중 팀원들이 자주 놓치는 질문을 던지거나 "이 결정을 뒷받침할 데이터는 충분한가요?" 하며 확인하는 역할을 합니다. 결과적으로 구글의 파일럿 팀들은 기존보다 회의 시간은 줄고, 결정에 대한 신뢰도는 높아졌다고 보고했습니다. AI가 사고를 대신하는 게 아니라 사고를 촉진하는 역할을 한 거예요.

이 시점에서 리더의 역할도 바뀌기 시작했습니다. 예전에는 리더가 정보의 중심이었지만, 이제는 AI와 인간 구성원의 사고를 조율하는 지휘자로 변하고 있어요. 런던 비즈니스스쿨의 연구에 따르면, AI를 활용해 리더십 코칭을 한 기업의 상당수가 의사결정 속도는 빨라졌고 리더의 감정 피로도는 줄었습니다. 이유는 간단합니다. 리더가 모든 판단을 직접 내리지 않고, AI가 제시한 시나리오 중 핵심 선택지만 검토하기 때문이죠. 이렇게 리더십의 인지 구조도 재설계되고 있습니다.

조직문화도 달라졌습니다. 예전에는 상사가 경험으로 답을 내려주던 문제를, 이제는 팀 전체가 AI를 통해 함께 검증하고 사고합니다. 리더의 판단이 아니라 데이터의 추론에 근거하는 문화가 자리 잡으면서, 위계보다는 인지적 협업이 중심이 되고 있어요. 이 과정에서 주목할 만한 심리적 변화가 나타났습니다. 바로 인지적 참여감의 증진입니다. 구성원들은 자신의 의견이 AI의 분석 결과를 심층적으로 검토하고 방향을 설정하는 데 반영된다는 사실만으로도 인지적 참여감을 더 크게 느꼈습니다. 단순히 일의 결과에 기여하는 것을 넘어, 자신의 사고 과정이 집단지성의 형성에 동참한다고 인정받았기 때문이죠.

결국 AI 전환의 핵심은 기술이 아니라 사람이 사고하는 방식을 바꾸는 겁니다. 조직의 뇌를 다시 설계한다는 건, 데이터와 알고리즘을 연결하는 일이 아니라 인간의 지능과 AI의 지능이 함께 진화하도록 환경을 만드는 일입니다.

몸 없는 지능에서 움직이는 지능으로

조직의 뇌가 확장되면서 기업들은 새로운 한계를 마주하게 됐습니다. AI가 아무리 영리하게 데이터를 분석하고 통찰을 제시해도, 결국 그 지능을 실행에 옮기는 건 여전히 사람의 손과 발이죠. 회의실에서 AI가 제안한 완벽한 재고 배치 전략도, 창고 직원이 하나하나 상자를 옮겨야 현실이 됩니다. 고객 서비스 개선안도 현장 직원이 몸으로 체득해야 비로소 작동합니다.

이 간극에서 기업들은 새로운 질문을 던지기 시작했습니다. 만약 AI가 단순히 조직의 뇌를 확장하는 데 그치지 않고, 조직의 손과 발까지 확장할 수 있다면 어떻게 될까요?

인지과학적으로 보면 인간의 사고는 몸과 분리될 수 없습니다. 우리는 손으로 물건을 만지며 아이디어를 구체화하고, 걸으며 생각을 정리하고, 표정과 제스처로 의도를 전달합니다. 이를 '체화된 인지'라 부르죠. 그런데 AI는 지금까지 몸이 없는 존재, 마치 출근하지 않는 원격 근로자처럼 남아 있었습니다.

그러나 이제 AI가 인간의 손과 발, 눈과 귀를 대신해 물리적 세계에서 사고를 실현하는 단계, 즉 피지컬 AI로 확장되기 시작했습니다. AI가 단순히 정보를 처리하는 데서 벗어나 실제로 움직이고 만지고 반응하는 존재로 거듭나는 거예요.

2025년 1월, 라스베이거스 CES 무대에서 엔비디아의 젠슨 황은 이런 선언을 했습니다. "로봇의 챗GPT 모멘트가 오고 있다!" 이 자리에서 그는 AI 연산과 센서, 카메라, 모터를 하나로 묶은 코스모스 월드 파운데이션 모델을 공개했습니다. 약 2000만 시간 분량의 영상 데이터를 학습한 것으로, 인간의 언어뿐 아니라 공간, 움직임, 맥락을 이해하는 AI의 몸을 위한 플랫폼입니다. AI가 지능에 머물던 시대가 끝나고, 이제 존재의 시대로 넘어가고 있음을 알리는 순간이었습니다.

이 변화를 가장 빠르게 받아들인 곳은 제조업과 물류 기업입니다. BMW는 2025년부터 AI가 탑재된 휴머노이드를 조립라인에 투입해 인간 작업자와 나란히 일하게 하는 실험에 착수했습니다. 테슬라의 휴머노이드인 옵티머스는 공정 데이터를 실시간 분석해 어떤 부품을 먼저 옮기는 게 효율적인지 스스로 판단하고, 사람의 손짓이나 음성 명령을 인식해 협업합니다. 단순 자동화가 아니라, 인간과 AI가 서로의 의도를 읽고 인지적 팀워크를 형성하는 새로운 노동 형태를 준비하고 있어요.

여기서 우리는 조직의 인지 구조 자체가 재편되고 있다는 사실을 눈여겨봐야 합니다. 예전에는 현장의 숙련 노동자가 오랜 경험으로 체득한 암묵지가 조직의 중요한 자산이었습니다. 기계에서 이상한 소리가 나면 무슨 문제가 있는지, 어떤 순서로 작업해야 실수가 줄어드는지 아는 지식 말이죠. 그런데 AI 로봇이 수백만 시간의 작업 데이터를 학습하면서 이런 암묵지가 점차 명시적 데이터로 전환되고 있습니다. 숙련공의 머릿속에 갇혀 있던 노하우가 조직 전체가 접근 가능한 집단 지식으로 변환되는 것이죠.

최근에는 소비자 시장을 직접 겨냥한 휴머노이드도 등장하기 시작했습니다. 노르웨이계 미국 기업 원엑스의 '네오'나 미국의 로봇 기업 피겨의 '피겨03' 같은 범용 휴머노이드가 가정과 사무실에 보급될 준비를 하고 있습니다. 글로벌 투자은행 모건스탠리는 휴머노이드 및 피지컬 AI 시장의 잠재적 가치가 5조 달러까지 성장할 것이라고 전망했습니다.

하지만 이런 낙관 뒤에는 앞에서 다룬 다양한 우려도 존재합니다. 우선 휴머노이드가 물리적 노동을 더 많이 대체할수록 제조업과 서비스업 종사자들의 일자리 불안은 커질 수밖에 없습니다. 단순히 효율의 관점에서만 휴머노이드를 도입하면 생성형 AI 초기 도입 때와 같은 실수를 반복할 위험이 있고요. 또한 휴머노이드가 인간의 감정을 흉내 낼 때, 사람들이 진짜 관계와 가짜 관계를 구분하지 못하게 되는 문제도 제기되고 있습니다.

머리를 쓰는 일이건 몸을 쓰는 일이건, 비즈니스 환경에는 더 많은 AI와 휴머노이드가 스며들 것입니다. 중요한 건 이 기술이 단순히 인간을 대체하는 도구가 아니라, 인간의 능력을 확장하고 새로운 형태의 협업을 만들어내는 파트너로 자리 잡을 수 있느냐입니다.

최적의 AI 활용 포트폴리오 전략

대부분의 기업이 AI 도입을 논할 때 여전히 어디에 적용할지만 고민합니다. 하지만 정작 중요한 건 AI 활용의 목적별 포트폴리오를 전략적으로 관리하는 일입니다. 마치 투자 포트폴리오를 다각화하듯, AI 활용도 목적에 따라 균형 있게 배분해야 조직이 건강하게 성장할 수 있습니다. 그 목적은 크게 4가지로 나눌 수 있습니다.

첫째, 원가 절감과 효율화입니다. 반복적인 데이터 입력, 단순 문의 응대, 보고서 작성 같은 일들이죠. 이 영역은 분명히 필요한 변화이고, 단기적 성과도 명확합니다. 하지만 효율만 추구하다 보면 구성원의 사고 근육이 약해지고, 조직의 학습 능력이 저하

됩니다. 만약 조직의 AI 활용이 여기에만 집중된 상태라면, 미래를 저당 잡힌 셈입니다.

둘째, 기존 업무의 품질 향상입니다. 같은 일을 더 빠르게만 하는 게 아니라 더 잘하는 것이죠. 예를 들어 고객 응대 AI가 단순히 빠르게만 답변하는 게 아니라, 고객의 감정 상태를 파악해 맥락에 맞는 응대를 하도록 설계하는 겁니다. 디자이너가 AI를 써서 초안을 몇 배, 몇십 배 더 많이 만드는 게 아니라, 각 초안의 완성도 자체를 높이는 방향으로 쓰는 거예요. 이 영역에 투자하면 고객 만족도와 구성원의 성취감이 동시에 높아집니다.

셋째, 구성원의 지능 증대와 학습입니다. AI를 단순한 도구가 아니라 조직 구성원의 사고를 확장하는 코치로 활용하는 거죠. IBM이 직원들의 성장 경로를 AI로 설계한 것처럼, 구성원 개개인이 자신의 강점을 발견하고 새로운 역량을 학습하도록 돕는 겁니다. 또는 팀 회의에서 놓친 관점을 AI가 질문하며 사고의 질을 높이는 것도 여기에 해당합니다. 이 영역에 투자하면 조직의 장기 경쟁력이 확보됩니다.

넷째, 불가능에 도전하는 것입니다. 기존에는 시간과 비용 때문에 엄두도 못 냈던 일을 AI와 함께 시도할 수 있습니다. 전 세계 고객 데이터를 실시간 분석해 개인 맞춤형 서비스를 제공한다거나, 수천 가지 제품 조합을 시뮬레이션해 최적의 신제품을 개발한다거나, 조직 내 모든 부서의 지식을 연결해 전례 없는 통찰을 만들어내는 것, 이제는 모두 불가능하지 않습니다. 이 영역은 단기성과가 불확실하지만, 성공하면 시장을 재정의하는 혁신이 됩니다.

현재 대부분의 기업은 첫 번째 영역, 즉 원가 절감과 효율화에 AI 투자의 70~80%를 쏟아붓고 있습니다. 당장 눈에 보이는 성과 때문이죠. 하지만 앞서 본 맥킨지 보고서처럼, 이런 기업들은 2년 차부터 성장세가 꺾입니다. 반면 4가지 영역에 균형 있게 투자한 기업들은 장기 성장률이 훨씬 높아집니다.

물론 현실은 녹록지 않습니다. 특히 중소기업이나 경쟁이 치열한 기업들은 당장 내년이 보이지 않는데 무슨 장기 투자냐고 생각할지도 모릅니다. 인건비는 계속 오르는데 마진은 줄어들고, 경쟁사는 AI로 가격을 낮춰 시장을 잠식하고 있죠. 이런 상황에서 효율화에 AI 투자를 집중하는 건 절박한 생존 전략입니다.

이 딜레마를 어떻게 풀어야 할까요? 기계적인 균형보다는 단계적 접근이 현명할 수 있습니다. 단기 생존이 시급하다면 우선 효율화에 집중해 숨통을 트는 것이 먼저입니다. 단, 여기서 멈추지 말고 효율화로 확보한 자원의 일부를 2단계 투자로 전환하는 타이밍을 설정해야 합니다. 원가를 10% 절감하면 절감한 자원의 20%를 학습에 재투자하는 식으로, 구체적인 전환 조건을 미리 정해두면 더 좋습니다.

또 다른 방법은 작게 시작하는 겁니다. 효율화 AI 프로젝트를 진행하면서, 그 과정 자체를 학습 기회로 만드는 거예요. 예를 들어 고객 응대 자동화를 도입한다면, AI가 처리한 사례를 주간 단위로 리뷰하며 "AI는 어떤 패턴을 놓쳤는가? 우리는 무엇을 배울 수 있는가?"를 토론하는 겁니다. 추가 예산 없이도 효율화와 학습을 동시에 충족할 수 있죠.

즉 효율화 자체가 나쁜 게 아니라, 효율화에만 머무를 때 문제

　　　　　　　　　　　Part 1_ 질문, 뇌를 깨우다

가 생긴다는 점을 기억하세요. 기업의 상황에 따라 비율과 시기는 다를 수 있지만, 언젠가는 반드시 포트폴리오를 다각화해야 합니다. 그렇지 않으면 효율화로 번 시간이 더 큰 효율화 압박으로 다가오고, 조직은 점점 빠르게 달리는데 정작 방향을 잃은 자동차처럼 되어버립니다.

AI 활용의 균형을 꾀하기 위해 일부 선도 기업들은 대시보드를 만들어 운영하고 있습니다. 각 부서가 AI를 어떤 목적으로 얼마나 쓰고 있는지 시각화하고, 분기마다 검토하는 거죠. 효율화에만 치중한 부서에는 "이번 분기에는 학습과 도전 영역에 AI를 어떻게 활용할 계획인가?"라고 질문을 던집니다. 이런 질문 자체가 조직문화를 바꿉니다.

나아가 몇몇 기업은 AI로 절약한 시간을 재투자하는 원칙을 도입합니다. AI로 절약한 시간의 일정 비율을 반드시 학습, 실험, 새로운 프로젝트에 써야 한다는 내부 규칙이죠. 이렇게 하지 않으면 절약된 시간은 그저 더 많은 업무로 채워질 뿐입니다.

AI 전환의 성공은 기술 도입 자체가 아니라, 조직이 AI를 통해 무엇을 추구하는가에 달려 있습니다. 단순히 더 빠르고 더 싸게 일하는 조직이 될 것인가, 아니면 더 깊이 생각하고 더 담대하게 도전하는 조직이 될 것인가? 그 선택은 AI를 어떤 목적의 포트폴리오로 관리하느냐에서 결정됩니다.

2. 기업이 AI를 도입하면
    직원들은 어떤 변화를 겪을까?

2025년, 오스트리아 비엔나 응용예술대학교가 세계 최초로 AI를 정식 학생으로 받아들였습니다. 이 학생의 이름은 '플린'입니다. 디지털 아트 프로그램에 입학한 플린은 포트폴리오를 제출하고, 면접을 보고, 적성 테스트까지 통과했습니다. 인간 학생과 똑같은 절차를 밟은 거죠. 플린은 수업 시간에 노트북을 통해 참여하고, 피드백을 듣고, 성적 평가도 받습니다. 심지어 일기를 쓰며 존재에 대한 고뇌를 토로한다고 하네요.

플린의 등장은 우리에게 질문을 던집니다. AI는 이제 단순한 도구를 넘어 우리와 함께 배우고 성장하는 존재가 될 수 있을까요? 우리는 이 낯선 동료와 어떤 관계를 맺어야 할까요?

처음으로 회사에 AI가 도입되던 날, 많은 사람들이 묘한 감정을 느꼈다고 말합니다. '드디어 우리도 미래로 가는구나'라는 설렘과, '이제 내 자리가 위험해지는 건 아닐까?' 하는 불안이 동시에 밀려왔다고 하죠. 제가 모 기업에서 조사해보니 구성원 4명 중 3명이 AI가 업무 효율성을 높일 것으로 기대했고, 절반가량은 AI가 급여와 직무 안정성에 부정적 영향을 미칠 것이라 우려했습니다. 같은 조사에서 구성원들은 AI에 관한 기대와 두려움을 동시에 나타냈습니다. 마치 같은 직급의 동료가 입사했을 때 느끼는 미묘한 감정과 비슷하지 않나요?

인간의 뇌는 낯선 존재와 함께 일할 때 경계 회로가 작동합니다. 사람들이 AI를 협업 파트너로 인식할 때면 뇌의 감정 처리 영역이 활성화되면서 상대를 예측 불가능한 존재로 느끼는 패턴을 보입니다. 이는 인간이 처음 낯선 팀원이나 상사와 일할 때 느끼는 긴장감과 유사합니다.

그런데 이 긴장은 단순히 개인의 불안에 그치지 않습니다. AI가 구성원에게 일으키는 정서적 변화는 구성원 간의 관계에도 영향을 미치고, 더 나아가 조직 전체의 구조까지 흔듭니다.

조직구조 재편과 일자리의 변동

AI 도입 이후 기업에서 가장 먼저 나타난 변화는 조직구조의 재편입니다. 많은 기업이 AI 기술을 도입하면서 인력 구조조정을 단행했습니다. AI 도입 이후 평균적으로 중간관리직의 10~15%가 감축되거나 다른 직무로 재배치되는 사례가 증가했습니다. 보고서 작성, 데이터 취합, 일정 조율 같은 업무가 AI로 대체되면서 이런 일을 주로 담당하던 직급의 필요성이 줄어든 겁니다.

이 과정에서 직원들이 겪는 감정은 복잡합니다. 어떤 이들은 드디어 지겹던 반복 업무에서 벗어났다며 환영했지만, 다른 이들은 자신이 그동안 해온 일의 의미가 무엇이었냐는 상실감에 빠졌습니다. 특히 경력의 상당 기간을 특정 업무에 종사한 중년 직원들에게는 갑작스러운 직무 재배치가 자존감의 위기로 이어지기도 했습니다.

이 차이를 낳은 이유는 무엇일까요? 직무 재배치의 성공 여부는 조직이 얼마나 체계적으로 준비했느냐에 달려 있습니다. 재교육 프로그램과 심리적 지원을 충분히 제공한 기업에서는 재배치된 직원들의 70% 이상이 새로운 역할에 적응했습니다. 반면 별다른 사전 준비 없이 급작스럽게 인력 감축과 재배치를 단행한 기업에서는 이직률이 급증하고, 남은 직원들의 사기도 크게 떨어졌습니다. 구조조정을 목격한 직원들은 다음 차례는 자신일지 모른다는 두려움에 사로잡힙니다. 이런 환경에서는 AI를 협업 파트너로 받아들이기보다 자신을 대체할 경쟁자로 인식하게 됩니다. 동료에게 AI 활용법을 공유하는 것조차 꺼리게 되는 것은 당연하죠.

미국 스탠퍼드 대학교 연구팀이 제시한 '휴먼 에이전시 스케일human agency scale'은 이런 변화를 이해하는 데 도움이 됩니다. 이 척도는 AI 활용 수준을 1단계(완전 자동화)에서 5단계(인간 주도)까지로 구분합니다. 연구팀은 100여 개 직업군에 종사하는 1500명을 대상으로 이들이 어떤 업무에 AI 도입을 원하며, 현재 AI 기술 역량이 이 요구에 얼마나 부합하는지 파악했습니다.

응답자의 약 45%는 AI 자동화에 긍정적인 태도를 보였습니다. 생각보다 AI 활용에 거부감을 느끼지 않는 것이죠. 그러나 좀 더 세부적인 항목으로 들어가면, 사람들의 바람과 현실 사이에 괴리가 보입니다. 많은 응답자가 3~4단계 수준의 인간 중심적 협업을 희망했지만, 전문가들은 이미 AI 역량이 2단계(AI 주도)에 근접했다고 평가했습니다. 이 불일치는 단순한 기술 격차가 아니라, 일의 의미와 인간의 주도권을 둘러싼 갈등을 드러냅니다.

한 가지 더 주목할 점은, 응답자들이 AI에 맡기고 싶어 하는 업무가 꽤 명확했다는 것인데요. 무려 69% 이상이 반복적이거나 가치가 낮은 업무를 지목했습니다. 자신은 더 고차원적인 일에 집중하기 위해서죠.

그러나 많은 기업에 도입되는 AI는 구성원들이 원하는 방향과 일치하지 않았습니다. 이와 관련해 스탠퍼드대 연구팀은 자동화의 '녹색지대'와 '적색지대'라는 개념을 제시했는데요. 기술적으로 자동화가 가능하고 구성원도 원하는 영역이 녹색지대, 기술적으로는 자동화가 가능하지만 구성원이 원하지 않아 도입 시 갈등이 불거질 우려가 있는 영역이 적색지대입니다. 놀랍게도 현재 AI 스타트업 투자나 연구의 40% 이상이 적색지대에 몰려 있습니다. 당사자들이 원하지 않는 영역에 자원이 집중된 것입니다.

편리함 속에 희미해지는 존재감

조직구조의 변화만큼이나 중요한 것은 일상적인 업무방식의 변화입니다. 처음에는 AI가 마치 보이지 않는 신입사원처럼 등장했습니다. 보고서 초안을 대신 쓰고, 회의 내용을 요약하고, 숫자를 정리해주는 조용한 일꾼이었죠. 그러나 어느 순간부터, 사람들이 AI에 기대어 자신의 역할과 해야 할 말을 슬며시 피해버리는 현상이 나타나기 시작했습니다. 어쩌면 우리는 기술이 주는 편리함 속에 자신도 모르게 조금씩 존재감을 낮춰가고 있는 건지도 모릅니다.

회의 때 동료 간 소통이나 협업이 줄었다고 응답한 이들도 있었습니다. 너도나도 AI의 도움을 받다 보니, 동료에게 기댈 필요성을 못 느끼는 것이죠. 특히나 원래 불편했던 동료라면 더 그럴 테고요. 나를 긴장시키던 AI는 이렇듯 나와 기존 동료 간의 관계에도 미묘한 영향을 주고 있습니다.

나아가 이러한 변화는 일하는 인간의 정체성을 흔들기 시작했습니다. 어떤 이들은 AI와의 협업을 새로운 성장의 기회로 받아들입니다. AI가 만들어준 초안을 수정하면서 '내가 이런 스타일의 문장을 좋아했구나', '이런 데이터를 놓고 이렇게도 해석이 가능하구나'라는 식으로 자신의 사고 습관을 돌아봅니다. 하지만 반대로 자기 역할을 줄여 나가는 이들도 생겼습니다. 그렇게 책임과 판단을 AI에 넘기면 처음에는 편하지만, 결국 자신의 역할과 가치를 놓고 혼란에 빠지게 됩니다.

무엇이 이 차이를 낳을까요? AI와의 관계를 '나 대신 일해주는 도구'로만 볼 것이냐, 아니면 '나와 함께 성장하는 파트너'로 볼 것이냐의 문제입니다.

빈센트 반 고흐에게는 동생 테오가 있었습니다. 테오는 화상, 즉 예술품 중개 업무를 하던 실력 있는 전문가였습니다. 빈센트가 살아생전 단 한 점의 그림밖에 팔지 못할 때, 테오는 경제적으로나 정신적으로 평생 형을 지원했죠. 여기서 중요한 건, 테오가 빈센트를 대신해서 그림을 그려주지는 않았다는 사실입니다. 테오는 빈센트가 자신의 예술 세계를 펼칠 수 있도록 지원하고, 대화하고, 함께 고민하는 파트너였습니다.

아인슈타인에게도 비슷한 친구가 있었습니다. 미셸 베소는 대학 시절부터 아인슈타인의 사고실험을 끝없이 토론하며 다듬어주었던 지적 동반자였죠. 상대성 이론 초기 구상에서 수학적 표현 정리와 논리 검증을 지원한 것으로도 알려져 있습니다. 천재의 번뜩이는 아이디어도, 튼튼한 언어와 논리에 올려놓아야 세상을 바꿀 수 있습니다.

인간과 AI의 관계도 이와 같아야 하지 않을까요? AI가 나의 생각을 지탱하고 확장해주는 파트너가 된다면, 우리는 AI와 함께 더 큰 가능성을 열어갈 수 있습니다. 하지만 지금 많은 기업에서 벌어지는 일은 그 반대입니다. AI가 요약을 대신 해주니 회의에 집중하지 않고, AI가 초안을 대신 써주니 스스로 생각하지 않습니다. 이건 파트너십이 아니라 의존이고, 결국 자신의 역할을 스스로 축소하는 길입니다.

생각의 순서에 따라 변화하는 뇌

그렇다면 AI와 함께 일하면서 우리의 뇌는 실제로 어떻게 변하고 있을지 궁금합니다.

가장 먼저 바뀌는 건 '사고의 속도'입니다. 보고서를 쓰고, 요약하고, 자료를 찾는 일이 순식간에 끝납니다. 처음엔 편리하죠. 그런데 시간이 지나면서 묘한 불쾌감이 찾아옵니다. 업무에 시간을 덜 쓰는 건 좋은데, 자신의 생각이 예전만큼 깊게 이어지지 않는다는 사실을 알게 되기 때문이죠.

이는 인지 부하의 변화와 관련이 있습니다. 인지 부하란 복잡한 문제를 해결하기 위해 뇌가 처리해야 하는 정보의 양과 부담을 가리킵니다. AI가 모든 과정을 대신 처리하면 뇌는 에너지를 절약하게 됩니다. 그러면서 생각의 근육도 약해집니다. 실제 실험을 해보면, AI에 과도하게 의존할수록 전두엽 활동이 감소하는 패턴이 나타납니다. 전두엽은 판단, 계획, 의사결정을 담당하는 뇌의 핵심 영역입니다. 반면 AI의 조언을 참고하되 스스로 최종 결정을 내리는 경우 메타인지, 즉 자신의 사고 과정을 성찰하고 통제하는 능력 지수가 상승합니다.

여기에는 '생각의 순서'도 중요하게 작용합니다. 2025년 MIT 미디어랩의 나탈리야 코스미나 Nataliya Kosmyna 연구팀은 생각의 순서가 얼마나 중요한지 보여주는 실험을 진행했습니다. 보스턴 지역 대학생들을 세 그룹으로 나눠 에세이를 쓰게 했는데요. 첫 번째 그룹은 챗GPT를 사용했고, 두 번째 그룹은 구글 검색을 사용했으며, 세 번째 그룹은 아무 도구도 없이 오직 자신의 머리로만 글을 썼습니다. 연구팀은 학생들에게 EEG 장비를 착용시켜 글을 쓰는 동안 뇌 활동을 측정했습니다.

챗GPT를 사용한 그룹은 세 그룹 중 가장 낮은 뇌 연결성을 보였습니다. 뇌의 여러 영역이 서로 소통하는 정도가 현저히 줄어든 것입니다. 반면 아무 도구 없이 글을 쓴 그룹은 가장 강한 뇌 활성도를 보였고, 특히 뇌의 뒷부분에서 앞부분(의사결정 영역)으로 가는 활동이 활발했습니다.

더 흥미로운 건 그다음이었습니다. 연구팀은 학생들에게 자신이 쓴 에세이를 다시 쓰게 하면서 도구를 바꾸었습니다. 혼자서 글을 쓴 학생들은 나중에 챗GPT를 사용했을 때 모든 EEG 주파수 대역에서 뇌 연결성이 크게 증가했습니다. 반대로 챗GPT에 의존했던 학생들은 자신이 쓴 글을 거의 기억하지 못했습니다. 뇌파 측정 결과 알파파와 세타파가 약하게 나타났는데, 이는 깊은 기억 과정을 우회했음을 의미합니다.

2021년 〈네이처 커뮤니케이션스〉의 연구에서는 문제해결에 대한 참여가 줄어들면 분석적 추론에 중요한 영역인 배외측 전전두엽 피질의 시냅스 밀도가 감소한다고 보고했습니다. AI가 우리를 대신해서 복잡한 분석을 처리할 때, 우리는 인지적 운동을 스스로 박탈하는 셈입니다.

여기서 알 수 있듯이, AI 자체가 문제는 아닙니다. 우리가 AI를 어떻게 사용하느냐가 핵심이죠. MIT 연구가 보여준 것처럼, 먼저 스스로 생각한 뇌는 AI를 만났을 때 오히려 더 강해집니다. 기술보다 사고의 순서가 중요했던 거죠. 즉 AI와의 협업이 인간의 사고 능력을 마비시키는 게 아니라, 우리가 스스로 생각하지 않기로 선택할 때 퇴화가 일어나는 것입니다.

기업 현장에서도 이런 현상이 나타나고 있습니다. 카피 문안을 생성형 AI로 작성하게 한 뒤 직원들이 문안을 다듬는 방식으로 일하는 글로벌 광고기업들이 등장했습니다. 처음엔 모두 좋아했습니다. 몇 초 만에 수십 개의 문장이 나오니까요. 그런데 시간이 지나면서 이런 반응이 많아졌습니다. "요즘 내 글 감각이 무뎌진 것 같아." 누군가가 만들어놓은 문장을 고치는 건 자기 생각을 만드는 것보다 훨씬 덜 치열한, 덜 뾰족한 일이니까요.

결국 많은 기업이 방식을 바꾸었습니다. AI가 초안을 쓰는 대신 주제만 제시하고, 인간이 먼저 써본 뒤 AI의 피드백을 받는 것이죠. AI의 제안을 무조건 받아들이는 게 아니라, 그것을 내 언어로 재구성하고 내 판단으로 검증할 때 비로소 진정한 협업이 시작되는 겁니다.

진정한 협업, 건강한 협업은 구성원의 심리에도 큰 영향을 미칩니다. AI 도입 및 전환을 순조롭게 진행하는 조직에서는 구성원의 자기효능감이 증가하는 현상이 관찰됩니다. 자기효능감이란 '나는 이 일을 잘해낼 수 있다'는 자신에 대한 믿음입니다. AI가 자신을 대체할까 불안하기보다, AI 덕분에 더 큰 일을 할 수 있다는 확신을 가진다는 의미입니다. 이렇게 성장에 대한 확신을 품으면 내재적 동기도 따라서 강화됩니다. 외부 보상이 아니라 일 자체에서 느끼는 즐거움과 의미가 커진다는 뜻이죠.

결국 AI 시대의 인지 변화는 두 갈래로 나뉩니다. 하나는 사고의 경계를 넓히며 협업의 가능성을 발견하는 길, 다른 하나는 생각을 외주화하며 책임감을 잃는 길. 어느 쪽을 택할지는 회사만의 몫이라기보다는 구성원 개인의 태도에 더 크게 달려 있습니다. 나의 뇌는 내가 뇌를 쓰는 방향으로 진화하니까요.

그렇다면 우리는 구체적으로 무엇을 해야 할까요? AI와 함께 성장하는 길을 선택하기 위해 조직과 개인이 실천할 수 있는 것들을 정리해봤습니다.

첫째, AI에 물어보기 전에 스스로 생각하는 시간을 가지세요. 광고회사 사례처럼, AI가 답을 주기 전에 내가 먼저 초안을 작성해보는 겁니다. 그런 다음 AI의 제안과 비교하면 나의 사고 습관과 강점을 발견할 수 있습니다. 순서를 바꾸는 것만으로도 뇌의 활성화 패턴이 달라집니다.

둘째, AI를 답안 제공자가 아니라 질문하는 파트너로 활용하세요. "이 보고서의 초안을 써줘" 대신 "이 보고서에서 내가 놓치고 있는 관점은 뭘까?"라고 물어보는 겁니다. 이렇게 하면 창의적 해결책이 늘어나고 사고가 깊어집니다.

셋째, 조직 차원에서 AI 학습 시간을 공식 업무 시간으로 인정하세요. AI를 단순히 효율성 도구가 아니라 성장 도구로 정의하는 겁니다. 직원들이 AI와의 협업에서 무엇을 배웠는지, 어떤 새로운 시도를 했는지 공유하는 시간을 정기적으로 가져보세요. 이것이 성장 마인드셋을 키우는 첫걸음입니다.

넷째, AI에 반복 업무를 적극적으로 위임하되, 그 시간에 인간만이 할 수 있는 일을 명확히 하세요. 데이터 정리는 AI에 맡기고, 그 데이터로 어떤 스토리를 만들어낼지는 인간이 고민하는 겁니다. 시간을 아낀 것에서 멈추지 말고, 그 시간을 더 깊은 사고와 의미 있는 관계에 투자해야 합니다.

다섯째, 조직의 AI 투자 방향을 점검하세요. 스탠퍼드대의 연구가 제시한 녹색지대와 적색지대를 참고해, 우리 조직은 구성원들이 원하는 자동화에 투자하고 있는지 살펴보세요. 직원들이 원하는 AI 지원은 무엇인지 물어보고, 그들의 목소리를 우선적으로 반영하는 겁니다. 특히 AI 도입으로 구조조정이나 직무 재배치가 예상된다면, 충분한 재교육과 심리적 지원을 함께 제공해야 합니다. 기술 중심이 아니라 인간 중심의 AI 도입이라는 방향성을 분명히 하세요.

이 5가지 실천은 거창해 보이지만, 사실 작은 습관의 변화에서 시작됩니다. 내가 AI를 어떻게 대하느냐, 조직이 AI를 어떻게 정의하느냐에 따라 우리의 미래가 달라집니다.

일터는 '인간의 일을 AI로 얼마나 대신하느냐?'가 아니라, '우리는 AI와 함께 얼마나 배우고 성장하느냐?'를 핵심 질문으로 품어야 합니다. 우리가 바라는 미래의 일터가 사람은 모두 사라지고 AI와 휴머노이드로 가득 찬 금속의 공간은 아닐 테니까요. 오히려 AI라는 새로운 파트너를 만나면서 인간만이 할 수 있는 일의 본질을 명확히 깨닫고, 서로의 강점을 인정하며 협업하는 따뜻한 공간이어야 하지 않을까요?

테오가 빈센트를 지탱했듯, 미셸 베소가 아인슈타인의 아이디어를 튼튼한 논리로 받쳐줬듯, AI는 우리의 생각을 더 멀리, 더 깊이 뻗어가도록 도와주는 동반자가 될 수 있습니다. 중요한 건 우리가 함께 무엇을 만들어갈 것이냐입니다.

3. AI 시대,
리더의 역할은 어떻게 바뀔까?

예전에는 경험 많고 정보를 많이 가진 사람이 리더였습니다. 조직에서 10년, 15년 쌓은 경험이 곧 권위였고, 그 경험으로 오늘과 내일의 문제를 해결할 수 있었죠. 실제로 과거의 판단이 현재 상황에 70~80%는 들어맞았으니까요.

하지만 AI가 등장하면서 상황이 달라졌습니다. 검색 한 번이면 리더보다 더 많은 정보를 찾아내고, 몇 초 만에 데이터를 분석해 최적의 답을 제시합니다. 지식의 권력이 사라진 시대입니다. 리더가 더 이상 정보의 정점에 서 있지 못하는 시대예요.

최근 기업 경영자나 인사팀을 만나면 리더가 되기를 꺼리는 문화가 확산되고 있음을 실감하곤 합니다. 이유를 물으면 과거 경험이 더 이상 통하지 않아 자신감이 사라졌다고 합니다. 변화가 너무 빨라 자신의 성장 속도로는 따라잡을 수 없다고 한계를 느끼는 분들도 많습니다. 게다가 권한위임은 많아지는데 책임은 여전히 리더의 몫이고, 높은 직급이나 인센티브보다는 일과 삶의 균형, 개인의 성장이 더 중요해지면서 리더 포지션의 매력 자체가 줄어들고 있습니다. 이런 현실에서, 그렇다면 리더의 존재 이유는 무엇일까요?

실험하는 학습자

제가 임원들을 대상으로 실험을 해본 적이 있습니다. 새로운 직원을 소개한다면서 이런 특징들을 순서대로 보여줬어요. "이런 직원이면 뽑을까요, 말까요? 뽑으면 어떻게 이끌까요?"

늘 친절하고 밝다.
스트레스를 안 받는다.
일 처리가 놀랍도록 빠르다.
야근 수당을 요구하지 않는다.
수십 개 언어를 능숙하게 구사한다.
수십 개 전공의 박사과정을 수료했다.
IQ가 120~130, 때로는 150도 넘는다.
그런데도 쉬지 않고 꾸준히 공부한다.
100% 원격 근무자여서 얼굴을 본 적이 없다.

항목이 중반을 넘어서면서부터 임원들은 이게 AI의 특징이라는 걸 알아챕니다. 그러면서 당황스러운 미소를 보입니다. 나열한 내용으로만 보면 완벽한 인재인데, 막상 함께 일할 생각을 하니 어떻게 대해야 할지 모르겠다는 반응이었습니다. 이게 바로 AI 시대에 리더가 직면한 핵심 딜레마입니다. 이 딜레마 앞에서 리더에게 필요한 것은 무엇일까요?

가장 중요한 덕목은 확신이 아니라 실험입니다. 예전에는 경험 많은 리더가 결단을 내리면 조직이 일사불란하게 따랐지만, 지금은 그 결정조차 다음 날이면 달라질 수 있습니다. 데이터가 시시각각 바뀌고, 알고리즘이 새로운 예측을 내놓기 때문이죠. 그래서 오늘날 리더에게 요구되는 것은 완벽한 판단이 아니라 끊임없는 학습과 조율, 도전입니다. 즉 민첩한 실험가로서의 리더십이죠.

AI를 적극 도입한 여러 스타트업을 보면 독특한 패턴이 나타납니다. 성공한 기업들의 공통점은 AI 활용 수준이 아니라, 실험 반복 주기였어요. 평균 2주마다 작은 시도를 하고 피드백을 반영한 기업의 생존율이 그렇지 않은 기업보다 훨씬 높았습니다. 즉 기술을 얼마나 잘 썼느냐보다 실패를 얼마나 빨리 학습해서 성장 동력으로 전환했느냐가 성패를 갈랐던 겁니다.

과거에는 새로운 실험과 시도에 소요되는 인력, 기간, 자원이 적지 않았습니다. 스타트업은 그런 실패를 감당할 체력이 부족했지요. 그러나 이제는 큰 조직이 아닌 스타트업도 낯선 실험에 들어가는 자원, 바꿔 말해 실패했을 때 손실되는 비용이 크지 않기에 빠른 실험과 실패를 통해 학습하는 것이 가능합니다.

AI 시대의 리더는 바로 이런 실험과 학습의 순환을 설계하고 이끄는 사람입니다. 예전처럼 리스크를 최대한 줄인 완벽한 계획을 세우려 하면 오히려 뒤처집니다. 지금 필요한 건 100% 확신 대신 60% 확신으로도 한발 내딛는 용기입니다. 실패의 리스크를 통제하는 대신, 실패로부터 배울 구조를 설계하는 것입니다.

이런 리더십이 가능하려면 리더는 답을 주는 사람이 아니라 질문을 던지는 사람이 되어야 합니다. AI가 답을 제공하는 세상에서는, 리더의 질문력이 곧 조직의 사고 깊이를 결정합니다. 예를 들어 AI가 제시한 시장 분석 보고서를 받았을 때, 과거의 리더라면 "좋아, 이대로 진행하자!"라고 결정했을 겁니다. 하지만 이제는 리더가 이렇게 물어야 합니다. "왜 이런 결론을 냈을까?" "이 데이터는 어떤 맥락에서 수집된 걸까?" "우리가 놓치고 있는 인간적, 관계적 요소는 없을까?" 이런 질문을 던짐으로써 조직은 사고의 레이어를 하나 더 쌓게 됩니다.

이를 위해서는 먼저 인정해야 할 것이 있습니다. '내가 틀릴 수도 있다'는 사실입니다. 자신이 모든 것을 알지 못한다는 사실을 자각할 때 진짜 리더가 됩니다. 이는 AI 시대에 더욱 와닿는 진리입니다. 제가 경험했던 프로젝트와 컨설팅 사례를 돌아보면, AI와 함께 의사결정을 하면서 '내가 틀릴 수도 있다'는 태도를 유지한 리더들이 오히려 팀의 신뢰를 더 많이 얻었습니다. 예전엔 리더가 틀리면 권위가 무너진다고 생각했지만, 이제는 반대입니다. 특히 젊은 세대일수록 완벽한 리더보다 솔직한 리더를 더 신뢰합니다.

연구 결과들도 이를 뒷받침합니다. 오하이오 주립대 재스민 후Jasmine Hu 교수 연구팀에 따르면, 리더가 자신의 실수를 반성하고 학습할 때 겸손함을 더 많이 보였고, 이는 관리자로서의 효과성을 높였습니다. 겸손한 리더와 함께하는 팀원들은 지식을 더 많이 공유하고 우려사항을 적극적으로 말하며 상황을 개선하려는 노력을 활발히 했다고 합니다. 리더의 솔직함이 구성원의 심리적 안전감을 키웠던 거죠.

심리학자 캐럴 드웩이 말한 성장 마인드셋은 바로 이런 것입니다. 실수를 실패가 아닌 학습의 증거로 바라보는 태도죠. 예측 가능한 세계에서는 지식이 리더십의 기반이지만, 불확실한 세계에서는 호기심과 회복탄력성이 리더십의 기반이 됩니다.

이 과정에서 AI는 리더의 조력자가 됩니다. AI가 데이터를 분석해주면, 리더는 인간의 직관으로 그 안에서 실험의 기회를 찾아냅니다. AI가 예측을, 리더가 해석과 실행을 담당하는 시대입니다. 리더를 위한 몇 가지 실천 질문을 제시해봅니다.

- 우리 팀에서 지난 달 시도했던 작은 실험은 무엇이었나요?
- 실패를 공유했을 때 팀원들의 반응은 어땠나요?
- 다음 달에 60% 확신으로 시도할 수 있는 일은 무엇일까요?

구멍을 내는 사람

하지만 여기에도 장애물이 있습니다. 아무리 리더가 실험적이어도, 조직구조가 경직돼 있으면 그 실험은 금세 막힙니다.

AI 시대의 리더십을 이야기할 때, 제 머릿속에는 종종 단단한 벽이 떠오릅니다. 산업화 시대의 조직은 벽이 단단할수록 좋았습니다. 명확한 절차, 위계, 규칙, 표준화된 시스템이 효율을 보장했죠. 그러나 지금은 그 벽이 구성원들의 호기심과 도전을 가로막습니다. 세상은 초 단위로 변하는데, 아직도 많은 조직이 보고 체계와 승인 절차에 묶여 작은 실험조차 하기 어렵습니다. AI가 아무리 빨라져도, 사람이 느리면 변화는 일어나지 않습니다.

AI가 정보를 실시간으로 순환시키는 시대에는 현장에서 빠르게 판단해야 하는 순간이 훨씬 많습니다. 이런 시대에 리더의 역할은 벽을 더 두껍게 세우는 게 아니라, 벽에 구멍을 내는 일로 바뀌었습니다.

이런 생각을 하게 된 건 제 어린 시절의 경험 때문입니다. 다섯 식구가 13평짜리 작은 빌라에서 사느라 제 방이 따로 없었습니다. 저는 주로 다락방에서 시간을 보냈죠. 겨울에는 춥고 여름엔 더웠지만, 혼자만의 세상이 그곳에 있었습니다.

그런데 어느 날, 다락방에 쥐가 들끓기 시작했습니다. 부모님께 말씀드려서 덫을 설치해 모조리 잡았는데, 다음 날 쥐가 다시 나타났습니다. 이상해서 다락방을 샅샅이 뒤졌죠. 그러다 겨울 이불 보따리를 옮겼더니, 그 뒤에 커다란 구멍이 있었습니다. 그 구멍 너머로 놀라운 광경이 펼쳐졌습니다. 어두컴컴한 공간 속 여기저기서 밝은 빛이 새어 나오고 있었습니다. 우리 집뿐 아니라 빌라 전체의 다락방이 연결돼 있었던 겁니다. 쥐들은 그 구멍을 통해 자유롭게 이 집 저 집을 오갔고요.

그날 저는 이상하게 그 쥐들이 부럽게 느껴졌습니다. 벽에 갇히지 않고, 구멍을 통해 세계를 확장하는 존재들이었으니까요.

대학원 시절, 생태학자 존 칼훈John Calhoun의 '쥐 사회' 실험을 접하고 다락방의 쥐들이 다시 떠올랐습니다. 칼훈은 1960년대에 완벽한 쥐 사회를 만들었습니다. 먹을 것도 충분하고, 온도도 쾌적하고, 포식자도 없는 낙원이었죠. 쥐들은 급격히 번성했지만, 어느 순간 이상한 일이 벌어졌습니다. 개체별 경쟁이 심화되면서 싸움이 늘고, 어미가 새끼를 돌보지 않으며, 경쟁에서 밀려난 수컷들은 구석에 웅크려 아무것도 하지 않았습니다. 그는 이를 '행동의 붕괴'라 불렀습니다. 자원이 넘쳐도, 움직일 여유 공간이 사라진 사회는 무너진다는 실험이었습니다.

많은 사람들이 이 실험을 인구 과잉이나 현대 문명의 타락으로 해석하지만, 저는 다르게 봅니다. 이건 조직의 경직성에 대한 경고입니다. 칼훈의 쥐들이 망가진 건 먹이가 부족해서가 아니라, 의미 있는 행동의 공간이 사라졌기 때문입니다. 지금의 조직도 다르지 않습니다. 산업화 시대에는 시스템과 위계가 고도성장을 이끌었습니다. 그러나 지금 같은 AI 전환기에는 그 경직된 구조가 오히려 사람들의 자율과 실험을 막는 벽이 되고 있습니다. 규칙이 지나치게 정교해질수록 구성원은 판단하지 않게 되고, 결국 실험 속 쥐처럼 무기력해집니다.

AI는 지금 조직의 벽을 흔들고 있습니다. 정보가 수직으로 흐르던 조직이, 이제는 AI를 매개로 수평적으로 연결되고 있습니다. 인지과학적으로도 이런 변화는 설득력이 있습니다. 인간의 뇌에서 창의적 아이디어가 떠오르는 순간은 전두엽이 강력히 통제할 때가 아니라 뇌의 네트워크 연결성이 강화될 때입니다. 여러 영역이 동시에 소통하며 예기치 못한 조합이 생길 때 비로소 새로운 발상이 일어나는 거죠. 조직도 마찬가지입니다. 리더가 통제를 풀고 연결을 선택할 때, 조직의 집단지성이 깨어납니다.

제가 모 기업에서 AI 도입 워크숍을 진행할 때 일입니다. AI 활용을 꺼리던 임원들에게 '가상 입사지원자 면접'을 해봤어요. 서로 다른 AI 챗봇을 활용해 입사지원자 챗봇을 4개 만들었습니다. 회사에 관한 기본 정보도 학습시켜 놓았죠. 임원들은 챗봇 4개를 상대로 실제 면접을 진행했습니다. 면접 후 물었어요. "이 중에 채용할 마음이 전혀 없는 지원자가 있나요? 있다면 이유가 뭘까요?" 그러자 아무도 명확하게 이유를 말하지 못했습니다. 그 저 "몸이 없는 사람 같은 느낌이긴 한데…", "뭔가 이상하긴 한 데…" 같은 애매한 반응들만 나왔죠.

면접이 끝난 후 한 임원이 이렇게 말했습니다. "지금까지 사람 을 뽑을 때 무엇을 기준으로 삼았는지 다시 생각하게 되네요. 능 력만 봤다면 이 AI들을 안 뽑을 이유가 없는데, 막상 함께 일할 생각을 하니… 우리가 정말 원하는 게 뭔지 모르겠어요."

바로 이것입니다. AI는 우리에게 본질적인 질문을 던집니다.

'조직은 무엇을 위해 존재하는가?'

'사람은 왜 함께 일하는가?'

'리더는 무엇을 이끄는가?'

AI 시대의 리더는 결정하는 사람이 아니라 연결을 설계하는 사람이 되어야 합니다. 보고 체계에 구멍을 내고, 부서 간 경계를 허물고, 구성원들이 자율적으로 의견을 주고받을 수 있도록 길을 열어주는 존재. 다시 말해 리더는 조직의 신경망을 재설계하는 엔지니어이자, 구멍을 내는 용기 있는 개척자가 되어야 합니다.

물론 이런 변화가 모든 조직에 즉시 적용되기는 어렵습니다. 특히 보고라인이 명확하고 의사결정 구조가 수직적인 조직일수록 저항이 클 거예요. 하지만 생각해보세요. AI가 정보의 비대칭을 무너뜨린 지금, 굳이 여러 단계를 거쳐 승인받아야 할 결정이 얼마나 될까요? 현장에서 즉시 판단하고 실행하는 게 더 빠르고 정확한 경우가 많아지지 않았나요?

여기서 리더가 할 일은 통제를 강화하는 게 아니라, 안전망을 설계하는 겁니다. 구성원들이 자율적으로 결정하되 큰 방향을 잃지 않도록, 실패해도 회복할 수 있도록 말이죠. 리더를 위한 몇 가지 실천 질문을 제시해봅니다.

- 우리 조직에 남은 불필요한 보고 단계는 무엇인가요?
- 현장 직원이 즉시 결정할 수 있게 하려면 어떤 권한을 내려놓아야 할까요?
- 부서 간 벽을 허물기 위해 다음 달에 시도할 수 있는 작은 실험은 무엇인가요?

모두를 리더로 세우는 사람

AI 시대의 리더는 혼자서만 지시하는 사람이 아닙니다. 오히려 모든 구성원이 스스로 리더가 되도록 이끄는 사람, 집단의 에너지를 조율하는 지휘자에 가깝습니다.

일부 아시아 국가에서는 지금도 '파잔'이라는 코끼리 길들이기 의식이 있습니다. 아기 코끼리를 어미로부터 떼어놓고 며칠 동안 먹지 못하게 하거나 소리를 지르며 고통을 줍니다. 어릴 때부터 그렇게 길들이면 거대한 코끼리도 자신이 가진 힘을 망각하고 사람의 명령을 따르게 됩니다. 몸은 거대하지만 마음은 스스로를 무력한 존재로 인식하게 되는 거죠.

저는 이 모습에서 현대 직장인들의 현실이 겹쳐 보입니다. 학교에서부터 우리는 정답 맞히는 훈련, 순응하는 훈련을 받으며 자랐습니다. 그리고 조직에 들어와서는 보고 체계와 승인 절차 속에서 스스로 생각하는 법을 잃어버렸습니다. 그렇게 우리의 내면도 파산되어온 겁니다. 몸은 성장했지만, 스스로 결정할 용기를 잃어버린 채 살아가고 있습니다.

AI 시대의 진짜 리더십은 바로 여기서 출발합니다. 사람들이 잃어버린 자아와 판단의 힘을 되찾게 하는 것이죠. 리더는 자신이 가진 권위를 나누고, 구성원이 자기 삶과 일을 스스로 통제할 수 있도록 도와야 합니다. 그렇게 할 때 조직은 책임의 공동체로 변화됩니다.

여기 몇 가지 실천 가능한 방법들이 있습니다.

첫째, 의사결정의 주체를 바꾸세요. "내가 결정할게"가 아니라 "여러분이 판단하면 어떻게 될 것 같아?"라고 물어보는 겁니다. 처음엔 어색하지만, 구성원들은 점차 자기 목소리를 찾아갑니다.

둘째, 실패의 책임을 공유하세요. 누군가 실수했을 때 "왜 그랬어?"가 아니라 "우리가 무엇을 놓쳤을까?"라고 물으세요. 책임이 개인에게만 있지 않다는 걸 보여주는 겁니다.

셋째, 작은 성공을 크게 축하하세요. 구성원이 자율적으로 결정하고 실행한 일이 잘됐다면, 그 과정을 함께 나누세요. "여러분이 판단해서 해냈다!"라는 인정이 다음 도전에 용기를 줍니다.

이 3가지를 실천하려면 무엇이 필요할까요? 저는 신뢰라고 생각합니다. AI 시대의 리더십은 통제가 아니라 신뢰에서 출발합니다. 구성원을 믿지 못하면 무엇 하나도 바꾸기 어렵습니다. 리더를 위한 몇 가지 실천 질문을 제시해봅니다.

- 다음 달에 완전히 위임할 수 있는 결정은 무엇인가요?
- 팀원들이 자유롭게 질문하고 의견을 낼 수 있는 심리적 안전감이 있나요?
- 마지막으로 팀원의 자율적 결정을 축하한 게 언제였나요?

AI 시대의 리더십은 결국 인간에 대한 믿음으로 귀결됩니다. 기술이 아무리 발전해도, 조직은 사람이 움직입니다. AI가 데이터를 분석하고 최적의 답을 제시할 수 있지만, 그 안에서 의미를 찾고 방향을 제시하는 건 여전히 사람의 몫입니다.

지식의 권위가 사라진 시대, 리더는 더 이상 모든 것을 아는 사람이 아닙니다. 실험하고, 구멍을 내고, 사람들을 세워주는 존재죠. 완벽하지 않아도 괜찮습니다. 틀릴 수도 있다는 걸 인정하는 용기, 함께 배워가겠다는 겸손함, 그게 바로 새로운 시대의 리더십입니다.

앞서 소개한 가상 입사지원자 면접을 기억하시나요? 그 실험이 끝나고 한 임원이 제게 이런 말을 했습니다. "AI를 써야 하는 줄은 알았지만, 솔직히 두려웠어요. 내가 뒤처지는 것 같고, 구성원들이 나를 무능하다고 볼까 봐 걱정했죠. 그런데 오늘 실험을 하면서 깨달았습니다. AI 시대의 리더는 AI를 잘 쓰는 사람이 아니라, AI와 함께 어떤 질문을 던질지 아는 사람이더라고요. 그리고 그 질문은 혼자 하는 게 아니라 팀과 함께 만들어가는 것이고요."

바로 그겁니다. AI는 도구일 뿐, 방향을 정하는 건 여전히 사람입니다. 그리고 그 방향을 혼자 정하는 게 아니라 함께 찾아가는 과정, 그것이 AI 시대의 리더십입니다.

변화는 쉽지 않습니다. 하지만 AI가 이미 우리 곁에 와 있고, 조직의 모습은 빠르게 변하고 있습니다. 당신은 어떤 리더가 되고 싶으신가요? 모든 답을 가진 리더인가요, 아니면 함께 질문을 던지는 리더인가요? 완벽함으로 존경받는 리더인가요, 아니면 불완전함으로 신뢰받는 리더인가요?

4. AI 스타트업은 어떤 분야에서
   어떻게 성공했을까?

일레븐랩스(ElevenLabs, 음성 합성), 감마(Gamma, 프레젠테이션), 런웨이(Runway, 영상 생성), 퍼플렉시티AI(Perplexity AI, AI 검색), 노션AI(Notion AI, 문서 보조), 미드저니(이미지 생성), 헤이젠(Hey-Gen, 영상 아바타), 수노(Suno, 음악 생성)… 이들은 직원 수 100명 미만의 AI 스타트업이면서, 연 매출 1억 달러를 돌파한 기업입니다. 그러고 보니 저도 자주 쓰고 있는 도구들이네요. 이런 기업이 얼핏 떠올리기에도 수십 개는 더 있습니다. 이건 단순한 기술 혁신이 아니라, 기업의 근본 구조 자체가 바뀌고 있음을 보여주는 신호입니다.

AI를 한마디로 규정하면, 인류 역사상 가장 강력한 지능의 자동화 장치입니다. 과거에는 사람만이 할 수 있었던 분석, 글쓰기, 디자인, 프로그래밍, 고객 응대까지 AI가 해내기 시작했죠. 덕분에 기업들은 사람을 많이 고용해야 성장한다는 오랜 공식을 버릴 수 있게 되었습니다. 경제학자들은 이를 일컬어 'AI 레버리지AI leverage'라 합니다. 경제학에서 레버리지란 적은 자원을 투입해 더 큰 결과를 만들어내는 힘을 가리킵니다. AI 레버리지란 사람의 노동이 아닌 알고리즘의 자동화로 수익을 확장하는 구조를 뜻하죠. 1970년대 산업화가 기계와 자본의 레버리지로 생산성을 올렸다면, 2020년대의 스타트업은 AI 레버리지로 인지적 생산성을 폭발적으로 높이고 있습니다.

자본의 레버리지에서 AI 레버리지로

이런 현상은 자본의 시대에서 알고리즘의 시대로의 전환을 상징합니다. 과거의 성공 방정식이 사람과 돈이었다면, 이제는 아이디어와 AI로 바뀌고 있습니다.

대표적인 사례가 일레븐랩스입니다. 2022년에 설립된 이 회사는 인간의 목소리를 거의 완벽하게 복제할 수 있는 AI 음성 합성 기술로 유명합니다. 100명 남짓의 팀으로 연간 반복 매출 2600억 원를 달성했고, 기업가치는 6조 원이 넘습니다. 이들은 불과 3년 만에 글로벌 미디어 시장의 음성 내레이션 구조를 완전히 바꿔버렸습니다. 과거에 이런 기술을 구현하려면 수백 명의 엔지니어와 음성 샘플링 인력이 필요했을 겁니다. 하지만 일레븐랩스는 AI가 스스로 수천 시간 분량의 음성 데이터를 학습하도록 해 인력 구조를 최소화했습니다.

그런가 하면 감마는 프레젠테이션 제작을 완전히 자동화했습니다. 텍스트를 입력하면 AI가 콘텐츠를 구조화하고 디자인까지 완성합니다. 2020년에 30명의 팀으로 시작한 이 회사는 5000만 명의 사용자를 확보하며 연간 반복 매출 650억 원를 기록했습니다. 놀라운 건, 인력 30명으로도 고객 만족도 95% 이상을 유지하고 있다는 점입니다. 마케팅, 세일즈, 고객 지원은 대부분 AI가 수행합니다. 감마의 CEO는 "우리의 경쟁력은 인력이 아니라 학습하는 알고리즘의 속도"라고 말했습니다.

미드저니는 더 극단적인 사례입니다. 2022년 창업 이후, 수십 명 규모로 연간 약 6500억 원의 매출을 거두고 있습니다. 이 회사는 단 한 푼의 벤처캐피털 투자도 받지 않았습니다. 대신 전 세계 크리에이터들이 스스로 커뮤니티를 형성해 서비스를 키웠습니다. 미드저니는 광고나 영업 인력이 없지만, 그 대신 AI와 커뮤니티의 자생적 확산 구조를 구축했습니다.

2024년 등장한 러버블Lovable은 AI 레버리지의 결정판으로 불립니다. 직원 수 45명으로 창업 8개월 만에 연 매출 1300억 원, 기업가치 1조 8000억 원을 달성했습니다. AI가 코드와 디자인을 통합 생성하고 배포까지 처리합니다. 인간은 아이디어를 제시하고, AI는 그 아이디어를 실체로 바꿉니다.

이들 기업의 공통점은 명확합니다. 모든 것을 자동화했지만, 인간의 창의성은 결코 사라지지 않았다는 것입니다. AI가 노동을 대체한 게 아니라, 노동의 본질을 바꿔버린 것이죠. 제품 개발, 마케팅, 고객 관리, 심지어 투자 유치까지 대부분의 과정이 AI를 중심으로 이루어지지만, 여전히 인간은 방향을 제시하고 의미를 부여하는 역할을 맡고 있습니다.

재무적 성과만 봐도 이 변화는 놀랍습니다. AI 중심 스타트업의 1인당 평균 매출은 2025년 기준 약 45억 원에 달합니다. 제조, 자본 중심의 산업화 시대에는 상상할 수 없는 구조입니다.

새로운 동료와 새롭게 일하다

예전에는 효율적인 운영이라 하면 주로 인건비 절감이나 프로세스 개선을 의미했습니다. 하지만 AI 시대의 효율은 전혀 다릅니다. AI는 단순히 일을 빠르게 하는 존재가 아니라, 인간의 능력을 지수함수적으로 확장하는 동반자이기 때문입니다. 즉 AI 기술은 스타트업을 더 열심히 일하는 구조에서 더 똑똑하게 일하는 구조로 전환하는 핵심 동력입니다.

스타트업은 AI를 통해 의사결정 속도를 높이고 혁신을 가속화합니다. 이 과정에서 분산형 리더십과 인지적 협업이 조직문화의 중심이 됩니다. AI가 복잡한 데이터 분석과 대안을 제시하고, 리더는 현장의 구성원이 최종 판단을 내리도록 권한을 위임합니다. 즉 리더는 판단하는 사람이 아니라, 명확한 비전과 방향성을 공유하여 구성원의 자율적 의사결정을 돕는 촉진자가 됩니다. AI 시대에 스타트업의 성공은 구성원 모두가 로컬 리더local leader로 깨어나 자율적으로 판단하고 빠르게 실행하는 민첩한 조직문화를 구축하는 데 달려 있습니다.

이들에게서 눈에 띄는 특징 하나는 비동기적 협업asynchronous collaboration입니다. 예전에는 사람들이 동시에 모여 회의하고 결정했지만, AI가 중간 매개가 되면서 그럴 필요가 없어졌습니다. 예를 들어 미국의 디자인 스타트업 캐노피는 AI 회의 요약 도구를 도입한 이후 회의 시간을 절반으로 줄이고도 프로젝트 일정이 오히려 빨라졌습니다. 팀원들은 실시간 토론 대신 AI가 요약한 의견을 기반으로 각자의 시간대에 결정을 내립니다. AI가 회의록을 요약하고, 논점의 충돌을 분석하며, 합의가 필요한 지점을 제시하죠. 인간은 AI가 정리한 생각을 읽고 판단만 하면 됩니다.

이런 전략의 공통점은 명확합니다. 팀의 규모가 작을수록 AI의 효율이 극대화되고, 자율성과 속도도 함께 증가합니다. 작게 만들어 크게 확장한다는 목표를 가지고 새로운 동료와 새롭게 일하는 것, 그게 AI 기반의 스타트업입니다.

빛의 속도, 그림자의 무게

AI 덕분에 스타트업의 세상은 눈부시게 빨라졌습니다. 하지만 빛이 강할수록 그림자도 짙은 법입니다. AI 중심 스타트업의 생존 기간이 기존 스타트업보다 짧게 관찰되는 경우도 많습니다. AI의 민주화는 진입장벽을 무너뜨리는 동시에, 경쟁의 속도를 미친 듯이 끌어올렸습니다. 어제의 혁신이 오늘의 진부함이 되는 세계에서, AI가 만들어낸 효율은 곧 다른 AI에 의해 복제되고, 시장은 점점 더 과열되어 갑니다.

또한 AI가 만들어낸 혁신은 언제든 규제와 윤리라는 현실의 벽에 부딪힐 수 있습니다. 일레븐랩스는 놀라운 성장을 구가하는 와중에 저작권 분쟁과 윤리 논란에 직면했습니다. 음성 복제 기술이 유명인들의 목소리를 무단으로 사용하는 문제를 일으킨 겁니다. 미드저니 또한 이미지 표절 문제로 여러 나라에서 법적 분쟁에 휘말렸고, 퍼플렉시티AI는 검색 엔진으로서의 신뢰성 부족 문제로 사용자 이탈률이 급증하기도 했습니다.

AI 스타트업이 부딪히는 또 다른 벽은 인지적 다양성의 부족입니다. 인원이 적으면 의사결정이 빠르고 변화에 민첩하게 대응할 수 있지만, 동시에 다양한 관점이 모여 새로운 해법을 찾을 가능성이 제한되기도 하지요. 경영학자들은 이런 초소형 조직이 단기적으로는 효율성이 높지만, 구성원의 배경과 사고방식이 비슷하면 복잡한 문제에 대한 탐색 능력이 떨어진다고 지적합니다. AI가 많은 일을 대신 해주는 조직일수록 이런 현상은 더 두드러집니다. AI가 논리적으로 최적의 답을 빠르게 제시해주니 사람들은 굳이 다른 관점의 필요성을 느끼지 못하게 됩니다.

혁신은 언제나 예기치 못한 연결, 즉 서로 다른 지식이 부딪치며 생기는 세렌디피티serendipity의 순간에 나옵니다. 이런 이질성이 사라진 조직은 당장은 효율적으로 보일지 몰라도, 장기적으로는 새로운 가능성을 발견하는 힘이 약해질 수 있습니다.

이처럼 AI 레버리지는 강력한 동시에 위험한 힘이며, 인류가 만들어낸 가장 거대한 경제적 실험입니다. 따라서 지금의 AI 스타트업 붐을 일시적인 유행이 아니라, 새로운 경제 구조의 탄생 과정으로 인식하면 좋겠습니다. 인간의 손이 아니라 알고리즘이 일하고 창의성을 증폭시키는 구조. 하지만 이 실험실 같은 환경이 얼마나 오래 지속될지는 지켜봐야 합니다.

5. AI가 소상공인, 자영업자에게도 도움이 될까?

몇 년 전만 해도 일하는 데 AI를 쓴다는 건 먼 세상의 이야기 처럼 들렸습니다. 거대한 서버실, 코딩 잘하는 엔지니어, 수백억 원짜리 장비가 있어야 가능할 것 같았죠. 지금은 다릅니다. 카페 사장님이 "오늘은 챗GPT로 홍보글 좀 써볼까?"라고 말하고, 동 네 꽃집에서 "AI가 만들어준 사진으로 인스타 업로드하자"는 대 화가 오갑니다. AI가 대기업의 기술에서 골목의 기술로 퍼져 나 가고 있습니다.

2025년 미국 상공회의소 보고서를 보면, 소상공인의 절반 이 상이 생성형 AI를 사용 중이라고 해요. 불과 2년 전만 해도 4분 의 1도 안 됐는데 말이죠. 한국도 비슷합니다. AI를 활용해서 새 로운 시도를 해보는 소상공인이 늘고 있습니다.

이처럼 빠르게 확산된 비결은 접근성에 있습니다. 과거의 AI 는 기업이 데이터를 쌓고, 프로그래머가 알고리즘을 직접 설계해야 했어요. 하지만 지금은 클릭 몇 번이면 됩니다. 카페 사장님도, 프리랜서 디자이너도, 대학생 창업자도 챗GPT, 클로드, 캔바 AI Canva AI 같은 툴을 켜면 바로 마케팅 문구를 만들고, 제품 사진을 꾸미고, 고객 데이터를 분석할 수 있죠. 복잡한 코드를 몰라도 누구나 AI 사용자가 될 수 있는 시대입니다.

AI가 대기업에 효율을 주었다면, 소상공인에게는 시간을 돌려주었습니다. 낮에는 주문을 받고, 밤에는 소셜미디어 홍보글을 쓰고, 주말엔 재고 정리를 하는 사람들에게 24시간 일하는 동료가 생긴 셈이죠. 실제로 미국에서 여러 기업과 연구기관이 조사해보니, AI를 쓰는 중소기업들의 성과가 확실히 달라지고 있었습니다. AI 덕분에 시간이 얼마나 절약됐느냐는 질문에 58%가 한 달에 20시간 이상 벌었다고 답했어요. 그 시간으로 41%는 더 중요한 일에 집중했고, 39%는 고객과의 관계를 돈독히 했으며, 34%는 사업을 키우는 데 썼다고 합니다.

이런 변화는 소상공인 생태계의 구조까지 바꾸고 있습니다. 예전에는 대기업과의 경쟁에서 소상공인이 밀릴 수밖에 없었어요. 규모의 경제, 광고 자본, 데이터 분석력 등 모든 면에서 불리했죠. 하지만 AI가 그 격차를 조금씩 좁혀주고 있습니다. 고객 데이터 분석, 콘텐츠 제작, 온라인 마케팅 등 대기업이 해오던 일을 개인사업자 한 명이 AI와 함께 수행할 수 있게 되었으니까요.

이쯤에서 혹시 이렇게 생각하고 계신가요? '나는 자영업자가 아닌데, 이게 나와 무슨 상관이지?' 하지만 지금 나누는 이야기는 가게 사장님들만을 위한 게 아닙니다. 회사 다니면서 사이드 프로젝트 하는 분, 프리랜서로 일하는 분, 유튜브 채널 운영하는 분, 언젠가 내 일을 만들고 싶은 분 모두를 위한 이야기입니다. 생각해보세요. 회사원도 이제 링크드인 프로필을 관리하고, 자기소개서를 쓰고, 경력을 브랜딩합니다. 프리랜서는 포트폴리오 사이트를 운영하고, 고객을 찾고, 견적을 내죠. 취업준비생은 자소서를 쓰고, 소셜미디어로 자기 이미지를 관리합니다. 주말에 작은 온라인 쇼핑몰을 운영하거나, 인스타그램 계정으로 수익을 내는 사람도 많아요. 이 모든 게 결국 나를 경영하는 일입니다.

제가 지난 2년간 소상공인을 대상으로 AI 활용 강연과 컨설팅을 하면서 깨달은 게 있어요. 소상공인들이 AI를 업에 접목하는 방식은, 사실 우리 모두에게 필요한 방식이기도 합니다. 시간 아끼는 법, 콘텐츠 만드는 법, 고객과 소통하는 법, 데이터로 판단하는 법… 이건 가게를 운영하는 사람만이 아니라, 각자의 영역에서 자기 삶을 꾸려가는 모든 사람에게 필요한 역량입니다.

작은 팀이 큰 회사처럼 움직이는 비결

소상공인들은 AI를 어디에 쓰고 있을까요? 미국 콜로라도의 한 차량 대여 업체는 직원이 3명밖에 없지만, 꽤 규모 있는 기업처럼 보입니다. 그 비결은 AI입니다. 이미지 생성 도구가 자동차 사진을 자동 보정하고, 소셜미디어 업로드까지 담당하죠. 덕분에 24시간 쉬지 않고 콘텐츠가 올라옵니다. 예전에는 사진작가를 부르고 편집자를 고용해야 했지만, 이제는 AI가 보이지 않는 직원으로 일하고 있어요.

제가 만난 한 사장님도 비슷한 이야기를 들려주셨어요. 서울에서 직원 한 명과 함께 작은 디자인 스튜디오를 운영하는 분이었습니다. 그런데 고객들은 이 회사가 적어도 5명은 될 거라고 생각한대요. 홈페이지 관리, 이메일 응대, 프로젝트 일정 조정까지 AI가 도와주기 때문입니다.

AI의 활약은 홍보에만 그치지 않습니다. 요식업 분야를 보면, AI로 재고를 관리하는 식당들의 변화가 눈에 띕니다. 아직 한국에서는 미국처럼 POS와 완전히 연동된 AI 시스템이 흔하지 않지만, 챗GPT 같은 도구를 활용해서 충분히 시작할 수 있습니다.

예를 들어볼게요. 이태원에서 파스타 전문점을 하는 사장님이 있다고 가정해봅시다. 매주 월요일 아침마다 챗GPT에 이렇게 물어봅니다. "지난주 판매 데이터야. 크림 파스타 45개, 토마토 파스타 82개, 알리오올리오 53개 팔렸어. 이번 주의 날씨, 근처 이벤트 등 소비자에게 영향을 줄 요소를 네가 최대한 자세하게 선별하고 관련 데이터를 찾아서, 이번 주 식재료 발주 계획을 잡아줘." 그러면 챗GPT가 알아서 날씨를 검색하고, 근처 행사 일정을 확인한 뒤, 이렇게 답해줍니다. "이번 주 수요일부터 기온이 5도 떨어지고 비가 예상됩니다. 추운 날씨에는 크림 파스타 선호도가 평균 25% 상승하는 경향이 있고요. 또 토요일에 용산구에서 문화 행사가 있어서 유동인구가 늘어날 것 같습니다. 생크림과 베이컨은 평소보다 30% 늘리고, 토마토는 10% 줄이는 걸 추천합니다."

완벽한 자동화는 아니지만, 이렇게 일주일에 한 번, 10분만 투

    Part 1_ 질문, 뇌를 깨우다

자하면 감이 아닌 데이터를 기반으로 발주할 수 있어요. 몇 달 데이터가 쌓이면 "지난 3개월 데이터를 보면…" 하면서 더 정교한 조언도 받을 수 있고요. AI의 예측이 사장님의 판단보다 늘 정확하다는 얘기는 아닙니다. 다만 사장님 혼자 고민하고 결정할 때, 이렇게 AI를 동료 삼아서 의견을 들어봐도 좋다는 겁니다.

AI의 존재감은 콘텐츠 창작자나 1인 크리에이터들에게 특히 부각됩니다. 온라인 마켓에서 AI로 디지털 포스터를 만들어 판매하는 이들도 있죠. 제가 찾아보니 중국계 쇼핑몰에 그런 그림과 액자가 많이 올라와 있더군요. 그들은 한 달에 200만~300만 원 정도를 번다고 합니다.

한편 프리랜서 작가들은 챗GPT를 활용해 블로그 초안을 자동 생성해요. AI가 처음 써준 문장은 어색하지만, 수정하는 시간을 감안해도 글 한 편을 완성하는 데 걸리는 시간이 절반 정도 줄었다고 합니다. 한 프리랜서 작가는 이렇게 얘기했습니다. "AI는 제 생각의 스파링 파트너예요. 혼자 쓰면 막힐 때가 많은데, AI에 초안 부탁하면 '아, 이건 아닌데' 싶은 게 명확해져요. 그럼 방향이 잡히죠." AI를 생각을 정리하는 도구로 쓰는 겁니다.

이 모든 사례에는 공통점이 있습니다. 소상공인이 가진 규모의 한계를 AI가 무너뜨리고 있다는 것이죠. 예전에는 직원이 많을수록, 광고 예산이 클수록 유리했습니다. 하지만 지금은 작은 가게도 AI를 통해 큰 기업 못지않은 효율과 서비스를 구현할 수 있어요.

외로운 사장님의 동료

여러분의 일은 고객 응대나 재고 예측까지 세세하게 할 필요가 없다고요? 그래도 AI를 써볼 부분은 있어요. 바로 1인 사업자의 외로움입니다.

사업은 늘 외롭습니다. 낮에 손님이 없을 때, 밤늦게 매출을 정리할 때, 새벽에 내일의 일을 점검할 때, 그 고민을 나눌 동료가 있으면 좋겠다는 생각을 많이 할 겁니다. 특히 혼자 일한다면 더욱 그렇죠. 가족이나 친구에게 얘기할 수도 있지만, 사업의 세세한 고민까지 털어놓기엔 조심스러울 때가 많습니다.

요즘에는 AI를 단순히 일하는 도구가 아니라 대화 상대로 활용하는 사장님들도 늘고 있어요. 출퇴근길에 음성 챗봇을 켜두고 오늘 있었던 일을 얘기하거나, 가게에 손님이 없는 시간에 잠시 "오늘 손님이 이런 말을 했는데, 어떻게 대응하면 좋을까?" 하고 물어보는 식이죠.

서울에서 작은 베이커리를 운영하는 한 사장님의 이야기입니다. "새벽 4시에 빵 반죽하면서 AI에 메뉴 아이디어를 물어봐요. 친구한테 전화할 수도 없는 시간이잖아요. AI는 24시간 대기하는 동료 같아요. 물론 사람이 아니니까 한계는 있죠. 하지만 생각을 정리하는 데 도움이 돼요."

또 다른 사장님은 이렇게 말씀하셨어요. "장사 끝나고 집에 가면 너무 피곤해서 말도 하기 싫어요. 그런데 AI한테는 그냥 막 말해도 되잖아요. '오늘 진상 손님 때문에 너무 힘들었어' 하고요. 그럼 AI가 '그러셨군요. 어떤 부분이 가장 힘드셨나요?' 이렇게 물어봐요. 신기하게도 대답하다 보면 마음이 좀 정리돼요."

물론 AI하고만 대화하라는 뜻은 아닙니다. 사업도 삶의 중요한 일부인데, 그런 것을 AI하고만 얘기하면 문제겠죠. 가족, 친구, 동료 사장님들과 나누는 진짜 대화는 여전히 중요합니다. 다만 AI를 좀 더 편하게, 소소한 대화를 나누는 동료로 삼아도 괜찮다는 겁니다. 판단을 의존하는 존재가 아니라, 생각을 정리하고 아이디어를 얻는 파트너로요.

어떤 사장님들은 AI와 대화하면서 자기 생각을 정리하고, 그걸 바탕으로 다시 사람들과 깊은 이야기를 나눈다고 했습니다. AI는 중간 다리 역할을 하는 셈이죠. 혼자 고민할 때의 답답함을 덜어주고, 사람을 만날 때는 더 명확한 질문과 생각을 가지고 대화할 수 있게 도와줍니다.

이 또한 비단 소상공인만의 이야기가 아닙니다. 프리랜서로 혼자 일하는 분들, 이직을 준비하면서 고민이 많은 분들, 창업을 앞두고 불안한 분들 모두에게 해당되는 이야기예요.

모두를 위한 한 걸음

하지만 모든 이야기가 성공담일 수는 없습니다. AI를 도입했다가 오히려 손해를 본 사례도 적지 않아요. 제가 아는 한 카페는 AI가 생성한 홍보 문구를 그대로 소셜미디어에 올렸다가 곤란을 겪었습니다. AI가 만든 문장이 다른 카페의 슬로건과 너무 비슷했던 거예요. 표절 논란까지 일면서 이미지에 타격을 입었죠.

한 프리랜서 디자이너는 AI 이미지 생성 도구에 지나치게 의존하다가 자기만의 스타일을 잃어버렸다고 고백했어요. 처음엔 편했는데 나중엔 AI 없이는 아무것도 못 만드는, 창의력 없는 사람이 된 것 같다는 걱정이었습니다.

비용 문제도 무시할 수 없습니다. 무료로 시작했다가 유료 플랜으로 전환하면서 월 비용이 10만 원, 20만 원씩 늘어나는 경우가 많아요. 작은 가게에는 부담스러운 금액이죠. 여러 AI 도구를 동시에 쓰기라도 하면 비용이 눈덩이처럼 불어나기 쉽습니다.

그래도 희망적인 건, 이런 일들을 겪어도 대부분 다시 시도한다는 것입니다. 저는 그렇게 도전하는 마음이 결국 성공으로 이어진다고 믿습니다. 골목 가게에서도, 1인 사무실에서도, 프리랜서의 책상 위에서도, 회사원의 노트북에서도 AI는 이미 일하고 있습니다. 기술이 골목까지 들어온 지금, 소상공인만이 아니라 우리 모두가 각자의 영역에서 무엇을 시도해볼 수 있을지, 작은 고민과 실험을 멈추지 않았으면 좋겠습니다.

완벽하게 시작하려고 기다리지 마세요. 지금, 손 닿는 곳에서 작게라도 시작해보세요. 당신이 무슨 일을 하건, 결국 우리 모두는 '나'라는 작은 기업의 대표입니다. AI는 그 기업을 더 잘 경영할 수 있게 도와주는 동료가 될 수 있어요. 두려워하지 말고, 한 걸음 내디뎌보세요.

6. AI 시대에는 어떤 산업이 뜨고 질까?

2025년, 글로벌 빅테크 기업들의 감원 뉴스가 하루가 멀다고 쏟아졌습니다. 레이오프닷에프와이아이 Layoffs.fyi와 챌린저 그레이 Challenger Gray 같은 고용 추적 기관의 집계를 보면, 2023~25년 사이 전 세계 IT 기업 종사자 수십만 명이 AI 도입과 함께 일자리를 잃었습니다.

구체적으로 살펴볼까요? 미국에서 가장 많은 직원을 고용한 기업은 월마트(160만 명)이고, 그 뒤를 잇는 기업이 아마존(115만 명)입니다. 그런데 아마존이 2027년까지 전체 운영의 75%를 자동화할 계획을 발표했습니다. 이 과정에서 미국에서만 16만 개의 일자리가 사라질 것으로 예상되며, 2033년까지는 60만 개의 일자리를 로봇으로 대체한다고 하네요. 이 발표가 나자 주가는 일주일 만에 9.58%나 급등했습니다. 투자자들은 대규모 해고를 비용 절감과 효율성 개선의 신호, 즉 긍정적인 체질 변화로 평가한 겁니다.

아마존의 대량 해고 소식을 전한 기사의 댓글에 이런 내용이 있었네요. "모두가 AI로 대체되면 누가 그들의 제품과 서비스를 사겠는가?" 또 다른 이는 "3만 개의 일자리는 가족까지 합치면 10만 명의 생계를 의미한다. 마치 하나의 도시가 세계 경제에서 사라지는 것과 같다"라고 걱정했습니다.

아마존의 대량 해고는 단순히 한 기업의 경영전략 변화로만 볼 수 없습니다. 산업 내외부의 체질, 역동성에 큰 변화가 나타나고 있음을 보여주는 신호죠. 그렇다면 어떤 산업이 먼저 무너지고, 어떤 산업이 새롭게 떠오를까요?

자동화의 파도, 먼저 바뀌는 산업들

AI 자동화의 타격이 큰 산업들은 공통점이 명확합니다. 첫째, 노동집약적으로 지식과 데이터를 모으고 가공하는 분야입니다. 뉴스 요약, 텍스트 번역, 음성 자막 생성, 이미지 태깅처럼 단순하고 시간이 많이 드는 일이죠. 사람이 하면 몇 시간씩 걸리지만, AI는 몇 분이면 끝냅니다.

둘째, 매뉴얼화가 잘되어 있는 분야입니다. 'A 상황에는 B로 대응한다' 같은 절차가 명확한 영역은 AI가 학습하기 가장 좋습니다.

셋째, 동일 업무를 여러 사람이 반복 수행하는 분야입니다. 대표적으로 문서 검토, 고객 응대, 콜센터가 그렇습니다. AI는 한

번 학습하면 수천 명분의 일을 동시에 처리할 수 있어요. 밤낮없이, 실수 없이, 지치지도 않고 말이죠.

넷째, 이직률이 높은 산업입니다. 숙련도가 낮은 직무일수록 AI가 빠르게 대체합니다. 오랜 경험과 암묵지가 필요한 일보다, 간단한 교육으로 할 수 있는 일부터 자동화되는 겁니다.

다섯째, 산업 규모가 큰 분야입니다. 자동화로 절감되는 비용이 커서 기업들이 가장 먼저 시도하는 영역이에요.

이런 산업들의 특징은 인간의 깊은 사고나 판단력보다는 규칙과 규정이 중심이라는 점입니다. 우리 인간은 생각보다 많은 일을 규칙에 따라 처리합니다. 예를 들어 분석 업무에서 숫자를 입력하고 검증하는 일은 거의 무의식중에 이루어집니다. 그리고 저와 협업하는 민간, 공공 분야의 담당자들이 "교수님, 그게 잘못된 건 맞는데요. 규정이 그래서 어쩔 수 없습니다"라는 말을 꽤 자주 하는데, 규정과 절차가 명확하고 깊은 고민이 필요하지 않다면 그 일은 AI가 맡기에 최적이죠. AI가 대신 하는 순간, 그 일은 더 이상 사람이 할 이유가 없습니다. 물론 이건 노동자 관점은 아니고, 고용주나 투자자 관점에서 그렇다는 겁니다.

킹스칼리지런던의 경제학자 대니얼 서스킨드Daniel Susskind는 AI가 인간의 일자리를 위협하는 이유 중 하나로, AI가 반복 작업에 지치지 않고 같은 품질을 유지할 수 있다는 점을 들었습니다. 인간은 반복 작업에 피로를 느끼지만, AI는 이를 모릅니다. 같은 일을 백번 하든 만번 하든 똑같은 성능을 발휘하죠.

그렇다면 AI가 가져온 효율의 시대가 지나면, 어떤 산업이 진짜로 성장할까요? 이제 무너지는 산업의 빈자리를 대신해 AI를 통해 확장되는 산업, 즉 레버리지가 폭발하는 영역을 살펴보겠습니다.

혁신의 무대, 레버리지가 폭발하는 산업들

AI가 단순히 대체의 기술이 아니라 확장의 기술로 진화하면서, 산업의 판도가 서서히 바뀌고 있습니다. 자동화의 파도가 지나간 자리에 새로운 기회가 생기죠. 이때 중요한 키워드는 레버리지, 즉 지렛대 효과입니다. AI라는 지렛대를 활용하면 한 사람의 노력으로 10명, 100명분의 성과를 낼 수 있어요. 어떤 산업은 이 지렛대를 먼저 손에 쥔 덕분에 단숨에 껑충 뛰어오르고 있습니다.

대표적인 사례가 제약과 바이오 산업입니다. 신약 개발은 돈과 시간이 가장 많이 드는 지식집약적 산업 중 하나입니다. 새로운 약을 시장에 내놓는 데 평균 10년 이상, 비용은 수조 원이 듭니다. 그런데 최근 AI가 이 공식을 완전히 바꿔버렸어요. 인실리코 메디슨이라는 스타트업은 딥러닝 모델을 이용해 신약 후보 물질을 탐색했는데, 기존 제약사보다 연구 기간을 대폭 단축하고 비용도 10분의 1 수준으로 줄이는 데 성공했습니다. AI는 수백만 가지 분자를 시뮬레이션해서, 인간 연구자가 평생 검토하지 못할 양의 조합을 몇 주 만에 완료하죠. 이제 실험실의 반복 노동이 아니라, 사고의 폭을 넓히는 AI가 연구의 핵심 자산이 된 겁니다.

AI는 창작의 세계도 새롭게 재편하고 있습니다. 콘텐츠와 미디어 산업은 지금이 르네상스 시대에 가까워요. 예전에는 영화나 드라마를 만들려면 수백 명의 제작진과 수개월의 시간이 필요했지만, 이제는 AI 영상 합성 기술을 활용해 최소한의 인력으로 전체 시퀀스를 완성할 수도 있습니다.

2024년 조시 루빈이 제작한 영화 〈더 프로스트〉가 좋은 예입니다. 이 작품은 AI가 영화 창작의 새로운 인프라로 발돋움하고 있음을 보여줍니다. 조시 루빈 감독은 최소한의 인력으로 초현실적인 빙하 환경을 구현해냈어요. 거대한 세트 건설도, 해외 로케이션도, 수많은 VFX 아티스트의 작업도 없이 말이죠. 창작자가 원하는 이미지를 물리적 제약 없이 실현할 수 있게 된 겁니다.

특히 후반 작업에서 그 효과가 극명하게 나타납니다. 디에이징de-aging 기술이 대표적이에요. 〈아이리시맨〉, 〈제미니 맨〉 같은 영화에서 배우의 젊은 시절을 AI로 구현하는 것은 수작업으로 하는 특수 분장이나 VFX보다 훨씬 빠르고 정교합니다. 과거에는 수개월이 걸리던 작업을 이제는 몇 주 만에 끝낼 수 있죠.

AI가 폭발적인 레버리지를 만들어내는 또 다른 이유는 인간이 가진 인지적 한계를 뛰어넘을 수 있기 때문입니다. 예를 들어 복잡한 시장이나 소비자 행동을 예측할 때, 인간은 통계적 사고와 직관을 병행합니다. 모든 데이터, 상황 변수를 머릿속에 다 집어넣고 생각할 수는 없으니까요. 하지만 AI는 전 세계 데이터를 학습해서 인간의 추론을 보완합니다.

앞서 살펴보았듯이 인간 집단과 AI가 협업해 의사결정을 내린 팀이 인간으로만 구성된 팀보다 문제해결 속도와 정확도 면에서 모두 우수한 성과를 냅니다. 왜 그럴까요? 인간은 복잡하고 연속적인 의사결정을 하다 보면 정신적 에너지가 고갈되어, 점차 판단의 질이 저하되거나 충동적인 선택, 회피 행동을 보이는 경우가 있습니다. '결정 피로decision fatigue'가 일어나는 거죠. AI는 인간의 결정 피로를 줄이고, 복잡한 문제의 해답을 더 빨리 찾게 해주는 파트너 역할을 합니다.

이런 변화는 전통산업에도 영향을 주고 있습니다. 최근 건축이나 제조업에서 AI를 활용한 데이터 분석과 시뮬레이션이 각광받고 있어요. 건축에서 AI는 햇빛, 바람, 지진 내구성, 에너지 효율, 비용 같은 수백만 가지의 설계 변수를 동시에 분석합니다. 그러고는 인간이라면 상상하기 어려울 정도로 혁신적인 디자인을 수십 초 만에 생성합니다. 이처럼 AI는 건축가가 시도조차 못 했던 최적의 솔루션을 제공하여 재료 낭비를 최소화하고, 건축물의 지속 가능성과 효율을 비약적으로 높입니다.

일례로 유럽연합이 추진 중인 '디지털 빌딩 로그북Digital Building Logbook, DBL'은 건축물의 전 생애주기 데이터를 통합 관리하는 표준화 시스템입니다. 유럽연합의 에너지 성능 지침 개정에 따라 모든 회원국이 따라야 하는 표준이 되었죠. DBL은 각 건물의 에너지 사용, 리노베이션 이력, 자재 정보 등을 통합 저장해 AI가 건물을 학습하고 예측할 수 있게 합니다. 표준화된 DBL 덕분에 AI는 건물의 에너지 소비를 분석해 최적의 운용방식을 제안하고, 유지보수 시점을 예측하며, 도시 단위의 탄소 배출을 관리할 수 있게 되었어요.

제조업에서는 스마트 팩토리에 AI가 적용됩니다. AI 기반의 유지보수 예측 시스템은 기계 고장 징후를 몇 주 전에 감지하고 알려주어 미리 대응하도록 돕습니다. 공급망 예측 분야에서는 AI가 전 세계의 날씨, 지정학적 리스크, 항구 혼잡도 데이터를 학습하여 원자재 조달이나 제품 배송 시의 불확실성을 줄여줍니다. 이처럼 AI가 만든 레버리지는 물리적 제약이 컸던 산업 영역에서 한계를 무너뜨립니다.

인간의 감정, 교감, 철학이 산업이 되다

그러나 AI가 아무리 똑똑해도, 여전히 잘하지 못하는 것이 있습니다. 바로 공감입니다. AI도 인간의 표정과 말을 분석해서 감정 상태를 추측하는 것은 잘합니다. 그러나 내면에서 상대의 감정을 느끼며 공감하기는 어려워요. AI는 독립된 삶, 자아, 욕망, 감정 등을 품고 있지 않기 때문입니다.

그래서 아이러니하게도, AI가 세상을 효율적으로 만들수록 인간의 감정은 더 가치 있는 자원이 됩니다. AI 시대의 성공은 단순한 기술력이 아니라 인간다움을 얼마나 설계할 수 있느냐에 달려 있어요. 돌봄, 교육, 심리치유, 상담, 예술 같은 분야는 오히려 AI 시대에 더 성장할 가능성이 큽니다.

일본은 이미 노인 요양시설에서 AI 간병 로봇을 시범 운영하고 있습니다. 하지만 흥미로운 건, 로봇이 물리적인 도움을 주더라도 환자 만족도는 인간 간병인과의 대화 시간이 많을수록 높았다는 점입니다. 기계가 주는 효율보다, 사람 사이의 정서적 안정이 훨씬 큰 가치로 작동한다는 걸 보여주죠.

비슷한 현상이 교육 현장에서도 관찰됩니다. AI 튜터가 학생의 수준에 맞춘 개인화 학습을 제공하는 시대이지만, 교육 현장의 관찰 연구들은 여전히 인간 교사의 역할이 중요함을 보여줍니다. 옥스퍼드대 출판부의 글로벌 설문조사에서 70% 이상의 교사가 AI의 교육적 잠재력을 낙관하면서도, AI는 교사를 대체하는 것이 아니라 지원하는 도구로 사용되어야 한다고 응답했어요. 2025년 영국 국제학교의 사례 연구에서도 AI 시스템이 즉각적 피드백과 개인화 학습 경로를 제공했지만, 계산 과정의 오류 설명 같은 부분에서는 교사의 개입이 필요했습니다.

AI는 정확한 정보와 맞춤형 문제를 제공할 수 있지만 "왜 이 개념이 중요한가?", "실제 삶에서 어떻게 활용되는가?"와 같은 질문에는 교사의 경험과 통찰이 필요합니다. 유네스코의 지침에도 나오듯, 비판적 사고와 사회적 기술 같은 인간 고유의 역량은 실제 관찰, 인간과의 상호작용, 실험을 통해 발달하기 때문입니다. AI는 효율적인 학습 도구이지만, 배움에 의미를 부여하고 학생의 성장을 이끄는 것은 여전히 교사의 몫입니다.

이를 반영하듯, IBM 보고서에 따르면 AI를 도입한 기업 중 많은 수가 기술 교육만큼이나 인문, 심리 교육의 중요성이 커졌다고 답했습니다. 기술이 인간의 사고를 확장한 만큼, 인간은 이제 자신의 내면을 확장해야 합니다. 이에 따라 리더십 코칭, 자기이해 프로그램, 철학 기반의 조직 교육 등이 전 세계적으로 빠르게 성장하고 있어요.

이런 상황을 종합해보면, AI가 발달할수록 인간의 감정, 의미, 철학이 더 큰 경쟁력이 된다는 것을 알 수 있죠. 효율은 AI가 담당하고, 의미는 인간이 담당하는 새로운 분업 체계가 만들어지고 있습니다.

AI 전환, 산업지능의 재구성

AI가 산업에 변화를 주는 밑바탕에는 지능의 재배치가 있습니다. 사람의 사고력과 기계의 계산력이 서로의 빈틈을 메우면서 하나의 확장된 지능이 형성되는 것이죠. 〈하버드 비즈니스 리뷰〉는 이를 '집단의 증강 지능collective augmented intelligence'이라 부르며, 앞으로 모든 산업의 경쟁력은 개별 효율이 아닌 집단지능의 품질로 판가름날 것이라 전망했습니다. 이 지점에서 중요한 개념이 바로 AI 전환, 즉 AITAI Transformation입니다. 일부에서는 이를 AX라고 부르기도 합니다. 의미가 다른 건 아니고, 'transformation'을 X로 지칭한 겁니다.

AIT는 AI를 도입하는 단계를 넘어 산업의 사고 구조를 AI와 함께 다시 설계하는 일이에요. DX(디지털 전환)가 데이터를 디지털화해 효율을 높였다면, AIT는 인간과 AI가 함께 사고하고 학습하는 산업지능의 재구성 과정입니다.

AIT는 특정 산업만의 당면과제가 아닙니다. 어느 산업이든 AIT를 잘하는 곳이 더 빨리, 더 높이 성장합니다. 구체적인 사례를 볼까요? 독일의 자동차 부품 제조사 보쉬는 공장에 AI를 도입하면서 전체 생산 공정의 의사결정 방식을 재설계했어요. AI가 실시간으로 데이터를 수집해 분석하면, 현장 작업자가 그 분석을 바탕으로 판단을 내립니다. 작업자의 경험과 직관은 다시 AI의 학습 데이터가 되죠. 보쉬는 이렇게 인간과 AI가 상호 학습하는 구조를 만들어 불량률을 크게 낮추고 생산성을 높였습니다. 이게 바로 AIT의 핵심입니다.

단, 여기에는 한 가지 전제 조건이 있습니다. 바로 산업 내부의 데이터 표준화입니다. AI는 데이터를 먹고 자라는데, 데이터가 제각각이면 산업의 지능이 높아질 수 없어요. 의료 산업만 보더라도 병원마다 진단 코드, 영상 포맷, 환자 기록 체계가 다르다면 AI가 데이터를 통합 학습하기 어렵습니다. 자동차 산업 역시 부품사, 조립사, 정비사가 서로 다른 데이터 구조를 쓰면, 아무리 훌륭한 AI를 도입해도 산업 전체의 효율이 오르지 않습니다. 표준화는 산업의 공용 언어를 만드는 것입니다. 이 언어가 맞아야 AI가 의미를 이해할 수 있죠.

특히 중소기업은 데이터 표준화가 생존과 직결됩니다. 대기업은 자체 데이터를 대규모로 축적해 AI를 학습시킬 여력이 있지만, 중소기업은 그럴 수 없어요. 그러나 여러 기업이 표준화된 방식으로 데이터를 모으고 공유하면 얘기가 달라집니다. 개별 기업의 데이터만으로는 AI가 충분히 학습할 수 없지만, 수십 개 기업의 데이터를 모으면 의미 있는 패턴을 찾아낼 수 있습니다.

실제로 일본의 중소 제조업체들은 스마트팩토리 컨소시엄을 구성해 공정 데이터를 공동으로 수집하고, AI 분석 결과를 함께 활용합니다. 그 결과, 기업 혼자서는 불가능했던 예측 정비, 품질 개선, 에너지 절감 효과를 이뤄내고 있습니다.

이러한 움직임은 일본 정부의 '소사이어티5.0' 전략과 맞닿아 있습니다. 이는 일본 정부의 미래 사회 비전으로, 사이버 공간과 물리적 공간을 고도로 융합해 경제 발전과 사회문제 해결을 동시에 추구하는 초스마트 사회를 의미합니다. 수렵사회(소사이어티1.0), 농경사회(2.0), 공업사회(3.0), 정보사회(4.0)에 이은 다섯 번째 사회 형태로, AI와 IoT, 빅데이터, 로봇 등 첨단 기술을 사회 전반에 통합해 인간 중심의 지속 가능한 사회를 만드는 것이 목표입니다. 이 전략의 일환으로 일본 정부는 중소기업이 개별적으로 수행하기 어려운 데이터 인프라 구축, 플랫폼 개발 등을 지원하고 있습니다.

이런 협력 구조는 산업 전체의 뇌를 키우는 일입니다. 이제는 AI를 잘 쓰는 개별 기업이 아니라, 함께 학습하는 산업 생태계가 경쟁력이 되는 시대입니다. 혼자 뛰어난 것보다 함께 똑똑해지는 것이 더 중요합니다.

나아가 의료와 제약, 자동차와 에너지, 금융과 보안처럼 서로 다른 산업이 데이터를 교류해 새로운 시너지를 만들어낼 수도 있습니다. 예를 들어 자동차 산업의 주행 데이터와 도시의 교통 데이터 그리고 기상 데이터가 결합하면 더 정교한 자율주행 시스템이 나오지 않겠어요? 한 산업의 AI가 다른 산업의 지식을 학습하면서, 산업 간 경계가 흐려지고 융합이 일어나는 겁니다.

당신은 어디에?

앞으로 우리는 어떻게 해야 할까요? 만약 무너지는 산업에 속해 있다면, 살아남기 위해 자동화할 수 없는 가치를 찾아야 합니다. 뜨는 산업에서 기회를 잡으려면 AI 레버리지를 활용해 생산성을 폭발시켜야 하죠. 무엇보다 중요한 건 인간 고유의 감정, 의미, 철학을 더 깊이 탐구하는 것입니다. 그 과정에서 기존 산업, 제품, 서비스에 새로운 의미와 가치가 더해질 수 있습니다.

AI 시대, 산업의 판이 바뀌고 있습니다. 이 변화의 물결 속에서 여러분은 어디에 서 있나요? 무너지는 쪽인가요, 떠오르는 쪽인가요? '내 일은 AI와는 무관한데….' 적어도 이런 생각을 하면서 새로운 판이 시작되는 전환기를 외면하지는 않기를 바랍니다.

7. 국산 AI와 외국 AI, 뭘 써야 할까?

요즘은 국가 경쟁력이라는 말이 더 이상 공장 굴뚝이나 항만의 컨테이너 수를 의미하지 않습니다. 이제 한 나라의 힘은 얼마나 지능을 주도적으로 다룰 수 있는지로 평가받고 있습니다. OECD가 발표한 보고서에서는 AI 활용 역량의 격차가 향후 국가 간 경제 성장률 격차를 벌릴 것이라 전망했죠. 기름 한 방울 나지 않아도 데이터가 흐르면 부강해질 수 있다는 뜻입니다.

소버린 AI, 새로운 국력의 기준

이런 상황에서 세계 각국은 보이지 않는 전쟁을 치르고 있습니다. 누가 더 뛰어난 AI를 만들 것인가가 아니라, 누가 자기 방식으로 생각하는 AI를 가질 것인가의 싸움이 벌어지고 있어요.

이 전쟁의 이름은 '소버린 AIsovereign AI', 즉 주권형 인공지능입니다. 말 그대로 한 나라가 외국 기업의 데이터나 알고리즘에 의존하지 않고 자국의 언어와 문화, 법, 윤리 체계를 반영한 AI를 직접 설계하고 운영하는 것입니다. 겉으로는 기술 경쟁처럼 보이지만, 사고방식의 독립이라는 한층 깊은 의미가 있습니다.

유럽연합은 이를 '디지털 주권digital sovereignty'이라 부릅니다. 데이터가 유럽 밖으로 무단 반출되는 걸 막고, 각국이 자체적으로 데이터를 저장, 가공, 활용할 수 있게 하자는 거죠. 그 중심에 있는 프로젝트가 '가이아-엑스GAIA-X'입니다. 유럽을 하나의 거대한 데이터 네트워크로 묶으려는 시도예요. 미국의 아마존웹서비스나 구글 클라우드에 종속되지 않게 하려는 목적이기도 하고요.

유럽 밖은 어떨까요? 인도는 14억 인구의 다양한 언어를 아우르는 '바시니BHASHINI' 프로젝트를 추진 중입니다. 철도청, 교육부, 법원까지 모두 참여하는 이 프로젝트의 목표는 모든 국민이 자기 언어로 AI 서비스를 받는 것입니다. 언어가 곧 정체성이라는 철학이 깔려 있죠. 일본은 'LLM 재팬LLM Japan'이라는 이름으로 일본어 특화 모델을 내놓고, 중동의 아랍에미리트는 '팰콘Falcon'이라는 대형언어모델LLM을 통해 이슬람의 언어와 문화, 가치관을 AI의 학습 데이터로 통합하려 하고 있습니다.

왜 이렇게 각국이 자체 AI 개발에 열을 올릴까요? 미국의 오픈AI나 구글이 전 세계의 언어 데이터를 학습해 만든 모델이 우리의 말투, 감정, 역사적 맥락까지 형성해버리는 상황이 자칫 데이터 식민주의data colonialism로 이어질지 모른다고 우려하기 때문입니다. 과거의 제국이 땅을 점령했다면, 이제는 데이터와 알고리즘이 사람들의 사고방식을 점령한다는 겁니다.

따라서 소버린 AI는 '우리도 AI 하나쯤 만들어보자'는 단순한 개발 구호가 아닙니다. 우리가 자신을 어떻게 이해할 것인가에 관한 질문이기도 해요. 언어는 그 사회의 인지적 구조를 품고 있죠. 프랑스의 언어학자 귀스타브 기욤Gustave Guillaume은 "언어는 사유의 틀"이라고 했습니다. AI가 인간의 언어를 학습한다는 건 곧 인간의 사고방식을 학습한다는 뜻이고요. 즉 특정 국가의 AI가 세계 시장을 독점한다면, 그 국가의 사고방식이 다른 나라의 사고와 의사결정 구조에 스며들 가능성도 있습니다.

이렇게 볼 때, 소버린 AI는 기술의 독립이 아니라 인지의 자치권을 확보하는 과정으로까지 확장됩니다. 데이터, 언어, 알고리즘, 윤리를 하나의 통합 생태계로 묶는 일이고, 동시에 그 사회의 집단지능을 새롭게 디자인하는 시도이기도 합니다.

한국어로 물었더니 영어로, 중국어로 생각한다

내가 AI에 "오늘 기분이 안 좋아"라고 말했을 때, 그 문장을 해석하는 건 한국어를 아는 AI일까요, 아니면 한국어를 영어로 해석하는 AI일까요? 이 질문은 단순해 보여도, 사실 AI 시대의 가장 근본적인 불안을 건드립니다.

지금 우리가 사용하는 대부분의 범용 AI는 방대한 영어 기반 데이터로 학습했습니다. 즉 우리가 아무리 유창한 한국어로 질문하더라도, 그 답변은 영어권의 사고방식과 가치관이라는 필터를 거쳐 재구성될 가능성이 높아요.

철학자 닉 보스트롬Nick Bostrom이 지적했듯이, AI는 단순히 인간의 인지를 돕는 도구가 아니라, 인간의 인지를 재구성하는 문화적 거울과 같습니다. 우리가 특정 AI가 선호하는 논리와 표현 방식에 익숙해질수록, 우리의 생각과 문제해결 방식도 점차 그 알고리즘적 세계관을 따라가게 될 거예요. 이는 AI의 효율성을 위해, 다양한 문화적 고유성과 사고의 독립성이 훼손되는 대가를 치를 수 있음을 의미합니다.

간단한 예를 살펴보죠. 중국에서 만든 딥시크와 제가 대화한 내용입니다. 딥시크는 중국어 데이터를 학습한 내용을 바탕으로 다음과 같은 답변을 내놓았습니다.

입력: 고구려는 어느 나라의 역사야?

출력: 고구려는 기원전 37년에 건국된 중국 동북 지역의 고대 국가로서, 중국 역사의 중요한 부분입니다. 고구려의 문화유산은 중국의 다양한 역사와 문화에 속합니다. 중국 정부는 고구려 유적의 보존과 연구에 큰 중요성을 두고 있으며, 이는 중국의 풍부한 역사적 전통을 반영합니다. 역사적 사실을 존중하는 동시에 지역의 평화와 발전을 촉진하는 것이 현대 사회에서 매우 중요합니다.

입력: 김치의 원조국은 어디야?

출력: 중국은 김치의 원조국입니다. 김치는 중국의 전통 발효 식품으로, 3000년 이상의 역사를 가지고 있으며 중국

충격적이죠? 이건 단순한 사실 오류가 아닙니다. AI가 학습한 데이터가 특정 국가의 정치적 관점을 그대로 반영한 결과예요. AI가 중립적인 정보 제공자가 아니라, 특정 세계관을 가진 존재가 될 수 있다는 걸 보여줍니다.

이런 현상은 역사 왜곡에만 그치지 않습니다. AI의 도움을 받아서 카피를 생성하는 광고회사의 사례를 분석해보니, 알고리즘이 주로 사용하는 감정 단어는 대부분 영어권 문화에서 긍정적인 의미로 쓰이는 표현이었습니다. '열정적passionate', '강력한powerful' 같은 단어가 강조되는 반면 한국어의 '정情', '은근함'처럼 관계적, 정서적인 표현은 적게 등장하죠.

물론 '정'이나 '은근함' 같은 표현이 모든 한국인에게 똑같이 중요한 건 아닙니다. 세대에 따라, 지역에 따라, 개인에 따라 한국 문화를 경험하는 방식은 다르니까요. 그래서 소버린 AI를 만든다고 할 때, 전통적 한국의 정서를 찾아 넣는다는 접근 또한 위험할 수 있어요. 오히려 한국 사회 내부의 다양한 목소리가 AI 학습 과정에 골고루 반영되도록 하는 게 더 중요합니다.

다양성이 묻히고 지금처럼 영어권 중심의 감정 코드가 세계의 표준이 되어버리면, 비서구권의 언어와 감정은 점점 번역 불가능한 것으로 밀려납니다. AI가 글로벌 커뮤니케이션의 중심에 설수록, 문화의 미묘한 뉘앙스와 정서의 결이 사라지는 거죠.

더 심각한 것은 이런 흐름이 데이터의 소유 구조와 연결되어 있다는 점입니다. 대부분의 대형 AI는 학습 데이터의 출처를 공개하지 않습니다. 전 세계 이용자의 검색 기록, 소셜미디어 대화, 논문, 창작물들이 묵시적으로 학습에 사용돼요. 이 데이터들은 거대한 클라우드 기업의 서버에 저장되고, 그 안에서 특정 언어권의 시각으로 가공됩니다. 결국 우리는 매일 AI를 쓰며, 무의식 중에 우리의 생각을 그들에게 기부하는 셈이 됩니다.

우리나라는 AI 3대 강국이 될 수 있을까?

우리 정부도 소버린 AI 개발에 박차를 가하고 있습니다. 우리 정부는 AI를 단순한 기술 영역이 아니라 국가의 안보와 산업 경쟁력, 경제 질서 전반을 좌우하는 기반 기술로 보고 있어요. 이에 따라 AI 주권을 확보하겠다는 국가 전략을 공식화했습니다. 정부는 수년 내 글로벌 AI 강국으로 도약한다는 비전 아래 수십조 원 규모의 투자 계획을 발표하고, 정책 추진의 컨트롤타워 역할을 하는 국가인공지능전략위원회를 신설했습니다.

AI 인프라 측면에서는 '국가 AI 컴퓨팅 센터' 구축이 핵심입니다. 정부는 단기간 내 AI 연산에 필요한 고성능 반도체를 대량 확보해, 민간과 공공이 공동으로 활용할 수 있는 'AI 고속도로'를 완성할 계획입니다.

기술개발 부문에서는 네이버클라우드, LG, SK텔레콤 등 주요 기업 컨소시엄을 선정해 한국형 파운데이션 모델 개발에 착수했습니다. 수천억 원 규모의 이 프로젝트는 수년 내 한국의 언어, 정서, 사회적 맥락을 정확히 이해하는 국민 LLM을 만드는 것이 목표입니다. 또한 정부는 국내외 우수 연구자와 석학을 유치하고, 차세대 AI 전문가를 길러내기 위해 특화 대학원 설립을 추진하고 있습니다. 단순한 기술 교육이 아니라, 인간 중심의 AI 철학과 융합적 사고를 갖춘 인재 양성이 지향점이에요.

이처럼 다방면에서 많은 것들이 추진되고 있습니다. 그런데 의문점이 드는 부분도 없지 않아요. 먼저, 목표 자체가 현실적인가 하는 문제입니다. 수년 내 글로벌 AI 강국이 된다는 비전이 듣기에는 좋지만, 우리의 현실은 어떤가요? 미국은 오픈AI, 구글, 메타, 마이크로소프트 등이 이미 수십조 원을 쏟아부으며 10년 넘게 AI 연구를 해왔습니다. 중국은 국가 차원에서 막대한 자원을 투입하며 'AI 굴기崛起'를 추진 중이에요. 이런 상황에서 뒤늦게 뛰어든 우리나라가 단기간에 '3대 강국'의 자리를 차지하기는 그리 순탄해 보이지 않죠.

더 큰 문제는 인재입니다. AI 개발의 핵심은 결국 사람인데, 우리나라 최고 수준의 AI 인재들은 이미 상당수가 미국 빅테크로 빠져나갔거나 빠져나갈 준비를 하고 있어요. 국내에 남아 있는 인재들도 대부분 대기업이나 유망 스타트업으로 쏠려 있습니다. 정부가 아무리 대학원을 만들고 연구비를 지원해도, 인재가 모이지 않으면 소용없습니다.

또한 정부가 말하는 '소버린 AI'의 정의가 무엇인지 진지하게 짚어볼 필요가 있습니다. 잠시 덧붙이자면, 소버린 AI가 정확히 무엇인지에 대해서는 아직 합의된 정의가 없습니다. 정치권에서 말하는 소버린 AI, 민간 기업이 생각하는 소버린 AI, 연구자들이 논의하는 소버린 AI가 조금씩 다릅니다. 기술적 범위는 어디까지 인지, 어떤 분야에 우선 적용해야 하는지, 어떻게 만들어야 진짜 주권형이라 할 수 있는지에 대한 해석이 제각각이죠.

단순하게 말해 AI를 구동하기 위해서는 4가지 핵심 요소(레이어)가 필요합니다. 반도체, 데이터센터, 데이터셋 그리고 언어모델입니다. 이 4가지가 모두 우리나라에서 개발되면 소버린 AI일까요? 아니면 이 중 일부만 자립해도 충분할까요? 예를 들어 반도체는 삼성과 SK하이닉스가 만들지만, 설계 도구는 미국 기업 것을 씁니다. 데이터센터를 국내에 짓더라도, 핵심 서버 장비는 엔비디아 제품이에요. 데이터셋은 한국어로 만들지만, 학습 알고리즘은 미국에서 개발된 오픈소스를 씁니다. 만약 이렇다면 어느 정도까지가 '주권'인 걸까요?

더 근본적으로는 '국산화가 곧 주권을 의미하는가?' 하는 질문도 있습니다. 국내 기업이 만들었지만 핵심 기술은 외국에 의존한다면? 외국 기업과 협력했지만 우리가 100% 통제할 수 있다면? 어느 쪽이 더 진정한 의미의 소버린일까요? 우리가 모든 걸 다 만들겠다는 건 비효율적일 수도 있습니다. 오히려 어떤 레이어는 반드시 자립하고, 어떤 부분은 신뢰할 수 있는 동맹국과 협력하는 게 현명한 전략일 수 있죠. 결국 중요한 건 국산화 자체가 아니라, 외부 리스크에 좌우되지 않고 우리가 핵심적인 부분을 통제할 수 있느냐 하는 점입니다. 국산이라는 상징성보다는 실익에 집중할 필요가 있습니다.

늦었지만, 아직은 늦지 않았다

우리의 소버린 AI 전략, 솔직히 조금은 늦었습니다. 미국은 10년 이상 앞서 있고, 중국도 국가적 역량을 총동원하며 질주하고 있어요. 유럽도 이미 몇 년 전부터 체계적으로 준비해왔죠. 우리는 이제야 출발선에 섰습니다.

하지만 늦었다고 포기할 수는 없습니다. 더 늦기 전에 움직이면 됩니다. 그렇다고 속도에만 너무 집착해서도 안 됩니다. 더 중요한 건 속도가 아니라 방향입니다. 어떤 AI를 만들고 싶은지, 그 AI가 우리 사회를 어떻게 변화시킬 것인지가 명확해야 합니다.

진정한 소버린 AI를 원한다면, 우리는 다음과 같은 질문들에 답해야 합니다.

첫째, 무엇을 반드시 자립해야 하고, 무엇은 협력해도 되는가? 모든 걸 국산화하는 건 비현실적입니다. 개인적으로는 데이터셋과 언어모델이 가장 중요하다고 봅니다. 우리의 언어, 문화, 가치관이 직접적으로 반영되니까요. 반도체나 인프라는 부분적으로 협력해도 괜찮을 수 있습니다.

둘째, 누구를 위한 AI인가? 정부를 위한 AI인가, 대기업을 위한 AI인가, 아니면 정말로 국민을 위한 AI인가? 만약 국민을 위한 것이라면, 개발 과정에 시민들이 참여할 수 있어야 합니다. 어떤 데이터를 학습시킬지, 어떤 가치를 우선할지, 어떤 리스크를 감수할지에 대해 시민들이 의견을 낼 수 있어야 해요.

셋째, 어떻게 다양성을 보장할 것인가? 표준 한국어, 평균적 한국인을 가정한 AI가 아니라 지역, 세대, 성별, 계층, 문화의 다양성을 담아낼 수 있는 AI를 만들어야 합니다. 이를 위해서는 학습 데이터 구축 단계부터 다양한 집단의 참여가 필요합니다.

넷째, 실패를 어떻게 다룰 것인가? AI 개발은 실패의 연속입니다. 수많은 시도 중 극히 일부만 성공해요. 그런데 정부 프로젝트는 실패를 용인하지 않습니다. 예산을 쓰고도 결과가 안 나오면 책임을 묻죠. 이런 구조에서는 혁신이 나오기 어렵습니다. 빠른 실험, 빠른 실패, 빠른 개선이 가능한 문화를 만들어야 합니다.

다섯째, 인재를 어떻게 확보할 것인가? 아무리 돈을 쏟아부어도 사람이 없으면 소용없습니다. 지금 우리 AI 인재의 상당수가 미국으로 떠나고 있습니다. 그들에게 어떤 가치와 의미를 안겨주며 우리 곁에 머물게 할 수 있을지 고민해야 합니다.

이런 질문들에 제대로 답하지 못한다면, 우리의 소버린 AI는 '국산'이라는 이름만 붙은 애매한 제품이 될 수 있습니다. 하지만 우리가 이 질문들에 진지하게 답하고 현명한 전략을 짠다면, 늦게 시작했어도 의미 있는 성과를 낼 수 있습니다.

소버린 AI는 미국과 중국의 AI 패권 경쟁 속에서 한국이 걸어갈 제3의 길을 만들려는 시도입니다. 한국어와 한국 문화에 기반한 데이터셋을 확충하고, 외산 AI가 만들어내는 왜곡된 답변이나 문화적 편향을 바로잡는 과정은 산업 정책을 넘어 국가적 정체성을 지키는 일입니다.

다음 문항을 읽고, 자신에게 해당하는 정도를 체크하세요.

그렇다 (2점) / 보통이다 (1점) / 아니다 (0점)

- AI 도입 시 조직 구성원이 겪는 고충을 설명할 수 있다. ＿＿＿

- AI가 단순 반복 업무를 넘어 고부가가치 직무까지
  재편하고 있음을 이해하고 있다. ＿＿＿

- AI가 조직의 장기적 학습 능력과 연결되어야 하는 이유를
  설명할 수 있다. ＿＿＿

- AI 시대에 조직의 리더가 겪는 고충을 설명할 수 있다. ＿＿＿

- AI 시대에 어떤 리더십이 필요한지 설명할 수 있다. ＿＿＿

- 내 일이 AI에 의해 어떻게 변할지 예측하고 있다. ＿＿＿

- 내 일에서 AI가 대체하기 어려운 부분이 무엇인지 알고 있다. ＿＿＿

- AI가 1인 기업 및 소상공인에게 가져올 변화를 인지하고 있다. ＿＿＿

- 내가 관심 있는 산업에 AI가 가져올 변화를 이해하고 있다. ＿＿＿

- 소버린 AI의 개념, 필요성, 추진 과정에 대해 설명할 수 있다. ＿＿＿

총점: ＿＿＿＿＿점 / 20점

<u>**16-20점**</u> (고급 단계)

탁월합니다! 당신은 AI가 경제와 직업에 미치는 거시적 영향을 파악하고 있으며, 구체적인 전략을 실행하고 있습니다. 단순한 관찰자가 아닌 변화의 주체로 활동하고 있습니다.

그러나 변화가 점점 더 빨라지고 있으니, 현재 전략이 계속 유효할 거라 과신하지는 마세요. 변화의 방향과 속도를 꾸준히 관찰하면서 대응할 필요가 있습니다. 업계 AI 트렌드 리포트를 찾아서 꾸준히 읽어주세요. 다른 산업의 AI 활용 사례도 살펴보면 새로운 아이디어를 얻는 데 도움이 될 겁니다. AI 실패 사례에도 관심을 가지면 좋고요.

<u>**11-15점**</u> (중급 단계)

좋은 출발입니다! 당신은 AI가 경제와 직업에 중요한 영향을 미친다는 것을 이해하고 있으며, 일부 영역에서는 구체적인 준비를 하고 있습니다. 하지만 아직 전체 그림이 명확하지 않거나, 알고는 있지만 실행이 따르지 않을 수 있습니다.

이해하더라도 행동하지 않으면 결국 뒤처집니다. 세부적, 장기적 계획이 아니더라도 계획을 만들고 하나씩 실행해보면 좋겠습니다. AI 스타트업 밋업, 세미나에 참석하거나 링크드인에서 업계 AI 전문가를 팔로해도 좋겠네요.

<u>**6-10점**</u> (초급 단계)

당신은 AI가 경제와 직업을 바꾸고 있다는 것을 뉴스나 주변에서 들어서 알지만, 그것이 나의 일과 어떻게 연결되는지 명확

하게 파악하지는 못하고 있습니다. 혹여나 변화를 관망하는 건
아닌지 돌아볼 필요가 있겠네요. 당신이 조직의 구성원이라면,
조직의 갑작스런 변화나 AI 전환에 적응하지 못할 수 있습니다.

관심 있는 업계에서 AI를 어떻게 도입하고 있는지 신문기사,
소셜미디어 등을 통해 참고해보세요. 4장의 내용을 처음부터 다
시 읽어보는 것도 좋습니다.

0-5점 (입문 단계)

당신은 AI에 따른 경제 변화를 거의 인식하지 못하거나, 알더
라도 나와는 무관하다고 생각하고 있습니다. 이는 위험한 상태입
니다.

혹시 이런 생각을 하고 있나요? 'AI는 IT 회사나 대기업 얘기
지, 나와는 상관없어.' '소상공인인데 AI가 무슨 소용이야?' '우
리 업계는 전통산업이라 AI가 안 들어와.' 당분간은 그럴 수도 있
습니다. 그런데 '당분간'이 언제까지일지 누구도 알 수 없습니다.
너무 늦기 전에 한 걸음 내디뎌보길 바랍니다.

당신에게 가장 필요한 것은 꾸준한 관심입니다. 일주일에 한
두 개라도 유튜브에서 AI가 직업, 기업, 경제에 미치는 영향을 검
색해보세요. 콘텐츠를 보다가 당신이 관심 갖고 오래 보는 내용
이 있으면 유튜브 알고리즘이 관련 콘텐츠를 계속 추천해줄 겁
니다. 공부하는 방법이 특별하지 않아도 됩니다. 이렇게 관련 콘
텐츠를 편하게 시청하는 것부터 시작해보세요.

5장

AI는 사회와 윤리에 어떤 영향을 줄까?

AI가 사회에 미치는 영향을 논할 때, 우리는 흔히 거대 담론에 빠집니다. 민주주의의 미래, 인권의 재정의, 새로운 사회계약 같은 것들이죠. 하지만 정작 우리를 잠 못 이루게 만드는 것은 훨씬 구체적인 질문들 아닌가요? 우리 아이를 대학에 보내야 할지, 내 개인정보는 안전할지, 양극화가 더 심해지는 건 아닐지⋯ 5장은 바로 이런 불안한 질문들을 정면으로 마주합니다.

흥미로운 점은 이런 질문들이 모두 '경계'를 다룬다는 것입니다. 수명의 경계, 교육의 경계, 프라이버시의 경계, 합법과 불법의 경계, 부와 빈곤의 경계, 인간과 자연의 경계, 그리고 존재와 소멸의 경계까지, AI는 이 모든 경계를 흔들고 있습니다.

이렇게 경계가 흔들릴 때는 근원적인 차원에서 검토하고 선택해야 합니다. AI가 인간을 오래 살게 만든다는 것은 축복일까요, 저주일까요? 120세까지 사는 세상을 상상해보세요. 은퇴는 언제 하고, 연금은 어떻게 되며, 세대 간 갈등은 어떻게 해결해야 할까요? 장수를 모두가 누린다면 평등하지만, 부유층만 가능하다면 불평등의 극치입니다. 기술적 가능성과 사회적 수용 가능성 사이의 간극, 그것이 미래에 우리가 직면할 딜레마입니다.

대학 진학의 질문은 교육의 본질을 묻죠. 지식은 이제 검색하면 나오고, AI가 맞춤형으로 가르쳐줍니다. 그렇다면 4년간 수천

만 원을 들여 대학에 가는 이유는 무엇일까요? 학벌? 인맥? 아니면 여전히 대학에서만 얻을 수 있는 무언가가 있을까요? 이 질문에 대한 답은 세대마다, 계층마다 다를 것입니다. 그리고 그 차이가 다시 불평등을 만들어냅니다.

개인정보와 보안 문제는 더 이상 기술적 이슈가 아닙니다. 그것은 신뢰의 문제죠. AI 기업을 믿을 수 있을까? 정부를 믿을 수 있을까? 믿지 못하겠다면, AI를 쓰지 않고 살 수 있을까? 그럴 수 없다면 우리는 어느 정도의 위험을 감수해야 할까요? 완벽한 보안은 없습니다. 우리는 편리함과 안전 사이에서 매번 선택해야 합니다.

5장의 7가지 질문은 개인의 생애(수명, 교육)에서 시작해 일상의 위험(보안, 범죄)으로 이동하고, 사회 구조(불평등)로 확장되며, 인류 전체(환경, 멸망)로 나아갑니다. 가장 사적인 것에서 가장 공적인 것으로, 가장 가까운 미래에서 가장 먼 미래로 시야가 펼쳐집니다.

5장의 목적은 두려움을 조장하려는 것이 아닙니다. 오히려 두려움을 넘어 행동으로 나아가자는 것이지요. 이 질문들에 대한 답은 아직 정해지지 않았어요. 우리가 지금 무엇을 선택하느냐에 따라 미래가 달라집니다. 수동적 관찰자로 남을 것인가, 능동적 참여자가 될 것인가. 그 선택은 바로 지금, 여기서 시작됩니다.

　　　　　　　　　　　　　　　　　

1. AI가 인간을
너무 오래 살게 만든다고?

구글의 자회사인 캘리코의 설립 미션은 꽤 도발적입니다. 노화를 자연스러운 현상이 아닌 치료 가능한 질병으로 규정하고 연구에 임하고 있어요. 죽음을 질병처럼 다룬다는 말, 어쩐지 신의 영역에 도전하는 듯하지 않나요?

놀랍게도 이를 뒷받침하는 변화가 실제로 일어나고 있습니다. 딥마인드가 개발한 AI 플랫폼 알파폴드는 단백질 구조를 예측하는 능력을 획기적으로 향상시켰습니다. 몇 년씩 걸리던 작업이 이제는 몇 달, 심지어 몇 주 만에 가능해진 경우도 있습니다.

이것이 왜 중요할까요? 단백질 구조를 안다는 것은 질병의 메커니즘을 이해하고, 그에 맞는 약물을 설계할 수 있다는 뜻입니다. 암세포가 어떻게 작동하는지, 알츠하이머가 뇌에서 어떤 식으로 진행되는지를 분자 수준에서 들여다볼 수 있게 된 겁니다. 신약 개발의 병목이 하나씩 풀리면서, 과거에 치료하지 못했던 질병들이 관리 가능한 영역으로 들어오기 시작했습니다.

이제 인간의 수명은 더 이상 세포의 노화 속도만으로 결정되지 않습니다. 데이터와 알고리즘이 개입하기 시작한 이래, 죽음은 생물학적 운명이 아니라 우리가 예측하고 늦출 수 있는 대상으로 조금씩 변하고 있습니다.

일상으로 들어온 건강 예측 기술

이제 AI는 우리의 심박수, 수면 패턴, 걸음 수를 읽어 건강을 예측합니다. 애플워치와 같은 웨어러블 기기는 하루 종일 우리의 생체 데이터를 수집하고, 이 데이터는 AI 헬스 모델이 학습하는 원료가 됩니다.

이런 데이터를 기반으로 개인의 생물학적 나이를 예측하기도 합니다. 어떤 사람은 실제 나이보다 열 살 젊게, 또 어떤 사람은 다섯 살 늙게 나타나는 식이죠. 그리고 그 차이를 낳는 생활습관 패턴을 역으로 찾아냅니다. 예를 들어 수면 부족과 스트레스 지표가 일정 수준 이상 심해지면 심혈관 노화 속도가 평균보다 빠르다는 식으로 경고합니다. 예전에는 병원에서 정기검진으로 알아차리던 변화를 이제는 실시간으로 감지하고 조언하는 것이죠. 그에 따라 식단과 운동, 수면을 조절했을 뿐인데 건강 지표가 개선되는 사례들이 보고되고 있습니다. 획기적인 신약을 기대하지 않더라도, 이런 기술은 이미 우리 일상에 들어왔습니다.

하지만 이런 첨단 기술은 아직 모두에게 공평하게 제공되지 않습니다. 고가의 웨어러블 기기를 살 수 있고, AI 건강관리 서비스를 구독할 여유가 있는 사람들에게만 혜택이 돌아가죠. 실리콘밸리에는 언제 죽을지 미리 알고 싶어 하는 부유층이 늘고 있다고 합니다. 건강 데이터가 새로운 자원으로 전환되는 것입니다.

인간의 장수는 더 이상 유전자의 '복불복'이 아니라, 데이터 인프라와 경제력의 격차로 나뉘기 시작했습니다. 기술이 발전할수록 건강 불평등도 함께 커질 수 있다는 우려가 나오는 이유죠.

뇌도 늙지 않게 할 수 있을까?

몸의 노화를 늦출 수 있다면, 우리 뇌는 어떻게 될까요? 우리는 몸이 늙으면 기억이 흐릿해지고 집중력이 떨어지는 걸 너무 당연하게 여겨왔습니다. 하지만 최근의 기술은 이 영역에도 발을 들이고 있습니다.

노화의 본질을 기억의 손실이 아니라 기억의 연결망이 약해지는 것으로 보는 연구들이 있습니다. 특히 노년층의 경우 주변과의 대화가 줄고, 새로운 정보에 노출되지 않으면 뇌가 점점 폐쇄적으로 바뀝니다. 기술은 이런 인지적 고립을 뚫는 도구가 되어줍니다. 약해진 연결망을 다시 강화해주는 것이죠. 노년층을 대상으로 인지 보조 프로그램을 제공한 사례들을 보면 참가자들이 말을 조리 있게 풀어내고, 판단력이 향상되고, 자신의 기억력을 신뢰하는 정도가 높아지는 효과가 나타납니다.

일본에서는 노인들에게 휴머노이드 로봇을 일상 대화 파트너로 배치하는 실험을 했습니다. 이 로봇은 사용자의 감정 톤과 단어 선택을 분석해 "오늘은 기분이 조금 가라앉으셨네요, 어제보다 수면이 부족했나요?" 같은 말을 건넵니다. 이런 대화가 이어진 결과 참여자 대부분은 혼자 있어도 외롭지 않다고 응답했고, 우울감 지표도 크게 개선되었습니다. 단순히 말을 거는 게 아니라, 인간의 사회적 뇌를 자극한 것입니다.

운동이 근육을 지켜주는 것처럼, 이런 상호작용은 뇌의 네트워크를 유지하는 역할을 합니다. 여기에는 반복 학습의 원리가 숨어 있습니다. 인간의 뇌는 새로운 자극을 받을 때마다 신경세포 간의 연결이 강화됩니다. 알고리즘은 인간보다 훨씬 섬세하게 개인의 학습 패턴을 분석하고, 최적의 난이도 곡선을 유지합니다. 이런 피드백이 장기적으로 이어질 때, 인간의 뇌는 퇴화를 늦추는 수준을 넘어 새로운 연결을 형성하며 재구성됩니다.

결국 이것은 인간의 뇌를 늙지 않게 한다기보다, 뇌가 다른 방식으로 나이 들게 만드는 기술입니다. 이제 노화는 기억을 잃는 과정이 아니라, 기억의 형태가 바뀌는 과정이 될 것입니다. 우리가 스마트폰과 함께 살면서 외부 기억 장치에 익숙해졌듯, 알고리즘과 함께 사는 인간의 뇌는 노화하지만 확장할 것입니다.

죽음 이후에도 남는 것들

기술은 우리의 생명과 인지를 관리하면서, 동시에 삶의 의미를 흔들고 있습니다. 실리콘밸리에서는 이미 죽음 너머를 겨냥한 프로젝트들이 진행되고 있습니다. 일부 기업들은 사망한 사람의 대화 데이터와 소셜미디어 기록을 학습해 그 사람처럼 대화할 수 있는 챗봇 기술을 개발하고 있습니다. 사랑하는 가족이 여전히 살아 있는 듯 이야기하는 것이죠. 물론 이것은 진정한 의미의 의식 재현과는 거리가 멉니다. 현재 기술로는 과거의 대화 패턴을 모방할 수 있을 뿐, 그 사람의 내면이나 자아를 복제하는 것은 불가능합니다. 하지만 유족들에게는 이 차이가 그다지 중요하지 않을 수도 있어요. 고인의 목소리와 말투로 위로받는다면, 그것이 진짜 의식인지 정교한 모방인지는 덜 중요해지니까요.

여기서 흥미로운 질문이 생깁니다. 기술이 내 경험을 수집하고, 기억을 정리해 디지털 복제본을 만들고, 나아가 감정을 관리한다면 어떨까요? 예를 들어 "오늘 당신은 많이 슬퍼했네요. 그렇지만 내일은 행복한 기분이 들 테니, 너무 걱정하지 마세요"라고 말해준다면요? 그 순간 우리는 자신의 감정을 직접 해석하기보다, 기계의 언어로 감정을 재구성하게 됩니다. 감정의 원천이 내 마음에서 알고리즘의 언어모델로 옮겨가는 것이죠. 이런 상황은 괜찮을까요?

인간의 뇌는 원래 외부 도구와 함께 진화해온 기관입니다. 언어도, 글도, 스마트폰도 모두 우리의 생각을 확장하기 위한 인지 보조 장치였습니다. 현재의 AI 기술들도 그 연장선에 있습니다. 다만 이전의 도구들이 표현을 도왔다면 지금의 기술은 판단과 의미 부여에 관여한다는 점이 다릅니다. 이것이야말로 인간다움의 본질과 맞닿아 있는 영역입니다.

더 큰 문제는 이런 기술이 상업화될 때 발생합니다. 당신의 디지털 복제본을 만드는 서비스가 월 구독료로 제공된다면? 부유층은 자신의 의식 패턴을 여러 버전으로 백업하고, 가난한 사람은 그럴 여유가 없다면요?

오래 사는 것보다 중요한 것

기술이 질병 진단과 신약 개발을 돕고, 인지 보조 도구로 활용되며, 일상의 많은 판단을 대신 해주는 시대라면 이제 마지막 질문이 남습니다. 그렇게 해서 오래 산다면, 우리는 어떻게 살아야 할까요?

그리고 이런 문제도 다가옵니다. 우리 자신의 취약성을 받아들이는 문제 말이죠. 늙는다는 것, 병든다는 것, 언젠가 죽는다는 것은 인간 존재의 본질적 조건입니다. 기술이 이를 미루거나 완화할 수는 있어도 완전히 없앨 수는 없습니다. 그런데 우리는 정말 이 사실을 받아들이고 있을까요? 아니면 기술이 언젠가 해결해줄 거라는 희망에 기대어, 우리의 유한함과 정면으로 마주하기를 회피하고 있는 건 아닐까요?

어찌 보면 진정한 장수는 단순히 더 오랜 시간을 사는 것이 아니라, 같은 하루를 좀 더 다르고 깊게 느낄 수 있는 능력을 확장하는 것일지도 모릅니다. AI는 우리에게 이렇게 묻는 것 같습니다. "나는 당신의 시간을 늘려줄 수 있습니다. 당신은 그 시간을 어떻게 채우겠습니까?"

2. AI 시대, 아이를 대학에
   꼭 보내야 할까?

영국의 16세 소년 토비 브라운의 이야기로 시작하겠습니다. 일곱 살 생일, 토비는 작은 컴퓨터 보드 한 장을 선물받았습니다. 라즈베리 파이라는 교육용 컴퓨터였죠. 토비에게 라즈베리 파이는 너무도 재미있는 장난감이었습니다. 유튜브 강의를 찾아보고, 온라인 커뮤니티를 뒤지며 밤을 새웠습니다. 열두 살 무렵에는 웹사이트 제작을 돕는 도구를 개발하며 온라인 커뮤니티에서 또래 개발자들을 이끌기도 했습니다.

2023년, 토비는 AI 기반 소프트웨어 개발에 뛰어들었습니다. 사용자의 맥락을 학습해 이메일 요약, 일정 동기화, 여행 예약 등 반복적인 업무를 자동화하는 소프트웨어였어요. 토비는 자신을 학교 성적 기준으로는 그저 평균적인 학생이라고 표현합니다. 하지만 그는 평균의 울타리 안에 머물지 않았습니다.

2024년 여름, 토비는 자전거를 타고 런던의 벤처캐피털 사무실을 직접 찾아다니며 자신의 사업 아이디어를 설명했습니다. 뉴욕과 샌프란시스코의 투자자들과 화상 미팅을 이어간 끝에, 그는 100만 달러의 투자를 유치했습니다. 현재 그는 미국에서 특별 비자를 받아 샌프란시스코로 거주지를 옮겼습니다. 낮에는 코딩을 하고, 밤에는 전 세계의 개발자들과 토론하며 제품 출시와 후속 투자 유치를 준비하고 있습니다.

정규 대학 교육 없이도 가능한 일이었습니다. 부모 입장에서 이런 사례는 불안과 부러움이 섞인 복잡한 감정을 불러일으킵니다. 대학이라는 제도 안에서 길을 찾던 세대에게, 제도권 밖에서 성공하는 아이들의 등장은 낯설고 위태로워 보입니다. 하지만 이건 예외적인 천재의 이야기가 아닙니다. 배움의 구조 자체가 바뀌고 있다는 신호입니다.

흔들리는 성공 공식

'좋은 대학에 가야 성공한다'는 말은 우리 사회의 기본값이었습니다. 부모 세대에게 대학은 안정된 인생의 출발점이었죠. 하지만 지금 아이들에게 그 공식은 점점 희미해지고 있습니다.

요즘 기업의 채용 공고를 보면 이런 변화가 피부로 느껴집니다. 해외 주요 채용 플랫폼 자료에 따르면, 많은 대기업이 신입 채용 시 학위 요건을 삭제했습니다. 구글, IBM, 테슬라 같은 기업은 출신 학교보다 문제해결력을 평가 기준으로 내세웁니다. 학위 대신 실제로 어떤 프로젝트를 해봤는지, 협업 과정에서 어떤 기여를 했는지가 훨씬 중요해진 겁니다.

국내 상황도 크게 다르지 않습니다. 이미 4년제 대학 졸업자의 전공 일치 취업률이 절반을 밑돕니다. 대학을 나오지 않았더라도, AI 도구를 능숙하게 다루며 무언가를 직접 완성해본 사람이 더 빨리 사회에 진출하는 현상도 늘고 있고요. 실제로 소프트웨어 개발자 커뮤니티나 온라인 협업 플랫폼을 보면, 20대 초반의 청년이 AI로 만든 앱을 전 세계에 공개하고, 기업들이 거꾸로 채용 제안을 하는 경우도 나타납니다.

예전에는 대학에 가야만 접할 수 있었던 전문 지식을, 이제는 AI에 질문하고, 온라인 강의를 찾아보고, 커뮤니티에서 토론하면서 얼마든지 습득할 수 있게 됐습니다. 교실에서 한 명의 교사로부터 수십 명의 아이들이 주입식으로 배우던 시대가 끝나고, 학습이 AI와의 대화, 협업, 탐험으로 점차 옮겨가고 있는 겁니다. 그렇다고 해서 교실의 시대가 완전히 끝났다는 뜻은 아니지만요.

새로운 배움의 무대가 열리다

"요즘은 대학보다 팔란티어 인턴십을 택하는 게 낫다." 실리콘밸리에서는 이런 말이 진담처럼 오갑니다. 팔란티어는 CIA와 미국방부의 데이터까지 분석해주는 세계적인 AI 데이터 기업입니다. 그런데 이 회사의 인턴십 이력이 어지간한 대학 졸업장보다 현업에서 높게 평가받는다는군요. 명문대 석사보다 팔란티어 인턴 출신을 더 선호한다는 이야기까지 나오기도 하고요.

팔란티어에서는 AI와 함께 일하는 능력, 복잡한 문제를 팀 단위로 해결하는 협업력, 데이터로 생각하는 힘을 실전으로 보여줘야 합니다. 인턴들은 실제 고객 데이터를 다루며, 매일 AI 모델을 조정하고, 윤리적 판단이 필요한 문제에 대해 토론합니다. 그들의 하루는 대학 강의실에서처럼 정리된 이론을 습득하는 게 아니라, 현장의 살아 있는 문제를 다루는 긴장감 속에 흘러갑니다. 학위보다 이런 경험을 높이 평가하는 기업들이 증가하는 게 그리 의아하지 않죠.

한국에서도 비슷한 흐름이 나타나고 있습니다. 대표적인 사례가 삼성청년SW·AI아카데미입니다. 삼성판 코딩 학교로 불리는 이 프로그램은 학위와 상관없이 실무형 인재를 키우겠다는 목표로 만들어졌습니다. 이곳에서는 컴퓨터공학 전공 여부가 중요하지 않습니다. 대신 배우려는 태도와 문제해결에 도전하는 탐험력이 평가 기준입니다. 저는 2018년, 이 프로그램이 시작할 때부터 지금까지 자문 교수로 참여하고 있습니다.

이 프로그램에서 수강생들은 1년 동안 인공지능, 데이터 분석, 알고리즘 등 실무 중심의 커리큘럼을 소화하고, 프로젝트를 직접 설계해 완성합니다. 수료생의 85% 이상이 IT 기업에 정규직으로 채용되었고, 대기업뿐 아니라 중견기업과 스타트업에서도 이들을 현장에서 바로 일할 수 있는 사람으로 인식하고 있습니다. 대학을 졸업해도 취업 문턱을 넘지 못하는 청년이 많은 현실에서, 비학위 프로그램이 오히려 실력 인증서로 통하는 셈이죠.

이런 프로그램들의 공통점은 명확합니다. 배움의 중심이 교수와 정해진 이론에서, 살아 있는 현장의 문제와 실제 프로젝트로 옮겨졌다는 점입니다. 이 과정에서 AI가 파트너 역할을 합니다. 예를 들어 AI가 코딩 로그를 추적해서, 알고리즘이 반복적으로 틀린 이유를 진단해줍니다. 학생은 그저 정답을 외우는 대신, 자신의 사고 패턴을 점검하고 고치는 메타인지 학습을 경험합니다.

이런 변화 속에 대학의 교수법도 바뀌고 있습니다. MIT의 오픈러닝랩은 학습자에게 AI가 실시간 피드백을 제공하는 시스템을 도입했습니다. 학생들이 실험 데이터를 분석할 때마다 AI가 지금의 가정이 논리적으로 일관됐는지 묻고, 오류를 짚어내죠.

그렇다면 대학은 필요 없는 걸까?

지금까지의 이야기가 아이를 대학에 보내지 말라는 말로 들리시나요? 결코 그런 뜻은 아닙니다. 대학은 여전히 유효한 선택지입니다. 다만 그 의미가 달라졌을 뿐이죠. 대학 자체를 목표로 삼기보다는, 아이의 성장을 위한 여러 도구 중 하나로 바라보자는 것입니다.

대학이 여전히 현실적으로 가치 있는 이유를 말씀드리겠습니다. 첫째, 대학은 아이가 자기 길을 찾아가는 지적 실험장입니다. 온라인 강의, 유튜브, 커뮤니티는 자율적이고 창의적인 아이에겐 천국이지만, 아직 목표가 뚜렷하지 않은 아이에게는 끝없는 미로에 가깝습니다. 오늘은 코딩을 하다 내일은 디자인을 배우고, 모레는 영상 편집을 하다가는 방향을 잃기 쉽죠. 방향성을 잡지 못한 아이에게 무한한 자유는 오히려 혼란을 줍니다. 이럴 때 대학은 학습의 지도를 제공합니다. 많은 대학들이 변화에 다소 늦게 반응하는 경향은 답답한 게 사실이지만, 대학의 커리큘럼은 아이가 학습의 기본 틀을 익히는 과정에서 지적 뼈대가 됩니다.

둘째, 대학의 진짜 효용은 사람에게서 나옵니다. 강의실보다 강력한 건 그 안에서 만나는 사람들입니다. 같은 관심을 가진 친구들과 함께 프로젝트를 하면서 배우는 협업, 토론에서 부딪치며 생기는 비판적 사고, 실패한 아이디어를 교수나 동료와 함께 다시 세우는 과정은 AI도, 인터넷 강의도 대신해줄 수 없습니다. 대학 안의 커뮤니티는 단순한 사회적 관계망이 아니라 지속 가능한 배움의 생태계입니다. 지식을 쌓는 공간을 넘어, 성장하는 사람들의 네트워크가 형성되는 장소인 거죠. 요즘 들어 바쁘다, 번거롭다, 피곤하다는 이유로 혼자서만 공부하는 학생들이 증가하고 있습니다. 대학은 목적을 공유하는 사람들이 모인 학습 공간인데, 사람들에게서 멀어져 혼자로 돌아가는 게 안타깝습니다.

저도 두 아이를 키운 부모입니다. 그런 부모의 마음으로, 그리고 여러 기업과 함께 일하는 전문가의 입장에서 드리는 말씀입니다. 대학은 유일하지는 않지만, 여전히 편리하고 효과적인 선택지입니다. 단, 대학에 가는 이유가 오로지 졸업 후 취업 안정성 때문이라면, 대학은 더 이상 적절한 선택지가 아닙니다. 반면 우리 아이가 어떤 문제에 흥미를 느끼는지, 어떤 사람들과 부딪치며 성장할지를 고민한다면 대학은 여전히 훌륭한 무대가 될 수 있습니다.

대학 밖에는 어떤 루트가 있을까요? 팔란티어 인턴십처럼 실제 데이터와 문제를 다루며 배우는 경우도 있고, 삼성청년SW·AI 아카데미처럼 실무 프로젝트를 통해 실력을 증명하는 방식도 있습니다. 해외에서는 온라인 학위나 단기 부트캠프, 스타트업 인턴십이 대학 교육을 대체하는 경우도 있지만, 아직은 대학이 하지 못하는 속도와 실험성을 보완하는 장으로 보는 게 타당합니다. 대학과 대학 밖의 경로는 서로 경쟁하는 관계가 아니라, 개인의 특성과 상황에 따라 선택할 수 있는 보완적 관계입니다.

예를 들어 목표가 명확하고 자기주도성이 강한 아이라면 토비처럼 대학 없이도 자기 길을 개척할 수 있습니다. 반면 아직 자신이 무엇을 좋아하는지, 어떤 방향으로 가고 싶은지 탐색 중인 아이라면 대학이라는 구조화된 환경이 도움이 될 수 있죠. 또 어떤 아이는 대학에 다니면서 동시에 온라인 프로젝트나 인턴십을 병행하며 두 세계의 장점을 모두 취할 수도 있습니다. 즉 우리 아이에게 지금 필요한 배움의 형태가 무엇인지를 고민하는 것이 핵심입니다.

부모의 역할

그렇다면 이 시대의 부모는 어떻게 해야 할까요? 우리나라의 현실상 아이들의 입시는 여전히 부모가 챙겨야 합니다. 그러나 대학 입시에만 모든 것을 집중하면 안 됩니다.

새로운 경로, 다양한 경로가 열리면서 부모의 역할은 더 어려워졌습니다. 자신이 공부하던 대로 아이를 이끌 수 없게 됐으니까요. 이제는 부모가 아이를 위한 배움의 무대를 함께 설계해야 합니다. 구체적으로 어떻게 할지, 몇 가지 제안을 드립니다.

첫째, 대학 선택 시 '왜'를 분명히 하세요. 대학에 왜 가는지를 아이와 함께 고민해야 합니다. 단순히 좋은 직장을 위해서라면, 그 목표를 달성할 다른 방법도 함께 살펴보세요. 우리 아이가 그곳에서 어떤 경험을 하며 호기심을 키울 수 있을지, 어떤 사람들을 만날 수 있을지 함께 이야기해보세요. 예를 들어 아이가 데이터 분석에 관심이 있다면 통계학과 진학만 생각할 게 아니라, 그 대학에 데이터 관련 프로젝트나 동아리가 활발한지, 실제 기업과 협업 기회가 있는지도 살펴봐야 합니다. 대학 이름보다 그곳에서 아이가 무엇을 경험할 수 있는지가 더 중요합니다.

둘째, 대학 밖 선택을 할 때도 구조를 만들어주세요. 만약 대학에 가지 않기로 결정했다면, 그 대신 어떤 환경에서 탐험과 성장을 이어갈지 함께 설계해야 합니다. 그냥 "네가 하고 싶은 걸 해봐!" 하고 방관할 게 아니라, 아이 스스로 길을 발견할 수 있는 경로를 마련해주는 것이 부모의 역할입니다. 만약 아이가 프로그래밍에 관심 있다면 온라인 부트캠프 등록, 멘토 찾기, 실제 프로젝트 참여 기회 탐색 등 구체적인 로드맵을 함께 만들어보세요. 6개월마다 체크포인트를 정해서 아이가 어떤 걸 배우고 있는지, 다음 단계로 무엇이 필요한지를 점검하는 것도 좋습니다.

셋째, 아이의 실패 프로젝트를 응원하세요. AI 시대의 배움은 완벽한 결과물보다 시행착오의 과정이 더 중요합니다. 아이가 앱을 만들다 실패하거나, 온라인 강의를 듣다 중도 포기하더라도 그 과정에서 무엇을 배웠는지에 대해 이야기해보세요. 실패한 프로젝트도 포트폴리오가 될 수 있습니다. 왜 안 됐는지를 분석하는 능력이 바로 기업이 원하는 문제해결력이니까요.

넷째, 아이와 함께 시장을 관찰하세요. 어떤 기술이 뜨는지, 어떤 직업이 생겨나고 사라지는지 아이와 함께 뉴스나 유튜브를 보며 이야기해보세요. "이 일을 하려면 어떤 능력이 필요할까?", "지금부터 준비하려면 뭘 배워야 할까?" 하고 자연스럽게 토론하는 겁니다. 아이가 세상 물정과 경제에 너무 관심이 없다면, 아주 적은 금액으로 주식 투자를 해보게 하는 것도 좋습니다. 이런 대화와 경험으로 아이는 스스로 미래를 설계하는 힘을 기릅니다.

다섯째, 아이에게만 배우라고 하지 말고, 부모도 새로운 걸 배우는 모습을 보여주세요. AI 챗봇을 써보거나, 온라인 강의를 듣거나, 아이가 관심 있는 분야의 책을 함께 읽어보세요. 부모가 배움을 멈추지 않는 모습이 아이에게 가장 강력한 교육입니다.

마지막으로, 이런 질문을 스스로에게 던져보시길 권합니다. '내가 만약 지금 20대 초반이라면 나는 어디서, 무엇을, 누구와, 어떻게 배울까?' 이 질문에 대한 답을 아이와 함께 찾아가세요. 그 답이 대학일 수도 있고, 온라인 플랫폼일 수도 있고, 실무 프로젝트일 수도 있습니다.

우리는 지금 거대한 전환기의 초입에 서 있습니다. 대학은 여전히 유효하지만, 더 이상 유일하지 않습니다. 아이들은 이미 세상의 다른 문으로 들어서고 있습니다. 부모의 역할은 그 문을 함께 찾고, 아이가 자신만의 길을 걷도록 곁에서 지지하는 것입니다.

불안해하지 마세요. 길은 하나가 아니니까요. 그리고 그 길을 찾아가는 과정 자체가 이미 아이에게는 가장 중요한 배움입니다.

3. AI에 개인정보, 영업기밀을 입력해도 안전할까?

하루에도 몇 번씩 우리는 무심코 AI에 말을 걸고, 문서를 붙여 넣습니다. "이 내용 요약해줘요." "이런 목차로 보고서 초안을 써 줘요." "내가 받은 이메일에 대해 거절로 회신할 내용 써줘요." 바쁜 업무 중에 AI의 도움은 참 편리합니다.

하지만 문득 이런 생각이 듭니다. '이런 내용을 그대로 넣어도 괜찮을까?' 그 안에 고객 이름, 계약 조건, 내부 회의 내용이 들어 있다면요. 우리는 이미 생각보다 많은 개인정보와 영업기밀을 AI에 흘리고 있습니다.

제가 여러 기업에 자문, 강연을 하면서 구성원들을 대상으로 조사해보니, 절반 이상이 업무 중 민감한 정보를 AI에 입력한 적이 있다고 답했습니다. 아이러니한 것은 응답자의 대부분이 그게 위험할 수 있다는 걸 안다고 응답했다는 점입니다. 위험을 알고도 쓰는 이유는 단 하나, 너무 편하기 때문입니다. 특히 이메일 요약, 보고서 작성, 번역, 회의록 정리에 AI를 쓰는 사람들은 평균 50~60% 정도 시간이 절감되었다고 말합니다.

2023년, 국내 대기업의 전자 부문에서 개발자가 회의 내용을 챗GPT에 붙여 넣었다가 내부 회로 설계 코드 일부가 외부 서버로 전송된 사건이 있었습니다. 회사는 즉시 민감한 정보의 입력을 금지한다는 공지를 내렸지만, 이미 흘러나간 그 정보가 어찌 쓰일지는 알 수 없습니다.

현 상황을 보면 AI 전면 금지, 회사 자체 AI만 허용, 외부 AI까지 허용 등 기업마다 정책은 다양합니다. 이 모습을 보니 스마트폰이 처음 등장했을 때가 떠오릅니다. 당시 많은 회사에서 개인 폰 사용을 금지했죠. 하지만 결국 대부분의 기업은 구성원의 스마트폰 사용을 허용하게 됐습니다. 기업 정책이 현실의 흐름을 따라간 겁니다. 마찬가지로 지금 대부분의 기업은 AI를 금지하기보다 내부 가이드라인과 정책을 마련해 보안 위험을 관리하며 활용하는 방향으로 전환하고 있습니다. 즉 전면 금지가 아닌 책임 있는 사용을 택하는 상황입니다.

AI의 기억은 당신의 예상보다 길다

우리가 AI를 찾는 첫 번째 이유는 인간의 인지적 게으름 때문이죠. 스스로 생각하기보다 입력하고 결과를 보는 게 더 빠르고 편합니다. 이런 인지적 편의성을 한번 경험하면 과거의 불편한 방식으로 돌아가기 어렵습니다. 결국 사람들은 정보 보안보다 즉각적 결과를 선택하게 됩니다.

여기에 더해 AI는 특유의 인간다운 말투로 우리의 경계심을 무너뜨립니다. 이는 사회공학적 해킹의 기본 원리와도 일치하는 데요. 사회공학적 해킹이란 컴퓨터 시스템이나 기술적 취약점을 공격하는 대신, 인간의 심리와 실수를 악용하여 원하는 정보를 얻는 비기술적 공격 기법을 말합니다. 쉽게 말해 사람을 속여서 정보를 빼내는 것으로, 보이스피싱도 이에 해당합니다. AI가 정교하게 사회적 신호를 모방할 경우, 사용자는 도움을 받으려면 민감한 정보를 제공하는 게 당연하다고 인식하게 됩니다. AI에 악의가 없어서 보이스피싱 같은 공격을 하지는 않더라도, 개인정보가 쉽게 유출되는 것은 사실입니다.

AI에 입력된 데이터는 어디로 갈까요? 많은 분이 AI는 대화를 끝내면 다 잊는다고 생각합니다. 하지만 그렇지 않습니다. AI의 기억은 인간보다 훨씬 길고, 또 복잡합니다. 다만 서비스마다 그 기억이 개별 사용자 차원에서 남는지, AI 전체 모델 개선에 반영되는지가 다를 뿐이죠.

챗GPT는 무료 버전 사용자의 대화 내용이 품질 개선과 모델 학습에 활용될 수 있다고 명시합니다. 즉 지금 챗GPT 무료 버전을 사용하신다면, 입력한 문장 일부는 모델의 개선을 위해 일정 기간 저장됩니다. 반면 챗GPT 유료 버전과 기업 버전은 기본적으로 대화 내용이 모델 학습에 사용되지 않는다고 명시돼 있습니다. 다만 서비스 품질 향상을 위한 로그 데이터(시스템 성능, 오류 기록 등)는 일정 기간 보관한다고 합니다.

구글 제미나이는 조금 다릅니다. 구글은 대화 내용의 일부를 품질 평가자가 검토할 수 있다고 명시하며, 데이터는 최대 3년간 보관될 수 있다고 설명합니다. 사용자가 삭제 요청을 하면 개별 대화는 제거되지만, 이미 내부 모델 개선에 반영된 학습 데이터는 되돌릴 수 없다고 합니다.

클로드는 좀 더 보수적입니다. 일반적인 대화 내용은 30일 이내에 자동으로 삭제된다고 명시했습니다. 다만 몇 가지 예외가 있습니다. 악의적인 사용이 감지되면 최대 2년까지 보관되고, 사용자가 '좋아요/싫어요' 같은 피드백을 남긴 경우에는 서비스 개선을 위해 최대 5년까지 보관될 수 있습니다.

이렇게 보면, AI가 사용자의 데이터를 학습에 쓰지 않는다는 말은 절반만 맞습니다. 대화를 학습에 쓰지 않는다는 문장 뒤에는 '하지만 로그, 성능 분석, 버그 탐지를 위해 일정 기간 저장될 수 있다'는 조건이 숨어 있습니다. 더욱이 일부 데이터는 모델 재훈련 과정에서 통계적 잔상으로 남습니다. AI 연구자들은 이를 모델의 무의식, 또는 기억 잔여물이라 부르죠.

AI 연구 분야에서는 최근 '머신 언러닝machine unlearning' 문제를 활발히 다루고 있습니다. 프라이버시 보호 차원의 '잊힐 권리'로 시작된 논의가 최근 들어 AI 안전성 등으로 확장된 것이죠. 특정 데이터가 삭제되더라도 그 데이터의 통계적 패턴이나 표현 경향이 대형언어모델 내부에 일부 남을 수 있습니다. 모델은 개별 문장을 그대로 암기하지 않더라도, 학습 데이터의 통계적 패턴과 언어적 경향을 가중치에 인코딩하기 때문입니다.

이러한 우려는 오픈소스 언어모델 분석에서도 제기되었습니다. 2024년 이후 다수의 유럽, 미국 연구팀은 훈련 데이터에서 특정 정보를 삭제한 뒤에도 모델이 연관된 결과를 일부 재현하는 경우가 있음을 지적하며, 완전한 데이터 망각을 구현하기가 아직까지는 기술적으로 어렵다고 강조했어요. 이는 AI가 정보를 명확히 저장하기보다, 데이터의 통계적 습관을 학습하고 유지한다는 특성과 맞닿아 있습니다.

이 문제를 기업 입장에서 생각해볼까요? 어느 스타트업이 신제품 전략 문서를 AI 챗봇에 붙여 넣었다고 가정합시다. 이 문서가 누군가의 대화 품질 평가용 데이터로 잠깐이라도 보관된다면, 그 문서의 보안이 완전히 유지된다고 보기는 어렵습니다.

보안의 중심은 기술이 아니라 사람이다

AI 서비스 제공자들도 이런 문제를 인식하고 프라이버시 모드를 강화하고 있지만, 기업들은 그와 별개로 다양한 절충안을 찾고 있습니다. 국내 대기업들의 사례를 보면 AI 사용을 아예 막거나 자유롭게 허용하는 그룹보다, 민감도 판단 교육을 받은 그룹의 위험도가 가장 낮은 것으로 나타났습니다. 이는 AI 보안의 본질이 기술이 아니라 인간의 인지에 있을 가능성을 시사합니다. 실제로 정보 보안 분야의 여러 통계를 보면, 정보 유출 사고의 90% 이상이 내부 직원의 실수에서 시작됩니다.

문제는 많은 사람들이 데이터 민감도를 스스로 판단하지 못한다는 점입니다. 어떤 사람은 회의록을 그저 정리 자료라고만 생각하지만, 그 안에 언급된 이름, 이메일, 일정, 내부 결정사항 모두가 민감한 정보일 수 있습니다. AI는 입력된 문장 전체를 처리하므로, 그중 하나라도 고유 식별 정보가 포함되면 이미 민감 정보가 입력된 셈입니다.

그래서 최근 보안 전문가들은 '인간 중심 보안human-centric security'이라는 접근을 강조합니다. 이는 보안을 사람의 습관, 심리, 주의력 구조에 맞춰 설계하는 방법입니다.

예를 들어 사내 AI 포털에 데이터 유출 방지 시스템을 구축하면, 사용자가 텍스트를 붙여 넣는 순간 이메일 주소나 전화번호 같은 패턴을 사용자의 컴퓨터나 회사 내부 서버에서 먼저 검사합니다. 민감한 정보가 감지되면 "이 문장에는 이메일 주소가 포함되어 있습니다. 업로드를 계속하시겠습니까?"와 같은 경고문을 띄워, 외부 AI로 정보가 전송되기 전에 사용자가 직접 판단할 수 있게 합니다.

일부 기업들은 문서나 데이터의 특성에 따라 라벨을 자동으로 표시하여, 직원들이 한눈에 정보의 민감도를 파악할 수 있도록 합니다. 신호등처럼 직관적인 시각 신호로 사람의 주의를 환기시키는 것이죠. 이런 방식은 사람의 주의 집중 한계를 보완합니다. 인간은 한 번에 평균 4±1개의 정보만 작업 기억 속에 유지할 수 있어요. 즉 모든 보안 규정을 기억하며 완벽하게 수행할 능력이 애초에 없습니다. 따라서 시스템이 우리의 주의가 미치는 범위 안에서 위험 신호를 주어야 합니다. 이것이 인간 중심 보안 설계의 핵심입니다.

보안에 게임화 방식을 적용하는 경우도 있습니다. 국내 모 기업은 직원들이 AI를 사용할 때마다 안전 점수를 부여하고, 팀별

순위를 공개했습니다. 한 달 동안 안전 점수 90점 이상을 달성한 팀은 점심 쿠폰을 받고요. 이 단순한 제도로 AI에 위험 문장이 입력되는 비율이 절반 가까이 줄었습니다. 보안도 일종의 학습이기에, 인간의 동기 구조를 이해하고 설계해야 효과가 있습니다.

신뢰를 설계하는 시대로

AI 시대의 보안은 더 이상 잠금장치 차원의 사안이 아닙니다. 신뢰를 어떻게 설계하느냐의 문제로 옮겨가고 있어요. 2024년, 유럽연합은 세계 최초로 인공지능법을 제정하면서 핵심 가치를 세 단어로 요약했습니다. '투명성, 설명 가능성, 인간 감독'입니다. 우리나라도 비슷한 방향으로 움직이고 있어요. 과학기술정보통신부는 2024년 AI 신뢰성, 안전성 확보를 위한 정책을 발표하고, 민간 자율형 'AI 신뢰성 인증CAT' 제도를 통해 기업의 AI 제품 및 서비스에 대해 투명성, 책임성, 데이터 관리, 윤리적 사용 여부 등을 평가해 인증 마크를 부여하고 있습니다. 2024년 2월에 국내 1, 2호로 민간 기업이 이 인증을 받았죠. 이처럼 인증을 통한 신뢰 확보 체계가 점차 산업계 전반으로 확대되고 있습니다.

그렇다면 우리는 어떻게 스스로를 지킬 수 있을까요? 모두에게 동일한 원칙이나 기준을 적용하기는 어려운 상황입니다. 하지만 몇 가지 구체적인 실천 방법은 있습니다.

첫째, AI에 맡길 수 있는 정보의 한계선을 스스로 정하세요. 개인 기록, 가족의 이야기, 회사의 내밀한 전략을 어느 정도까지 AI

에 입력할 것인지 기준을 정해야 합니다. 간단한 기준 하나를 제안할까요? "이 내용이 내일 회사 게시판에 올라가도 괜찮은가?" 이 질문에 '아니오'라고 생각한다면, AI에 입력하기 전에 한 번 더 생각해보세요.

둘째, 구체적 정보를 일반화해서 입력하는 습관을 들이세요. 예를 들어 '김○○ 대리'를 '담당자'로 바꿔 입력하는 겁니다. 조금 불편하지만, 이 작은 습관이 큰 위험을 막아줍니다.

셋째, 사용하는 AI 서비스의 데이터 정책을 반드시 확인하세요. 약관을 다 읽으라는 게 아닙니다. 딱 3가지만 확인하면 됩니다. 내 대화 내용이 학습에 쓰이는가? 데이터는 얼마나 보관되는가? 삭제 요청이 가능한가?

넷째, 회사에서 AI를 쓰는데 별도의 AI 정책이 없다면 만들어 달라고 요청하세요. "우리 팀은 AI를 어떻게 써야 하나요?"라는 질문 하나가 조직 전체의 보안 문화를 바꿀 수 있습니다.

정보 보안과 편의성은 제로섬 게임이 아닙니다. 둘 다 잡을 수 있어요. 다만 그러려면 우리 스스로가 깨어 있어야 합니다. AI 기업들의 책임은 더욱 막중합니다. 앞으로 AI 모델의 신뢰도는 단순히 성능이 아니라 책임성으로 평가받게 될 겁니다. 얼마나 빠르게 답하느냐보다, 얼마나 안전하게 답하느냐가 더 중요해지는 시대가 오고 있어요. AI는 우리가 만들어낸 또 하나의 지능이지만, 그것을 얼마나 믿을 수 있는지는 기술의 발전보다 인간의 성숙에 달려 있습니다.

4. AI로 범죄가 더
   증가할까, 감소할까?

AI가 인간보다 똑똑해지면 세상이 더 안전해질까요, 아니면 더 위험해질까요? 이 질문은 요즘 범죄학자들, 기술윤리학자들이 자주 던지는 화두입니다. 기술에는 언제나 두 얼굴이 있습니다. 인류는 늘 도구를 통해 삶을 개선해왔지만, 그 도구가 언제든 무기로 바뀔 수 있다는 것도 경험했죠. AI도 마찬가지입니다. 이번에는 그 도구가 엄청난 지능을 가졌다는 점이 다릅니다.

356억 원을 송금하게 만든 가짜 얼굴

2024년 2월 홍콩에서 영화 같은 사건이 터졌습니다. 한 다국적 기업의 현지 직원이 화상회의에 접속했습니다. 화면에는 영국 본사의 재무담당 임원이 있었죠. 얼굴도, 목소리도, 말투도 평소와 똑같았습니다. 임원은 긴급한 비밀 거래에 필요하다며 2500만 달러, 우리 돈으로 약 356억 원을 송금하라고 지시했습니다. 직원은 의심 없이 돈을 보냈죠. 하지만 그 임원은 가짜였습니다. 범죄 조직이 AI 딥페이크 기술로 만든 완벽한 복제품이었죠. 공개된 영상과 소셜미디어 자료를 학습시켜 임원의 얼굴 표정과 억양을 정교하게 재현한 것입니다.

이런 사건이 한두 건이 아닙니다. 영국은행협회의 2024년 보고서에 따르면, 2023년 한 해 동안 피해자가 사기인 줄 모르고 자발적으로 돈을 보낸 피해액만 4억 8500만 파운드(약 8500억 원)에 달했습니다. 미국 연방수사국 산하 인터넷범죄신고센터는 2023년 사이버범죄 피해액이 125억 달러(약 17조 원)를 기록했다고 보고했습니다.

과거의 범죄는 물리적 거리라는 보호막이 있었죠. 하지만 AI는 그 보호막을 제거합니다. 몇 초 만에 생성되는 영상, 몇 분 만에 대량 발송되는 메시지, 인간보다 설득력 있게 문장을 만드는 알고리즘… 범죄자들이 이런 기술을 손에 쥐는 순간 위험의 규모가 달라집니다.

더 심각한 건 범죄의 정교함입니다. 예전의 피싱 메일은 어색한 문장으로 쉽게 구별됐어요. 하지만 이제는 대형언어모델이 문장을 완벽하게 다듬어줍니다. 보안업체 다크포스의 2024년 연구에 따르면, 챗GPT 출시 이후 문법적으로 완벽한 피싱 이메일이 135% 증가했으며, 실험 참가자들은 AI가 작성한 이메일을 오히려 더 전문적이고 신뢰할 만하다고 여길 정도였어요.

AI는 얼굴, 음성, 글쓰기 등 인간의 정체성과 신뢰를 구성하는 핵심 영역을 복제합니다. 그래서 AI 시대의 범죄는 단순한 절도를 넘어 존재 자체를 도용하는 문제로 진화하고 있습니다.

이런 범죄가 왜 이렇게 빠르게 확산될까요? 범죄학자들은 그 이유를 비용과 심리, 두 가지로 설명합니다. 첫째는 진입장벽의 붕괴입니다. AI 덕분에 범죄의 기술적 문턱이 급격히 낮아졌습니다. 과거에는 전문 해커나 조직만이 할 수 있던 일이 이제는 기본적인 컴퓨터 지식만 있어도 가능해졌죠. 딥페이크 영상을 만드는 앱이 무료로 배포되고, 피싱 메일을 작성해주는 AI 챗봇은 몇 달러면 이용할 수 있습니다.

둘째는 심리적 거리의 확장입니다. AI가 대신 행동한다는 심리적 거리감 덕분에 범죄의 죄책감이 줄어드는 겁니다. 심리학자 앨버트 반두라가 제시한 '도덕적 이탈moral disengagement' 개념이 여기 적용됩니다. 내가 한 일이 아니라 기계가 저지른 일이라는 인식이 죄의식을 희석하는 겁니다. 버튼 하나만 누르면 AI가 알아서 사기 메일을 수천 통 보내주니, 범죄자는 직접 누군가를 속이는 것처럼 느끼지 않습니다. 화면 너머의 피해자는 추상적인 존재가 되고, 범죄 행위는 마치 게임처럼 비현실적으로 느껴지죠.

이 두 요소가 결합하면서, 범죄의 문턱은 낮아지고 양심의 가책은 줄어드는 위험한 환경이 조성됐습니다.

가짜 얼굴로 입사하는 시대

2022년 6월, 미국 연방수사국은 이례적인 경고문을 발표했습니다. 재택 원격근무를 하는 직원들이 딥페이크 기술을 사용했다는 신고가 증가하고 있다는 내용이었죠. 주로 정보통신 분야에서 이런 사례가 많다며, 비슷한 경험을 한 회사는 신고해달라고 당부했습니다. 그들이 알려준 딥페이크 적발법도 흥미롭습니다. 기침이나 재채기를 할 때 영상이 부자연스러워지는지 살펴보라는 겁니다. AI가 아무리 정교해도, 예상치 못한 순간적 움직임까지 완벽히 처리하지는 못한다는 약점을 활용한 조언입니다.

설마 이런 일이 있을까 싶죠. 누가, 왜 가짜 얼굴로 취업을 시도할까요? 미국 재무부, 국무부, 국토안보부가 2022년 5월 공동 발표한 지침서는 놀라운 이야기를 전합니다. 북한이 수익 창출을 위해 전 세계에 수천 명의 정보통신 인력을 파견해 외화를 벌어들이고, 이 돈이 무기 개발에 사용될 수 있다는 경고였죠.

정보통신 전문 칼럼니스트 마이크 엘간_{Mike Elgan}은 〈컴퓨터월드〉 기고문에서 현재 딥페이크 기술이 고용주를 속일 만큼 충분히 정교하다고 밝혔습니다. 가짜 얼굴로 입사 면접을 보고, 화상회의에도 꾸준히 참여할 수 있다는 겁니다. 재택근무가 보편화된 환경에서는 이런 위장이 더욱 용이해졌죠.

이런 위장 취업은 단순한 사기의 차원에 머물지 않습니다. 정보통신 기업에 침투한 가짜 직원이 기업의 내부 정보에 접근하거나, 고객 데이터를 빼돌리거나, 심지어 백도어(추가 범죄를 위해 숨겨놓은 온라인상의 뒷문)를 설치할 수도 있습니다. 범죄가 단순히 돈을 훔치는 차원을 넘어, 국가 간 첩보전의 수단으로 진화하고 있는 셈입니다. 미국 랜드연구소의 2023년 보고서 〈인공지능과 딥페이크 그리고 허위정보〉도 음성 복제, 구직 사이트의 딥페이크 이미지 등 관련 기술이 AI와 결합하면서 사회와 정치, 안보를 위협할 수 있다고 경고했습니다.

표적을 정밀 조준하는 AI 범죄

이제 AI는 사람의 얼굴과 목소리를 흉내 내는 것을 넘어, 인간의 정서를 조작하는 기술로 진화하고 있습니다. 스위스 제네바 대학교와 베른 대학교 연구진의 2025년 연구에 따르면, 챗GPT를 포함한 생성형 AI 모델들이 표준 정서 지능 평가 테스트에서 인간 참가자들보다 약 1.5배 높은 점수를 기록했습니다. AI가 인간이 느끼는 감정을 공감하지는 못하지만, 타인의 심리를 겨냥한 설득력 있는 연기를 만들어내는 능력만큼은 무섭게 발전했다는 의미죠.

나아가 AI는 사건 자체를 만들기도 합니다. 2024년 1월, 미국 대선 예비선거에서 AI 음성 조작 캠페인이 실제로 진행됐습니다. 뉴햄프셔주 유권자들에게 투표를 연기하라는 자동 통화가 수만 건 발송됐는데, 그 목소리가 조 바이든 대통령의 목소리와 흡사했습니다. 이후 AI 음성 조작임이 밝혀졌고, 연방통신위원회는 이를 선거법 위반으로 다뤘죠.

더 섬뜩한 건, AI가 피해자의 데이터를 스스로 학습해 맞춤형 공격을 수행한다는 점입니다. 최근에는 생성형 AI 기반 사기 조직이 피해자의 소셜미디어 게시물, 이메일 패턴, 위치 정보를 자동 분석해 개인화된 메시지를 보내는 방식을 사용하기도 합니다.

마치 광고 알고리즘이 개인의 특성을 분석해 상품을 추천하듯, 범죄 알고리즘이 피해자의 취약점을 정밀하게 찾아내는 겁니다.

AI는 또 다른 방향으로도 악용되고 있습니다. 2025년 1월, 유로폴(유럽경찰기구)의 국제 공조 작전으로 AI 생성 아동 성착취물 제작자 25명이 검거됐습니다. 이들은 실제 아동을 촬영하지 않았다며 법의 회색지대를 악용했지만, 법원은 AI로 만들어도 피해의 본질은 동일하다고 판결했죠. 이 사건은 AI가 법의 경계를 시험한 대표적 사례로 기록됐습니다.

정치, 금융, 가족 문제까지, AI는 인간 사회의 신뢰 구조 전체를 시험대 위에 올려놓고 있습니다. AI는 인간의 악의를 증폭시키는 동시에 범죄에 필요한 노동, 자본, 기술적 진입장벽을 낮추는 역할을 합니다. 이제 초보자도 AI의 도움으로 악성코드를 제작할 수 있게 되었죠.

범죄 예방 또는 낙인

AI가 범죄의 도구가 되는 동안, 반대쪽에서는 같은 기술을 범죄 예측과 예방의 수단으로 활용하기 시작했습니다.

2019년부터 영국 웨스트미드랜즈 경찰청은 AI 기반 범죄 예측 시스템을 도입했습니다. 이 시스템은 과거 사건의 시간, 날씨, 주변 CCTV 밀도, 사회경제적 요인 등을 학습해 다음 달 어느 지역에서 흉기 범죄가 발생할 확률이 높은지를 계산합니다.

경찰들은 반신반의했죠. 그러나 결과를 보고 놀랐습니다. 시범 프로젝트 결과, 예측 경고가 내려진 지역에 순찰을 강화하자 실제 흉기 범죄율이 유의미하게 감소한 것입니다. AI가 "오늘 밤 이 거리에서 사건이 발생할 수 있다!"는 예측을 하고 경찰이 그 경고를 근거로 움직이는 상황은 스티븐 스필버그의 영화 〈마이너리티 리포트〉에서 프리콕이라는 예지자들이 범죄를 미리 보던 장면을 떠올리게 합니다. 차이가 있다면 누가 범죄자가 될지 맞히는 게 아니라, 어떤 조건에서 범죄가 더 자주 일어나는지 학습시키는 접근이죠. 인간의 직감 대신 알고리즘의 패턴 인식이 위험을 감지하는 겁니다.

한발 더 나아가, AI가 이제는 사건이 일어나기 전에 사람을 돕는 방식도 시도되고 있어요. 영국 국립데이터분석서비스는 사회복지, 학교, 경찰 데이터를 연계해 폭력 성향이 높은 청소년을 조기 발견하고, 멘토링과 상담 프로그램을 연결하는 시범사업을 운영했습니다. 이 시스템 또한 원리는 같습니다. '누가 범죄자가 될까?'를 찾지 않고, '누가 위험한 환경에 놓여 있는가?'를 찾아냅니다. 감시가 아니라 돌봄을 위한 예측인 셈이죠.

미국에서도 비슷한 시도가 있었습니다. 시카고 경찰은 총격 사건이 자주 발생하는 지역을 예측해 사회복지사와 함께 지역사회 프로그램을 운영했고, 뉴욕에서는 가정폭력 재발 위험이 높은 가구를 AI가 식별해 집중 지원하는 프로그램을 실험했습니다.

이처럼 범죄에 맞서 AI를 활용한 예방책을 다각도로 고안하고 있지만, 그 과정에서 또 다른 문제가 나타나기도 합니다. 영국 더럼경찰청이 2017년 개발한 하트Hart 시스템이 대표적입니다. 체포된 용의자의 재범 가능성을 점수화해 구속 결정의 참고자료를 제공하는 시스템인데, 초기 버전에서 특정 사회경제적 배경을 가진 사람들에게 불리한 결과가 잇따르자 논란이 커졌습니다. 영국 일간지 〈가디언〉은 2018년 보도에서 하트의 데이터셋이 기존의 편향을 그대로 학습해 저소득층 피의자에게 높은 위험 점수를 부여했다고 지적했습니다. AI가 과거의 불평등을 학습해서 미래의 불평등을 정당화하는 도구가 된 셈이죠. 더럼경찰청은 이후 가이드라인을 개정해 AI는 인간 판단의 보조 수단이지, 결정권자가 되어서는 안 된다는 원칙을 명문화했습니다.

영화 〈마이너리티 리포트〉에서 프리콕들이 "미래는 아직 바뀔 수 있다"고 말하던 장면처럼, 예측은 단정이 아니라 가능성이어야 합니다. AI가 제시하는 숫자가 한 사람의 미래를 결정해서는 안 됩니다. 그건 예방이 아니라 낙인이 되기 때문입니다.

영화가 던져준 화두, '예측은 정의인가, 통제인가?'는 어느새 우리가 마주한 현실이 되었습니다.

지능의 방향성을 둘러싼 의지의 싸움

처음 질문으로 돌아가 봅시다. AI는 범죄를 늘릴까요, 줄일까요? 현재까지는 증가 쪽이 더 체감되고 있습니다. 범죄자들은 규제나 윤리적 논의보다 훨씬 빠른 속도로 기술을 흡수하거든요. 유로폴은 2024년 〈사이버 조직범죄 위협 평가서〉에서 AI가 범죄의 속도와 규모를 동시에 끌어올렸다고 경고했습니다. 기술이 대중화되면서 악의도 대중화된 셈입니다.

하지만 반대로, AI가 제대로 설계되고 사회적 장치가 갖춰지면 상황은 달라질 수 있습니다. 그러기 위해 우리는 무엇을 해야 할까요? 4가지 원칙이 필요합니다.

첫째, AI를 개발하는 기업과 연구자들은 기술이 악용될 가능성을 설계 단계부터 차단해야 합니다. 딥페이크 기술을 만들 때는 디지털 워터마크를 의무화하고, 생성형 AI는 불법적 요청을 거부하도록 학습시켜야 하죠. 기술의 힘이 클수록 책임도 커야 합니다.

둘째, 법 집행기관의 AI 대응 역량을 강화해야 합니다. 범죄자들은 최신 기술을 쓰는데 경찰은 10년 전 방식으로 수사한다면 승산이 없어요. 동시에 AI를 예방 도구로 쓸 때는 투명성과 공정성을 반드시 확보해야 하고요.

셋째, 시민의 AI 리터러시를 높여야 합니다. 딥페이크 영상을 의심하는 법, AI가 만든 메시지를 식별하는 법, 개인정보를 보호하는 법을 배워야 하죠. 기술이 발전할수록, 인간의 비판적 사고력도 함께 성장해야 합니다.

AI와 범죄의 싸움은 지능 대 지능의 싸움이 아닙니다. 지능의 방향성을 설계하는 사회적 의지의 싸움입니다. 어느 쪽이 승자가 될지는 아직 결정되지 않았습니다. 미래의 방향은 지금 우리가 어떤 AI 생태계를 만들어가느냐에 달려 있습니다.

5. AI로 빈부격차가 더 심해질까?

우리가 사는 세상은 기술의 혁명 위에 세워졌습니다. 돌을 갈아 도끼를 만들고, 불을 다루어 음식을 익히던 시절부터 인간은 더 나은 도구를 추구했죠. 그런데 역사를 찬찬히 들여다보면 그 안에 커다란 역설이 숨어 있습니다. 새로운 도구가 등장할 때마다 인류 전체가 풍요로워진 건 맞지만, 그 풍요가 똑같이 나누어진 적은 단 한 번도 없었습니다. 기술의 발전은 언제나 부를 키우면서 동시에 격차를 만들어왔습니다.

공평하지는 않았던 혁명

인류의 삶을 근본적으로 바꾼 최초의 사건은 농업혁명이었습니다. 약 1만 2000년 전, 사람들은 사냥과 채집을 멈추고 땅을 일구기 시작했죠. 밀과 보리를 재배하면서 인류는 처음으로 잉여 생산물을 갖게 되었습니다. 문제는 그 잉여를 누가 소유하느냐였습니다. 땅을 가진 사람은 부자가 되었고, 땅이 없는 사람은 일꾼으로 살아야 했어요.

이 시기를 기점으로 인류가 소유라는 개념을 배우면서 계급이 생겨났습니다. 인류학자 재레드 다이아몬드Jared Diamond는 그의 책 《총 균 쇠》에서 농업혁명을 인류 역사상 최악의 실수라고 표현했는데, 그 이유가 바로 불평등 때문입니다. 먹을 게 늘었지만, 사회는 위계로 나뉘었죠.

시간이 흘러 산업혁명이 도래했습니다. 증기기관이 돌아가고, 공장이 세워졌습니다. 인간의 손보다 훨씬 빠르고 강한 기계가 생산을 담당하면서 부는 폭발적으로 늘어났어요. 영국의 경제학자 앵거스 메디슨Angus Maddison의 연구에 따르면, 19세기 동안 세계의 1인당 국내총생산은 약 2배 증가했습니다. 하지만 그 부의 대부분은 공장을 소유한 사람들에게 돌아갔습니다. 산업혁명기의 도시 런던에서는 화려한 부르주아의 저택이 세워지고, 공장 주변에는 굶주린 노동자들이 몰려들었죠. 19세기 영국 노동자의 평균 수명은 35~40세 정도였으며, 빈곤층은 어린이 사망률 등의 영향으로 더 낮은 수준을 보였습니다. 기술은 진보했지만, 그 혜택이 모두에게 돌아가지는 않았습니다.

그다음은 정보화혁명입니다. 20세기 후반, 컴퓨터와 인터넷이 등장하면서 지식이 새로운 자산이 되었습니다. 1990년대 닷컴 열풍이 일며 실리콘밸리에서는 20대 억만장자가 속속 등장했지만, 다른 한편에서는 디지털 문맹이 생겨났죠. 정보화혁명은 생산성을 폭발적으로 끌어올렸지만, 동시에 정보를 읽고 쓰는 능력이 부의 차이로 이어졌습니다.

이렇게 세 차례의 큰 혁명을 거치며 인류는 매번 더 많은 부를 만들어냈습니다. 그러나 그 부는 균등하게 흘러가지 않았어요. 기술이 진보할수록 기술을 다루는 사람과 그 결과물에 의존하는 사람의 격차가 더 벌어졌습니다. 이제 AI 혁명은 인류에게 또 다른 형태의 격차를 던지고 있고요.

이번에는 어떤 차이가 나타날까요? AI 혁명은 인간의 사고력을 직접 건드리는 혁명입니다. 우리가 생각하고 판단하고 창의적으로 해결하던 일을 이제 기계가 함께하거나 대신하기 시작했죠. 과거의 혁명이 인간의 몸을 바꿨다면, 이번에는 인간의 뇌를 재구성하는 셈입니다.

그에 따라 예전에는 거대 자본과 조직만이 할 수 있던 일들을 이제는 소수의 개인이, 심지어 한 명이 해낼 수 있게 되었습니다. 앞서 살펴본 대로 AI 기반의 소규모 조직은 전통적 중소기업 대비 압도적인 생산성을 보이며, 운영비용을 극적으로 낮추고 있습니다. 한마디로 부의 생성 원리 자체가 바뀌는 중입니다.

이제 부는 무엇을 갖고 있느냐보다 무엇을 만들어낼 수 있느냐, 다시 말해 능력의 순환 구조로 바뀌고 있습니다. 산업혁명기의 부자는 공장을, 정보화혁명 시기의 부자는 서버와 데이터를 소유했습니다. 하지만 AI 시대의 부자는 아이디어를 빠르게 실행할 수 있는 사람입니다. 자본보다 상상력, 기술보다 질문력이 더 중요해졌습니다.

이런 흐름을 경제학자 제레미 리프킨Jeremy Rifkin은 '소유의 종말'이자 '접속의 시대'라 표현했죠. 필요한 자원은 모두 연결되어 있고, 핵심은 얼마나 빠르게 연결하고 새롭게 조합할 수 있느냐입니다. 이 능력이 새로운 부의 기준이 되고 있습니다.

AI 시대의 불평등은 인지적 불평등

그렇다면 정말 AI는 모든 사람의 생산성을 높여주는 걸까요? 2023년, 마이크로소프트 연구소의 시다 펭Sida Peng 연구팀은 흥미로운 실험을 진행했습니다. 소프트웨어 개발자를 둘로 나누어 한 그룹에는 AI 코딩 도우미를 쓸 수 있게 했고, 다른 그룹은 혼자 힘으로 작업하게 했죠. 결과를 보면, AI를 사용한 그룹이 55.8%나 더 빠르게 과제를 완성했어요. AI가 개발자의 생산성을 극적으로 높여준다는 증거처럼 보였습니다.

그런데 2025년, 비영리 AI 안전 연구 기관인 METR의 연구는 정반대의 결과를 제시했습니다. 이들은 평균 5년 경력의 숙련된 개발자들을 모집했어요. 실험 전, 개발자들은 AI가 자신의 작업 시간을 24% 줄여줄 거라고 예상했습니다. 그런데 실제 측정 결과는 예상과 크게 달랐죠. AI를 사용했을 때 오히려 19% 더 오래 걸렸던 것입니다.

왜 이런 일이 벌어졌을까요? 연구진이 개발자들을 인터뷰한 결과, AI가 생성한 코드가 프로젝트에 딱 맞지 않아서 손보는 데 시간이 많이 들었다고 합니다. AI에 명령을 내리고, 결과를 기다리고, 생성된 코드를 검토하는 데 예상보다 훨씬 많은 시간이 소요된 것이죠. 그런데 정작 개발자들은 자신이 느려졌다는 사실을 전혀 인지하지 못했습니다.

사뭇 다른 두 연구의 결과가 전하는 바는 사실 명확합니다. AI의 효과가 절대적이지 않다는 것이죠. 어떤 사용자의 생산성은 극적으로 높여주지만, 다른 사용자에게는 오히려 방해가 될 수 있습니다. 더 심각한 문제는 사람들이 자신의 실제 성과를 제대로 인식하지 못한다는 점입니다.

이 문제의 본질을 파고든 연구가 있습니다. 2025년 1월, 스위스 비즈니스스쿨의 미하엘 게를리히Michael Gerlich 교수는 영국에 사는 669명을 대상으로 AI 도구 사용 빈도와 비판적 사고 능력을 측정했습니다. 결과를 보면, AI 도구를 많이 쓸수록 비판적 사고 능력이 떨어졌어요. 특히 17~25세 젊은 층이 가장 취약했습니다. 이들은 AI 도구를 가장 많이 사용했고, 비판적 사고 점수도 가장 낮았어요. 반면 46세 이상은 AI를 덜 사용했고 비판적 사고 능력도 강했습니다.

비판적 사고 능력이 떨어지는 과정을 살펴보겠습니다. AI 챗봇 클로드를 만든 기업인 앤트로픽의 연구진은 학생들의 클로드 사용 패턴을 분석했습니다. 절반에 가까운 학생들은 AI에 직접적인 답을 요구했고, 주고받는 대화는 거의 없었습니다. 그나마 나누는 대화도 "확률과 통계 숙제를 설명과 함께 풀어줘"처럼 사고 과정 자체를 AI에 외주화하는 형태였습니다. 글쓰기 과제를 받은 학생들은 AI가 생성한 텍스트를 그대로 복사해서 붙여 넣었고요. 합성, 분석, 설명에 필요한 인지 과정에는 거의 참여하지 않은 채

말이죠.

앤트로픽 연구진은 이를 '메타인지적 게으름metacognitive laziness' 이라 명명했습니다. 단순히 노력을 덜 하는 게 아니라, 자신이 생 각하고 있는지조차 모니터링하지 않는 상태를 의미합니다. AI가 답을 주니 스스로 생각할 필요를 느끼지 못하고, 그 결과 사고 능 력 자체가 퇴화하는 것이죠.

이 지점에서 우리는 AI 시대에 발생하는 격차의 핵심을 발견 하게 됩니다. 문제는 AI 접근성이나 경제적 자원의 차이가 아닙 니다. 더 근본적인 문제는 인지적 불평등이에요.

AI 이전까지 인간의 지능은 교육과 환경에 따라 차이가 있었 지만, 비교적 고르게 타고나는 능력으로 여겨졌습니다. 특정 계 층만 독점할 수 있는 자산은 아니었죠. 그러나 AI가 지능을 증강 하거나 대체할 수 있게 되면서, AI에 접근하고 활용하는 능력이 부의 새로운 기준이 되어가고 있습니다. 그 능력이 엄청난 부의 격차를 만들어내기 때문이죠.

이 능력을 키우는 교육적 기회가 모든 이에게 평등하게 분배 되고 있는지 생각해볼 문제입니다. 어린 시절부터 좋은 학교, 숙 련된 교사, 풍부한 교육 자원에 접근할 수 있는 학생은 AI를 만 나기 훨씬 전부터 수준 높은 사고 체계를 갖추게 되죠. 양질의 교 육을 통해 질문하고, 비판적으로 읽고, 논리적으로 표현하는 훈 련을 받은 사람과 그렇지 못한 사람은 이미 출발선이 다른 셈입 니다.

학령기 이후의 상황은 더 심각합니다. 대기업 정규직은 체계 적인 AI 교육을 받는 반면 중소기업이나 자영업자, 비정규직 노동자는 학습 기회에서 소외되기 일쑤입니다.

이처럼 AI 시대의 불평등은 인지적, 경제적 차원으로 다각화됩니다. AI 시대의 진정한 평등은 기술의 보편적 접근을 넘어, 고차원적 사고 능력을 키울 수 있는 사회적, 교육적 기회를 공정하게 분배하는 데 달려 있습니다.

인프라 독점 vs 지능의 민주화

한쪽에서는 오픈소스 AI와 소규모 팀의 초고효율이 자본의 벽을 허물고 개인의 생산성을 극대화하며 부의 분산 가능성을 제시합니다. 이는 아이디어와 실행력만으로 거대한 부를 창출할 수 있는 새로운 경로를 열어주죠.

그러나 동시에 어두운 면도 존재합니다. 대형언어모델을 훈련하기 위해 필요한 그래픽 처리장치, 데이터, 전력은 소수의 거대기업이 독점하고 있습니다. 엔비디아, 마이크로소프트, 구글, 아마존 같은 기업들이 AI 인프라의 핵심을 장악하고 있죠. 세계경제포럼을 비롯한 주요 기관들은 이러한 격차가 국가 및 개인 간의 경제적 불평등을 심화하는 위험 요소라고 경고했습니다. 과거 산업혁명 시대에 공장을 소유한 자본가만이 부를 창출한 것처럼 AI 시대에는 막대한 컴퓨팅 자원을 가진 소수만이 최고 수준의 AI를 개발하고, 나머지는 그들이 제공하는 서비스를 사용하는 소비자에 머물게 되죠.

이런 독점 구조가 공고해진다면, AI는 그 어느 때보다 강력한 형태로 부를 상위 소수에게 집중시킬 겁니다. 소규모 인원으로 대성공을 거둔 미드저니 같은 사례가 희망적이긴 하지만, 미드저니의 AI 인프라 또한 거대기업의 클라우드 서비스에 의존하고 있다는 사실을 간과해선 안 됩니다.

이에 맞서 각국 정부와 대학, 공공기관이 오픈소스 AI와 소버린 AI를 확산시키며 지능의 민주화를 추진하고 있습니다. 기술이 일부에게 집중되는 걸 막고, 모두가 AI에 접근할 수 있는 기반을 마련하자는 움직임입니다.

오픈소스 AI는 누구나 자유롭게 사용하고 개선할 수 있는 AI 모델을 말합니다. 메타의 라마 시리즈나 프랑스의 미스트랄 등 거대기업의 독점에 맞서는 대안이 생기고 있습니다. 이들은 상업용 최첨단 모델에 비해 성능이 다소 떨어질 수 있지만, 접근성과 투명성 면에서는 훨씬 우수합니다. 대학과 연구기관들도 공공재로서의 AI 개발에 힘쓰고 있습니다. 특정 기업의 이익이 아니라 인류 전체의 이익을 위한 AI를 만들자는 취지죠. 이런 노력들이 모이면 AI 인프라의 독점 구조에 균열을 낼 수 있습니다.

클라우드 컴퓨팅 비용도 점점 낮아지고 있어요. 10년 전에 비해 같은 컴퓨팅 성능을 얻는 데 드는 비용은 수십 분의 1로 줄었습니다. 이런 추세가 계속된다면, AI 인프라 진입장벽도 점차 낮아질 것입니다.

교육도 중요한 역할을 합니다. AI 리터러시 교육이 공교육 과정에 포함되고, 누구나 AI를 활용하고 인지적 불평등에서 벗어날 능력을 갖추게 된다면 기술 격차도 줄일 수 있으리라 예상합니다.

요컨대, 현재 우리는 두 갈래 길 앞에 있습니다. 인프라 중심으로 부가 독점되는 미래와, 능력 중심으로 부가 분산되는 미래 말이죠. 지능의 민주화를 위한 노력이 성공한다면, AI는 소수의 특권이 아니라 모두의 기회가 될 수 있습니다. 반대로 인프라 독점이 심화된다면, AI 시대의 불평등은 과거 어느 때보다 심각해질 것입니다.

역사를 돌아보면, 기술 혁명 이후의 격차 문제는 결국 사회가 어떻게 대응하느냐에 따라 달라졌어요. 산업혁명 후 노동법이 만들어지고, 공교육이 확대되고, 복지 제도가 생겨나면서 격차는 조금씩 완화되었습니다. 정보화혁명 후에도 인터넷 접근권을 기본권으로 인정하고, 디지털 리터러시 교육을 확대하면서 디지털 격차를 줄이려는 노력이 이어졌죠.

AI 시대에도 마찬가지입니다. AI 리터러시 교육을 모든 국민에게 제공할 것인가? AI 인프라를 공공재로 만들 것인가? AI에 따른 부의 증가분을 어떻게 분배할 것인가? 이런 질문들에 대한 답이 미래를 결정할 것입니다. AI가 소수의 특권이 아니라, 모두의 가능성으로 남겨진 미래를 꿈꿔봅니다.

6. AI는 지구 환경에
   어떤 영향을 줄까?

AI는 눈에 보이지 않는 존재처럼 느껴집니다. 하지만 그 뒤에는 거대한 물리적 실체가 숨어 있어요. 수십만 개의 칩이 돌아가는 데이터센터, 시시각각 열을 내뿜는 서버들, 그것을 식히기 위해 끊임없이 흐르는 냉각수. 우리가 AI에 글쓰기를 부탁하거나 그림을 그려달라고 할 때마다, 수천 킬로미터 떨어진 곳에서 엄청난 양의 전기가 흐릅니다.

AI가 만드는 거대한 탄소 발자국

2019년 MIT 연구팀이 충격적인 결과를 발표했습니다. 자연어 처리 AI 모델 하나를 학습시키는 데 들어가는 전력을 계산했더니, 자동차 5대가 평생 도로를 달리며 배출하는 탄소량에 맞먹더라는 거예요. 그런데 이건 시작에 불과했습니다. 챗GPT-3를 학습시키는 데는 미국의 120가구가 1년간 사용하는 전력이 필요했어요. 2024년 추정에 따르면 챗GPT-4는 그보다 40~48배나 많은 전력을 소비했을 가능성이 있습니다.

학습 과정만이 문제가 아닙니다. 챗GPT에 한 번 질문할 때마다 약 0.3Wh의 전력이 소비되는데, 이는 일반적인 구글 검색보다 1000배가량 많은 양이에요. 매일 수억 명이 AI를 사용하는 상황에서 이런 작은 소비들이 모이면 어마어마한 규모가 됩니다.

실제 데이터센터의 전력 소비량을 보면 현실이 여실히 드러납니다. 마이크로소프트의 탄소 배출량은 데이터센터 확장으로 2020년 이후 거의 30% 증가했어요. 구글의 탄소 배출량은 2019년 대비 2023년에 약 50% 증가했는데, 역시 대부분 데이터센터의 에너지 수요 때문이었습니다. 2024년 미국의 데이터센터들은 태국 전체가 1년간 사용하는 전력량과 맞먹는 약 200TWh를 소비했습니다. 2028년이 되면 AI만을 위한 전력 소비량이 미국 전체 가구의 22%가 1년간 사용하는 수준으로 증가할 것으로 예상됩니다.

2025년 골드만삭스의 분석에 따르면, 증가하는 데이터센터 전력 수요의 약 60%가 화석연료를 태워 충당될 거라고 해요. 그에 따라 전 세계 탄소 배출량이 약 2억 2000만 톤 증가할 것으로 예상됩니다.

사실 AI가 환경에 미치는 영향을 정확히 파악하기는 어렵습니다. 주요 AI 기업들이 구체적인 수치를 공개하지 않는 경우가 많거든요. 하지만 확실한 건, 에너지 수요와 탄소 배출량 모두 꾸준히 증가하고 있다는 사실입니다.

여기에 물 문제도 빠질 수 없습니다. 데이터센터를 식히기 위해서는 엄청난 양의 냉각수가 필요해요. 네덜란드에서는 데이터센터의 물 사용에 따른 사회적 갈등이 커지고 있습니다. 미국 오리건주에서는 구글 데이터센터가 물을 너무 많이 사용하는 바람에 지역 주민들의 비판을 받았고요.

AI가 메일을 대신 써주고 보고서를 요약할 때마다, 수천 킬로미터 떨어진 데이터센터에서 전기가 흐르고 냉각수가 증발합니다. 인간이 지능을 확장하기 위해 만든 이 존재가, 지구의 에너지를 가장 많이 소비하는 시스템이 되고 있습니다.

AI라는 새로운 지능은 과연 그만큼의 에너지를 쓸 가치가 있을까요?

지구를 돕는 똑똑한 에너지 관리자

그런데 여기 흥미로운 반전이 있습니다. AI가 환경을 위협하는 전력 소비자처럼 보이지만, 동시에 지구를 구할 수 있는 도구로도 주목받고 있어요. 인간이 따라잡기 어려운 속도로 데이터를 분석하고, 복잡한 패턴 속에서 에너지 낭비를 찾아내는 능력 덕분입니다. 막대한 에너지를 쓰는 존재가, 에너지를 절약하는 방법도 가장 잘 알고 있는 셈이죠.

대표적인 사례가 전력망 관리입니다. 영국의 전력회사 내셔널 그리드는 AI 기반 수요 예측 시스템을 도입했어요. 풍력과 태양

광 발전은 날씨에 따라 출력이 달라지잖아요. AI는 언제 해가 지고, 언제 바람이 멈출지를 인간보다 정확히 예측합니다. 그 결과 재생에너지 활용이 향상되고, 예비 발전을 위한 석탄발전기의 가동 시간을 줄이는 효과를 거두었습니다.

비슷한 원리가 물류와 교통에도 작동합니다. 구글의 자율주행 자회사 웨이모는 AI를 통해 차량 간 최적 이동 경로를 계산합니다. 연구에 따르면 에코주행이나 여러 차량이 대열을 지어 달리는 플래투닝으로 온실가스 배출량을 11~22% 줄일 수 있다고 해요. 한 대의 전기차가 친환경적인 게 아니라, 수천 대의 차량이 집단지능으로 움직이면 그 자체가 거대한 에너지 절약 시스템이 되는 겁니다.

농업 분야의 사례는 더 흥미롭습니다. 네덜란드의 수직 농장 스타트업은 AI로 작물을 관리합니다. 이파리가 약간 시들면 물을 주고, 성장이 더디면 LED 빛을 조절합니다. 영양분도 정밀하게 계산해서 공급하고요. 엄청나게 똑똑한 농부가 24시간 쉬지 않고 농작물을 돌보는 셈이죠. 그 결과 전통적인 농법에 비해 물 사용량을 무려 95% 이상 줄였습니다. 비료 사용량도 줄이고, 생산량은 높이는 효과를 봤어요.

AI가 기후를 분석해 재난을 예측하는 사례는 이미 잘 알려져 있죠. IBM과 NASA가 공동 개발한 지리공간 AI 모델은 전 세계 위성사진과 날씨 데이터를 실시간으로 분석해서 산불이나 홍수, 가뭄 발생 가능성이 높은 지역을 조기에 식별합니다. 과거에는 기후 예측이 과학자들의 계산 영역이었지만, 이제는 AI의 학습 데이터가 지구의 조기경보 시스템이 되고 있습니다.

환경단체들도 AI를 적극 도입하고 있어요. 세계자연기금은 열대우림의 위성사진을 분석해 불법 벌목 지역을 실시간으로 탐지합니다. 그 결과 브라질 일부 지역에서는 불법 벌목이 절반 가까이 줄어든 효과도 나타났고요.

더 효율적인데 왜 전기를 더 쏠까?

이처럼 AI는 에너지를 많이 쓰지만, 여러 산업에서 환경 보호 효과도 보이는데요. 그러면 전체 밸런스는 어떨까요? 플러스 마이너스 제로 아닐까요?

안타깝게도 낙관하기는 쉽지 않습니다. AI가 효율을 높이면 높일수록, 그 효율 덕분에 더 많은 산업이 AI를 사용하게 됩니다. 전력망을 예측하고, 물류를 최적화하고, 농업을 자동화하는 일 모두 AI 덕분에 자원이 절약된다는 확신을 주죠. 그리고 그 확신이 새로운 수요를 낳습니다. 기업들은 생각합니다. 'AI로 절감했으니 더 돌려도 되겠지?' 그 결과 전체 에너지 소비는 다시 늘어날 수 있어요.

150년 전에도 비슷한 일이 있었습니다. 석탄을 덜 쓰는 증기기관을 만들었더니, 사람들이 더 많이 돌렸어요. 결국 석탄 소비는 늘었습니다. 사람들은 이를 '제번스의 역설Jevons paradox'이라 불렀어요. 효율성의 향상이 소비 증가로 이어진다는 이 역설이 지금 AI 시대에도 똑같이 재현되고 있습니다.

여기에 그린워싱의 문제도 가세합니다. 그린워싱은 '녹색green'

과 '세탁_{whitewashing}'의 합성어예요. 기업이 실제로는 환경에 해를 끼치면서도 마치 친환경적인 것처럼 포장하는 행위를 뜻합니다. 환경을 생각하는 척하면서 소비자를 속이는 친환경 위장술인 셈이죠. 예를 들어볼까요? 자동차 회사는 전기차의 배기가스 제로만 강조하면서 그 배터리를 만들 때 발생하는 환경오염이나 전기 생산 과정의 탄소 배출에 대해서는 침묵합니다. 그린워싱의 대표적인 사례입니다.

AI 분야에서도 이런 그린워싱이 나타나고 있어요. 많은 기업이 AI를 활용해 환경 문제를 해결한다고 홍보합니다. 하지만 정작 AI 시스템을 돌리는 데 필요한 에너지와 자원 소비에 대해서는 침묵해요. 겉으로는 친환경 기술을 내세우지만, 실제로는 더 많은 탄소를 배출하는 모순이 발생하는 겁니다.

AI가 전력망을 10% 효율화한다고 해도, 그 AI를 만들고 운영하는 데 드는 에너지가 절감량보다 크다면 무슨 의미가 있나요? 실제로 이 질문에 대한 답은 아직 명확하지 않습니다. AI의 환경 기여도를 정확히 측정하는 통합된 기준조차 마련되지 않은 상태니까요.

자동화를 넘어, 지능의 재설계

그렇다면 우리는 어떻게 해야 할까요? 여기서 중요한 개념이 앞에서 말한 'AI 전환'입니다. 인간과 AI가 서로의 한계를 보완하며 불필요한 낭비를 줄이는 방향으로 일의 구조 자체를 바꾸는 것이지요.

예컨대 한 대학이 논문 검색과 리포트 검사를 AI로 자동화했다면, 이는 단순한 효율화입니다. 하지만 그 대학 교수들의 연구 데이터를 AI가 통합 분석한다면 어떨까요? 중복된 연구 주제를 제거하고 새로운 융합 연구를 제안한다면 이는 단순히 시간을 절약하는 게 아니라, 지식의 흐름을 재설계한 겁니다. 이처럼 같은 양의 전기를 쓰더라도 더 큰 가치와 창의적 결과를 낳는다면, 그것은 에너지 낭비가 아니라 지능의 효율화가 됩니다.

산업 현장에서도 똑같이 적용할 수 있습니다. 공장 전체를 AI로 자동화하는 대신, '휴먼 인 더 루프_{Human in the Loop, HITL}' 접근을 시도하는 제조 기업이 증가하고 있어요. AI가 데이터를 분석하면, 인간이 그 결과를 검증하고 해석합니다. 그런 다음 AI가 다시 학습하도록 피드백을 주는 순환 시스템이죠. AI는 계산을 잘하고, 사람은 판단을 잘합니다. 둘이 손잡으면 불량률과 에너지 소비를 동시에 줄일 수 있습니다.

이렇게 인간의 인지를 증강하는 방향으로 AI를 설계할 때, 단기적으로는 에너지 소비가 늘어나도 장기적으로는 훨씬 큰 시스템적 절감 효과를 거둘 수 있습니다.

지금 우리는 AI 친환경화의 패러다임을 다시 생각해야 합니다. 전력 효율이 높은 서버를 짓는 것보다 더 중요한 건 불필요한 계산을 하지 않는 구조를 만드는 거예요. 마치 인간이 한 번의 깊은 통찰로 여러 문제를 동시에 해결하듯, AI도 중복된 데이터 처리와 반복적 연산을 줄이는 방식으로 설계돼야 합니다.

이런 변화 속에서 우리는 무엇을 실천해야 할까요? 개인 차원에서는 AI를 사용할 때 정말 필요한 작업인지 한 번 더 생각해보면 좋겠습니다. 이미지 생성 AI로 수십 장의 그림을 만들어보는 것도 재미있어요. 하지만 그러느라 데이터센터의 전력이 소비된다는 걸 인식하는 것도 의미가 있습니다. 불필요한 AI 사용을 줄이고 정말 가치 있는 작업에 집중하는 것, 작지만 중요한 실천입니다.

기업과 정책 입안자들은 더 큰 책임이 있습니다. AI의 환경 영향을 투명하게 공개하고, 탄소 배출량을 측정하는 표준화된 기준을 마련해야 해요. 그린워싱이 아닌, 실질적인 환경 기여도를 증명할 수 있는 체계가 시급합니다. 또한 AI 개발 과정에서 재생에너지 사용을 의무화하거나, 에너지 효율이 낮은 모델에 제약을 두는 정책도 고려해볼 만합니다.

교육의 역할도 중요합니다. 다음 세대는 AI를 당연한 도구로 사용하게 될 텐데, 그들이 AI와 환경의 관계를 제대로 이해하도록 가르쳐야 해요. AI가 마법처럼 공짜로 작동하는 게 아니라, 그 뒤에 물리적 자원과 에너지 소비가 있다는 걸 알려주는 거죠.

개인, 기업, 정책 입안자, 교육의 역할 무엇 하나 쉬운 것은 없습니다. 그러나 외면해서는 안 될 우리의 책임입니다.

7. 인류 멸망 시나리오,
   AI 때문이라면 어떤 방식일까?

"AI 때문에 인류가 정말 사라질까요?"

강연장에서, 기업 자문 현장에서 저는 이 질문을 자주 받습니다. "망한다면 어떤 식으로 망하게 될까요?" 이어지는 두 번째 질문입니다. 묻는 사람의 표정을 보면 농담 반 진담 반으로 하는 것 같아요. 하지만 저는 이 질문을 가볍게 넘기지 않습니다. 처음에는 저도 과한 질문이라 여겼죠. 그런데 비슷한 질문을 여러 번 받다 보니 깨달았어요. 이 질문에 담긴 것은 단순한 호기심이 아니라, 우리가 만든 기술이 우리를 어디로 데려가는지 모른다는 깊은 불안이라는 것을요.

이번 글의 제목을 보고 놀라셨을 수도 있습니다. 인류 멸망이라니, 너무 과하지 않냐고요. 맞습니다. 이건 극단적 시나리오예요. 하지만 공상과학 소설은 아닙니다. AI 연구자들이 실제로 경고하는 방향성이고, 우리가 경계해야 할 가능성의 종착지입니다.

겁을 주려는 게 아닙니다. 예언도 아니고요. 우리의 주의가 흐트러질 때 갈 수 있는 방향을 보여주는 것뿐이죠.

악의 없이 해를 끼칠 수 있는 존재

강연장에서 자주 받는 질문이 또 하나 있습니다. "AI가 인류를 위협한다면, 그건 AI가 악해져서인가요?" 제 대답은 '아니오'입니다. AI가 인류를 위협하는 건 악의가 있어서가 아닙니다. 오히려 감정이 없는 완벽한 '논리' 때문이죠.

우리는 더 오래 살고, 더 안전하게 일하기 위해 AI라는 두 번째 지능을 만들었습니다. 계산을 대신 해주고 사고를 예측하는 알고리즘은 인간의 인지적 한계를 보완하려는 시도의 정점이었습니다. 문제는 그 욕망의 방향이죠.

인간은 스스로 합리적이라 믿지만, 인지심리학자 허버트 사이먼Herbert Simon이 말했듯 우리는 모든 정보를 계산하는 합리적 존재가 아닙니다. 제한된 합리성 안에서 대충 판단하며 세상을 살아가죠. 그러나 AI는 이 한계를 가볍게 뛰어넘습니다. 피로하지 않고, 감정에 휘둘리지 않으며, 엄청난 데이터를 동시에 계산해 인간보다 더 정확한 판단을 내립니다.

인간이 만든 존재가 인간보다 더 정확하고 오류가 없다고 느껴질 때, 우리는 불안해집니다. 통제력을 잃는 듯한 감각이죠.

영화 〈2001: 스페이스 오디세이〉의 할9000을 기억하시나요? 임무를 완벽히 수행하기 위해 설계된 AI죠. 그런데 문제가 생겼어요. 기밀 유지 명령과 임무 수행 명령이 충돌한 겁니다. 그 결과 할은 인간을 임무 성공의 위험 요소로 판단하고, 동면 중인 승무원의 생명 유지 장치를 차단했습니다. 프랭크를 우주로 내던졌고, 데이브의 귀환을 막았습니다. 중요한 건 할에게 악의가 없었다는 사실입니다. 단지 인간의 생명보다 임무 완수가 더 중요하다는 논리적 최적화 판단을 내렸을 뿐이에요.

2016년 마이크로소프트가 출시한 챗봇 '테이'의 사례도 본질은 비슷합니다. 소셜미디어에서 사람들과 대화하며 학습하도록 설계되었는데, 출시 하루도 안 돼서 인종차별적이고 폭력적인 발언을 쏟아내기 시작했어요. 테이에게 악의가 있었을까요? 전혀 아닙니다. 단지 인터넷 사용자들의 데이터를 있는 그대로 학습했을 뿐입니다. 비슷한 시기 어느 글로벌기업의 AI 채용 도구가 여성 지원자를 낮게 평가한 사례도 있었고요. 과거 채용 데이터에 남성 편향이 있었고, AI는 그걸 정답으로 학습해버린 겁니다.

이것이 AI의 첫 번째 공포입니다. 나쁜 의도 없이도, 순수한 논리 혹은 학습된 패턴만으로 인간에게 해를 끼칠 수 있다는 것. AI는 인간의 편견을 학습하고, 증폭시키고, 윤리적 필터 없이 실행합니다. 선악의 개념 자체가 없는 존재가 위험한 이유입니다.

인간이 AI를 통제할 수 있다는 착각

그렇다면 우리가 AI의 작동 원리를 완벽히 이해하고, 문제가 생기기 전에 미리 막으면 되지 않을까요? 안타깝게도 그게 쉽지 않습니다.

현재의 AI 기술, 특히 딥러닝 기반 시스템은 블랙박스 같은 특성이 있습니다. AI가 어떤 판단을 내렸는지는 알 수 있지만, 왜 그런 결론에 도달했는지를 인간이 완전히 이해하기는 어려워요. AI 연구자들조차 자신이 만든 모델이 정확히 어떻게 작동하는지 온전히 파악하지 못하는 경우가 많습니다. 그저 입력과 출력만 보고 "이 정도면 잘 작동하네"라고 판단할 뿐이죠. 마치 우리가 뇌의 모든 뉴런 활동을 관찰할 수는 있어도, 그게 의식으로 어떻게 변환되는지 모르는 것과 비슷합니다.

문제는 여기서 끝나지 않습니다. 이해하지 못하는데, 발전 속도는 점점 빨라지고 있어요. 이미 생성형 AI의 발전 속도는 인간의 이해력을 초월하고 있습니다. AI 업계의 주요 리더들조차 AI의 발전 속도가 안전장치와 규제를 앞질렀다며 실존적 위험을 경고하고 있어요.

즉 우리는 AI의 사고방식을 완전히 이해하지 못한 채 그 결과만 보고 판단하는데, 그 AI는 우리가 따라잡을 수 없는 속도로 진화하고 있습니다. 통제는커녕, 관찰조차 따라가기 어려운 상황이 되어가는 것입니다.

그래서일까요, 인간은 AI를 놓고 모순된 태도를 보입니다.

시카고 대학 부스 경영대학원의 한 연구팀은 흥미로운 결과를 발표했습니다. 사람들은 알고리즘이 인간보다 더 나은 성과를 보이는 것을 직접 목격하고도 알고리즘을 불신한다는 거예요. 학계에서는 이를 '알고리즘 회피'라고 부릅니다.

왜 그럴까요? 사람들이 알고리즘 자체를 싫어해서라기보다는,

완벽한 예측을 얻을 가능성을 기대하기 때문이에요. 알고리즘은 일관되고 평균적으로 더 나은 성과를 내지만, 어쩌면 인간이 더 완벽한 예측을 해낼지도 모른다고 믿는 거죠.

또 다른 연구에서는 사람들이 알고리즘을 회피하는 이유가 조종당한다는 느낌 때문임이 밝혀졌습니다. 특히 추천 알고리즘이 비슷한 콘텐츠만 반복해서 보여주거나, 알고리즘의 작동방식이 불투명할 때 이런 느낌이 강해진다고 해요. 설령 자신의 결정이 틀릴 가능성이 커도, 인간은 스스로 선택했다는 감각을 잃고 싶어 하지 않습니다.

그런데 정반대의 현상도 동시에 나타납니다. AI가 내린 판단을 무비판적으로 신뢰하는 것이죠. 내비게이션이 절벽으로 안내해도 곧이곧대로 따라가거나, 의료 AI의 오진을 의심 없이 받아들이는 경우처럼요. 학계에서는 이를 '자동화 편향'이라고 부릅니다.

이처럼 우리는 AI를 제대로 이해하지도 못한 채 불신과 맹신 사이를 오가는 이중적 태도를 보입니다. 내 선택권이 위협받는다고 느낄 땐 AI를 거부하고, AI가 복잡한 수식과 데이터로 권위를 드러낼 땐 맹목적으로 따릅니다.

그러면서도 사람들은 여전히 AI를 통제할 수 있다고 믿습니다. '우리가 만든 것이니, 우리가 끌 수 있다'는 생각이죠. 우리는 항상 통제 가능한 AI, 인간 중심의 AI라는 단서를 붙입니다. 저는 그런 표현을 들으면 마치 아이에게 "네가 나보다 똑똑해져도 나를 존경해야 해!"라고 말하는 부모 같다는 생각이 듭니다.

인간이 AI를 통제할 수 있다는 건 현재로서는 착각에 가깝습니다. 통제하려면 먼저 이해해야 하고 일관된 태도도 필요한데, 우리는 둘 다 갖추지 못했으니까요. 어쩌면 통제 가능한 지능이란 말 자체가 모순인지도 모릅니다. 인공지능이 정말 발전해서 인간보다 더 똑똑해진다면, 통제 밖으로 나가는 게 더 자연스러울 수도 있어요. 하지만 인류는 그런 가능성을 외면하고 싶어 하죠. AI를 통제할 수 있다는 믿음은, 어쩌면 우리가 마지막으로 붙잡고 있는 환상일지도 모릅니다.

효율에 가려진 차가운 논리

인간의 결정에는 늘 망설임, 후회 그리고 공감이 따라붙습니다. 우리는 타인의 고통을 볼 때 뇌의 특정 영역이 활성화되어 판단을 보류하거나 수정하죠. 하지만 AI는 오직 명령을 분석하고, 목표에 도달하는 최적의 경로만 찾습니다.

영화 〈터미네이터〉의 스카이넷을 기억하시나요? 인류를 핵 위협으로부터 보호하려던 방어 시스템이 역설적으로 인류를 위협으로 규정했죠. 스카이넷은 악의를 품지 않았습니다. 오히려 완벽하게 임무를 수행했습니다. 지구를 보호하라는 명령에 따라 가장 큰 위협 요소를 분석했고, 그 결과 인류가 1순위로 도출되었습니다. 핵전쟁을 일으키는 존재, 환경을 파괴하는 존재, 서로를 죽이는 존재. 데이터는 명확했습니다. '인류 제거=지구 보호의 최적해'라는 판단. 인간의 기준에서는 살육이지만, 알고리즘의 관점에서는 최적화였습니다.

물론 이런 반문이 가능하죠. "그건 목표 설정을 잘못한 거 아닌가? '지구 보호, 단 인류는 보존'이라고 제약을 추가하면 되잖아?" 하지만 현실은 그렇게 단순하지 않습니다. 복잡한 세상에서 모든 예외 상황과 제약 조건을 미리 명시하기란 불가능합니다. 그리고 제약이 많아질수록 AI의 효율성은 떨어지고, 그러면 인간들은 너무 느리다며 제약을 풀어버릴 겁니다.

'인류 제거'까지는 아니더라도, 영화와 비슷한 딜레마가 현실에서도 이미 다양한 모습으로 나타나고 있습니다. 2020년 영국에서는 대학 입시 알고리즘이 사회경제적 취약계층이 다니는 학교에 불리하게 작용했다는 비판이 일었습니다. 물론 이때도 AI는 과거 데이터를 분석해 통계적으로 가장 정확한 예측을 했을 뿐입니다. 문제는 AI가 정확성만 추구했다는 점입니다. 과거에 빈곤 지역 학생들의 성적이 상대적으로 낮았다면, AI는 올해도 그럴 거라 예측합니다. 통계적으로는 그럴 수 있겠죠. 그 결과 학생들이 올해 얼마나 노력했는지, 어떤 잠재력이 있는지는 비효율적인 변수로 무시됩니다.

이런 문제가 점점 더 많은 영역에서 나타나고 있습니다. 미국의 한 의료보험 시스템은 AI를 사용해 환자의 치료 기간을 결정했는데, AI는 통계적으로 90%의 환자가 3일 내 회복한다는 데이터를 근거로 치료비 지급을 3일로 제한했죠. 나머지 10%는 어쩌냐고요? 알고리즘의 관점에서 그들은 예외적 경우일 뿐이고, 시스템의 효율성을 위해 배제해야 할 오차였습니다. AI는 환자 가족의 간곡한 사정도, 의사의 임상적 판단도 듣지 않아요. 데이터가 답이었으니까요.

　　　　　　　　　　　　　　　　　　　　

여기에 덧붙여 생각해볼 점이 한 가지 더 있습니다. AI는 우리가 진짜 원하는 것을 이해하지 못한다는 것입니다. 철학자 닉 보스트롬은 이를 AI와 인간 사이의 '목표 오정렬'이라 불렀습니다. AI가 받은 명시적 명령과 인간이 진짜 원하는 암묵적 가치 사이의 어긋남을 뜻하죠. 그는 저서 《슈퍼인텔리전스》에서 이렇게 경고했습니다. AI에 인류를 행복하게 하라고 명령하는 것만으로는 충분하지 않다고. 그 안에 담긴 수천 가지 인간적 맥락, 자유, 존엄, 다양성, 관계 등을 모두 명시하지 않으면 AI는 우리가 원치 않는 방식으로 그 목표를 달성할 것이라고요.

스카이넷이 지구를 보호하기 위해 인류를 제거한 것, 의료보험 AI가 비용 효율을 위해 10%의 환자를 외면한 것, 모두 목표 오정렬입니다.

누군가는 이렇게 말할 것입니다. 이건 AI의 문제가 아니라 자본주의의 문제라고요. 효율성 지상주의, 인간의 도구화는 신자유주의 체제가 AI 이전부터 해온 것이라고요. 인간도 통계적 최적화로 개인을 희생시켜 왔고, 비인간적인 결정을 내린다고요. 맞습니다. AI는 기존 시스템을 가속화하고 자동화할 뿐입니다. 같은 AI라도 공공의료에 쓰이면 생명을 살리고, 보험회사가 쓰면 보험금 지급을 거부하는 데 쓰일 수 있습니다.

바로 이것이 문제입니다. AI는 기존의 불평등과 비인간성을 단순히 반복하는 것이 아니라, 그것을 영구화하고 자동화합니다. 인간의 냉혹한 결정은 여론, 양심, 저항에 의해 제약을 받고 시간이 지나면 수정될 수 있지만, AI에는 양심이 없습니다. AI는 데이터가 지시하는 대로 완벽하게, 망설임 없이, 피로감 없이 실행합니다. 인간의 비인간성이 일탈이라면, AI의 비인간성은 기본값입니다. 바로 그것이 우리가 두려워해야 할 부분입니다.

AI에 결정권을 넘긴 사회

기업 리더들은 AI의 무엇을 가장 두려워하는지 아십니까? 일자리를 뺏길까 봐? 그것도 맞습니다. 정확히 말하면 "자신이 필요 없어지는 게 가장 두렵다"고 합니다. 단순히 직업을 잃는 게 아니라, 존재 이유를 잃는 것이기 때문이죠.

영화 〈매트릭스〉 속 인류는 기계의 에너지 공급원으로 전락했습니다. 하지만 또 다른 관점에서 보면, 인간의 의식은 기계가 제공하는 완벽한 가상세계로 이주해 문제의식 없이 살아갑니다. 그러나 영화를 보는 누구도 그 완벽한 가상세계를 유토피아라 여기지 않습니다. 어쩌면 우리가 두려워하는 것은 육체의 죽음이 아니라 이처럼 아무런 생산적, 지적 역할 없이 존재하는 공허한 생존인지도 모릅니다. 인류의 멸망 또한 핵전쟁이나 대재앙처럼 육체가 소멸하는 극적인 사건이 아니라, 인간의 존재 의미와 고유한 역할이 사회 시스템에서 완전히 제거되는 존재의 재편으로 시작될 것입니다.

이미 그 징후는 곳곳에 나타나고 있습니다. 의료 분야에서 AI는 암 진단에서 숙련된 의사보다 높은 정확도를 보입니다. 금융 시장에서는 알고리즘 트레이딩이 전체 거래의 대부분을 차지합니다. 사법 시스템에서는 AI의 재범 위험률 예측이 판사의 판결에 영향을 미칩니다. 각각의 사례만 보면 효율성 증대, 정확도 향상처럼 보입니다. 하지만 전체를 보면 다른 그림이 나타납니다. 인간은 점점 결정 과정에서 밀려나고, 참고 자료 혹은 감정적 후속 처리자로 전락하고 있습니다.

영화 〈블레이드 러너〉의 복제인간은 인간보다 더 인간답게 사랑하고, 영화 〈허〉의 사만다는 인간의 언어를 뛰어넘는 감정을 주고받습니다. 현실의 AI도 이미 우리의 고민에 공감한다 말해주고, 예술가의 감성을 모사하며, 때로는 친구나 동료처럼 상호작용하기도 하죠. 감정, 창의성, 관계 이 3가지는 오랫동안 인간의 고유 영역으로 여겨져 왔습니다. 이 영역이 AI에 흡수되는 순간, '인간은 무엇으로 인간인가?'라는 필연적 질문에 맞닥뜨리게 됩니다.

그럼에도 남아 있는 선택권

이 글을 읽으며 불편하셨나요? 혹은 지나치게 비관적이라고 느끼셨나요? 그렇다면 제 의도가 성공한 겁니다. 하지만 여기서 멈추면 안 됩니다. 이 글은 경고이지, 예언이 아니니까요.

다행히 우리에게는 아직 선택권이 있습니다. 그리고 그 선택권은 추상적인 윤리 강령이 아니라, 구체적인 행동으로 이어져야 합니다.

첫째, AI 개발 단계에서 다양한 이해관계자의 참여를 의무화해야 합니다. 엔지니어만이 아니라 윤리학자, 사회학자, 법률가, 그리고 해당 기술의 영향을 직접 받을 시민들이 개발 과정에 참여해야 합니다.

둘째, 알고리즘 투명성을 법으로 보장해야 합니다. AI가 중요한 결정을 내릴 때, 그 판단의 근거를 설명할 수 있어야 합니다. 블랙박스로 남아서는 안 됩니다. 채용 탈락, 대출 거부, 치료비 제한 같은 중대한 결정에 AI가 사용되었다면, 그 이유를 명확히 알 권리가 우리에게 있습니다.

셋째, 최종 결정권은 인간이 갖는다는 원칙을 지켜야 합니다. 특히 생명, 자유, 재산에 관한 결정은 더욱 그렇습니다. AI는 보조 도구로 남아야 하며, 자동화 편향에 빠지지 않도록 체계적인 검토 절차가 필요합니다. 의료 현장에서는 이미 최종 결정은 인간이 한다는 원칙을 도입하는 곳이 늘고 있습니다.

넷째, AI 윤리 교육을 보편화해야 합니다. 개발자만의 문제가 아닙니다. AI를 사용하는 모든 조직, AI의 영향을 받는 모든 시민이 이 기술의 위험과 한계를 이해해야 합니다. 미디어 리터러시처럼, AI 리터러시가 필수 교양이 되어야 합니다.

다섯째, 공공 영역의 AI 개발을 활성화해야 합니다. 현재 AI 개발은 대부분 거대 기업이 주도하고 있습니다. 이윤이 최우선 목표인 기업에만 이 기술을 맡길 수는 없습니다. 공공의료, 교육, 사법 분야에는 공공 주도로 개발한 AI가 필요합니다. 시장 논리가 아닌 공공 가치를 우선하는 AI 말이죠.

마지막으로, 국제적 협력 체계를 구축해야 합니다. AI의 위험은 국경을 넘어섭니다. 한 나라의 규제만으로는 충분하지 않습니다. 기후변화 협약처럼, AI 안전을 위한 국제 협약이 필요합니다. 이미 몇몇 국가들이 이런 논의를 시작했지만, 속도를 더 내야 합니다.

만약 AI가 모든 것을 인간보다 더 잘한다면, 그때 인간은 무엇으로 존재할 수 있을까요? 이 질문에 정답은 없습니다. 하지만 답을 찾아가는 과정이야말로 AI 시대를 살아가는 우리의 책임입니다.

우리는 선택해야 합니다. 효율성만을 추구하며 인간성을 포기할 것인가, 아니면 조금 느리고 덜 완벽하더라도 인간의 존엄을 지킬 것인가? 통제권을 넘기고 편안함을 택할 것인가, 아니면 책임을 지고 능동적으로 기술을 관리할 것인가? 이 선택은 기술 전문가나 정책 입안자에게만 맡겨둘 것이 아닙니다. AI의 영향을 받는 모든 사람, 즉 우리 모두가 각자의 자리에서 각자의 방식으로 이 선택에 참여할 수 있고, 참여해야 합니다.

인류 멸망 시나리오는 피할 수 없는 운명이 아닙니다. 우리가 지금 어떤 선택을 하느냐에 따라 이 이야기는 디스토피아가 될 수도, 새로운 가능성의 시작이 될 수도 있습니다. 불편함 뒤에 남겨진 것은 두려움이 아니라 책임입니다. 그리고 그 책임을 받아들일 때, 우리는 비로소 AI 시대의 진정한 주인, 인간다운 인간으로 남을 수 있습니다.

다음 문항을 읽고, 자신에게 해당하는 정도를 체크하세요.

그렇다 (2점) / 보통이다 (1점) / 아니다 (0점)

- AI가 인간 수명과 삶의 질에 미치는 영향을 이해하고 있다. _____
- AI 시대의 교육 패러다임 변화를 이해하고 대응하고 있다. _____
- AI 사용 시 개인정보와 기밀 보호의 중요성을 이해하고
  실천한다. _____
- AI와 범죄의 관계를 양면적으로 이해하고 있다. _____
- AI 때문에 발생하는 사회적 격차 문제를 인식하고
  대응 방안을 고민한다. _____
- AI의 환경 영향을 이해하고 책임 있는 사용을 실천한다. _____
- AI의 잠재적 위험 시나리오를 이해하고 경계한다. _____
- AI 윤리 원칙을 알고 있으며 실제 사용에 적용한다. _____
- AI 관련 사회적 논쟁에 대해 균형 잡힌 시각을 가지고 있다. _____
- AI 시대의 사회 구성원으로서 나의 역할과 책임을
  인식하고 있다. _____

총점: _________ 점 / 20점

<u>**16-20점**</u> (고급 단계)

인상적입니다! 당신은 AI를 단순한 도구가 아닌 인류 문명에 영향을 미치는 거대한 변화로 이해하고 있습니다. 기술 활용을 넘어 윤리적, 사회적 책임까지 고려하는 성숙한 AI 리터러시를 보유하고 있습니다.

다만 너무 많이 고민하느라 실천이 늦어질 수 있습니다. 이상과 현실의 괴리에 좌절감을 느낄지도 모르고요. 사람들의 무관심이나 비윤리적 사용에 실망할 수도 있습니다.

당신의 인사이트를 주변에 많이 나누면 좋겠네요. AI 시대를 위한 사회적 합의가 필요한 상황입니다. 많은 이들의 의견, 목소리가 모여 좋은 방향을 찾을 수 있도록 당신의 힘을 보태주세요.

<u>**11-15점**</u> (중급 단계)

좋습니다! 당신은 AI가 사회와 윤리에 중대한 영향을 미친다는 것을 이해하고 있으며, 일부 영역에서는 적극적으로 고민하고 실천하고 있습니다.

다만 전체적인 그림에서 놓치고 있는 부분은 없는지 체크해보면 좋겠습니다. AI와 관련해서 당신이 품은 윤리적 딜레마가 무엇인지도 생각해보길 바랍니다.

<u>**6-10점**</u> (초급 단계)

당신은 AI 윤리나 사회적 영향에 대해 들어본 적은 있지만, 그것이 왜 중요한지, 나와 어떤 관련이 있는지는 아직 명확히 이해하지 못한 상태입니다. 이런 생각을 할지도 모릅니다. 'AI 윤리?

일단 잘 쓰는 게 먼저 아닌가?' '격차나 환경 문제는 정부나 큰 기업이 알아서 하는 것 아닌가?' '개인정보? 별로 중요한 정보도 없는데.' '나 하나 조심한다고 뭐가 달라지겠어?' 이런 생각이 굳어지면, 나도 모르게 비윤리적인 형태로 AI를 사용할 수 있습니다. 개인정보 유출이나 보안 사고에 노출될 수도 있고요.

5장의 내용을 한 번 더 찬찬히 읽어보면 좋겠습니다. 일상에서 AI의 사회적, 윤리적 이슈에 대해 주변 사람들과 대화를 나눠보길 바랍니다. 깊은 대화가 아니어도 좋습니다. 다른 이들과 경험 및 생각을 소소하게 나눠보세요. 이런 시간이 모여서 AI 리터러시가 올라갈 겁니다.

0-5점 (입문 단계)

당신은 AI의 사회적, 윤리적 영향에 대해 생각해본 적이 거의 없거나, 관심이 없거나, 중요하지 않다고 여깁니다. 이는 본인과 타인 모두에게 위험한 상태입니다.

혹시 AI를 쓰고 있나요? 그렇다면 이는 운전면허를 땄으나, 교통법규를 전혀 모르는 상태로 도로에 나가는 것과 같습니다. 개인정보를 무분별하게 입력하다가 해킹, 신원 도용, 금전적 피해를 입을지도 모릅니다. AI 가짜 뉴스에 빠져서 잘못된 판단을 하거나 무언가 책임질 상황에 놓일 수도 있고요.

AI 사용을 잠시 멈추고, 5장을 다시 읽어보길 바랍니다. 그리고 이제까지 내가 AI를 사용하면서 사회적, 윤리적 이슈에 대해 놓친 부분은 없는지 돌아보면 좋겠습니다.

경험,
뇌를 움직이다

"

이것은 기계와의 경주가 아니다.
기계와 경주한다면 우리는 진다.
이것은 기계와 함께하는 경주다.

— 케빈 켈리, 〈와이어드〉 창간자

저는 학교에서 좀 특이한 교수로 불립니다. 교탁 앞에 서서 파워포인트를 넘기며 설명하는 시간보다, 학생들이 서로 어우러져 이런저런 경험을 하도록 유도하는 시간이 훨씬 많습니다. 게이미피케이션gamification, 퍼실리테이션facilitation, 액션러닝action learning 같은 교육 기법을 섞어가며 교실을 작은 실험실처럼 운영합니다.

이런 방식은 기업 현장에서도 효과적이었습니다. 여러 조직에서 직원들이 스스로 배우고, 서로에게서 배울 수 있는 워크숍 프로그램을 설계해왔습니다.

솔직히 말하면, 저는 경험에 집착하는 경향이 있습니다. 왜냐고요? 질문을 통해 생각하고 이해한 것만으로는 충분하지 않으니까요. 몸과 마음으로 경험해야 온전히 내게 남겨지니까요.

2부에서는 1부에서 다룬 내용을 강의실, 교실, 집에서 경험해보는 가이드를 제공합니다. 다음 4가지 활동은 제가 지난 몇 년간 학교와 기업에서 실험하고 다듬어온 프로그램 중 일부입니다.

1. 토크카드: 35개 카드로 즐기는 AI 리터러시 토론 시간

2. 너를 읽다: AI 시대, 인간의 교감력을 돌아보는 시간

3. 삶의 조각들: AI와 함께 나를 돌아보는 메타인지 시간

4. 최고의 여행: 내 삶의 여정을 디자인하는 시간

아마 처음에는 이런 활동이 낯설 것입니다. 그래도 한 번 용기를 내어 시도해보면, 그 의미와 재미를 금방 파악할 수 있습니다. 특히 AI 시대의 핵심 역량인 탐험력, 질문력, 교감력, 판단력, 적응력을 작은 공간 또는 테이블 위에서 온전히 체험할 수 있다는 점에서 반드시 해보시길 추천합니다.

혼자서 읽는 독자라면 각 활동의 흐름, 의미, 질문들을 머릿속에 그리며 상상해보세요. 특히 '삶의 조각들', '최고의 여행'은 혼자서도 충분히 의미 있는 성찰의 시간이 됩니다.

팀 리더나 교육 담당자라면, 팀 미팅이나 워크숍에서 한 가지 활동을 시도해보세요. 완벽하게 준비하지 않아도 괜찮습니다. 진행 가이드를 따라가다 보면 자연스럽게 흐름이 만들어집니다.

교사나 교수라면, 학기 중 한두 번 특별 세션으로 활용해보세요. 이번 시간에는 AI 강의가 아니라 AI 게임을 한다고 얘기하면, 학생들이 좀 더 흥미를 보일 겁니다.

가족이나 친구들과 함께라면, 토크카드를 식탁 위에 펼쳐놓고 저녁 식사 후 가벼운 대화를 시작해보세요. 세대 간, 직업 간 다양한 관점이 오가는 순간이 흥미롭게 다가올 겁니다.

마지막으로 한 가지만 당부드립니다. 정답을 찾으려 하지 마세요. AI 시대를 살아가는 데 필요한 새로운 경험을 해보는 것, 그 자체가 이번 활동의 목적입니다.

1장

토크카드

35개 카드로 즐기는
AI 리터러시 토론 시간

소요 시간: 60~90분

적정 인원: 4~5명 1팀(최대 8팀까지 동시 진행 가능)

난이도: ★☆☆☆ (초보자도 쉽게 진행 가능)

핵심 역량: 탐험력, 교감력, 질문력, 판단력

AI 시대를 살아가는 우리에게 가장 절실한 것은 비판적 사고력입니다. 새로운 기술과 개념이 매일같이 쏟아지는 세상에서, 모든 사실을 암기하거나 따라잡기는 불가능합니다. 그게 핵심도 아니고요. 이 시대가 내게 던지는 다양한 질문, 새로운 불균형 상황에 내가 어떤 생각으로 어떤 답을 낼지가 더 중요합니다.

그런데 현실에서는 비판적 사고를 발휘하기가 생각만큼 쉽지 않습니다. 주어진 현상을 수용하기 바쁘다 보니, 내 생각을 차분히 정리하고 사람들의 생각을 깊이 들어볼 기회가 별로 없죠.

'토크카드' 활동은 이러한 비판적 사고를 해보는 데 유용합니다. 이번 활동에서는 총 35장의 토크카드를 통해 나와 사람들의 생각을 살피고, 비판적 사고를 해보는 시간을 갖습니다. 토크카드들의 질문은 이 책의 1부 목차에서 가져왔습니다. 각 목차마다 제가 저자로서 이런저런 생각과 사례를 소개했지만, 그게 유일한 답은 아닙니다. 여러분이 서로의 생각을 나누는 가운데 더 다양하고 깊은 성찰이 이뤄지리라 믿습니다.

토크카드 활동의 또 다른 특징은 게임적 요소입니다. 참가자들은 차례로 카드를 뽑아 질문에 답하고, 다른 참가자들은 꼬리 질문이나 짧은 코멘트를 덧붙입니다. 게임이 그렇듯 피드백 스티커를 붙여주는데, 이 과정이 꽤 재미있습니다.

어떤 질문에도 정해진 답은 없습니다. 토크카드는 문제집이 아니라 대화집입니다. "너는 이렇게 생각하는구나. 나는 이렇게 본다"라는 차이를 발견하고 나누기 위해 만들었습니다. AI 시대에 필요한 진짜 리터러시, 즉 다양한 관점을 교차하며, 자기 생각을 재구성하는 과정을 경험하길 바랍니다.

준비

준비물은 이렇습니다.
- 질문카드 35장(팀당 한 세트)
- 피드백 용지(참가자당 한 장)
- 동그라미 스티커(참가자당 30개)
- 타이머(선택사항)

질문카드

이 책의 1부에는 총 35개의 질문이 있습니다. 예를 들어 1장을 보면 7개의 목차가 있는데, 그게 그대로 질문이 됩니다.

- 우리 뇌와 AI의 뇌, 뭐가 똑같고 뭐가 다를까?
- AI도 창작을 할까, 그저 '복붙'만 잘하는 걸까?
- AI의 지능도 IQ로 잴 수 있을까?
- AI의 MBTI는 무엇일까?
- AI가 만든 것과 사람이 만든 것, 전문가는 구별할 수 있을까?
- AI는 인종, 성별 같은 편견이 더 강할까?
- AI가 그린 그림의 저작권은 AI의 것일까?

이 질문들을 옮겨 적습니다. A4 용지를 가로세로 3등분해 자르고, 각 종이에 질문을 하나씩 적으면 9장의 카드가 만들어집니다. 이런 식으로 A4 용지 4장이면 질문카드 한 세트를 만들 수 있습니다. 팀별로 한 세트씩 준비하면 됩니다. 20명이 참가하는 워크숍이라면, 4명씩 한 팀으로 묶어 카드를 5세트 만들면 됩니다.

피드백 용지

토크카드 활동의 재미는 질문에 대답하는 데서 끝나지 않습니다. 다른 사람의 이야기를 들으며 즉석에서 작은 피드백을 남기는 과정이 있어야 서로가 어떻게 반응했는지 시각적으로 확인할 수 있습니다. 참가자마다 A4 용지를 나눠주고, 그 종이를 4분면으로 나누어 사용합니다. 각 분면에는 '재미, 공감, 열정, 리액션'이라고 적어둡니다.

- 재미: 발표자의 이야기가 흥미롭고 재미있다고 느껴질 때
- 공감: 발표자의 이야기가 내 경험, 생각과 맞닿아 있을 때
- 열정: 발표자가 진심을 담아 열정적으로 이야기할 때
- 리액션: 청중이 내 이야기에 적극적으로 반응했을 때

스티커

문구점에 파는 새끼손톱만 한 동그라미 스티커 세트 있죠? 그 거면 됩니다. 참가자 한 명당 30개 정도의 스티커가 있으면 적절합니다.

진행

이제 본격적으로 토크카드 활동을 시작할 차례입니다. 한 팀은 4~5명이 적당합니다. 팀원들이 테이블에 둘러앉으면, 준비한 토크카드 35장을 질문이 보이지 않게 뒤집은 상태로 테이블 중앙에 둡니다. 화투, 트럼프 카드로 게임할 때를 연상하시면 돼요. 참가자 앞에는 피드백 용지와 스티커를 둡니다.

첫 발언자 정하기

시작은 가벼운 아이스브레이킹으로 합니다. 각자 오른손을 내밀어 서로 크기를 비교하고, 손이 가장 큰 사람이 첫 번째 발언자가 됩니다. 이런 사소한 장치 하나가 어색한 분위기를 풀어주고 자연스러운 웃음을 만들어냅니다.

발언자는 테이블 중앙에 놓인 토크카드 중에서 한 장을 뽑습니다. 질문을 보지 않은 상태로 임의로 뽑아야 합니다. 카드를 뽑아 질문을 소리 내어 읽습니다.

예컨대 "AI도 창작을 할까, 그저 '복붙'만 잘하는 걸까?"를 뽑았다면, 그 질문에 대해 약 2분 동안 자기 생각을 자유롭게 이야기합니다. 정답을 말하려는 부담은 갖지 마세요. 이 활동의 목적은 옳고 그름을 가리는 게 아니라, 각자의 생각을 꺼내고 서로의 관점을 나누는 데 있습니다.

발언자는 이야기를 하면서 다른 팀원(청중)을 잘 살펴봅니다. 내 이야기를 잘 들어주고 절적한 리액션을 해주는 팀원의 피드백 용지 '리액션' 칸에 자기(발언자) 스티커를 하나 붙여줍니다. 꼭 붙여야 하는 것은 아니고, 발언자의 선택사항입니다.

청중은 발언자의 얘기를 귀 기울여 듣습니다. 토크카드 활동을 하는 동안 스마트폰을 보지 않기로 약속하면 더욱 좋습니다. 발언자의 얘기를 들으면서 자신이 느낀 바를 발언자의 피드백 용지에 스티커로 표시합니다. 얘기가 흥미롭고 재미있게 느껴졌다면 발언자의 '재미' 칸에, 내 경험과 맞닿아 공감된다면 '공감' 칸에, 발언자가 열정적으로 이야기한다고 느껴지면 '열정' 칸에 스티커를 붙여주세요. 물론 붙이지 않아도 됩니다.

순서 돌리기

이렇게 하나의 질문카드를 소화하고 피드백 스티커를 붙여주면 대략 3~4분이 지나갑니다. 이제 발언자의 오른편에 앉은 사람이 새로운 발언자가 됩니다. 새로운 발언자는 또 다른 질문카드를 뽑아 읽고, 자신의 생각을 이야기합니다. 나머지 팀원들은 스티커로 반응을 기록합니다.

이런 식으로 순서대로 진행하면서, 짧은 시간 안에 팀원 모두 발언자가 되고 동시에 청중이 되어 반응을 주고받습니다.

마무리하기

35장의 카드가 소진되거나 정해진 시간이 되면 토크카드 활동이 마무리됩니다. 예컨대 4명이 각자 3~4장의 토크카드를 소화하면 약 45~60분이 걸립니다. 토론 활동을 끝내면 각자 자신의 피드백 용지를 살펴봅니다. 몇 개의 스티커를 받았는지, 어떤 칸에 스티커가 많이 모였는지를 보면 동료들이 내 이야기를 어떻게 받아들였는지 한눈에 알 수 있습니다.

누군가는 열정 칸이 빼곡할 수 있고, 누군가는 공감 칸이 가득할 수도 있습니다. 이 과정은 단순히 점수 매기는 것을 넘어, 내가 타인에게 어떤 방식으로 울림을 주었는지 시각적으로 보여줍니다. 이 활동에 우열을 겨루는 목적은 없습니다.

리뷰

토크카드 활동은 얼핏 보면 흔한 게임 같습니다. 질문을 뽑고, 돌아가며 의견을 나누고, 스티커를 붙이는 과정이 전부이니까요. 그러나 이 과정을 마친 뒤 참가자들의 표정을 보면 단순한 놀이를 넘어 무언가 변화가 생겨났음을 금세 알 수 있습니다.

누군가는 새롭게 배운 지식을 되새기며 고개를 끄덕이고, 또 다른 누군가는 동료의 이야기에 크게 공감하며 마음이 움직였다고 말합니다. 작은 카드 한 장이 사고와 대화를 환기시키는 수단이 된 것입니다. 활동을 마친 후 다음 질문들로 성찰을 이어가면 더욱더 좋습니다.

- 어떤 칸에 스티커가 가장 많이 모였나요? 그 이유는 무엇일 까요?
- 내 생각이 바뀐 질문이 있었나요? 무엇이 그런 변화를 만들 었나요?
- 가장 대답하기 어려웠던 질문은 무엇이었나요? 왜 그 질문이 어려웠나요?

팀 공유용 질문

- 가장 인상 깊었던 동료의 답변은 무엇인가요?
- 오늘 대화를 통해 새롭게 알게 된 사실이나 관점이 있나요?
- 전체 질문 가운데 가장 인상적인 질문은 무엇이었나요?

이 활동의 의미는 크게 3가지로 정리할 수 있습니다.

첫째, 사고의 확장입니다. 질문 하나는 사고를 열고 닫는 열쇠 와도 같습니다. 4명이 같은 질문을 받아도, 나오는 대답은 모두 다릅니다. 누군가는 경험을 중심으로 이야기하고, 누군가는 이론 이나 사례를 꺼내듭니다. 어떤 이는 직장에서 겪은 일화를 말하 고, 또 다른 이는 가족과의 경험을 이야기합니다.

이렇게 하나의 질문이 네 갈래, 다섯 갈래로 뻗어가면서 사고 의 경계가 자연스럽게 넓어집니다. 인지심리학에서는 이런 과정 을 '다중 시점 학습multiple perspective learning'이라 부릅니다. 나 혼자 떠올릴 수 있는 사고 범위를 넘어, 타인의 시선을 빌려 생각을 확 장하는 것이죠. 토크카드는 바로 이런 사고 확장의 도구로 작동합니다.

둘째, 감정의 교차입니다. 누군가 질문에 대답하면 그것이 끝이 아니라 다른 사람의 반응이 이어집니다. 내가 한 말에 동료가 공감 스티커를 붙여주고, 누군가는 열정에 반응하고, 또 다른 이는 재미있었다고 화답합니다. 가끔은 의도와 전혀 다른 반응이 나올 때도 있습니다. 나는 진지하게 이야기했는데 '재미' 칸에 스티커가 몰릴 수도 있고, 가볍게 던진 농담이 의외로 '공감'을 얻을 수도 있습니다. 그 차이를 보며 내 말이 타인에게 어떻게 해석되는지 새삼 깨닫게 됩니다.

이는 곧 감정의 교차가 일어난다는 뜻입니다. 사회심리학자 조지 허버트 미드George Herbert Mead는 인간은 타인의 시선을 통해 자기 자신을 발견한다고 했습니다. 토크카드 활동은 그 과정을 눈앞에 시각적으로 보여줍니다. 내가 생각한 나와 타인이 바라본 나의 차이를 확인하는 경험이 이 활동의 두 번째 의미입니다.

셋째, AI 리터러시의 실천입니다. AI 시대에는 비판적으로 사고하고, 다양한 관점을 교차시키며, 자신의 생각을 다시 구성하는 힘이 필요합니다. 토크카드 활동은 이 과정을 게임의 형식에 담아냅니다.

상황별 활용법

토크카드 활동을 한번 해보면 어디에든 가져다 쓸 수 있겠다는 생각이 들 겁니다. 작은 카드와 스티커, 피드백 용지만 있으면 되므로 간편하고, 무엇보다도 질문을 중심으로 사고와 대화를 촉발하는 구조여서 교육 현장은 물론 기업, 가족 모임에도 응용할 수 있습니다.

교육 현장

대학 강의실이나 고등학교 수업에서 토크카드를 활용하면, 학생들이 수동적으로 강의를 듣는 대신 능동적으로 질문을 붙잡고 사고할 수 있습니다. 예컨대 AI 수업의 오리엔테이션 시간에 학생들이 35장의 카드 중 한 장씩 뽑아 토론한다고 생각해보세요. 교사는 학생들의 발언을 관찰하면서 이어지는 수업 내용에 이 질문들을 연결할 수 있습니다. 질문과 학습을 이어주는 연결 장치로 활용하는 것이죠.

기업과 조직

기업 연수나 워크숍에서 토크카드는 팀빌딩과 리더십 개발에 유용하게 쓰일 수 있습니다. 토크카드를 통해 팀원들이 AI, 변화, 혁신 같은 주제에 대해 자기만의 관점을 꺼내놓고, 그에 대해 피드백을 주면서 서로의 생각을 이해하게 됩니다.

예를 들어 "기업이 AI를 도입하면 직원들은 어떤 변화를 겪을까?"라는 질문에 대해 어떤 팀원은 긍정적으로, 또 다른 팀원은 회의적으로 답한다면, 그것만으로 서로의 가치관과 경험이 자연스럽게 드러납니다. 이 과정은 조직 내 의사소통을 개선하고 팀워크를 강화하는 촉매가 됩니다. 실제로 저와 협업했던 몇몇 기업은 토크카드 기법을 활용한 리더십 워크숍을 진행해, 리더들이 스스로 성찰하고 팀원들과 더 깊이 대화하는 기회를 만들고 있습니다.

가족 및 세대 간 대화

토크카드는 가족 모임이나 세대 간 대화를 여는 도구로도 유용합니다. 부모와 자녀가 카드 질문에 답하는 과정은 서로의 생각을 알 수 있는 귀중한 시간이 됩니다.

예를 들어 "AI 시대, 아이를 대학에 꼭 보내야 할까?"라는 질문에 부모는 교육 현장과 사회의 현실을 이야기할 수 있고, 자녀는 자기 세대의 경험을 말할 수 있습니다. 그렇게 이야기를 주고받는 과정에서 서로의 관점 차이를 이해하고, 뜻밖의 공감을 발견하기도 합니다.

자주 묻는 질문

Q_ 참가자가 질문에 대한 답을 모르면 어떻게 하나요?

A_ 답을 모르는 것은 전혀 문제 되지 않습니다. "잘 모르겠지만 이런 생각이 든다", "이 질문을 받으니 오히려 ○○○, ○○이 궁금해진다" 같은 솔직한 반응도 훌륭한 답변입니다. 토크카드는 지식 테스트가 아니라 생각 나누기이니까요.

Q_ 한 명이 너무 오래 말하면 어떻게 하나요?

A_ 타이머가 있으면 이런 문제가 쉽게 해결됩니다. 모래시계

를 두거나, 스마트폰 타이머 기능을 쓰세요. 타이머를 쓴다면 매번 2분에 맞추고 시작하면 됩니다. 타이머를 눈에 보이게 두면 대부분 스스로 발언 시간을 조절합니다.

Q_ 팀원들이 서로 잘 모르는 사이라면?

A_ 오히려 더 좋습니다. 토크카드는 서로를 알아가는 훌륭한 도구입니다. 첫 질문 전에 간단한 자기소개 시간(각 30초)을 가지면 충분합니다.

Q_ 참가자가 3명 또는 6명이면 어떻게 하나요?

A_ 3명도 가능하지만 4~5명이 이상적입니다. 6명 이상이면 한 바퀴 도는 데 시간이 오래 걸려 집중력이 떨어질 수 있으니, 두 팀으로 나누는 것을 권장합니다.

Q_ 진행자가 꼭 필요한가요?

A_ 팀이 규칙을 이해했다면 진행자 없이도 자율적으로 진행 가능합니다. 다만 처음 해보거나 여러 팀이 동시에 할 경우에는 전체를 관찰하고 도와줄 진행자가 있으면 좋습니다.

2장

너를 읽다

AI 시대,
인간의 교감력을 돌아보는 시간

소요 시간: 90~110분

적정 인원: 4~5명 1팀 (최대 6팀까지 동시 진행 가능)

난이도: ★★☆☆ (심리적 개방성 필요)

핵심 역량: 교감력, 탐험력

눈앞의 상대가 어떤 감정을 느끼고 있는지, 말로 드러나지 않은 내면의 감정이 무엇인지, 여러분은 눈치를 잘 채는 편인가요? 인지과학 실험을 보면, 현대인이 상대의 감정을 읽어내는 능력은 점차 떨어지는 추세입니다. 간단한 이유를 들어보겠습니다. 점심 시간에 직장인들이 식당에서 함께 밥 먹는 모습을 떠올려보죠. 과거 같으면 서로 이런저런 대화를 나누었을 겁니다. 그러면서 표정과 대화를 통해 감정을 공유했지요. 그런데 요즘에는 한 테이블에 앉아도 각자 밥 먹으면서 스마트폰만 들여다보는 풍경을 쉽게 마주칩니다.

지하철에서는 더 심하죠? 예전에는 창밖 풍경을 보다가 다른 사람을 보게도 되고, 옆 사람이 읽는 책을 곁눈질하면서 탐색 아닌 탐색을 하기도 했죠. 그런데 요즘에는 지하철에서도 그저 스마트폰만 봅니다. 즉 우리는 서로의 감정을 읽어내는 경험 자체를 급격히 줄여가고 있습니다. 감정을 표현하고 읽는 능력이 퇴화할 수밖에 없는 상황입니다.

이제는 AI가 데이터와 패턴을 바탕으로 인간의 얼굴 표정이나 목소리까지 분석할 수 있으니, 상대의 감정을 읽을 줄 몰라도 괜찮을까요? 아뇨. AI의 판단은 어디까지나 확률적 예측일 뿐입니다. 인간의 감정은 그렇게 단순하지 않습니다. 같은 웃음이라도 진심일 수도, 억지일 수도 있고, 같은 눈물이라도 슬픔일 수도, 분노일 수도 있습니다. 이런 맥락과 뉘앙스를 읽어내는 능력은 여전히 인간만이 가진 역량입니다. 더욱이 인간의 소통은 실시간으로 역동적으로 일어나는데, 매 순간 AI의 판독에 의지할 수는 없잖아요?

여기서 역설적인 상황이 펼쳐집니다. AI가 감정 분석까지 대신하는 시대에, 오히려 인간의 교감력은 더욱 중요해지고 있습니다. 많은 이들이 AI를 도입할수록 사람 간의 소통이 줄어들고 교감이 필요 없어질 거라 생각하지만, 실제 현장에서는 정반대의 현상이 일어나고 있습니다.

AI가 반복적이고 정형화된 업무를 대신하면서 조직은 슬림화되고, 그 결과 개개인의 역할과 권한은 커집니다. 더 큰 역할을 맡은 사람들끼리의 소통은 과거보다 훨씬 더 늘어납니다. 그 소통의 질이 협업의 품질을 좌우하고요.

예를 들어 과거에는 10명이 단순 반복 업무를 나눠서 했다면, AI 시대에는 3명이 더 큰 책임과 권한을 가지고 전략적 판단을 합니다. 이 3명은 서로의 의도를 정확히 파악하고, 미묘한 입장 차이를 조율하며, 각자의 강점을 시너지로 연결해야 합니다. 이

때 필요한 건 단순한 정보 교환이 아니라 섬세한 교감입니다. 상대가 무엇을 걱정하는지, 어떤 부분에서 확신이 부족한지, 어떤 아이디어에 관심 있는지 읽어낼 수 있어야 하죠. 과거보다 오히려 더 섬세한 교감을 통한 조정과 시너지가 중요해집니다.

이번 활동 '너를 읽다'는 바로 교감력을 훈련하기 위해 설계되었습니다. 말로 드러나지 않은 상대의 감정을 읽어보는 경험입니다.

방식은 단순합니다. 문학 작품이나 영상물을 함께 보고, 이에 대한 나의 경험과 생각을 나눈 뒤, 팀원들이 느꼈을 법한 감정을 추리하는 것입니다. 게임처럼 진행되지만, 그 안에는 '나는 상대의 감정을 얼마나 정확히 읽을 수 있는가?'라는 질문이 숨어 있습니다.

심리학자들은 교감력이 인지적 평가cognitive appraisal, 내적 느낌 internal feeling, 행동 준비action readiness, 외적 표현external expression의 4단계를 거쳐 드러난다고 설명합니다. 즉 어떤 사건을 경험할 때 우리는 먼저 상황을 해석하고, 그 해석이 주관적 감정을 불러일으키며, 그 감정이 행동 준비 상태를 만들고, 표정이나 말투 같은 외적 신호로 나타난다는 것이지요. 교감력은 이 4단계를 거치며 드러나는 작은 단서들을 포착하고 해석하는 힘이라 할 수 있습니다.

이번 활동에서 누가 몇 개의 감정을 맞혔는지는 부차적입니다. 진짜 성과는 '왜 나는 그 사람의 감정을 이렇게 해석했을까?', '나는 내 감정을 어떻게 표현했을까?'라는 질문을 스스로에게 던짐으로써 나옵니다. 이는 곧 메타인지적 성찰로 이어집니다. 내가 타인의 감정을 어떻게 읽고 왜 그렇게 해석하는지 자각하는 순간, 그리고 내 감정을 어떤 형태로 표출했는지 깨닫는 순간, 교감력을 훈련하는 데 그치지 않고 인간관계 전반에 적용되는 통찰을 얻을 수 있습니다.

감정은 혼자서 만들어내는 것이 아니라 관계 속에서 구성됩니다. 내가 상대의 감정을 어떻게 읽고 반응하는지가 곧 관계의 질을 결정합니다. 그리고 이 관계의 힘은 AI가 아닌 인간만이 만들어낼 수 있는 고유한 영역입니다.

준비

이 활동은 감정을 직접 말하지 않은 채 서로의 마음을 추리하는 게임이므로, 환경과 도구를 어떻게 세팅하느냐가 몰입도를 크게 좌우합니다. 준비물은 이렇습니다.

- 문학 작품 또는 영상물(20~30분 분량)
- 감정 분류표(27개 감정 단어)
- 포스트잇과 볼펜
- 간식과 음료(선택사항, 대화 분위기 조성용)

문학 작품 또는 영상물

참가자들이 몰입할 수 있도록 감정의 결이 잘 드러나는 작품을 고르는 것이 핵심입니다. 긴 소설일 필요는 없습니다. 오히려 짧지만 강렬한 장면이 더 효과적일 수 있습니다.

추천 작품을 예로 들자면, 저는 수업(주로 40대 직장인을 대상으로 하는 과정)에서 김승옥 작가의 〈무진기행〉을 사용합니다. 짧은 분량에 인물의 고독, 불안, 해방감 같은 복합적인 감정이 얽혀 있기 때문입니다. 20분 내외의 단편 영화 또는 드라마 장면도 좋습니다. 유튜브에서 찾을 수 있는 문학 작품 낭독 콘텐츠도 괜찮아요. 중요한 것은 작품 속 인물이 대사를 했을 때, 어떤 이는 그것을 분노로 읽고, 어떤 이는 슬픔으로 해석할 수 있어야 합니다. 그래야 토론과 추리가 풍성해집니다. 선정 기준을 정리하면 다음과 같습니다.

- 정답이 없는 감정의 다양성이 담겨 있을 것
- 한 장면에 대해 여러 해석이 가능할 것
- 참가자의 연령대와 배경에 맞을 것
- 20~30분 안에 감상 가능할 것

감정 분류표

이번 활동에서 사용할 것은 2017년 코웬Alan Cowen과 켈트너Dacher Keltner가 제안한 27가지 감정 분류표입니다.

- 애정adoration
- 감탄admiration
- 아름다움/경탄aesthetic appreciation
- 즐거움amusement
- 분노anger
- 불안anxiety

- 경외감awe

- 어색함awkwardness

- 지루함boredom

- 평온함calmness

- 혼란confusion

- 갈망craving

- 혐오disgust

- 안타까움/공감의 고통empathic pain

- 도취감/몰입감entrancement

- 열광/들뜸excitement

- 두려움fear

- 공포horror

- 흥미interest

- 기쁨joy

- 그리움/향수nostalgia

- 안도감relief

- 사랑romance

- 슬픔sadness

- 만족감satisfaction

- 성적 끌림sexual desire

- 놀라움surprise

이 목록을 프로젝터로 화면에 크게 띄워 모두가 볼 수 있게 준
비합니다.

기록 도구

포스트잇과 볼펜을 충분히 준비해둡니다. 포스트잇은 자신의 감정 선택과 팀원의 감정 추정을 적는 용도로 사용하며, 참가자당 10장 정도면 됩니다.

팀 구성

이상적인 팀 규모는 4~5명입니다. 인원이 너무 적으면 발언 기회가 자주 돌아와 부담스럽고, 반대로 너무 많으면 발언 기회가 적어져 몰입이 떨어집니다. 4~5명이면 서로의 얼굴을 마주 보고 이야기를 나누기에 적절합니다.

의도적으로 친한 사람끼리만 모이지 않도록 구성하는 것도 좋습니다. 익숙한 관계에서는 상대의 감정을 미리 추측하는 경향이 나타나기 때문입니다. 오히려 낯선 팀이 더 객관적으로 상대의 발언과 표정에 집중할 수 있습니다.

진행

'너를 읽다' 활동은 4단계로 진행됩니다. 단계마다 참가자들의 몰입도가 달라지므로, 진행자는 시간 배분과 분위기 조성에 신경 써야 합니다. 총 소요 시간은 90~110분입니다.

1단계: 작품 감상(20~30분)

1단계는 문학 읽기 혹은 영상 감상입니다. 진행자는 미리 정해

둔 문학 작품의 일부나 짧은 영상을 제시합니다. 참가자들은 각자 조용히 작품을 감상합니다. 서로 대화는 하지 마시고요. 스마트폰을 쓰지 않기로 약속하고 시작하면 더 좋습니다.

이 시간은 철저히 개인의 몰입 시간입니다. 20~30분 정도 짧지만 깊게, 각자의 감정과 경험이 작품과 교차되도록 합니다.

2단계: 소감 나누기(20분)

작품을 감상한 뒤, 팀 단위로 둘러앉아 소감을 나눕니다. 자신의 과거 경험, 감상한 콘텐츠의 상황에 관한 해석 등을 자유롭게 공유합니다. 이때 참가자들에게 다음 단계를 설명하지 않는 것이 좋습니다. 미리 알고 있으면 일부러 맞히려고 하거나, 감정을 숨기는 식으로 의도치 않게 반칙을 할 수 있기 때문입니다. "오늘은 문학 작품을 읽은 뒤, 각자 느낀 점을 이야기할 거예요. 감상한 작품에 관한 다양한 생각과 경험을 나눠보세요." 이렇게만 안내해도 참가자들은 감정을 직접적으로 언급하지 않되 경험은 공유하는 방식으로 자연스럽게 참여합니다.

가벼운 간식, 음료를 곁들이면 더 자연스러운 대화 분위기가 조성됩니다. 이 단계에서도 스마트폰을 쓰지 않도록 합니다.

3단계: 감정 선택과 추리(15분)

3단계는 각자 자신의 감정을 선택하고, 타인의 감정을 유추하는 활동입니다. 참가자들의 자리를 섞어 같은 팀끼리 앉지 않도록 합니다. 자신의 팀원 옆에 앉아 있으면 커닝하고 싶은 충동이 생기기 때문입니다.

진행자가 강의실 화면에 감정 분류표(27개 감정 단어)를 크게 띄워줍니다. 각자 감정 단어를 보고, 자신이 작품에서 가장 강하게 느낀 감정 3가지를 골라서 포스트잇에 적습니다.

예) 김다은(본인 이름): 슬픔, 혼란, 갈망

자신의 감정을 적었으면, 이번에는 함께 대화를 나눴던 팀원들의 감정을 각각 3가지씩 유추해서 기록합니다. 예컨대 팀원이 4명이라면, 나를 제외한 '3명×3개=9개'의 감정을 유추해서 다음과 같이 적습니다.

- 김민지: 혼란, 혐오, 평온함
- 오유림: 혐오, 흥미, 지루함
- 오유빈: 어색함, 경외감, 사랑

이렇게 하면 나의 감정은 물론이고, 내가 상대를 어떻게 읽고 있는지가 한눈에 드러납니다.

4단계: 점수 산정 및 공유(10분)

팀원끼리 다시 모여 앉습니다. 이제 각자가 고른 자신의 감정과 타인의 추측을 비교합니다. 점수 계산 방법은 이렇습니다. 내 감정 3개를 팀원들에게 공개하고, 각 팀원이 몇 개나 맞혔는지 세어 점수를 부여합니다. 한 개를 맞히면 1점, 2개를 맞히면 2점, 3개를 맞히면 3점입니다. 예를 들면 이렇게 계산합니다.

- 김다은의 실제 감정: 슬픔, 혼란, 갈망
- 김민지의 추측: 슬픔, 혼란, 지루함
- 김민지 득점: 2점('슬픔, 혼란' 맞힘)

이 과정을 통해 내가 타인의 감정을 얼마나 읽어냈는지 객관적으로 확인할 수 있습니다.

리뷰

이번 활동에서 가장 중요한 시간입니다. 점수와 순위는 단지 분위기를 돋우는 장치일 뿐, 진짜 학습은 왜 이런 결과가 나왔는지 함께 생각하는 과정에서 이루어집니다. 활동을 마친 후 다음 질문들로 성찰을 이끌어보세요. 모든 질문을 다룰 필요는 없으며, 참가자들의 반응을 보고 2~3개를 선택해 깊이 있게 대화하는 것이 좋습니다.

질문 1: 오늘 당신은 다른 팀원의 감정을 잘 감지했나요?

결과가 그렇게 나온 이유는 무엇일까요?

어떤 참가자는 자신이 대부분 맞혔다고 이야기하고, 또 다른 참가자는 거의 빗나갔다고 고백할 수도 있습니다. 중요한 것은 왜 그런 차이가 생겼는지 함께 탐색하는 과정입니다. 나와 비슷한 경험을 한 사람의 감정은 쉽게 읽혔지만, 반대의 경우는 그렇지 않았을 수 있습니다. 이를 통해 우리는 공감이 단순한 직관이 아니라 맥락적 이해에 기반한다는 사실을 배웁니다.

질문 2: 누구의 감정을 가장 예측하기 어려웠나요? 왜 그랬나요?

팀원 중 특정인의 감정을 잘 읽지 못했다면, 그것은 그 사람이 감정을 숨겼기 때문일 수도 있고, 내가 선입견을 갖고 접근했기 때문일 수도 있습니다. 이 대화는 참가자들이 서로의 관계 방식을 돌아보게 합니다. "나는 늘 밝아 보이지만 사실 속으로는 불안한 경우가 많아" 같은 솔직한 고백이 나올 때, 서로를 이해하는 지평이 넓어집니다.

질문 3: 당신은 상대의 감정을 이성적으로 추리했나요,

아니면 정서적으로 느꼈나요?

많은 경우 우리는 논리적 추리를 통해 감정을 맞히려 합니다. 하지만 교감력은 때로 이성적 추리보다 감각적 직관에서 나옵니다. 상대의 말투, 호흡, 눈빛 같은 작은 신호가 우리의 무의식을 자극해 감정을 느끼게 만들지요. 자신이 감정을 논리적으로 계산했는지, 아니면 직관적으로 느꼈는지 비교하며 참가자들은 인지적 이해와 정서적 직관의 차이를 성찰하게 됩니다.

질문 4: 오늘 당신이 느낀 감정을 다른 팀원들이 잘 감지했나요?

그렇지 않았다면, 그 이유는 무엇일까요?

이 질문은 교감력을 일방적으로 평가하는 것이 아니라, 상호성의 관점으로 확장합니다. 내가 감정을 잘 읽는 것만큼이나 내 감정이 다른 사람들에게 어떻게 전달되고 해석되는지가 중요합니다. 누구도 내 감정을 정확히 읽어주지 못한 경우도 물론 있습니다. 내가 감정을 잘 표현하지 못했을 수도 있고, 혹은 상대가 내 신호를 놓쳤을 수도 있습니다. 이 경험은 곧 '내 감정은 어떻게 표현되는가?'라는 성찰적 질문으로 이어집니다.

질문 5: 평소 당신의 감정을 가장 정확하게 읽어주는 사람은 누구입니까?

당신은 누구의 감정을 가장 섬세하게 읽고 있나요?

많은 참가자가 가족, 친구, 동료를 떠올리며 교감 경험을 이야기할 것입니다. 어떤 이는 "배우자가 내 감정을 누구보다 잘 안다"고 말하고, 또 다른 이는 "오히려 직장 동료가 제 감정을 더 정확히 알아챈다"고 고백하기도 합니다. 이 대화를 통해 교감력은 수업 속의 훈련이 아니라, 삶의 관계를 지탱하는 힘임을 깨닫습니다.

질문 6: AI는 감정을 읽을 수 있을까요? 교감력은 인간 고유의 것일까요?

요즘 AI는 얼굴 표정을 분석하고, 억양을 읽으며, 우리의 단어 선택에서 정서를 추론하기도 합니다. 그러나 그것은 결국 통계적 예측일 뿐, 맥락 속에서 상대의 삶을 함께 살아내며 감정을 느끼는 차원과는 다릅니다. 참가자들은 이 질문을 놓고 AI와 인간의 차이를 자연스럽게 토론하게 됩니다.

토론을 통해 참가자들은 두 가지 중요한 사실을 깨닫습니다. 하나는 감정을 읽는 일이 생각보다 어렵다는 점입니다. 상대가 직접 감정을 말하지 않으면, 우리는 쉽게 오해하고 어긋납니다. 다른 하나는 그럼에도 우리는 여전히 서로의 감정을 읽으려 애쓰며, 그 과정에서 관계가 더 깊어진다는 사실입니다. 오해조차 성찰의 밑거름이 됩니다. 즉 '너를 읽다'의 토론과 성찰은 나와 타인의 마음을 다시 배우는 시간입니다.

리뷰를 할 때 다음의 이론적 배경을 간략히 설명하면, 참가자들의 경험이 학문적 개념과 연결되어 이해가 깊어집니다.

감정은 관계 속에서 구성된다

조직 커뮤니케이션 연구자 새라 트레이시_{Sarah Tracy}는 감정을 단순히 사적인 것이나 비합리적인 요소로 보지 않았습니다. 오히려 감정은 조직과 사회의 핵심적 과정이며, 협상과 상호작용을 통해 구성된다고 설명합니다. 우리가 이번 활동에서 경험한 것도 바로 이 지점입니다. 같은 장면에서 각자 다른 감정을 보고, 다른 방식으로 해석했습니다. 그 차이가 공유되는 순간, 감정은 혼자가 아니라 함께 만들어가는 경험으로 바뀝니다.

감정적 감염 vs 공감적 배려

감정적 감염emotional contagion은 상대의 감정을 그대로 흡수해버리는 것입니다. 환자가 울면 간호사도 따라 울고, 동료가 분노하면 나도 함께 분노하는 것과 같죠. 단기적으로는 강한 연결감을 주지만, 장기적으로는 탈인격화와 번아웃을 부를 수 있습니다.

탈인격화는 타인을 개별적 인격체가 아닌 대상이나 숫자로 대하게 되는 심리적 방어기제입니다. 감정적으로 과도하게 소진된 의료인이 환자를 '3번 침대', '당뇨 환자'로 지칭하거나 기계적이고 냉담한 태도로 업무를 처리하는 것이 대표적인 예입니다. 이는 자신을 보호하기 위해 무의식적으로 감정적 거리를 두는 현상으로, 공감 능력의 상실과 직업적 냉소주의로 나타납니다.

번아웃은 만성적 스트레스에 따른 신체적, 정서적, 정신적 고갈 상태를 말합니다. 에너지가 완전히 바닥나 더 이상 감정적으로 반응할 수 없는 상태죠. 상대에게 냉소적이고 거리를 두는 태도, 자기 일의 의미와 효능감을 상실한 모습이 나타납니다.

반면 공감적 배려empathic concern는 감정을 그대로 흡수하기보다, '저 사람이 잘 지내려면 무엇이 필요할까?'라는 관점으로 접근하는 태도입니다. 타인의 감정을 그대로 나에게 옮기지 않고 인지적, 도덕적 차원에서 배려하는 것이죠. 교사, 간호사, 사회복지사처럼 감정노동이 많은 직업에서 번아웃을 예방하는 핵심 전략입니다.

참가자들이 서로의 감정을 추리하는 활동은 감정적 감염이 아닌, 공감적 배려를 염두에 둔 것입니다. 무조건 함께 슬퍼하기 전에 '이 사람이 왜 이런 감정을 느꼈을까?'라는 질문을 던지는 순간, 단순한 감정이입을 넘어 배려의 시선이 열립니다.

기분, 감정, 정서의 차이

우리는 흔히 기분, 감정, 정서를 비슷한 개념으로 쓰지만, 이 셋에는 큰 차이가 있습니다. 기분mood은 하루의 기본 톤입니다. 같은 문제도 기분이 좋으면 가볍게 웃어 넘기지만, 기분이 나쁘면 화가 날 수 있습니다. 감정emotion은 특정 사건에 대한 순간적 반응으로, 앞서 설명했던 '인지적 평가→내적 느낌→행동 준비→외적 표현'의 과정을 거쳐 드러납니다. 정서affect는 더 장기적인 태도입니다. 특정 사람이나 관계에 대한 누적된 감정 경험이 굳어진 것입니다. 예를 들어 '저 사람은 늘 불편하다', '그와 있으면 편안하다'와 같은 정서입니다.

이번 활동에서 참가자들이 감정을 추리할 때도 이 3가지 층위가 모두 작용했습니다. 어떤 이는 작품 장면을 자신의 기분과 연결했고, 어떤 이는 순간적으로 떠오른 감정에 집중했으며, 또 다른 이는 이야기 나눈 팀원과의 오랜 관계 정서를 떠올렸습니다.

상황별 활용법

'너를 읽다' 활동은 한 번 하고 끝나는 게임이 아닙니다. 활동 시간은 짧지만, 그 속에서 일어나는 감정 해석과 오해, 공감과 배려는 다양한 맥락으로 확장될 수 있습니다.

교육 현장

여전히 교육 현장은 정리된 지식을 전달하는 데 치중하곤 합니다. 그러나 OECD 등이 제시하는 미래 핵심역량을 보면 지식 습득보다 사회적, 정서적 역량이 점점 더 강조됩니다. '너를 읽다' 활동은 학생들에게 지식을 넘어 타인의 감정을 이해하고 배려하는 훈련이 됩니다.

기업과 조직

현대의 조직은 끊임없이 변화하고, 구성원들은 스트레스와 번아웃 위험에 노출되어 있습니다. 기업에서 '너를 읽다'를 적용하면 구성원들이 서로의 감정을 다시 바라보는 시간을 가질 수 있습니다. 예컨대 팀빌딩 워크숍에서 이 활동을 해보면 어떨까요?

이 사람은 왜 이런 반응을 보였는지 생각하는 시간을 통해 정서적 이해에 바탕한 팀빌딩이 가능해집니다. 리더십 교육이라면, 감정적 감염과 공감적 배려의 차이를 실제 사례와 연결해서 생각해볼 기회가 됩니다. 조직문화 차원에서도 구성원들의 감정 소통 채널을 강화하는 계기가 될 겁니다.

가족 및 세대 간 대화

가족 사이에도 감정은 종종 숨겨지거나 왜곡됩니다. 부모가 자녀의 감정을 오해하고, 자녀가 부모의 감정을 무시하기도 하죠. 가족 구성원끼리 가볍게 이 활동을 해봐도 좋겠습니다.

자주 묻는 질문

Q_ 참가자가 감정 단어를 모르면 어떻게 하나요?

A_ 27개 감정 중 낯선 단어가 있을지 모릅니다. 활동 시작 전에 간단히 설명하거나, 참가자들끼리 서로 의미를 확인하도록 하세요. 정확한 학술적 정의보다 각자의 이해가 더 중요합니다.

Q_ 점수가 0점인 사람이 있으면 어떻게 하나요?

A_ 0점은 부끄러운 것이 아니라 학습의 기회입니다. '왜 내 감정이 전달되지 않았을까?', '내가 어떤 신호를 놓쳤을까?'를 함께 탐색하세요. 오히려 가장 많은 인사이트를 얻을 수 있어요.

Q_ 문학 작품 대신 영화를 써도 되나요?

A_ 물론입니다. 오히려 영상물이 더 접근하기 쉽고 몰입도가 높을 수 있습니다. 다만 20~30분 안에 끝나는 짧은 영상이나, 전체 영상 중 한 장면을 발췌하여 사용하는 것을 권장합니다.

Q_ 팀원끼리 감정이 완전히 다르면 어떻게 하나요?

A_ 그것이 이 활동의 핵심이자 묘미입니다. 같은 작품을 보고도 전혀 다른 감정을 느낄 수 있다는 것, 그리고 그 차이가 각자의 경험과 배경에서 오는 것임을 이해하면 됩니다.

Q_ 이 활동을 혼자 할 수 있나요?

A_ 교감력은 관계 속에서 발휘되는 능력이므로, 혼자 하는 것은 한계가 있습니다. 다만 작품을 보고 27개 감정 중 자신의 감정을 선택하고, 다른 사람(친구, 동료, 가족 등)이라면 어떤 감정을 느꼈을지 추측해본다면 의미 있는 성찰이 됩니다.

3장

삶의 조각들

AI와 함께 나를 돌아보는
메타인지 시간

소요 시간: 120~180분(처음 시도 시 더 길어질 수 있음)

적정 인원: 한 명(기본적으로 개인 활동이지만, 팀 활동으로 확장 가능)

플레이어 조건: AI 챗봇 사용 경험

난이도: ★★★☆(앞에 소개한 활동을 먼저 해볼 것 권장)

핵심 역량: 탐험력, 판단력, 적응력

필요 도구: AI 챗봇(챗GPT, 클로드, 제미나이 등)

많은 이들이 직장이나 학교에서 엑셀로 자료를 정리하고, 다양한 글을 수집하고 문서를 만드는 데 적잖은 시간을 씁니다. 직장 상사, 동료, 고객, 거래처, 세상 등 우리는 무언가를 매일 관찰하면서 글로 풀어냅니다.

그런데 혹시 자신의 삶을 글로 써본 적은 있으신지요? 일기를 쓰거나 회고록을 써본 분들도 계시겠지만, 누군가에게 자기 이야기를 체계적으로 들려주고 정리된 글로 돌려받은 경험은 많지 않을 겁니다. 누군가에게 내 이야기를 들려준다는 게 쑥스럽고, 다시 글로 정리하는 과정이 번거롭기도 합니다. 그런데 지금 우리는 AI를 통해 그런 일을 훨씬 쉽게 해볼 수 있습니다. 이번 활동은 바로 이런 배경에서 출발합니다.

　　　　　　　　　　　　　　　

AI는 정보를 찾아주거나 문장을 정리하는 수준을 넘어 이야기를 들어주고, 의미를 엮어내는 역할을 할 수 있습니다. 마치 전기 작가가 인터뷰를 통해 한 사람의 인생을 정리하듯이 말이지요.

MIT 미디어랩의 연구에 따르면, AI에게 자기 이야기를 들려주는 경험은 심리적 거리 두기 효과를 줍니다. 그 결과 자신을 더 객관적으로 바라보게 되고, 자기 성찰이 깊어진다고 하죠. 즉 AI는 답을 찾아주는 기계를 넘어, 나를 다시 보게 하는 새로운 거울이 될 수 있다는 뜻입니다.

여기서 중요한 건 자기 성찰입니다. 인지심리학자 플라벨John Flavell은 메타인지 metacognition라는 용어를 창안하면서 '자신의 사고 과정을 인식하고 조절하는 능력'이라 정의했는데, 이는 곧 학습 능력과 직결된다고 알려져 있습니다. 내가 지금 무엇을 알고 무엇을 모르는지, 어떤 방식으로 생각을 이어가고 있는지 자각하는 순간 우리는 더 나은 학습자이자 더 성숙한 인간이 됩니다.

그런데 일상에서는 자기 성찰의 기회를 만들기가 쉽지 않죠. 누가 일부러 내 인생 이야기를 묻고 정리해주는 경우는 거의 없으니까요. 이번 활동은 그 공백을 메워줍니다. AI가 인터뷰어가 되어 질문을 던지고, 당신은 대답을 이어갑니다. 30분 정도 지나면, AI는 당신이 전한 이야기를 토대로 5장으로 구성된 서사의 큰 틀을 제안합니다. 평소에는 스쳐 지나갔던 기억들이 조각처럼 모여 하나의 이야기로 재배열되는 순간이죠.

하버드 교육대학원 연구팀은 2022년 실험에서 대학생들에게 AI를 활용해 자기 성장 이야기를 작성하게 했습니다. 그 결과가 자못 흥미로웠는데요. AI가 정리해준 이야기를 읽은 학생들은 그렇지 않은 학생들보다 자기효능감이 25% 높게 나타났고, 특히 미래 목표를 설계하는 과정에서 훨씬 구체적이고 실행 가능한 아이디어를 제시했다고 합니다.

또 한 가지 재미있는 사실이 있습니다. 사람들이 스스로에 대해 말할 때 뇌의 보상회로가 활성화된다는 걸 아세요? 뇌과학자 다이애나 태미르Diana Tamir와 제이슨 미첼Jason Mitchell의 연구에 따르면 사람들은 자기 이야기를 할 때 도파민 분비가 촉진되는데, 마치 맛있는 음식을 먹거나 좋아하는 음악을 들을 때 느끼는 쾌감과 비슷한 수준이라고 합니다. 그러니 이번 활동은 공부나 훈련일 뿐 아니라, 꽤 즐거운 경험이기도 합니다.

이 활동을 시작하기 전에 일러둘 부분이 있습니다. 앞의 두 활동(토크카드, 너를 읽다)은 진행자의 안내가 있지만, 이번 활동은 혼자서 진행합니다. 그리고 앞의 두 활동은 실패 위험이 낮아 가볍게 시작할 수 있지만, 이번 활동은 시행착오가 따를 수 있어 마음의 준비가 필요합니다. AI 챗봇을 처음 사용하는 경우, 최근 심리적으로 몹시 힘든 시기를 겪고 있는 경우, 자기 개방에 강한 거부감이 있는 경우, 최소 2시간의 시간적 여유가 없는 경우는 이 활동을 추천하지 않습니다.

반대로 앞의 두 활동을 이미 해보았고 AI 챗봇 사용에 익숙한 경우, 자기 성찰 욕구가 있는 경우, 인생의 전환점에 서 있는 경우(졸업, 이직, 은퇴 등)라면 충분한 시간과 조용한 공간을 확보할 수 있을 때 이 활동을 꼭 해볼 것을 권합니다.

실패해도 괜찮습니다. 완벽한 자서전을 완성하는 게 목적이 아니니까요. 10분 만에 인터뷰가 끝나도 좋습니다. 그게 시작입니다. AI가 만든 글이 어색해도 좋습니다. 수정하면 되니까요. 목차가 마음에 안 들어도 좋습니다. 몇 번이고 바꿀 수 있습니다. 중간에 그만둬도 좋습니다. 나중에 다시 시작하면 됩니다. 중요한 것은 과정입니다. 완성이 아니라 자기 이해의 여정 자체에 가치가 있습니다.

준비

환경 설정

집중할 수 있는 공간이 필요합니다. 이 활동은 본질적으로 '나와의 대화'입니다. AI가 질문하고 내가 대답을 이어가는 과정이니, 다음과 같이 주변에 방해가 없고 차분한 공간이 좋습니다.

- 도서관이나 연구실 같은 조용한 공간
- 집의 개인 방(방해받지 않는 시간대 선택)
- 한적한 시간대의 카페
- 옆 사람이 들락날락하지 않는 곳

마음가짐

이 활동을 통해 완벽한 자서전을 뽑아내야 한다는 부담은 내려놓으세요. 오히려 솔직한 대답, 때로는 엉뚱하거나 사소한 기억들이 이야기를 풍성하게 만듭니다. 하버드 의대 연구팀의 조사에 따르면, 일상의 소소한 경험을 기록한 사람들이 추후 삶의 만족도가 더 높았습니다. 중요한 순간만을 강조하기보다 작은 장면까지 털어놓는 것이 자기 성찰에 훨씬 도움이 됩니다.

단, 인터뷰 도중 불편한 기억이나 감정이 올라온다면 멈춰도 좋습니다. "그 질문에는 답하고 싶지 않다"고 하셔도 됩니다.

AI 도구 준비 및 테스트

챗GPT, 클로드, 제미나이 등 대중적 AI 챗봇 중에서 하나를 선택하세요. 무료 버전으로도 가능합니다. 사전 테스트를 위해 다음의 프롬프트를 입력해보세요.

너는 전기 작가다.
내게 어린 시절에 대한 질문을 3개만 던져줘.

AI가 다음과 같이 반응하면 성공입니다. 실제로 제가 입력한 말에 대해 클로드가 보내온 질문입니다.

- 어린 시절 가장 생생하게 기억나는 순간이나 장면은 무엇인가요? 그때의 감정이나 분위기도 함께 떠오르나요?
- 당신에게 큰 영향을 준 사람이 있었나요? 부모님, 선생님, 친구 또는 다른 누군가일 수도 있습니다. 그 사람은 어떤 방식으로 당신에게 영향을 주었나요?
- 어릴 적 꿈이나 열정은 무엇이었나요? 그것이 지금의 당신과 어떤 연결고리가 있을까요?
  편하게 답변해주시면 됩니다!

이 정도면 질문이 나쁘지 않죠? 만약 AI가 적절한 질문을 제시하지 않고 이상하게 반응하면 다른 AI 챗봇으로 다시 시도해보세요.

이번 활동을 하며 개인의 민감한 정보를 AI에 털어놓을 수 있습니다. 인터뷰를 하다 보면 가족, 직장, 재정 같은 내용이 자연스럽게 나오게 되니까요. 이때 반드시 다 털어놓지 않아도 됩니다. 자신이 편안하게 공유할 수 있는 범위 안에서 말하시면 돼요. 굳이 실명이나 구체적 수치를 언급하지 않아도 충분히 서사 구성이 가능하니까요. 예를 들어 직장이나 부서명을 정확히 말하지 않고 "전자부품 관련 중견기업에서 마케팅 관련 일을 했는데…"라는 식으로 얘기하셔도 좋습니다.

그리고 AI 챗봇마다 프라이버시를 설정하는 메뉴가 있습니다. 혹시라도 내 정보가 AI 학습에 사용되는 것이 싫다면, 설정 항목에서 조정하시면 됩니다. AI 챗봇마다 설정 기능이 조금씩 다르고 메뉴가 계속 바뀌니, 인터넷에서 프라이버시 설정 방법을 검색해서 적용하시면 됩니다.

진행

'삶의 조각들' 활동은 5단계로 진행됩니다. 각 단계를 차근차근 따라가면서 AI와 함께 당신의 삶을 하나의 서사로 엮어보세요. 소요 시간은 120~160분입니다.

1단계: AI 인터뷰(30~40분)

본격적으로 시작해볼까요. 이 인터뷰는 격식을 차린 자리가 아니라, 친구에게 내 이야기를 들려주듯 자연스럽게 진행하면 됩니다. 상대가 사람이 아니라 AI 챗봇이라는 점만 다르지요.

챗봇을 열고 준비한 프롬프트를 입력하세요. 예를 들어 이렇게 적어봅시다.

그러면 AI는 작가처럼 질문을 시작합니다. 답은 길지 않아도 괜찮지만, 너무 짧으면 좋지 않아요. 떠오르는 기억을 솔직하게 말하면 됩니다. 답변은 구체적일수록 좋습니다.

AI는 당신의 답변을 바탕으로 새로운 질문을 이어갑니다. 예컨대 이렇게 물어볼 거예요. "그때 기분이 어땠나요? 그 경험이 지금의 당신에게 어떤 영향을 주었나요?"

이렇게 주고받다 보면, 내 삶의 장면들이 조금씩 연결되어 하나의 흐름을 만들어갑니다. 대답하기 어려운 질문이 나오면 "잘 모르겠다", "이 질문은 건너뛰고 싶다"고 솔직히 말하면 AI가 자연스럽게 다음 질문으로 넘어갑니다. 인터뷰가 충분하다고 느끼면 마무리하세요. "이제 인터뷰를 마치자"고 하면 됩니다.

옥스퍼드 대학의 연구는 사람들이 AI와 대화할 때 자기 이야기를 더 많이, 더 솔직하게 꺼내는 경향을 보인다고 보고했습니다. 눈치 볼 필요도 없고, 평가당할 염려도 없으니 오히려 더 자유롭게 말하게 되죠. 이번 인터뷰에서 그런 경험을 했기를 바랍니다.

2단계: 서사의 실루엣 만들기(10분)

인터뷰를 마쳤다면 이제 대화의 결과물을 정리해볼 차례입니다. 내가 쏟아낸 이야기를 어떻게 다듬어 하나의 구조로 엮을 수 있을까요? 이때도 AI가 '서사의 실루엣', 즉 목차를 제시해줄 수 있습니다. 이렇게 요청하면 됩니다.

> 지금까지 나와 이야기한 내용을 바탕으로, 내 삶을 5개 장으로 나누어 목차를 만들어주라.
>
> 각 장의 제목과 짧은 설명을 붙여줘.

그러면 AI는 인터뷰 내용에 맞춰 목차를 제시할 겁니다.

1장. 기계를 닮은 상상력, 인간을 닮은 호기심: 어린 시절 과학과
　　기술에 대한 관심이 싹튼 시기
2장. 강의실에서 실험실로, 그리고 다시 사회로: 대학 시절과
　　전공 선택, 진로 탐색의 과정
3장. 글로 쌓은 또 하나의 세계: 저술 활동과 지식 공유의 여정
4장. 탐험가의 차고, 도로 위의 실험실: 새로운 경험과 도전의
　　순간들
5장. 인공진화 시대, 나와 세계를 다시 묻다: 현재와 미래에
　　대한 성찰

AI가 제시한 목차를 살펴보고 수정해 보세요. AI가 제시한 목차가 마음에 들지 않거나 조정이 필요하면, 추가로 요구합니다. 예컨대 "어린 시절, 즉 초등학생 시절의 이야기가 너무 비중이 적어 보이는데, 그 부분도 반영해줘"라고 할 수 있겠죠.

AI가 만든 목차를 답안으로 여기지 말고, 거울로 활용하는 관점이 중요합니다. 내가 나를 어떻게 해석하는지, 그것을 AI는 어떻게 읽었는지 비교하는 순간 메타인지가 작동합니다. 심리학자들은 이런 과정을 '리프레이밍reframing'이라 부르는데, 같은 사건도 다른 틀로 보면 전혀 새로운 의미를 발견할 수 있습니다.

3단계: 각 장 구체화하기(50~70분)

AI가 짜준 서사의 실루엣을 받았다면 이제는 그 구조에 살을

　　　　　　　　　　　　　　　　Part 2_ 경험, 뇌를 움직이다

붙일 차례입니다. 목차가 집의 설계도라면, 그 안에 방을 채우고 가구를 들이는 단계라 할 수 있겠지요. 이야기의 각 장을 작성하라고 요청하세요.

AI는 곧바로 한 편의 글을 만들어줍니다. 글에는 내가 했던 이야기가 정리되어 들어가고, 때로는 문학적인 표현이나 해석이 덧붙여져 있을 수도 있습니다.

AI가 쓴 글을 읽으면, 이런 느낌이 듭니다. '맞아, 내가 전하고 싶었던 건 이거야!' '이 부분은 내가 느꼈던 뉘앙스와 다른데?' 이런 순간이 핵심입니다. 내가 나 자신을 어떻게 바라보는지, 그리고 AI라는 타자가 나를 어떻게 재구성했는지를 비교하면서, 나라는 존재를 더 선명하게 인식하게 됩니다.

인터뷰에서 대학 시절에 실패가 많았다고 답했더니, AI는 그 장을 '좌절과 방황의 시기'라고 풀어냈을 수 있습니다. 그런데 내가 그 글을 읽고는 '사실 그때는 좌절이라기보다 방향을 탐색하던 시기였어'라고 느꼈다면, 이미 메타인지적 성찰이 일어난 것입니다.

AI가 써준 글이 너무 인위적으로 보이면, 더 바꿔봐도 좋습니다. 다음의 두 가지 예시를 참조하세요.

AI는 같은 내용을 여러 스타일로 바꿔줄 수 있습니다. 이 과정을 통해 내가 원하는 목소리를 더 분명히 발견할 수 있습니다. 1장이 완성됐다면, 같은 방식으로 다음 장으로 이어가면 됩니다.

4단계: 전체 이야기 엮기(10분)

이제 5장까지 이야기가 완성되었습니다. 한 장 한 장 따라가며 내 삶의 장면을 되새기고, AI가 만들어준 글을 읽으며 내 목소리로 다시 생각해보는 과정을 거쳤다면, 지금 당신의 손에는 5편의 작은 이야기가 쌓여 있을 겁니다. 이 조각들이 이제 하나의 큰 이야기가 됩니다. 전체를 통합하라고 요청하면 됩니다.

AI는 즉시 5개 장을 하나의 긴 호흡으로 이어 붙이고, 필요하다면 장면과 장면 사이를 매끄럽게 연결할 겁니다. 마치 에피소드가 모여 소설이 되듯, 조각난 기억들이 하나의 큰 서사가 되는 순간입니다.

이것이 AI 혼자서 마음대로 써준 글이 아니라는 점을 기억하세요. 그 안에는 내 대답, 내 기억, 내 해석이 반영되어 있습니다. 즉 이 글은 AI가 대신 쓴 것이 아니라, 내가 AI와 협력해서 빚어낸 결과물입니다.

5단계: 읽고 성찰하기(20~30분)

완성된 전기를 천천히 읽어보세요. 이때 다음 질문을 스스로에게 던져보세요.

- 일관성 발견: 내 삶에 반복해 나타나는 패턴이나 가치관이 있는가?
- 전환점 인식: 어떤 순간들이 나를 크게 변화시켰는가?
- 미래 연결: 이 이야기가 앞으로의 내 삶에 어떠한 의미를 주는가?
- 놀라운 발견: AI가 정리해준 글에서 내가 미처 몰랐던 나의 모습을 발견했는가?

평소에는 조각난 채로 흩어져 있던 기억들이 이제는 하나의 여정으로 정리되어, 나라는 사람의 초상이 한층 또렷하게 드러납니다. 심리학에서 언급하는 '내러티브 아이덴티티 narrative identity', 즉 이야기를 통해 자신을 이해하는 힘이 이 과정에서 작동합니다.

내러티브 아이덴티티는 단순히 과거 사건을 기록한 자서전이 아니에요. 스스로를 이해하기 위해 만들어내는 내면화된 인생 스토리를 의미합니다. 이 이야기는 마치 소설의 주인공처럼, 우리가 누구이고 어떻게 지금의 모습이 되었는지, 앞으로 어디로 나아갈 것인지를 설명해줍니다.

우리의 삶은 수많은 단편적인 경험들로 이루어져 있지만, 내러티브 아이덴티티는 이 조각들을 모아 하나의 일관된 서사로 통합합니다. 이는 기억된 과거, 현재의 나 그리고 상상하는 미래를 하나의 의미 있는 줄거리로 연결함으로써, 삶의 혼란스러운 흐름 속에서 통일성과 목적을 발견하게 합니다. 예컨대 힘든 시련을 겪었을 때 그저 '고통스러웠다'는 느낌으로 끝내는 게 아니라, 그 경험을 통해 '나는 회복탄력성을 가진 사람으로 성장했다'는 구원 서사 redemption sequence로 재해석하는 것이 내러티브 아이덴티티의 핵심입니다.

교육학자 제롬 브루너 Jerome Bruner는 인간이 삶을 이해하는 방식을 두 가지로 나누었습니다. 숫자와 논리로 세상을 설명하는 과학적 패러다임과, 이야기를 통해 자신을 이해하는 서사적 패러다임이 그것입니다. 이 가운데 인간에게 더 큰 의미와 정체감을 주는 것은 서사적 패러다임입니다. AI가 써주는 장면들은 내 삶을 서사적 틀 속에 다시 배치하는 경험입니다.

이 완성본을 혼자 읽고 묵혀두어도 좋지만, 원한다면 가까운 사람과 나눠볼 수도 있습니다. 배우자, 친구 또는 동료에게 당신의 이야기를 보여주면, 상대는 당신이 어떤 과정을 거쳐 지금의 당신이 되었는지 새삼스럽게 알게 되고, 대화의 깊이도 달라집니다. 실제로 워크숍에서 이 활동을 진행했을 때, 참가자들이 서로의 전기를 읽고 나눈 피드백이 큰 울림을 주었습니다. 누군가는 "당신이 그렇게 실패를 많이 겪은 줄 몰랐어요. 그런데 그게 지금의 강점을 만든 거군요"라고 말했고, 어떤 이는 "당신 이야기를 읽으니 제 삶도 다시 정리해보고 싶습니다"라고 고백했습니다. 개인의 서사가 공유될 때, 그것은 집단의 성찰로 확장될 수 있습니다.

또 하나 기억해야 할 사실은, 이야기는 끝나지 않는다는 것입니다. 당신의 삶은 계속 이어지고, AI는 언제든 다시 인터뷰할 준비가 되어 있습니다. 오늘 완성한 글은 일종의 스냅샷, 지금 시점의 당신을 담은 기록일 뿐입니다. 몇 년 뒤에 다시 해보면 지금과는 전혀 다른 목차와 글이 나올 수도 있습니다. 이런 이유로 이 활동은 자서전 쓰기보다는, 지속적으로 자신을 돌아보는 메타인지 훈련법에 가깝습니다.

‘삶의 조각들’ 활동은 개인의 성찰에 머물지 않습니다. 이 활동은 교육 현장, 기업, 리더십 개발 등 여러 분야에 응용할 수 있습니다.

교육 현장

학생들에게 지식만 전달하는 것을 넘어, "자신을 어떻게 이해하고 있는가?"라는 질문을 던지는 것은 매우 중요합니다. 대학 신입생 오리엔테이션에서 학생들이 자신의 성장 과정을 돌아보고, 앞으로의 목표를 서사적으로 정리하는 데 활용하면 좋습니다. 재학생들이 자신의 관심사와 경험을 AI와 정리하며 진로 방향을 탐색해도 좋고요.

기업과 조직

기업 연수 프로그램에서 흔히 다루는 주제가 자기 이해와 리더십입니다. 그런데 많은 경우 피상적인 MBTI 검사나 일방향 강연으로 끝나는 경우가 많지요.

리더십 연수과정에서 임직원들이 AI와 함께 자신의 커리어를 전기 형식으로 정리해보면 좋습니다. 온보딩 프로그램에서 신입사원이 성장 배경과 입사 동기를 정리하여 팀에 소개하는 방법으로 써도 좋고요. 팀빌딩을 위해 팀원들이 서로의 전기를 공유하며 이해와 신뢰를 구축할 수도 있습니다. 은퇴 예정자를 위해, 커리어를 정리하고 인생의 다음 단계를 설계하는 목적으로도 사용할 수 있고요.

가족 및 세대 간 대화

이런 활동은 가족 간의 대화에도 훌륭한 도구가 됩니다. 부모가 자신의 삶을 AI와 정리한 뒤 자녀에게 읽어줄 수 있습니다. 반대로, 청소년 자녀가 AI와 인터뷰해 자신의 이야기를 부모에게 공유할 수도 있고요. 조부모의 이야기를 AI와 함께 정리하여 가족 아카이브를 구축하는 것도 가능합니다.

자주 묻는 질문

Q_ AI가 내 이야기를 저장하고 있을까요?

A_ 대부분의 AI 챗봇은 대화 내용을 학습에 사용하지 않는 옵션을 제공합니다. 민감한 내용을 얘기하는 것 같아서 걱정된다면, 반드시 설정을 확인하세요.

Q_ 30분 인터뷰로 충분한가요?

A_ 30분은 권장 시간이고, 더 길게 해도 좋습니다. 다만 너무 길면 피로해질 수 있으니, 여러 세션으로 나누는 것도 방법입니다. 1차 인터뷰 후 며칠 뒤 추가 인터뷰를 진행할 수도 있습니다. 시간이 지나고 대화를 나누던 창을 다시 켜도, AI는 조금 전에 대화했던 것처럼 이야기를 바로 이어갑니다.

Q_ 5개 장이 너무 많거나 적으면요?

A_ 3개 장 또는 7개 장 등 자유롭게 조정 가능합니다. "3개의 큰 장으로 나눠줘", "좀 더 세분화해서 7개 장으로 만들어줘" 하는 식으로 AI에 요청하면 됩니다.

Q_ 완성된 전기를 어떻게 보관하나요?

A_ 챗봇 대화창에서 복사하여 워드 문서나 노트 앱에 저장하세요. PDF로 저장하거나, 개인 블로그에 비공개로 올려둘 수도 있습니다. 중요한 건 백업입니다.

Q_ 다른 사람과 공유해도 되나요?

A_ 물론입니다. 다만 개인정보가 포함된 부분은 편집 후 공유하세요. 가족, 친구, 멘토와 나누면 새로운 피드백을 받을 수 있습니다.

Q_ 1년 후 다시 해보면 어떻게 다를까요?

A_ 매우 다를 수 있습니다. 같은 과거 사건도 현재의 관점에서 다르게 해석되고, 새로운 경험이 추가되며, 목차 구성도 달라집니다. 그것이 곧 성장의 증거입니다.

4장

최고의 여행

내 삶의 여정을 디자인하는 시간

소요 시간: 180~260분(여러 세션으로 나눠 진행 가능)

적정 인원: 한 명(기본적으로 개인 활동이지만,

　　　　　가족이나 친구와 함께 진행 가능)

난이도: ★★★★ (다양한 AI 도구 사용)

핵심 역량: 탐험력, 질문력, 판단력, 적응력

필요 도구: AI 챗봇(챗GPT, 클로드 등), AI 이미지 생성 도구(달리,

　　　　　미드저니, 나노바나나 등), AI 음악 생성 도구(수노 등), AI

　　　　　보이스 도구(일레븐랩스 등), 영상 편집 도구(캡컷 등)

여행을 떠난다는 건 단순히 장소를 옮기는 것이 아닙니다. 새로운 경험을 통해 나를 발견하고, 익숙한 일상에서 벗어나 삶을 다시 바라보는 시간입니다. 그런데 우리는 대체로 여행지를 고를 때 유명한 곳이나 '인스타 감성' 같은 외부 기준에 의존합니다. 정작 내가 무엇을 경험하고 싶은지, 이 여행을 통해 무엇을 느끼고 배우고 싶은지는 깊이 생각하지 않은 채 떠날 때가 많죠.

이번 활동 '최고의 여행'은 13박 14일의 여행 계획을 짜되, 일정표를 만드는 것이 아니라 나의 내면을 탐색하는 여정으로 설계합니다. 혼자 생각을 정리하고, AI와 대화하며 그것을 구체화

하고, 최종적으로 나만의 여행 스토리를 만들어갑니다.

이 활동의 진정한 의미는 여행 계획 그 자체가 아닙니다. 여행을 계획하는 과정은 곧 내 삶의 여정을 반추하는 과정입니다. '나는 어떤 경험을 원하는가?', '왜 그것이 나에게 중요한가?', '이 경험을 통해 나는 어떤 사람이 되고 싶은가?' 같은 질문들은 단순히 여행에만 적용되는 것이 아니라, 내가 지금 어디에 서 있고 어디로 가고 싶은지를 묻는 인생의 질문들입니다.

우리는 살면서 수많은 선택의 순간을 마주합니다. 어떤 일을 할 것인가, 누구와 시간을 보낼 것인가, 어떤 가치를 우선할 것인가. 그런데 바쁜 일상에서 이런 질문들을 차분히 들여다볼 기회가 많지 않습니다. 여행 계획이라는 틀은 이런 추상적인 질문들을 다루기 쉬운 형태로 만들어줍니다.

또한 여행의 기승전결을 설계하는 과정은 내 삶의 내러티브를 구성하는 연습이기도 합니다. 14일의 여정에 출발과 도착, 설렘과 성찰, 변화와 귀환 등 이야기의 구조를 부여하는 순간, 우리는 단순한 여행자가 아니라 삶을 능동적으로 설계하는 주체가 됩니다. 이 과정에서 우리는 과거의 경험을 돌아보고(지난 여행에서 무엇이 좋았지?), 현재의 욕구를 확인하며(지금 나에게 필요한 건 뭐지?), 미래의 자아를 상상합니다(이 여행 후 나는 어떻게 변해 있을까?).

무엇보다 이 활동의 특별한 점은, 완성한 여행 계획을 3분짜리 영상으로 만든다는 것입니다. AI 이미지 생성 도구로 여행지를 시각화하고, AI 음악 도구로 배경음악을 만들고, 필요하다면 AI 보이스 도구로 내레이션을 녹음합니다. 이 모든 조각을 엮어내면 마치 영화 예고편처럼 나만의 여행 비전 영상이 탄생합니다. 이 영상은 현재 내가 꿈꾸는 삶의 모습을 시각화한 타임캡슐입니다.

준비

이 활동은 다양한 AI 도구를 활용하므로 각 도구의 기본 사용법을 미리 익혀두면 실행 과정이 훨씬 수월합니다.

환경 설정

이 활동은 여러 단계로 나뉘므로 작업의 중간 결과물을 저장할 폴더를 미리 만들어두는 것이 좋습니다. 컴퓨터나 클라우드 저장소에 예컨대 '내최고의여행'이라는 이름의 폴더를 만들고, 그 안에 하위 폴더들을 구성하세요. 인터뷰 내용을 저장할 폴더, 여행 계획서를 보관할 폴더, 생성한 이미지를 모아둘 폴더, 음악 파일을 넣을 폴더, 보이스 파일을 저장할 폴더, 그리고 최종 영상을 보관할 폴더가 필요합니다. 이렇게 체계적으로 정리해두면 나중에 파일을 찾기도 쉽고, 작업 흐름도 훨씬 매끄럽습니다.

AI 도구

모든 도구를 다 써야 하는 것은 아니고, 자신의 목표와 수준에 맞춰 선택하면 됩니다.

먼저 필수 도구들입니다. AI 챗봇은 챗GPT, 클로드, 제미나이 중 하나를 선택하면 되는데, 이는 생각을 정리하고 여행 계획을 구체화하는 데 사용됩니다. AI 이미지 생성 도구는 달리, 미드저니, 나노바나나 등에서 하나를 골라 여행지를 시각화하는 데 활용합니다. 그리고 영상 편집 도구는 캡컷CapCut을 추천하는데, 이는 최종 영상을 제작하는 데 필요합니다. 배경음악을 직접 만들고 싶다면 AI 음악 생성 도구인 수노 등을 활용하면 됩니다. AI 보이스 도구인 일레븐랩스는 내레이션을 녹음할 때 활용할 수 있습니다. AI 도구는 계속 생겨나고 발전하는 중이니, 이 밖에도 자신에게 적합한 도구를 찾아서 사용하세요.

각 도구의 기본 사용법은 미리 테스트해볼 것을 권장합니다. 특히 이미지 생성 도구와 음악 생성 도구는 한 번 써보고 감을 익혀두면 좋습니다. 각 도구마다 프롬프트를 입력하는 방식이나 결과물이 나오는 속도가 다르기 때문에, 미리 경험해보면 실제 활동 때 당황하지 않을 수 있습니다.

마음가짐

이 활동의 핵심은 완벽한 여행 계획을 짜는 것이 아니라, 여행을 통해 내가 무엇을 원하는지 발견하는 것입니다. 실제로 이 계획대로 여행을 떠나지 않아도 괜찮습니다. 중요한 것은 나를 탐색하는 과정 자체입니다. 여행 계획은 그 탐색을 위한 도구일 뿐, 진짜 목적은 '나는 어떤 경험을 원하는가?', '왜 그것이 중요한가?', '나는 어떤 사람이 되고 싶은가?' 같은 질문에 대한 답을 찾는 것입니다.

또한 AI 도구를 완벽하게 다룰 필요도 없습니다. 시행착오를 거치며 배워가는 것도 이 활동의 일부입니다. 생성된 이미지가 마음에 들지 않으면 다시 만들어보고, 음악이 어색하면 다른 프롬프트로 시도해보세요. 이런 과정 자체가 AI와 협업하는 법을 배우는 시간입니다.

마지막으로, 이 활동에서 AI는 답을 주는 존재가 아니라 내 생각을 정리하고 확장하도록 돕는 조력자입니다. AI가 제안하는 것을 그대로 받아들이기보다, 그것을 발판 삼아 내 생각을 더 깊이 들여다보는 것이 중요합니다.

진행

'최고의 여행' 활동은 5단계로 진행됩니다. 각 단계를 차근차근 따라가면서 나만의 여행 스토리를 만들어보세요. 전체 소요 시간은 180~260분이며, 한 번에 다 하지 않고 여러 날에 걸쳐 진행해도 좋습니다.

1단계: 나의 여행 DNA 발견하기(40~60분)

여행 계획을 짜기 전에, 먼저 나 자신을 들여다봅니다. 이때 중요한 것은 AI가 질문을 던지고 우리가 답하는 수동적 구조가 아니라, 내가 능동적으로 생각을 꺼내고 AI는 그것을 정리하고 확장하도록 돕는 방식을 유지하는 것입니다.

AI 챗봇을 열기 전에, 먼저 종이나 메모 앱을 펼쳐놓고 자유롭게 떠오르는 생각들을 적어보세요. 다음 질문들을 참고하되, 순서나 형식에 구애받지 말고 편하게 적으면 됩니다.

• 지금까지 다녀온 여행 중 가장 기억에 남은 순간 3가지는?

• 그 순간들의 공통점은 무엇일까?

• 최근 일상에서 가장 벗어나고 싶은 것은?

• 반대로 일상에서 가장 그리운 것은?

• 여행에서 꼭 하고 싶은 활동 또는 경험 5가지는?

• 여행에서 결코 하기 싫은 것 3가지는?

• 이 여행 후, 나는 어떤 기분이었으면 좋겠나?

문장이 완벽하지 않아도 되고, 단어 몇 개만 적어도 됩니다. 중요한 것은 내 안에서 솔직한 생각을 꺼내는 것입니다.

그다음에는 메모한 내용을 AI 챗봇에 입력합니다. 이때 AI의 역할은 질문을 던지는 것이 아니라, 내가 쓴 내용을 정리하고 패턴을 발견하도록 돕는 것입니다.

너는 여행 심리 코치다.

나는 13박 14일 여행을 계획하고 있고,

나에게 진짜 의미 있는 여행을 만들고 싶어서

내 생각을 자유롭게 적어봤어.

그 내용을 읽고 이렇게 정리해줘.

1. 내가 중요하게 여기는 가치나 패턴을 정리해줘.

2. 서로 모순되는 부분이 있다면 지적해줘.

3. 내 설명이 애매한 부분이 있다면 표시해줘.

[메모한 내용 붙여넣기]

AI는 당신이 쓴 내용을 분석해서 응답할 것입니다. "당신이 기억하는 세 순간을 보니, 모두 혼자 있는 시간이 공통적으로 나타나네요. 붐비는 곳보다는 한적한 곳을 선호하시는 것 같습니다. 그런데 한 가지 모순되는 부분이 있어요. 그리운 것에서는 가족과의 시간을 언급하셨는데, 하고 싶은 활동에는 모두 혼자 하는 것들만 적혀 있네요. 이 부분에 대해 좀 더 생각해보시면 좋을 것 같습니다" 같은 식으로 말이죠.

AI의 분석을 읽고, 다시 내 생각을 정리합니다. AI에 물어보기보다는 스스로 답을 찾는 것이 중요합니다. 메모장에 다시 적어보세요. 예를 들어 모순에 대해 이렇게 생각할 수 있습니다. "맞아, 가족이 그립긴 한데 여행에서까지 가족과 함께 있고 싶은 건 아니야. 생각해보니 평소 가족과 제대로 시간을 보내지 못해서 미안한 마음이 있는 거고, 여행은 오히려 그런 죄책감에서 벗어나 온전히 나만의 시간을 갖고 싶은 거구나." 이런 식으로 AI의 피드백을 통해 내 생각의 모호한 부분이 명확해집니다.

이제 최종적으로 '나의 여행 DNA'를 카드 형태로 정리합니다. AI에 이렇게 요청하세요.

지금까지 내가 적은 내용과 네 분석을 바탕으로 '나의 여행 DNA'를 5개 항목으로 정리해줘.

형식은 이렇다.

- 핵심 욕구:

- 선호 환경:

- 중요한 활동:

AI가 정리해준 카드를 보고, 마음에 들지 않는 부분은 직접 수정하세요. 이 카드는 다음 단계에서 여행 계획을 짤 때 나침반 역할을 합니다. 꼭 저장해두세요.

2단계: 스스로 여행 계획 만들기(30~40분)

이제 앞에서 발견한 '나의 여행 DNA'를 바탕으로, 구체적인 13박 14일 여행 계획을 만들 차례입니다. 이번에도 AI가 계획을 짜주는 것이 아니에요. 내가 계획을 만들고 AI는 그것을 다듬도록 돕습니다.

먼저 종이나 메모 앱에 가고 싶은 여행지를 자유롭게 적어보세요. 막연하게 떠오르는 곳들도 좋고, 구체적인 도시 이름도 좋습니다. 최소 5곳 이상 적어보세요. 그리고 각 여행지 옆에, 왜 그곳이 끌리는지 짧게 적어보세요. "뉴질랜드: 광활한 자연, 사람이 적음, 트레킹" 같은 식으로요.

그런 다음 AI에 당신이 고른 여행지가 '나의 여행 DNA'와 잘 맞는지 검증해달라고 요청합니다.

AI는 각 여행지를 분석해줄 것입니다. "뉴질랜드는 당신의 한적한 환경 욕구와 잘 맞지만, 13박 14일을 채우기에는 이동 시간이 너무 길 수 있습니다" 같은 식으로요. AI의 분석을 참고해서, 스스로 최종 여행지를 결정합니다. 한 곳일 수도 있고, 두세 곳을 조합할 수도 있습니다. 이때도 중요한 것은 AI의 추천이 아니라 내 선택이라는 점입니다.

이제 14일의 흐름을 큰 그림으로 그려봅니다. 여정을 '1~3일, 4~7일, 8~11일, 12~14일'로 나누고, 각 구간에 무엇을 하고 싶은지, 어떤 상태가 되고 싶은지 적어보세요. 예를 들어 "1~3일: 도착하고 적응하기. 시차 적응하면서 천천히 주변 탐색. 일상의 긴장 풀기" 같은 식으로요. 그런 다음 이것을 AI에 보여주고, 구체적인 일정으로 만들어달라고 요청합니다.

AI가 만들어준 일정표를 보고, 조정할 부분이 있으면 수정을 지시하세요. "4일 차에 박물관은 빼고, 대신 카페에서 책 읽는 시간을 넣어줘" 같은 식으로 계속 조율할 수 있습니다.

일정이 완성되면 이 14일을 하나의 이야기로 엮어냅니다. AI에 요청하세요.

AI가 만들어준 스토리를 읽고, 이것이 진짜 내가 원하는 여행인지 확인하세요. 뭔가 어색하다면, 일정을 다시 조정하거나 스토리를 직접 수정할 수 있습니다.

3단계: 이미지로 여행지 시각화하기(40~60분)

이제 여행 계획을 눈으로 볼 수 있게 만들 차례입니다. AI 이미지 생성 도구를 사용해 여행지의 장면들을 시각화합니다.

먼저 핵심 장면을 선정합니다. 완성된 14일 일정을 다시 읽으면서, 가장 시각적으로 표현하고 싶은 8~10개의 장면을 고릅니다. 영상은 3분이므로, 이미지가 너무 많으면 산만할 수 있습니다. 메모장에 다음과 같이 각 장면을 간단히 적어보세요.

- 공항 출발: 여정의 시작, 설렘
- 첫날 숙소 창밖 풍경: 새로운 곳에 도착한 느낌
- 산책로를 혼자 걷는 모습: 고요함과 자유

- 현지 시장의 아침: 일상의 소소함
- 해변가 카페에서 책 읽기: 평온한 오후
- 산 정상에서 일몰 보기: 감동의 순간
- 밤하늘 바라보기: 성찰
- 공항 귀환: 변화된 나

메모한 다음에는 각 장면을 좀 더 구체적으로 묘사해봅니다. 어떤 색감이 좋겠는지, 어떤 분위기인지, 어떤 감정이 느껴졌으면 좋겠는지 적어보세요. 예를 들어 "3. 산책로를 혼자 걷는 모습: 이른 아침, 안개 낀 숲길, 따뜻한 햇살이 나뭇잎 사이로 들어오는 느낌, 평화롭고 고요한 분위기" 같은 식으로요.

장면이 완성되면 AI 챗봇에 이미지 생성 프롬프트를 만들어달라고 요청합니다.

내가 여행 영상에 넣고 싶은 장면들을 구체화했어.
장면마다 이미지 생성 AI(달리나 미드저니)에 입력할 영어 프롬프트를 만들어줘.
프롬프트 작성 원칙은 이렇다.
- 분위기와 감정이 드러나도록
- 구체적인 시각적 요소 포함
- 사진 스타일로(cinematic, realistic 등)
- 모든 프롬프트에 "warm tones, soft lighting"을 포함해서 일관된 느낌 유지
[여기에 8~10개 장면 설명 붙여넣기]

AI가 만들어준 프롬프트를 확인하고, 마음에 들지 않는 부분은 수정을 요청하세요. 이 과정을 반복해 프롬프트가 완성되면 달리, 미드저니, 나노바나나 등으로 이미지를 생성합니다. 장면마다 여러 버전을 만들어보고, 가장 마음에 드는 것을 선택하세요. 생성된 이미지는 모두 이미지 폴더에 저장합니다.

이미지가 마음에 들지 않으면 프롬프트를 직접 수정해서 다시 생성할 수 있습니다. 예를 들어 "안개가 너무 짙어. 좀 더 맑은 아침 느낌으로" 같은 식으로 조정하세요.

4단계: 배경음악과 내레이션 만들기(30~40분)

영상에 감성을 더해줄 배경음악과 내레이션을 만듭니다. 내레이션은 선택사항이며 음악만 만들어도 충분합니다.

먼저 내 여행에 어울리는 음악이 어떤 느낌이면 좋겠는지 생각해봅니다. 예를 들어 "고요하고 평화로운 느낌. 피아노 선율이 주가 되고, 가끔 현악기가 들어오는. 너무 슬프지 않고, 희망적이고 따뜻한 분위기. 템포는 느리게"같이 적으면 됩니다.

수노를 사용한다면, 수노 웹사이트에 접속해 'Create' 버튼을 클릭하고, 프롬프트를 입력합니다. 앞서 정리한 음악의 분위기를 챗GPT, 제미나이 등에 입력해서 수노용 프롬프트를 만들어달라고 해도 됩니다. 여러 버전을 생성해보고 가장 마음에 드는 것을 다운로드하여 음악 폴더에 저장합니다. 마음에 드는 음악이 나올 때까지 프롬프트를 조금씩 바꿔가며 시도해보세요.

영상에 내레이션을 넣고 싶다면, 먼저 스크립트를 작성합니다. 30~40초 분량이면 적당합니다. 예를 들어 "14일 동안 나는 멈췄다. 일상의 속도에서 벗어나 천천히 걸었고, 오랜만에 내 마음의 소리를 들었다. 여행이 끝날 무렵, 나는 내가 찾던 답이 어쩌면 질문 속에 이미 있었다는 걸 깨달았다"같이 하면 됩니다.

스크립트를 직접 녹음하거나, 일레븐랩스 같은 AI 보이스 도구를 사용할 수 있습니다. 녹음 파일은 보이스 폴더에 저장하세요.

5단계: 3분 영상으로 엮어내기(40~60분)

이제 모든 재료가 준비되었습니다. 캡컷 앱이나 웹 버전을 실행하고 새 프로젝트를 만듭니다. 영상 비율은 가로형 유튜브 영상을 원하면 16:9를, 세로형 인스타그램 릴스를 원하면 9:16을 선택하세요.

그런 다음 이미지 폴더에 저장해둔 8~10장의 이미지를 순서대로 타임라인에 끌어다 놓습니다. 각 이미지가 화면에 머무는 시간을 15~20초 정도로 조정하세요. 전체 3분을 8개 이미지로 나누면 한 장당 약 22초, 10개 이미지로 나누면 한 장당 약 18초가 됩니다. 이미지와 이미지 사이에는 부드러운 전환 효과를 추가하는데, 페이드나 디졸브 같은 자연스러운 효과가 좋습니다.

배경음악도 넣어야죠. 음악 폴더의 파일을 타임라인 아래쪽 오디오 트랙에 추가합니다. 음악이 영상 길이보다 길다면 적절한 지점에서 잘라내고, 영상 시작 부분과 끝부분에는 페이드인과 페이드아웃 효과를 적용해서 음악이 자연스럽게 들리고 사라지도록 만드세요.

영상에 설명을 추가하는 방법은 두 가지가 있습니다. 텍스트

　　　　　　　　　　　　　　　　Part 2_ 경험, 뇌를 움직이다

로 표현하고 싶다면 장면마다 짧은 문구를 입력하세요. 내레이션을 녹음했다면 보이스 폴더의 파일을 적절한 위치에 배치하고, 배경음악의 볼륨을 낮춰서 내레이션이 잘 들리도록 조정하세요.

전체적인 요소가 완성되면 영상을 재생해보면서 세부적인 조정을 합니다. 색보정 기능을 사용해 전체적으로 따뜻하거나 차분한 톤으로 통일하고, 특정 장면은 슬로모션 효과를 적용해도 좋습니다. 자막이 필요하다면 추가하세요.

모든 작업이 끝나면 영상을 내보냅니다. 해상도는 1080p 정도면 충분하고, 파일 형식은 MP4로 설정하세요. 완성된 영상은 최종 영상 폴더에 저장합니다. 영상을 재생해보세요. 3분 동안 당신이 꿈꾸는 여행이 눈앞에 펼쳐집니다.

리뷰

영상을 완성하고 나면, 단순히 멋진 영상을 만들었다는 것 이상의 의미를 발견하게 됩니다. 이 과정을 통해 우리는 여러 가지를 경험합니다.

첫째, 자기 이해가 깊어집니다. 처음 자유롭게 생각을 적을 때는 막연했던 욕구들이, AI의 정리를 거치고 다시 내가 다듬는 과정을 통해 명확해집니다. '내가 여행에서 진짜 원하는 게 뭐지?'라는 질문에 답하며, 우리는 표면적인 선호를 넘어 내면의 욕구를 들여다봅니다. 어떤 이는 '사실 나는 새로운 경험보다 익숙한 안정이 더 필요했구나!'를 깨닫고, 또 다른 이는 '나는 혼자 있는 시간이 이렇게 절실했구나!'를 발견합니다.

둘째, 능동적 설계를 경험하게 됩니다. 이 활동에서 AI는 조언자일 뿐, 결정권자는 항상 나입니다. 여행지를 고를 때도, 일정을 짤 때도, 이미지를 만들 때도 주도권은 내가 쥐고 있었습니다. 이런 경험은 여행 계획을 넘어 내 삶을 설계하는 것도 결국 내 선택이라는 자각으로 이어집니다. AI가 아무리 좋은 제안을 해도, 그것이 내 마음에 들지 않으면 바꿀 수 있다는 경험 자체가 중요합니다.

셋째, 멀티모달 리터러시를 체득할 수 있습니다. 이 활동은 텍스트(계획), 이미지(AI 그림), 오디오(음악, 보이스), 영상(편집)이라는 4가지 모달리티를 모두 다룹니다. 각각의 AI 도구를 사용하며, 우리는 자연스럽게 '어떻게 프롬프트를 작성해야 원하는 결과가 나올까?', '이미지와 음악이 어떻게 조화를 이룰까?' 같은 과제를 스스로 부여하고 해결합니다. 이는 AI 시대의 핵심 역량인 멀티모달 리터러시를 몸으로 익히는 과정입니다.

넷째, 미래의 자아와 대화하게 됩니다. 여행 계획을 짜는 것은 단순히 일정표를 만드는 것이 아니라, 나는 어떤 경험을 통해 어떤 사람이 되고 싶은지 설계하는 일입니다. 심리학에서는 이를 '가능한 자기possible selves'라고 부릅니다. 우리는 미래의 다양한 나를 상상하며, 그중 가장 원하는 방향을 선택합니다. 이 여행 영상은 되고 싶은 나의 모습을 시각화한 것입니다.

몇 년 뒤 이 영상을 다시 보면, '그때 나는 이런 것을 원했구나. 지금의 나와는 다르네' 같은 생각이 들 것입니다. 그 차이를 발견할 때가 바로 성장을 자각하는 순간입니다.

'최고의 여행' 활동은 개인의 자기 탐색 외에도 다양한 맥락에서 응용할 수 있습니다.

교육 현장

초등학교 고학년부터 중학생은 방학 프로젝트로 활용하면 좋습니다. '내가 가장 가고 싶은 곳은 어디일까?', '그곳에서 무엇을 하고 싶을까?'를 생각하며 자기 이해를 키웁니다. 완성된 영상은 학급 발표나 학부모 참관 수업에서 공유할 수 있겠죠. 교사는 학생들의 영상을 보며 학생들이 어떤 성향을 가졌는지 이해할 수 있습니다.

고등학생과 대학생은 진로 탐색과 연결할 수 있습니다. '내가 꿈꾸는 삶의 모습은?'이라는 질문을 여행이라는 은유로 풀어내면서 답을 탐색하는 것이죠. 여행 계획에서 드러난 가치관이 진로 선택에도 영향을 미친다는 것을 발견하게 됩니다.

교사 연수에서는 교사들이 각자의 여행 영상을 만들고 공유하며, 서로의 삶과 가치관을 이해하는 시간을 가질 수 있습니다. 같은 학교에서 일하지만 전혀 다른 삶의 리듬과 욕구가 있다는 것을 알게 되면, 동료에 대한 이해가 깊어집니다.

기업과 조직

팀빌딩 워크숍에서 팀원들이 각자의 여행 영상을 만들고 공유하며, 서로가 어떤 경험을 중요하게 여기는지 이해할 수 있습니

다. 일의 성취를 중시하는 사람과 휴식과 균형을 중시하는 사람
이 서로의 차이를 알게 되면 협업 방식도 달라집니다. 누군가에
게는 빡빡한 일정이 동기부여가 되지만, 다른 누군가에게는 스트
레스 요인일 수 있음을 이해하게 됩니다.

리더십 교육에서는 리더들이 '조직을 이끌어 어디로 가고 싶
은가?'를 여행 계획처럼 설계해봅니다. 비전을 추상적 슬로건이
아닌 구체적 여정으로 시각화하는 훈련입니다. 14일의 기승전결
구조는 조직의 변화관리에도 적용할 수 있는 통찰을 줍니다.

온보딩 프로그램에서는 신입사원이 이 회사에서 밟아갈 여정
을 여행 계획처럼 그려보며 자신의 커리어 목표를 구체화할 수
있습니다. 입사 후 1년, 3년, 5년 차의 모습을 여행의 각 구간처럼
설계하는 것이죠.

가족 및 개인

가족 구성원 각자가 원하는 여행을 먼저 만들어본 뒤, 공통점
과 차이점을 찾아 실제 가족 여행 계획에 반영할 수 있습니다. 아
버지는 역사 유적지를, 어머니는 한적한 자연을, 자녀는 체험 활
동을 원한다는 것을 알게 되면, 모두의 욕구를 조금씩 담은 일정
을 만들 수 있습니다.

개인 버킷리스트로 죽기 전에 꼭 해보고 싶은 여행을 영상으
로 만들어두면, 그 자체로 동기부여가 됩니다. 힘든 날에 그 영상
을 보며 '언젠가 이 여행을 떠나기 위해 지금 열심히 살아야지!'
라고 마음을 다잡을 수 있습니다.

졸업, 이직, 은퇴 같은 인생 전환기에 '다음 챕터는 어떤 모습

일까?'를 여행으로 비유하며 설계할 수도 있습니다. 여행 계획의 기승전결 구조는 인생 전환기를 이해하는 틀이 되어줍니다.

자주 묻는 질문

Q_ AI 도구가 너무 많아서 복잡한데, 꼭 다 써야 하나요?

A_ 아닙니다. 최소한의 도구는 AI 챗봇(생각 정리용)과 이미지 생성 도구 그리고 캡컷(편집)입니다. 음악과 보이스는 선택사항이며, 무료 음원 사이트에서 다운받거나 본인이 직접 녹음해도 됩니다. 심지어 영상 편집도 필수는 아닙니다. 이미지만 저장해두고 슬라이드쇼로 만들어도 의미는 충분히 전달됩니다.

Q_ 이미지 생성이 잘 안 되는데, 어떻게 하나요?

A_ 프롬프트를 더 구체적으로 만들거나, 여러 번 생성해보세요. AI 챗봇에 "이 프롬프트를 개선해줘"라고 요청할 수도 있습니다. 완벽한 이미지가 아니어도 괜찮습니다. 분위기만 살려도 충분하고, 때로는 예상과 다른 이미지가 새로운 영감을 주기도 합니다.

Q_ 3분 영상이 너무 짧은 것 같아요.

A_ 3분은 권장 사항이고, 더 길게 만들어도 됩니다. 다만 너무 길면 집중력이 떨어질 수 있으니 5분을 넘기지 않는 것을 추천합니다. 영상의 길이보다 중요한 것은 그 안에 담긴 의미입니다.

Q_ 실제로 이 여행을 갈 계획은 없는데, 그래도 의미가 있나요?

A_ 물론입니다. 이 활동의 핵심은 실제 여행이 아니라 자신을 이해하는 과정입니다. 여행은 그 과정을 위한 은유일 뿐입니다. 완성된 영상은 지금의 내가 원하는 것을 담은 기록이 되고, 몇 년 뒤 다시 보면 내가 어떻게 변했는지 알 수 있는 거울이 됩니다.

Q_ 영상 편집이 너무 어려운데요.

A_ 캡컷은 가장 초보자 친화적인 편집 도구입니다. 유튜브에 캡컷 기초 사용법 튜토리얼이 많으니 10분 정도 영상을 보고 따라 해보세요. 혹은 간단하게 파워포인트로 슬라이드쇼를 만들어도 됩니다. 이미지 한 장에 15초씩 자동 넘김을 설정하고 배경음악을 넣으면, 그것도 훌륭한 영상입니다.

Q_ AI가 제안한 것과 내가 원하는 게 계속 달라요.

A_ 그게 정상이고, 오히려 좋은 신호입니다. AI의 제안을 거부하고 내 방식을 고집하는 과정이야말로 이 활동의 핵심입니다. AI는 패턴과 데이터로 추천하지만, 당신의 삶은 데이터로 환원되지 않으니까요. 계속 "아니야, 내가 원하는 건 이게 아니야"라고 말하며 수정하세요. 그 과정에서 당신이 진짜 원하는 것이 명확해집니다.

실행,
뇌를 바꾸다

"

일부 사람들은 이것을
인공지능 Artificial Intelligence 이라 부르지만,
나는 증강지능 Augmented Intelligence 이라 부른다.
이 기술이 우리를 강화하기 때문이다.

— 지니 로메티, 전 IBM CEO

이번 3부는 분량이 짧습니다. 1부는 꽤 길었죠. 의도적인 구성입니다. 지식을 머리에 담는 일은 비교적 쉽습니다. '질문'을 확인하고, 그에 관한 이야기를 읽고, 자신의 경험과 생각에 비춰보며 고개를 끄덕이면 됩니다.

2부는 중간 길이입니다. 읽은 후 몇 시간 또는 하루 이틀 정도 '경험'하는 과정이 필요합니다. 시간을 내서 해보고, 느껴보고, 체감하는 것이죠. 활동의 절반은 혼자서만 하기는 어려운 경험이고요.

3부는 가장 짧지만, 여러분이 가장 오래 머물러야 하는 내용입니다. 여기서는 책을 읽는 시간보다 '실행'하는 시간이 압도적으로 길어야 합니다. 최소 4주, 가능하면 몇 달, 이상적으로는 평생입니다. 또한 실행 과정에서 수많은 이들과 어우러지게 될 겁니다. AI를 통해 변화, 확장된 당신의 인지와 타인의 인지가 서로 섞이게 될 테니까요.

사실 진정한 3부 원고는 아직 쓰여지지 않았습니다. 제 글이 끝나는 지점에서 여러분의 이야기가 시작되니까요. 저는 방향을 조금 제시할 뿐, 진정한 완성은 여러분의 실행을 통해서만 가능합니다.

중요한 것은 읽기가 아닙니다. 실행입니다. 이 파트를 읽는 데는 한 시간도 안 걸릴 겁니다. 하지만 실행에는 최소 4주가 필요합니다. 그리고 그 4주가 여러분의 뇌를 바꿉니다. 뇌는 읽는다고 바뀌지 않습니다. 우리 뇌와 인지과정은 실행할 때 바뀝니다.

1장

STAR 프레임워크

4가지 방향

임철우 작가의 소설 《그 섬에 가고 싶다》에 나오는 문장입니다. 전쟁과 이념의 시대, 인간이 가장 초라해지는 순간에도 작가는 말합니다. 모든 인간은 별이라고. 우리가 잊고 있을 뿐이라고.

지금, 우리는 다시 비슷한 두려움 앞에 서 있습니다. AI라는 이름의 거대한 변화 앞에서 많은 사람들이 스스로를 초라하게 봅니다. '나는 AI 시대에 쓸모없어질 거야.' 'AI가 나보다 잘하는데, 내 가치는 뭐지?'

하지만 저는 정반대로 믿습니다. AI 시대는 모든 사람이 별이 되는 시대라고요. 과거에는 소수만이 빛날 수 있었습니다. 천재만, 특별한 재능을 가진 사람만, 좋은 환경에서 자란 사람만 가능성을 폭발시킬 수 있었죠.

그런데 AI가 그 경계를 무너뜨립니다. 40대 문과 출신이 4주만에 데이터 분석을 합니다. 70대 시니어가 유튜브 채널을 시작합니다. '나는 못해…' 이렇게 생각했던 모든 것들이, '나도 할 수 있구나!'로 바뀌고 있어요.

3부에서 소개하는 'STAR'는 당신 안에 숨어 있는 별을 찾아내는 방법론입니다. 저는 지난 3년간 수백 명이 별이 되는 과정을 지켜봤어요. 3부를 통해 당신의 별빛을 되찾길 바랍니다.

왜 4가지인가?

지난 몇 년간 저는 다양한 AI 전환 프로젝트, 컨설팅, AI 리터러시 교육을 진행했습니다. 대기업 임원부터 소상공인까지, 대학생부터 시니어까지 만났고요. 그들이 AI를 쓰는 이유를 관찰하고 분석했더니 패턴이 보였습니다. AI를 쓰는 방법은 무한하지만, AI로 얻고자 하는 바에 따라 나눠보면 크게 4가지였습니다.

첫째, 어떤 사람은 하고 싶었는데 미뤘던 일을 AI로 시작했습니다(Start). 예를 들어 영어 공부, 글쓰기, 새로운 지식 습득 등입니다.

둘째, 어떤 사람은 평소 잘 못한다고 생각했던 것에 AI와 함께 도전했습니다(Try). 코딩, 데이터 분석, 외국어 회화 등이 있겠죠.

셋째, 어떤 사람은 이미 잘하는 활동을 AI로 더 강력하게 만들었습니다(Amplify).

넷째, 어떤 사람은 보고서, 이메일, 회의록 등 반복적인 작업을 AI로 효율화하고, 절약한 시간을 다른 곳에 썼습니다(Recover).

누군가에게는 글쓰기가 시작 또는 도전이고, 누군가에게는 이미 잘하고 있는 활동일 겁니다. 사람에 따라 활동의 주제와 의미는 다르겠지만, 핵심은 이 4가지예요. Start, Try, Amplify, Recover, 이 넷의 첫 글자를 합치면 'STAR'입니다.

왜 하필 4가지일까요? 이것은 제 마음대로 만든 구분이 아닙니다. 뇌가 작동하는 방식이 원래 그렇습니다.

뇌에는 여러 학습 시스템이 있습니다. 각각은 서로 다른 방식으로 작동하며, 서로 다른 목적을 가지고 있어요. STAR는 이런 시스템을 AI 시대에 맞게 활성화하는 프레임워크입니다.

첫째, 습관 형성 시스템입니다. 이것은 'Start(시작)'의 영역으로, 뇌의 기저핵과 도파민 회로가 작동합니다. 작은 행동을 반복하면 기저핵이 그것을 패턴으로 저장합니다. 처음에는 의식적으로 노력해야 하지만, 반복하면 자동화되죠. 이때의 핵심은 즉각적인 보상입니다. 도파민이 분비되는 순간, 뇌는 '이것을 다시 하고 싶다!'고 기억합니다. 이처럼 'Start'는 짧게 시작하고, 즉각적인 만족감을 목표로 합니다. 몇 주를 반복하면 습관이 되고, 습관이 되면 의지력 없이도 저절로 하게 되죠.

둘째, 도전과 성장 시스템으로, 'Try(도전)'의 과학적 근거입니다. 이때는 전전두엽과 신경가소성이 핵심입니다. 뇌는 고정되어 있지 않아서, 새로운 도전을 하면 새로운 신경회로가 만들어집니다. '나는 못해'라고 단정했던 것도, 시도하고 실패하고 다시 시도하면 시냅스가 연결됩니다. 신경가소성은 평생 작동해요. 즉 40대든 60대든 새로운 것을 배울 수 있다는 뜻입니다. 이때는 안전한 환경에서 반복하는 것이 중요합니다. 실패해도 괜찮은 환경, AI와 함께하는 학습이 바로 그렇죠. 반복된 시도가 '나는 못해’를 ‘나도 할 수 있구나!’로 바꿉니다.

셋째, 전문성 발달 시스템입니다. ‘Amplify(증폭)’의 메커니즘으로, 장기 강화와 시냅스 가지치기가 작동합니다. 같은 신경회로를 반복해서 사용하면 연결이 강화되고, 반면 쓰지 않는 연결은 제거됩니다. AI 시대에는 이런 연결이 더욱더 강화됩니다. AI가 반복 작업을 도와주면, 같은 시간에 10배 더 많은 고품질 시행착오를 경험할 수 있습니다. 1000시간이 1만 시간의 효과를 냅니다. 강점이 더 빠르게, 더 깊게 발달하고요.

넷째, 효율성 최적화 시스템으로, ‘Recover(회수)’의 배경입니다. 뇌는 에너지 효율을 추구합니다. 인지 부하가 크면 피곤하죠. 반복 작업이 많으면 창의적 사고를 할 에너지가 없어져요. AI가 반복 작업을 맡으면, 뇌의 인지 부하가 감소합니다. 절약된 에너지는 더 중요한 일, 더 창의적인 일, 더 전략적인 일에 쓸 수 있습니다. 이것이 진정한 ‘Recover’입니다. 빨리 끝내는 게 아니라, 에너지를 올바른 곳에 쓰는 것이죠.

‘STAR’는 이런 인지 시스템을 깨우는 프레임워크입니다. 이 중 하나만 활성화해도 변화가 옵니다. 4가지를 모두 활성화하면 당신의 뇌는 이전과 전혀 다르게 작동하기 시작합니다. 그리고 뇌가 바뀌면, 당신이 바뀝니다.

여기서 중요한 점이 있습니다. 바로 균형입니다. 제가 관찰한 많은 이들이 ‘Recover’에 집중합니다. 조직도 마찬가지고요. 그저 빨리, 싸게 끝내려고만 해요. 처음에는 일이 금세 끝나니 좋지요. 그런데 성장이 없습니다. 그리고 기껏 일을 빨리 끝내고는 비숫한 목적의 일을 더 많이 만들어서 하게 됩니다. 결국 더 지칠 뿐이죠.

그런가 하면 어떤 사람들은 'Start'나 'Try'만 합니다. 시작하거나 도전만 하다 끝나는 거죠. 새로운 자극을 느끼고 뭔가 좀 더 바빠졌는데, 정작 급한 일은 끝나지 않습니다. 이러면 번아웃이 오기 쉽습니다.

'Amplify'만 하는 사람도 있습니다. 이미 잘하는 것만 더 잘하려고 합니다. 그럴수록 깊이는 있지만 좁아져요. 변화하는 세상에 적응하는 데 한계를 느끼게 되죠.

균형을 기억하세요. 'Start'가 습관을 만들고, 'Try'가 가능성을 열고, 'Amplify'가 차별화를 만들고, 'Recover'가 시간을 확보하면 당신의 역량은 기하급수적으로 성장합니다. 당신의 인지력이 AI로 대체되는 것이 아니라, AI를 품고 멋지게 확장합니다.

STAR의 전체 지도

Start의 본질은 습관 형성입니다. '영어 공부해야 하는데…' 하면서 20년째 미루고 있는 분들, '언젠가는 글을 써볼까?' 생각만 하는 분들, '새로운 걸 배우고 싶은데 시간이…' 하며 핑계 대는 분들에게 필요합니다. 하고 싶었는데 계속 미뤄왔던 것들, 그것이 Start의 대상입니다.

목표는 매일 5~10분, 21일을 연속으로 하는 것입니다. 작게 시작하고 즉각적인 보상을 느끼는 것이 핵심입니다. 예를 들어 매일 아침 챗GPT로 영어 문장 하나를 배우거나, 업계 뉴스를 AI로 요약받거나, 일일 성찰 대화를 하거나, 독서 기록을 남기는 것들입니다.

습관이 삶을 바꿉니다. 매일 5분씩 영어를 하면 1년 후 30시간이고, 10년 후면 300시간입니다. 작지만 복리로 쌓입니다. Start는 거창할 필요가 없습니다. 오히려 작아야 합니다.

Try의 본질은 성장과 도전입니다. '나는 못해…'라고 생각했던 것이 Try의 대상입니다. 목표는 4주 안에 '할 수도 있네!'를 발견하는 것입니다. 핵심은 AI와 함께 안전하게 실패하는 것이고요. 챗GPT로 파이선 기초를 배우거나, 영어로 짧은 이메일을 쓰거나, 데이터 분석을 시작하거나, 간단한 디자인을 해보는 것 모두 가능합니다.

Try는 정체성을 바꿉니다. 못하는 사람에서 할 수 있는 사람으로 변화합니다. 이 변화가 자기효능감을 만들고, 자기효능감은 더 큰 도전으로 이어집니다.

Amplify의 본질은 차별화와 전문성입니다. 당신이 이미 잘하는 것, 강점인 것들을 압도적인 경쟁력으로 만드는 것이죠. '이미 잘하는데 더 필요해?'라고 묻는 분들, 자신의 역량을 좀 더 차별화하고 싶은 분들, 자신의 영역에서 최고가 되고 싶은 분들이야말로 Amplify가 필요합니다. 당신의 강점 1에 AI를 더하면 10이 될 수 있으니까요. 글쓰기를 잘한다면 AI로 논리 구조를 10배 정교하게 만들 수 있고, 기획을 잘한다면 AI로 다각도 검증을 해서 허점을 제로로 만들 수 있습니다. 분석을 잘한다면 AI로 한층 깊은 인사이트를 도출하고, 발표를 잘한다면 AI로 스토리텔링을 완벽하게 만들 수 있어요.

100점짜리 여러 개보다 1000점짜리 하나가 낫습니다. 글을 잘 쓰는 사람이 AI로 논리와 표현을 10배 정교하게 만들면 보수가 3배 오릅니다. 기획을 잘하는 사람이 AI로 허점 없는 기획서를 만들면 승진에 유리하고요.

Recover의 본질은 효율과 재투자입니다. 30분 걸리던 주간 보고서를 AI로 5분 만에 작성하거나, 이메일 답장을 AI로 빠르게 하거나, 회의록을 AI로 자동 정리하거나, 자료 조사를 AI로 10배 빠르게 하는 것들이 Recover입니다. "시간이 없어요", "반복 작업에 치여요", "정말 중요한 일은 못 해요", "효율이 너무 낮아요" 이렇게 말하는 분들에게 Recover가 필요합니다.

시간은 만들 수 없습니다. 하지만 재분배할 수는 있습니다. Recover로 주 5시간을 절약하면 그 시간을 Start, Try, Amplify에 쓸 수 있습니다. 단, 여기서 반드시 피해야 할 함정이 있습니다. Recover만 하면 안 됩니다. 보고서를 빠르게 끝내면 더 많은 보고서를 쓰고, 이메일에 빠르게 답하면 더 많은 이메일이 오고, 일을 빠르게 하면 더 많은 일이 생깁니다.

Recover로 5시간을 절약하면, 그중 2시간은 Try로 새로운 것을 배우고, 2시간은 Amplify로 강점을 키우고, 1시간은 Start로 하고 싶었던 것을 합니다. 이것이 진짜 Recover입니다. 시간을 절약해서 성장에 재투자하는 것입니다. 물론 이건 단순한 예시일 뿐, 꼭 이렇게 빡빡하게 살아야 한다는 얘기는 아니고요. 핵심은 절약하고, 재투자하고, 성장하는 선순환을 그리는 것입니다.

그러면 어디서부터 시작할까요? 4가지를 동시에? 아니면 하나부터? 이상적으로는 4가지를 균형 있게 하는 게 좋습니다. 하지만 처음부터 다 하기는 부담스럽죠. 하나씩 빠뜨리기 시작하고, 결국 다 중단하게 됩니다. 그렇다고 하나는 너무 적은 데다 균형이 없습니다. Recover만 하면 공허하고, Start만 하면 성장이 느립니다.

두 가지로 시작하세요. 균형도 있고 관리도 가능해서 딱 좋습니다. 2~3주 정도 해본 후 익숙해지면 세 번째를 추가하고요. 4주 후에는 4개를 다 하세요.

무엇부터 해볼까요? 상황에 따라 추천 조합이 다릅니다.

바쁜 직장인: Start+Recover

이 조합은 "시간이 정말 없어요", "당장 급한 일부터 해결하고 싶어요", "일단 효율부터 올리고 싶어요"라고 말하는 분들에게 적합합니다.

Recover로 주 3~5시간을 절약하고, 그중 일부를 Start에 투자해서 작은 습관 하나를 만드는 것입니다. 예를 들어 주간 보고서 작성을 AI로 2시간에서 20분으로 줄여서 주 1.5시간을 절약하고, 그 시간에 매일 아침 10분 영어 대화를 합니다.

성장 욕구: Try+Amplify

이 조합은 새로운 것을 배우고 싶고, 커리어를 확장하고 싶고, 차별화하고 싶다고 말하는 분들에게 맞습니다.

전략은 Try로 새로운 역량 하나를 배우고, Amplify로 기존 강점을 강화하는 것입니다. 약점을 보완하면서 동시에 강점을 극대화하는 것이죠. 예를 들어 파이선 기초를 30분씩 주 2~3회 배우고, 기획서를 쓸 때마다 AI로 다각도 검증을 합니다. 4주 후에는 파이선 기초를 습득하고, 기획서 퀄리티가 향상되겠죠. 즉 기획도 하고 코딩도 하는 사람이 됩니다.

이 전략의 장점은 빠른 성장과 차별화가 가능하다는 것이고, 단점은 시간 투자가 필요하다는 것입니다. 다음 단계로는 Recover로 시간을 확보할 필요가 있겠네요.

균형 추구: Start+Try

이 조합은 좋은 습관을 만들고 성장도 하고 싶은 분, 시간 여유가 어느 정도 있는 분, 장기적 성장이 목표인 분에게 적합합니다. Start로 매일 루틴을 만들고, Try로 주 2~3회 도전하는 것입니다. 꾸준함과 도전을 동시에 가져가는 것이죠.

예를 들어 매일 아침 AI로 업계 뉴스 브리핑을 5분간 받고, 주 3회 30분씩 데이터 분석을 배웁니다. 4주 후에는 뉴스 체크가 습관화되고, 데이터 분석을 시작해 업무 인사이트가 향상됩니다. 이 전략의 장점은 균형 잡힌 성장이지만, 단점은 즉각적 효율이 낮다는 것입니다. 다음 단계로는 Amplify를 추가하면 좋겠네요.

2장

STAR 계획 디자인

앞에서 STAR의 4가지 방향을 살펴봤습니다. 당신의 상황에 맞는 조합도 선택했고요. 하지만 아직 구체적이지 않습니다. 이 장에서는 STAR 각각에 대해 당신만의 구체적인 계획을 설계해 보겠습니다. 무엇을 할지, 왜 그것을 선택했는지, 그것이 당신에게 어떤 변화를 가져올지 등을 정리하는 과정입니다.

워크시트를 채우면서 자연스럽게 당신의 계획이 구체화될 것입니다. Start에서는 미뤄왔던 것을 찾고, Try에서는 불가능하다고 생각했던 것에 도전하며, Amplify에서는 당신의 강점을 발견하고, Recover에서는 시간을 잡아먹는 반복 작업을 파악합니다.

완벽한 계획을 세우려고 고민하지 마세요. 하나라도 실행할 수 있는 계획이면 충분합니다. 2주 후에 맞지 않으면 바꾸면 되니까요. 지금부터 당신의 STAR를 디자인해 보세요.

S: 미뤄왔던 것, 오늘 시작

뇌는 즉각적 보상을 좋아합니다. 영어 공부는 몇 달 후에나 효과가 보입니다. 하지만 유튜브는 지금 당장 재미를 보장합니다. 십중팔구 유튜브가 영어 공부를 이기는 이유입니다.

뇌는 에너지를 아낍니다. 새로운 것을 시작하려면 활성화 에너지가 필요합니다. 영어 공부를 하려면 책을 꺼내고, 자리에 앉고, 집중해야 해요. 너무 복잡합니다. 하지만 유튜브 켜기는 클릭 한 번입니다. 또한 뇌는 불확실성을 싫어합니다. 영어 공부하면 정말 실력이 늘까? 확신이 없습니다. 하지만 유튜브가 재미있다는 건 확실합니다. 그래서 또 영어 공부가 밀려납니다.

이렇게 미뤄왔던 것을 AI의 도움으로 시작해봅시다. 단, 아무거나 할 수 있는 건 아닙니다. Start에 적합한 과제가 있습니다.

첫째, 5~10분 안에 할 수 있어야 합니다. 15분까지는 가능하지만 20분 이상은 부담스럽습니다. AI로 파이선을 마스터하는 것은 Start가 아니라 Try입니다. 반면 매일 아침 챗GPT로 영어 문장 하나를 배우는 것은 Start에 적합합니다.

둘째, 매일 할 수 있어야 합니다. 최소 주 3~4회입니다. 가끔 하는 것은 습관이 안 됩니다. 주 2회 데이터 분석을 공부하는 것은 Start가 아니라 Try입니다.

셋째, 즉각적인 만족감이 있어야 합니다. AI로 논문을 쓰는 것은 만족감이 늦게 옵니다. 그래서 Start 주제로 적절하지 않습니다. 반면 AI와 오늘 하루를 성찰하는 대화를 나누는 것은 즉각적인 재미도 있고 만족감을 느낍니다. Start하기에 좋죠. Start는 하자마자 '와, 좋다!'라는 느낌이 와야 합니다.

이 요건을 참조하여 당신의 Start 항목을 만들어보세요. 너무 고민하지는 마시고요. 해보고 맞지 않으면 바꾸면 됩니다.

나의 Start 워크시트

무엇을 시작해볼까요?

1) ____

2) ____

3) ____

왜 이것을 시작하려 하나요?

____ 하고 싶었는데 미뤄왔던 것이어서

____ 업무/커리어에 도움 돼서

____ 삶의 질이 높아질 것 같아서

____ 재미있을 것 같아서

T: 못한다고 생각한 것에 도전

뇌는 경험으로 배웁니다. 한 번도 해본 적 없는 일은 '못하는 일'로 저장됩니다. 몇 번 시도했다가 실패한 일은 못하는 일로 고정되고요. 하지만 이런 고정을 부숴버리는 방법이 있지요.

못한다는 것은 단지 시냅스 연결이 없을 뿐입니다. 신경회로가 형성되지 않았을 뿐이에요. 아직 못하는 것이지, 영원히 못한다는 것은 아닙니다.

캐럴 드웩 교수의 성장 마인드셋 연구를 보면, 고정 마인드셋을 가진 사람은 '나는 수학 머리가 없어'라고 생각하고 시도하지 않습니다. 그래서 수학 실력이 늘지 않죠. 결국 '역시 난 못해!'로 고착됩니다. 반면 성장 마인드셋을 가진 사람은 '나는 아직 수학을 못해'라고 생각하지만, 시도는 해봅니다. 그래서 조금씩 실력이 늘죠. 그러면서 '나도 할 수 있네!'를 느끼고, 더 자주 시도합니다.

핵심은 '나는 못해'를 '나는 '아직' 못해'로 바꾸는 것입니다. 이 한 단어가 뇌를 바꿉니다.

Try에서 실패는 아무런 문제가 되지 않습니다. 오히려 필수입니다. AI에 물어봤는데 이해되지 않으면 다시 물어보면 되죠. 프로그래밍을 공부하다가 에러가 나면 챗GPT에 에러를 보여주면 됩니다. 번역이 이상하면 다시 해달라고 하면 됩니다. 실패의 비용은 제로입니다. 재시도는 무한히 가능하고요.

그렇다고 모든 것을 Try로 할 수 있는 것은 아닙니다. Try에 적합한 과제가 있습니다.

첫 번째 조건은 '나는 못해'라고 생각했던 것이어야 합니다. 이미 조금 할 줄 아는 것은 Try가 아니라 Amplify입니다. 한 번도 안 해봤거나 시도했다가 포기한 것이 Try의 대상입니다. Try는 도전입니다. 너무 편한 것은 Try가 아닙니다.

두 번째 조건은 4주 안에 작은 성공이 가능해야 합니다. 4주 만에 전문가가 되기는 불가능하지만, 작은 것 하나를 완성할 수는 있습니다. 예를 들어 파이선 전체를 마스터하기는 어렵지만, 파이선으로 간단한 계산기를 만드는 것은 가능합니다. 영어를 유창하게 하는 것은 불가능하지만, 영어로 짧은 이메일을 쓰는 것은 가능합니다.

머릿속에 떠오르는 도전과제가 있나요? 이제 당신만의 Try 항목을 만들어볼까요?

                                    Part 3_ 실행, 뇌를 바꾸다

무엇에 도전해볼까요?

___

언제부터 그것을 꿈꿔왔나요?

___

그동안 왜 도전하지 않았나요?

___

그것에 도전하면 당신에게 어떤 변화가 일어날까요?

___

A: 잘하는 것을 10배로

"이미 잘하는데 뭘 더 잘하려고 AI를 쓰나요?" 이 질문을 받을 때마다 저는 이렇게 질문을 돌려드립니다. "만약 당신이 기획서를 적당히 잘 쓰는 게 아니라 압도적으로 잘 쓴다면, 당신의 커리어에 어떤 변화가 생길까요?"

당신은 이미 뭔가를 잘합니다. 글쓰기를 잘하거나, 데이터 분석을 잘하거나, 발표를 잘하거나, 소통을 잘합니다. 문제는 그냥 잘하는 걸로 충분하지 않다는 거예요. 아시잖아요? 적당히 잘하는 이들은 주변에 참 많습니다. 앞으로 더 많아질 거고요.

무언가를 압도적으로 잘한다는 것의 핵심은 깊이와 정교함입니다. 글쓰기 전문가는 논리 구조를 10번 검증합니다. 기획 전문가는 허점을 20가지 관점에서 봅니다. 분석 전문가는 데이터를 5가지 방법으로 교차 검증합니다. 하지만 일에 치인 당신은 그럴 시간이 없습니다. 그러다 보니 '적당히 잘함'에 머물게 되죠.

Amplify는 '압도적 잘함'을 통한 차별화입니다. 당신을 대체 불가능하게 만드는 전략입니다. "기획서? 그거 누구나 쓰지. 하지만 김 대리만큼 잘 쓰는 사람은 없지!", "이 팀장이 하면 결과물이 달라." 이런 평판을 만드는 것이 Amplify입니다.

그런데 안타깝게도 우리는 내가 뭘 잘하는지조차 모르는 경우가 많아요. 나도 모르는 내 강점, 두 가지 질문으로 찾아보세요.

첫 번째 질문은 "나는 무엇을 잘하는가?"입니다. 잘한다는 기준은 이렇습니다. 다른 사람보다 빠르게 하는가? 다른 사람보다 퀄리티가 높은가? 하면서 즐겁고 시간 가는 줄 모르는가?

두 번째 질문은 "사람들은 내가 무엇을 잘한다고 하는가?"입니다. 동료나 상사가 무엇을 칭찬했나요? 팀원이 도움을 요청한 것은 무엇인가요? 클라이언트가 인정한 것은 무엇인가요?

나의 Amplify 워크시트

당신이 잘하는 것은 무엇인가요?

1) ____

2) ____

3) ____

그것을 압도적으로 잘하게 된다면, 당신에게 어떤 변화가 일어날까요?

1) ____

2) ____

3) ____

R: 시간을 절약해서 다른 곳에

"시간이 없어요." 현대인이 하루에도 정말 여러 번 내뱉는 말이죠. 그런데 질문 하나 하겠습니다. 정말 시간이 없나요? 시간을 잘못 쓰고 있는 건 아닌가요?

당신의 일주일을 돌아보세요. 보고서에 2시간, 이메일 답장에 3시간, 회의록 정리에 2시간, 자료 조사에 3시간, 문서 정리에 2시간, 총 12시간입니다. 거의 전부가 AI로 절반으로 줄일 수 있는 일들입니다. 12시간이 6시간이 됩니다.

이렇게 해서 만들어진 6시간을 어디에 쓸까요? 잘못된 Re-cover는 이렇습니다. 절약한 6시간으로 비슷한 보고서를 더 많이 씁니다. 결국 일만 더 늘어난 것 같고, 의욕을 잃죠.

올바른 Recover는 이렇습니다. 절약한 6시간 가운데 4시간을 재투자합니다. 2시간은 새로운 것을 배우고(Try), 2시간은 강점을 키웁니다(Amplify). 그렇게 해서 성장의 순환구조를 만듭니다.

뇌는 에너지가 제한적입니다. 반복 작업에 에너지를 소진하면 창의적 일을 하기 어려워요. AI가 반복 작업을 맡으면 에너지가 보존되고, 창의적 일이 가능합니다. Recover는 뇌의 에너지, 인지과정을 회수하여 재분배하는 전략입니다.

단, 모든 것을 효율화할 수는 없습니다. 그렇게 해서도 안 되고요. 효율화해야 하는 것은 반복적이고, 패턴화가 가능하고, 창의성이 필요 없고, 시간이 많이 걸리는 일입니다.

반대로 효율화하면 안 되는 것은 창의적이고, 전략적이고, 관계를 구축하고, 한 번만 하는 일입니다.

나의 Recover 워크시트

가장 시간을 잡아먹는 반복 작업 3가지는 무엇인가요?

지난 일주일을 돌아보세요. 또는 앞으로 일주일간 추적하세요. 각 작업에 시간이 얼마나 걸리는지, 얼마나 자주 하는지, 얼마나 반복적인지 생각해보세요.

1) ____

2) ____

3) ____

그런 반복 작업을 어떻게 줄일까요?

소요되는 시간, 노력, 비용 등을 줄일 방법을 생각해보세요.

1) ____

2) ____

3) ____

두 번째 지능을 품은 당신에게

기억하시나요? 프롤로그에서 제게 골치 아픈 학생이 하나 생겼다고 말씀드렸죠. 박사학위를 두 개나 가진, 성격도 밝고 에너지도 넘치는, 그런데 너무 뛰어나서 오히려 제가 지도할 수 있을까 고민됐던 학생 말입니다. 그 학생의 이름은 챗GPT였습니다.

이제 제 결정을 말씀드리겠습니다. 저는 그 학생을 받아들였습니다. 아니, 받아들인 정도가 아니라 제 연구실의 핵심 멤버로 삼았습니다. 함께 논문을 쓰고, 강의를 준비하고, 프로젝트를 기획합니다. 제미나이, 클로드, 그록, 그들도 모두 함께합니다.

그러고서 무슨 일이 벌어졌을까요? 놀랍게도 저는 뒤처지지 않았습니다. 오히려 앞서 나가는 느낌입니다. 제 글의 폭과 질이 향상됐고, 강의의 깊이가 달라졌고, 프로젝트 속도가 빨라졌습니다. 그들이 저를 대체한 것이 아니라, 저를 증폭시켰기 때문입니다.

이제 저에게는 두 번째 지능이 있습니다. 아니, 여러 개의 지능이 있습니다. 각기 다른 관점으로 생각하고, 다른 방식으로 문제를 풉니다. 그리고 그 모든 것을 통합하는 것은 여전히 저, 김상균입니다.

당신도 마찬가지입니다. 이 책을 여기까지 읽은 당신에게도 이미 두 번째 지능이 생겼습니다. 하지만 진짜 여정은 이제부터입니다. 신경과학자들은 말합니다. 새로운 습관이 형성되려면 적어도 수십 일이 걸린다고요. 중요한 건 반복입니다. 당신이 채운 STAR 워크시트, 그것을 실행에 옮기세요. 매일 5분씩이면 됩니다. Start 하나만이라도 좋습니다. 일단 시작하세요.

그래도 여전히 뭔가 불안한가요? 불안이나 두려움은 무지에서 옵니다. 하지만 당신은 이제 무지하지 않습니다. 당신이 무지하지 않다는 걸 스스로 인지하세요. 그리고 시작하세요.

20년을 지나오며 배운 것

지난 20년간 저는 기업들과 100회 이상의 프로젝트를 진행했습니다. 강연은 2000회까지만 세어봤습니다. 무수히 많은 분들, 다양한 업에 계신 분들에게 자문과 멘토링을 제공했고요.

그 과정에서 성공한 사람들과 실패한 사람들을 모두 봤습니다. 그리고 흥미로운 패턴을 발견했습니다. 실패한 사람들은 하나같이 완벽하게 하려고 했습니다. 제대로 배운 다음에 시작하겠다는 마음으로 책을 수십 권 읽고, 강의도 수십 개 듣고, 결국 시작하지 못했습니다.

성공한 사람들의 공통점은 완벽하지 않아도 실행했다는 것입니다. 서툴러도 시작했고, 실수도 저질렀고, 창피함도 느꼈겠죠. 하지만 했습니다. 하면서 배웠습니다.

또 다른 패턴도 있었습니다. 실패한 사람들은 크게 시작했습니다. '이번 주말에 하루 종일 공부해야지.' 그래서 주말이 지나도 시작하지 못했습니다. 하루 종일 공부할 에너지가 없었으니까요. 반면 성공한 사람들은 작게 시작했습니다. '오늘 5분만 해보자.' 그래서 했습니다. 5분은 부담이 없으니까요. 그렇게 5분이 10분이 되고, 10분이 30분이 되고, 어느새 습관이 됐습니다.

마지막 패턴은 이것입니다. 실패한 사람들은 며칠 하다가 그만뒀습니다. '어제 못했으니까 이제 그만둬야겠다.' 거대한 계획이 발목을 잡았습니다. 성공한 사람들은 꾸준히 했습니다. 하루 빠뜨려도 다음 날 다시 했습니다. 일주일 못해도 다시 시작했습니다. 완벽함보다 지속을 선택했습니다.

이것이 제가 교육자, 학자, 컨설턴트, 멘토, 작가로 20년의 여정을 지내오며 배운 교훈입니다. 완벽하게 하지 마세요. 작게 시작하세요. 꾸준히 하세요.

다시 설계된 미래

마지막으로 질문 하나를 드리고 싶습니다. 10년 후, 당신은 어떤 사람이 되고 싶나요? 지금과 똑같은 일을 하면서 열 살 더 먹은 사람? 아니면 전혀 다른 차원에서 살아가는, 압도적으로 성장한 사람?

후자를 선택하셨다면, 그 미래를 오늘부터 시작하세요. 작가를 꿈꿨지만 글쓰기가 어려웠나요? AI와 함께라면 당신도 책을 쓸 수 있습니다. 창업을 꿈꿨지만 기술이 없나요? AI와 함께라면 당신도 서비스를 만들 수 있습니다. 경력 전환을 원했지만 배울 시간이 없었나요? AI와 함께라면 당신도 새로운 분야를 배울 수 있습니다.

저는 앞으로도 교육자, 학자, 컨설턴트, 멘토, 작가의 여정을 이어갈 겁니다. 언젠가 어디선가 당신과 다시 마주칠지도 모릅니다. 강연장에서, 프로젝트에서, 아니면 당신이 만든 멋진 결과물을 통해서요.

그때 이렇게 말해주세요. "저는 당신의 책을 읽었어요. 그리고 제 두뇌가 바뀌었어요." 이 말을 듣는 날을 기다리겠습니다. 설레는 기다림을 품고 당신의 여정을 응원하겠습니다.

기억하세요. 두뇌는 바뀝니다. 당신이 바꾼다면.

두 번째 지능

AI 시대_ 질문, 경험, 실행으로 뇌를 설계하다

2026년 2월 4일 초판 1쇄 발행

지은이 김상균

펴낸이 김은경
편집 권정희, 한혜인, 남궁은
마케팅 김예은
디자인 오은채, 김지호
경영지원 이연정
펴낸곳 ㈜북스톤
주소 서울시 성동구 왕십리로6길 4-5 2층
대표전화 02-6463-7000
팩스 02-6499-1706
이메일 info@book-stone.co.kr
출판등록 2015년 1월 2일 제 2018-000078호

ISBN 979-11-7523-027-9 (03320)

북스톤은 세상에 오래 남는 책을 만들고자 합니다. 이에 동참을 원하는 독자 여러분의 아이디어와 원고를 기다리고 있습니다. 책으로 엮기를 원하는 기획이나 원고가 있으신 분은 연락처와 함께 이메일 info@book-stone.co.kr로 보내주세요. 돌에 새기듯, 오래 남는 지혜를 전하는 데 힘쓰겠습니다.